COMMERCIAL

商务沟通

钱 焱　张卓／主编

COMMUNICATION

立信会计出版社
LIXIN KUAIJI CHUBANSHE

图书在版编目(CIP)数据

商务沟通/钱焱,张卓主编. —上海:立信会计出版社,
2006.2(2021.8 重印)
ISBN 978-7-5429-1597-9

Ⅰ.商… Ⅱ.①钱… ②张… Ⅲ.商业管理—公共关系学
Ⅳ.F715

中国版本图书馆 CIP 数据核字(2006)第 009503 号

责任编辑　　赵新民
封面设计　　周崇文

商务沟通
Shangwu Goutong

出版发行	立信会计出版社		
地　　址	上海市中山西路 2230 号	邮政编码	200235
电　　话	(021)64411389	传　　真	(021)64411325
网　　址	www.lixinaph.com	电子邮箱	lixinaph2019@126.com
网上书店	http://lixin.jd.com		http://lxkjcbs.tmall.com
经　　销	各地新华书店		

印　　刷	江苏凤凰数码印务有限公司	
开　　本	787 毫米×960 毫米	1/16
印　　张	20	
字　　数	392 千字	
版　　次	2006 年 2 月第 1 版	
印　　次	2021 年 8 月第 10 次	
书　　号	ISBN 978-7-5429-1597-9/F	
定　　价	42.00 元	

如有印订差错　请与本社联系调换

序　言

　　沟通是商务活动中非常重要的一项基础性工作,对于提高商务活动的有效性具有重大的作用和意义。松下集团的创始人松下幸之助曾经说过:"企业的活动过去是沟通,现在是沟通,未来还是沟通。"从 20 世纪末开始,人们工作的环境发生了巨大的变化。环境的复杂化、动态化对于人的工作技能提出了更高的要求。在新经济形态下,员工如能熟练掌握沟通技能无论是对组织绩效的提升还是对个人职业生涯的成功,都是至关重要的。因此,学习商务沟通课程,提升沟通能力,不仅是当代高校素质教育的重要内容之一,而且对于学生获得未来职业生涯的成功具有重要意义。

　　南京航空航天大学从 2002 年开始为本科生开设《商务沟通》课程。我最初选定的是由东北财经大学出版社出版的美国作家玛丽·艾伦·伽菲编写的《商务沟通》教材,这本书的内容非常的系统、全面,唯一遗憾的是书中沟通思路和侧重点与中国国情有非常大的差异,中国学生在理解和应用上都有很大的困难。

　　2005 年 6 月在全校的教学观摩比赛中,我的《商务沟通》课程被评为一等奖,专家和同学都给予了极高的评价。但由于教材的选择问题,我在授课过程中仍感到有很多遗憾,于是萌发了自己编写适合中国本科生授课用的《商务沟通》教材的想法,感谢立信会计出版社的戎其玉副编审对此给予了极大的支持。

　　十分荣幸张卓教授能和我共同完成这本教材的编写工作,张卓教授是我校经济与管理学院的副院长,课堂教学极为精彩,学风非常严谨。他在本教材的整个框架设计、编写思路及最后的校稿工作等方面都付出了大量的心血。

　　与国内同类书籍相比,本书具有如下几方面的特色:

　　(1) 内容深入浅出,形式生动活泼

　　本书的整体风格浅显易懂,围绕学生感兴趣的沟通主题比如求职沟通、商务演说等都作了较为具体的描述;每章的最后还设有沟通游戏或沟通实践,让学生在课余后通过游戏或实践的方式来体验沟通的乐趣,因此非常适合选作大学本科、专科生的《商务沟通》课程教材。相信对于自学商务沟通的人士来说,阅读本书也会收获不小。

　　(2) 知识体系完善,技能涵盖全面

　　本书把商务沟通的知识技能体系分成三大部分:商务沟通理论、商务沟通应用、商务沟通的礼仪和文化。首先介绍了商务沟通的相关理论,包括沟通概述、组织沟通、群体沟通和人际沟通等；接着从商务书面沟通、商务演说、商务谈判中的沟通和求职沟通等方面阐述商务沟通的技能与知识应用；最后较为详细地介绍了商务沟通中的礼仪和文化。

（3）重点清晰突出，倡导学以致用

为了帮助学生尽快进入主题，本书每章开篇都安排了先导案例，并开列了学习目标。同时在每章的论述中都适时插入一些"小案例"和"小贴士"来加深对关键知识点的理解。在每章的最后还安排了思考题、案例题或沟通游戏，帮助学生在思考和行动中理解和把握本章内容。

本书的第一章、第二章由南京大学商学院的吴红梅编写，第九章、第十章由南京航空航天大学经济与管理学院的杨燕平编写，其他章节由钱焱和张卓共同完成。在本书的编写过程中，金辉、邵俊、吴彰叶、赵园园、巩丽娟和赵蕴等人在收集资料和书稿校对方面做了大量的工作，在此表示衷心的感谢！

商务沟通还是一门正在发展的学科，可供参考的资料也不多，加上本人的能力有限，书中难免出现疏漏或不妥之处，敬请广大读者提出宝贵的意见和建议。

钱　焱

目　　录

第一部分　商务沟通理论

第二部分　商务沟通实务

第三部分　商务沟通中的礼仪和文化

第一部分

商务沟通理论

第一章　商务沟通概述

　　星期一通常是公司最繁忙的日子，当李经理走进办公室的时候，秘书早将一沓文件放在他的办公桌上。每天都要花费大量的时间处理很多这样的文件，李经理很是头疼。

　　李经理开始埋头处理文件的时候，电话铃响了，是技术总监打来的，他告诉李经理他准备辞职。最近一直在公司内部流传着小道消息："公司的竞争对手在挖技术总监"的事情被证实了，李经理心中一阵恼火。技术总监了解公司最新开发产品所有的第一手资料，而这些资料是竞争对手梦寐以求的，技术总监此时投奔到对手旗下对公司是很不利的事情。既恼怒又担心的李经理在电话中没想好如何跟技术总监谈这件事，而技术总监又很快挂断了电话。

　　放下电话，李经理一时也想不出什么好办法，他着急地在屋子里踱步。此时，秘书推门进来，说员工们对此次裁员计划有很多不满，特别是前两天裁掉老刘这件事。老刘已在公司工作多年并接近退休，这样裁员让员工觉得公司很无情，大家也没有安全感，需要经理给出一个解释，此时被裁减的员工代表也聚集在会议室里等待经理的说法。

　　裁员本身已经影响了公司的士气，但一想到可能要面对盛怒的离职员工的代表，李经理不由得产生一丝担忧，这可不是一般的谈话，如果处理不好，带来的后果可能是不堪设想的。

　　可是眼下由于技术总监的辞职电话干扰了他的注意力，他甚至猜想竞争对手是否已经掌握了新产品的技术，接下来他该怎么办？需要与竞争对手的人力资源部经理联系吗？还是直接汇报上司？还是找技术总监本人谈话呢？

　　可是目前最紧急的问题是，他该如何说服并面对离职员工代表。由于焦急，他竟然找不到合适的说辞来向大家解释公司目前的处境。与员工代表会谈的时间就要到了，可李经理还在自己的办公室里焦急地走来走去……

　　从上面的案例可见,无论是批阅文件、与关键员工面谈还是与竞争对手的交涉等都涉及经理人一个很重要的能力——沟通能力。近年来,企业强调提升员工的综合素质,无论是对管理者还是对普通员工的评价中,都把沟通能力放到了很重要的位置。人们逐步认识到沟通能力是员工顺利完成工作的基本保证,也是影响员工能否晋升的重要因素之一。

　　那么究竟什么是商务沟通?在商务组织中为什么要重视沟通?商务沟通的过程是怎样的?它有哪些类型与功能?我们该怎样在新的商务环境中提升自己的沟通能力?本章将主要围绕这些问题而展开。

　　在本章中,您将学习到以下内容:
➢ 商务沟通的概念
➢ 商务组织的沟通功能
➢ 商务组织的沟通类型
➢ 商务沟通发展的新趋势

第一节　商务沟通的概念

　　对于在商务环境中工作的员工来说,最重要的基本技能也许就是沟通能力了。实际上,今天大多数学生并不需要专家来提醒沟通技能对成功是多么的重要。因为在几乎所有的招聘广告中,沟通能力都是企业在招聘任何岗位时所需要的一项基本能力。在了解如何进行有效的商务沟通之前,首先要了解什么是沟通和什么是商务环境下的沟通。

一、沟通的定义

　　沟通是同周围环境进行信息互换的一个多元化过程。在日常生活和工作中,我们经常使用"沟通"这个词汇。可是沟通究竟为何义,一时间众说纷纭。有人曾对"沟通"的定义做了统计,竟达一百种之多。美国学者弗兰克等人认为给沟通下一个具体的定义是十分困难的。这个抽象名词,同其他许多词汇一样,有许多含义,几种典型的观点如下:

　　"沟通"一词,源于拉丁文 commnuis,意为共同化(common)。《大英百科全书》的解释为:"用任何方法彼此交换信息。"在英文中,"沟通"(communication)这个词既可以译作沟通,也可译作交流、交际、交往、通信、交通、传达、传播等。

　　管理学家西蒙认为,沟通"可视为任何一种程序,借此程序,组织中的一个成员,将其所决定的意见或前提,传送给其他有关成员"。

　　有学者将沟通定义为"信息凭借一定符号载体,在个人或群体间从发送者到接收者进行传递,并获取理解的过程。""沟通是指人与人之间的交流,是指两个或更多个体之间、个体与群体之间借着符号、语言或文字等传递或交换某些信息或意念及观念的过程。""沟通作为一种管理方法,在组织群体中具有交流思想、情感、传递工作资讯和密切相互关系等方面的作用。""沟通最基本的解释是从一个人到另一个人传递信息的过程。有效的沟通意味着信息从发出者那里完整、正确地传到接收者那里。换句话说沟通就是传授思想意图,使自己被其他人所理解的过程。"

"沟通又称为传播,是指人与人之间交流信息、表达意思的过程。""沟通用最通俗的文字表达即为信息交流,指主体将某一种信息传递给客体,并期望客体能做出相应反应的过程。""沟通是指信息发送者为了实现一定的目标,采取一定的方式,运用一定的工具,通过一定的程序将经过编译的信息传递给信息接收者,然后信息接收者将经过编译的信息进行翻译和解释的过程。"

综合以上定义,本书认为:沟通是为了实现预先设定的目标,由信息发送者选择一定的工具,采取一定的方式,通过一定的程序与渠道将经过编码的信息传递给信息接收者,再由信息接收者将接收到的信息进行翻译和解释,并反馈到信息发送者那里的过程。

二、商务沟通的定义

组织的商务活动离不开沟通。生产计划的编制,员工的聘用、培训和激励,向客户推销产品及收取货款,企业外部的危机处理等,在这些组织的日常商务活动中,人们都离不开沟通活动。所以,要掌握商务沟通的概念,首先要了解商务的定义。

1. 商务的内涵

我国最早的商务活动起源于商代,并在周朝逐渐得到发展。据《周易·系辞》里面记载,商务活动是指"日中为市,集天下之民,聚天下之货,交易而退,各得其所"。《诗经·氓》"氓之蚩蚩,抱布贸丝"中的"贸"就是指贸易和商务活动。春秋时代,根据《国语·齐语》的记载:商务是"负任担荷,服牛招马,以周四方,以其所有,易其所无,市贱鬻贵";"行谓之商,处曰贾"。古代早已将商贸者所从事的经营活动称之为商务。

现代对商务的定义是指将具有使用价值与价值的劳动产品用于交换的商业活动,即商务活动是从事商品流通的活动。具体说来,商务的概念包含以下三个层次:

第一,为保证生产活动正常进行所进行的采购、销售、存储、运输等活动,是商务组织最基本的商务活动。

第二,为稳定商务组织主体与外部的经济联系及有效开展赊销活动所进行的商情研究、商业机会选择、商务会谈、合同签订与履行、商务冲突的处理等活动,是为生产和购销服务的商务活动。

第三,为保持自身的竞争优势和长期稳定发展所进行的塑造组织形象、制定和实施竞争战略、扩张经营资本、开拓新市场、防范经营风险等活动,是战略性的商务活动。

上述三个层面相互联系、相互影响,构成了一个完整的商务体系。

2. 商务沟通的含义

商务沟通就是指商务组织为了顺利地经营并取得经营的成功,为求得长期的生存发展,营造良好的经营环境,通过组织大量的商务活动,凭借一定的渠道,如媒体,将有关商务经营的各种信息发送给商务组织内外既定对象(接收者),并寻求反馈以求得商务组织内外的相互理解、支持与合作的过程。

三、商务沟通的过程

沟通都有特定的流程,即沟通的路径特征,是信息从主体到客体的过程。玛丽·艾伦·伽菲认为沟通的关键词是意图。她指出沟通是信息和意图由一个人或一个团体到另一个人或另一个团体的传递。在这样的沟通过程中,意图的传递才是沟通的中心目标,这也是进行沟通的目的。因而判断沟通是否取得了预定的效果也是以意图的正确传递与理解为基准的。只有接收者在正确理解了发送者的意图时,才可以认为这一沟通是成功的。沟通双方不仅要在传递的信息上取得一致,而且在该信息的内涵上也要取得相同的理解。她按照意图的传递、理解的顺序,构作了沟通过程的模型,如图1-1所示。

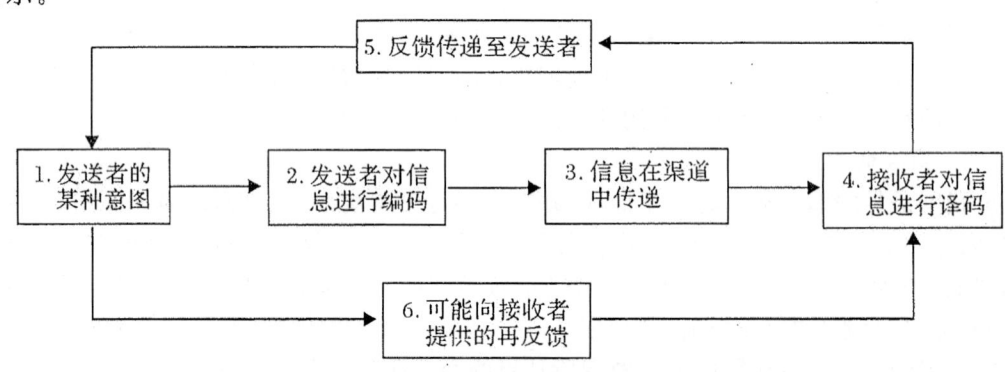

图 1-1　商务沟通过程

从图1-1中可以看出,沟通在本质上是信息的传递与理解的过程。商务沟通的基本要素包括沟通意图、发送者和接收者、信息、渠道、反馈、编码与译码,另外在沟通的过程中还与噪音、环境与背景有关。

1. 沟通意图

人们进行沟通的时候都带着特定的目标,希望发出的信息被理解,然后得到自己想要的反馈,或者是使对方的行为、思想得到预期的改变。

这种意图可能表现得很明显,也可能是内隐的。比如,小王经常上班迟到,那么人事经理找他谈话,这种沟通的意图就非常明显,经理希望通过与小王的谈话,能使得小王在行为上发生某种他所希望的改变即上班不再迟到。再比如,在一列长途列车上,互不相识的旅客互相谈话,虽然这种谈话看起来似乎没有什么特定目的,但是这种沟通通常是在消除旅途寂寞或者消除紧张感等并不明显的目的指引下进行的。不管是有意识还是无意识的,沟通者都是在沟通意图的驱动下来进行沟通活动的。

2. 发送者和接收者

人们希望分享信息和观念或是沟通思想和感情,但是这种分享不是单向的过程,通常是发送者发送信息,同时也是接收者接受信息的同一过程,沟通的过程涉及沟通的信息和沟通双方的关系。信息的发送者作为沟通的起点,接收者作为信息传递的终点,当接收者对接收到的信息进行反馈的时候,他又变成了信息的发送者,相反原来的信息发送者变为信息接收者,沟通的起点与终点也相应地发生了转换。

3. 传递的信息

信息是沟通双方沟通的内容。在我们上面列举的经理与小王的例子里面,经理发送的是不希望小王迟到的行为再次出现的信息。小王发出的信息可能是为自己的行为辩解或者做出某种经理所希望的承诺。沟通的内容很多,包括意见、情感、态度、思想和价值观等,但不管沟通的内容是什么,只有将它们转换成符号,人们才可以顺利地进行沟通。

符号是用来表示事物的约定俗成的一套东西。所有的沟通信息都可以用两种符号来表示:语言符号和非语言符号。语言中的每一个词经过反复使用后,都被赋予了特定的含义,我们可以用它来表达某一特定事物或者思想。一个词的意思可能有很多,当人们在特定的环境下用某一个词来表达事物的时候,它的意思就是限定的,比如当我们说老师这个词的时候,与我们谈论者会明白我们所指的意思,当然不精确和不恰当的符号会导致不同的理解。

非语言符号是我们不通过语言来进行沟通的另一种方式。非语言符号有面部表情、手势、姿势、语调、服饰、空间距离、标识等。与语言符号一样,我们也给非语言符号赋予一定的含义,如摇头一般表示不赞同,微笑表达赞许,眼泪表示伤心等。但是由于不同的文化背景或者是特定的沟通情景,沟通者可能会传达我们不太熟悉的符号,在一定程度上会误导沟通,如在阿拉伯国家里面摇头表示赞同,而在中国摇头的意思正好相反。

4. 沟通的渠道

沟通渠道是信息经过的路线,即发送者发出的信息到达接收者那里需要经过的路线。在面对面的沟通中,人们一般主要是通过声音和视觉来感知和进行反馈。在日常生活中我们采用已经非常熟悉的电视机、收音机、录像机、报纸、杂志、报刊、电影等渠道来获得信息。同时,信息还可以通过这些渠道进行传播,如在沟通中表现出来的诸如微笑、皱眉、摇头等非言语的信息渠道。

　　商务沟通具有多渠道的特征。在日常的沟通中,商务人员可以采用多种方式相互联系。譬如:他们有时与对方面谈或是电话交谈;有时发送电子邮件或是传真;有时采用电话或是电视会议的形式来探讨一些重要的问题;有时把活动记录在磁带或光盘上。多渠道的商务沟通为今天的商务人员提供了更为广阔的空间,使他们能够选择合适的方式来进行有效的商务沟通。

　　5. 沟通反馈

　　反馈是接收者和发送者相互之间的反应。反馈在沟通中具有很重要的意义,信息的发送者根据接收者的反馈来判断其所表达的思想、感情、观念等信息是否按照他所希望的方式被理解以及理解的程度如何。

　　在不同的沟通方式中,反馈的方式是不同的。面对面的人际沟通的反馈机会最大,发送者可以根据接收者的言语和所观察到的非言语信息来判断信息被理解的程度。就像演说者在面对观众的时候,很容易从观众的姿势、面部表情等来决定演说的速度和演说的方式。

　　6. 编码与译码

　　编码与译码被称为是两个黑箱过程。前者是信息发送者对信息进行编排的过程;后者则是信息接收者对信息进行解码的过程。

　　之所以将这两个过程称为黑箱过程,是因为人们对于这两个过程都没有有效的监控手段,编码和译码包括了大脑的思维和对各种信息进行加工与理解的过程。前者是反映事实、事件的数据和信息如何经过传送者的大脑处理、理解并加工成双方共知的语言的过程,而后者是接收者如何就接收到的数据与信息经过搜索大脑中已有的知识,并与之相匹配,从而将其理解,还原成事实、事件等的过程。

　　因此,信息发送者在编码过程中必须充分考虑到信息接收者的经验背景、关注的内容、符号对信息接收者的可读性;信息接收者在解码过程中也须考虑信息发送者发送信息的经验背景,这样才能更准确地把握信息发送者欲表达的真正意图而不至于曲解、误解其本意。信息的编码与解码如图 1-2 所示。

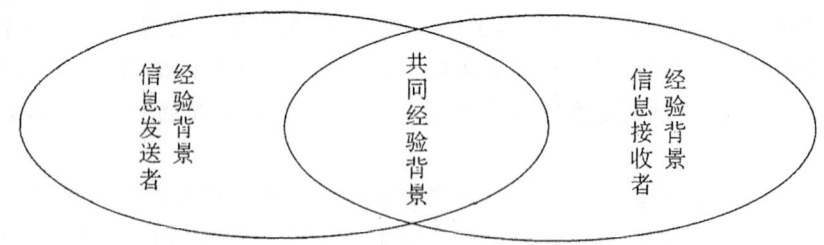

图 1-2　信息的编码与解码

　　7. 沟通中的干扰

　　沟通中的干扰常来自于沟通的噪音。噪音是阻止理解和准确解释信息的障碍。噪音发生在发送者和接收者之间,可分成三种形式:外部噪音、内部噪音和语义噪音。

（1）外部噪音

外部噪音来自于沟通的环境,它阻碍沟通者很好地接收和反馈信息。比如你与朋友在打电话,可是外界的声音干扰很大,使得你根本无法听清对方在讲述什么。外部的噪音有多种形式,可能是炎热的环境,遥远的距离。它们会分散你的注意力,使得你无法集中精力与对方沟通。

（2）内部噪音

内部噪音通常出现在沟通者的大脑中。一方面,沟通者的大脑可能被另外一件正在思索的事情占据,思维还沉浸在以前的思考中,没有分出足够的注意力来关注现时的沟通,因而也阻碍了沟通;另一方面,沟通者被已经形成的思维所束缚,具有了先天的信念或成见,并一直作用于沟通过程中。比如某一个具有大男子主义思想的人,倾向于认为妇女的能力是低于男子的,妇女是不能担当领导人的职位的,当他面对一个女上司的时候,他可能具有较高的抵触情绪,很多情况下不能很好地与上司沟通。

（3）语义噪音

语义噪音是由人们对词语情感上的反应而引起的。在不同的民族文化中,对于特定的词语有着不同的含义。例如,跨国公司内部之所以经常出现冲突,很大一部分原因是文化的差异所带来的对统一语词的不同理解。语义噪音像外部噪音和内部噪音一样,能干扰部分或全部的信息。

8. 环境与背景

沟通发生的情景对沟通发生很大的影响,不同的沟通需要不同的沟通环境。正式的演讲,如就职演说应该安排在很正式的场合;通常的人际沟通,如非正式会谈就要在宽松、非正式的场合下进行,如在茶馆、咖啡馆等。沟通的环境不同,人们进行沟通的方式、方法的选择也就有很大的差异。

商务沟通在什么样的环境中进行,对于人们采用什么样的沟通方式具有很大的影响。这些细节细微到会议室的座次安排、桌子的形状等。据研究发现,在公司中,管理者是否在场对员工的沟通也具有很大影响。如果管理者在场的话,沟通双方的言语比较正式,交谈的内容也紧紧围绕着双方特定的工作,交谈过程通常较为直接、短暂。一般说来,影响沟通过程的背景因素主要有以下几种:

（1）心理背景

心理背景指沟通双方的情绪和态度。沟通者的不同心理状态直接影响到沟通的效果。当沟通者的心情和情绪处于兴奋、激动的状态时,沟通起来比较容易,人们也倾向与人交流更多的信息,接受信息的效率比较高,更容易反馈。但若沟通者处于悲伤、焦虑状态时,通常没有太多的沟通意愿,其思绪也不能得到很好的整理,发出的信息通常没有连贯性。

沟通双方的态度也直接影响到沟通的效果。如果沟通双方敌视或者关系淡漠,沟通过程常由于偏见而出现误差,双方都很难正确理解对方发送的信息,同时由于敌对或紧张的关系干扰了正常的解码、反馈过程。

(2)物理背景

物理背景指沟通发生的场所。特定的物理背景往往决定了特定的沟通气氛。面对上万名的观众发表新年贺词和对办公室几个部下交代近期计划的会议,两者的氛围和沟通过程是大相径庭的。

(3)社会背景

社会背景指的是沟通双方的社会角色关系。对不同的社会角色关系,有着不同的沟通模式。上级可以拍拍你的肩头,告诉你要以厂为家,但你绝不能拍拍他的肩头告诫他要公而忘私。对应于每一种社会角色关系,无论是上下级关系还是朋友关系,人们都有一种特定沟通方式的预期,相关沟通只有在方式上符合这种预期,才能得到沟通双方的接纳,沟通才可顺利进行。

(4)文化背景

文化背景指沟通者长期的文化积淀,也是沟通者较为稳定的价值取向、思维模式、心理结构的总和。文化已转变为我们精神的核心部分而成为我们思考、行动的内在依据。虽然,通常人们体会不到文化对沟通的影响,实际上,文化影响着每一个人的沟通过程,影响着沟通的每一个环节。当不同文化发生碰撞、交融时,人们往往能发现这种影响,也特别能感受到不同文化带来的碰撞。

第二节　　商务组织的沟通功能

沟通是商务活动中非常重要的一项基础性工作,具有相当重大的作用和意义。松下集团创始人松下幸之助曾经说过:"企业的活动过去是沟通,现在是沟通,未来还是沟通。"松下幸之助认为:"伟大的事业需要一颗真诚的心与人沟通。"

NBA梦之队——芝加哥公牛队的黄金搭档乔丹和皮蓬在接受采访的时候,他们这样说:"我们在场上的沟通相当重要,我们相互从对方的眼神、表情和手势中获得对方的意图,于是我们传、切、突破、得分,如果我们失去彼此之间的沟通,那么'公牛'的末日就来临了。"竞技体育中运动员的沟通能力往往决定了整体表演的水平。沟通对于商务活动来说也是至关重要的,它是所有商务活动得以进行的基本条件。

对于那些有着成千上万来自世界各地员工的跨国公司来说,有效的沟通不但可以建立一种和谐的企业文化,更可以大大降低由于沟通不畅带来的巨大的内部交易成本。商务沟通对正在成长的广大中小企业来说也是值得重视的。

商务沟通的职能可以归纳为如下几个方面：

一、传递组织信息

商场如战场，其竞争是很残酷的，谁先把握了商机，谁就可能在商场的竞争中掌握主动，获得优势，赚取丰厚的利润。但是商机的把握是要建立在企业对市场信息的及时收集、科学分析与准确预测的基础上的，获得第一手的信息成为企业必要的工作，这些信息包括国家的经济战略目标、方针、政策及国内外同类企业的现状和发展趋势、消费市场的动态、社会一般价值观念的趋向等。这样才能确定正确的目标和科学的战略，以便在不断变化的环境中求得生存和发展。

同时，在企业自创建到不断成长壮大的过程中，时刻也离不开内部信息的沟通和交流。企业内部的各个部门在工作中需要互相协调，需要不断地沟通，即以信息为基础的交流。信息的沟通是管理的基础，企业需要了解员工的工作效率和员工的满意度，要探明企业内部各个部门之间的关系，这些都需要进行沟通。企业获得这些内部信息是为了达到及时控制、指挥以保障整个组织的有效运转，进行科学的管理决策。

二、推动组织创新

创新需要有新的思考角度，由于分工的限制，通常人们仅仅局限在自我的一个小圈子里，创新很难产生，创新者需要在沟通中获得合作与他人的帮助，俗话说"三个臭皮匠，赛过一个诸葛亮"。当人们能够打破分工限制，互相探讨，往往能产生意想不到的效果，个人冥思苦想往往比不过别人的不经意的一句话。

沟通者互相讨论、启发，共同思考、探索，往往能迸发出创意的火花。在很多的公司里，当面对难题的时候，往往采取头脑风暴法，集思广益，找到令大家满意的答案。惠普公司要求工程师们将手中的工作显示在台式机上，供别人品评，以便大家一起出谋划策，共同解决困难。

三、改善人际关系

许多沟通专家认为，有效地与雇员沟通是公司沟通职能中最重要的组成部分。管理层与雇员进行真诚的沟通和交流，会激发雇员更加努力地为公司工作。如果经理忘记了雇员是公司最重要的资产，雇员们也会以同样冷漠的态度回敬他们。

沟通为员工提供了一种释放情感的情绪表达机制，并满足了员工的社交需要，在一个工作群体内，员工可以通过沟通来表达自己的挫折感和满足感。通过沟通，可以有效地缩短心理距离，密切人际关系，创造良好的工作环境；通过沟通还可以满足人的心理需求，改善人际关系。人是一种群居动物，时常会感到孤独，如果长时间没有沟通，会影响到人的心理健康状况，这样又会波及人的工作状态与效率。所以相互的沟通可以缓解人们内心由于工作带来的紧张情绪,解除心理压力,增进彼此的了解,改善相互之间的关系。

四、提升组织形象

企业是商业社会的细胞,可以在与其他企业组织相互合作与竞争中获得生存并发展壮大。这就需要企业与其外部的世界进行信息沟通。外部的组织包括供应商、分销商、客户、银行、政府机构以及其他组织、公众和媒体等。

任何一个组织只有通过信息沟通,才能成为一个与其外部环境发生相互作用的开放系统。当今企业面临的环境日趋复杂,动态与不确定是企业在瞬息万变的竞争中唯一可以确定的因素,企业必须与外界保持着良好的沟通状态,及时捕捉商机。另外,有效的商务沟通还能帮助企业识别挑战,树立良好的社会形象,使外部顾客对企业有较好的印象,使企业在市场中立住脚,给企业带来更大的发展。

五、稳定员工队伍

有关研究表明:管理中 70% 的错误是由于不善于沟通造成的。管理离不开沟通,沟通渗透于管理的各个方面,正如人体内的血液循环一样,如果没有沟通活动,企业就会趋于死亡。研究资料显示,成功的管理者每天几乎花费 60% 以上的时间在做沟通工作。所以,拥有良好的沟通能力是管理者的必要修炼。

沟通是企业管理者必备的、重要的领导艺术。做好与企业人才的沟通,既能有效实现企业管理的目标,又能创造良好的企业气氛,从而促进企业人才的稳定。领导有方的管理者,经常是善于沟通的高手。

从心理学的角度看,沟通是企业管理者通过与企业各类人才的交流,用自己的态度、情感与行为影响、改变企业人才的态度、行为的过程。

六、化解组织危机

在复杂多变的环境中,危机每时每刻可能发生。有效避免危机是企业管理者一项关键职能,也是关系到企业兴衰的重要工作。当企业发生重大特殊情况时,沟通尤其能发挥其重要的作用。

当企业面临重大的变故时(如企业被收购),当企业面临重大的危机时(如重大安全事故),当企业内部发生重大的冲突时(如上下级之间意见严重分歧),企业应该尽早地与直接受到危机影响的有关各方沟通,尽可能收集更多的信息,以寻找可能使各方接受的解决方案,其中关键的是与新闻媒体的沟通。另外,当一些危机爆发和潜在爆发时,企业不仅要将注意力放在组织如何有效和迅速地与相关利益者进行沟通,同时也要重视与最直接的为企业创造价值的广大员工的沟通和交流。

第三节　商务组织的沟通类型

由于人们从不同的研究视角对沟通进行了定义,因而对于沟通的分类也是多种多样的,综合起来有如下几种分类方式:

一、浅层沟通和深层沟通

根据沟通时信息涉及人的情感、态度、价值观领域的程度,沟通可分为浅层沟通和深层沟通。

1. 浅层沟通

浅层沟通是指在管理工作中必要的行为信息的传递与交换,如管理者将工作安排传达给部属,部属将工作建议告诉主管等。企业的上情下达和下情上传都属于浅层沟通。

浅层沟通具有以下特点:① 浅层沟通是企业内部信息传递工作的重要内容,如果缺乏浅层沟通,管理工作势必遇到很大的障碍;② 浅层沟通的内容一般仅限于管理工作表面上的必要部分和基本部分,如果仅靠浅层沟通,管理者无法深知部属的情感、态度等;③ 浅层沟通一般较容易进行,因为它本身已成为工作的一部分内容。

2. 深层沟通

深层沟通是指管理者和部属为了有更深的相互了解,在个人情感、态度、价值观等方面较深入地相互交流。有目的的聊天或者交心、谈心都属于深层沟通,其作用主要是使管理者对部属有更多的认知和了解,以便依据适应性原则满足他们的需要,激发他们的积极性。

深层沟通具有以下特点:① 深层沟通不属于企业管理工作的必要内容,但它有助于管理者更加有效地管理好本部门或本企业的员工;② 深层沟通一般不在企业员工的工作时间内进行,通常在两人的私人时间内进行;③ 与浅层沟通相比较,深层沟通更难以进行,因为深层沟通必然要占用沟通者和接收者双方的时间,也要求相互投入情感。

二、单向沟通和双向沟通

根据沟通方向的可逆性与沟通时是否出现信息反馈,可以把沟通分为单向沟通和双向沟通。

1. 单向沟通

单向沟通是指没有反馈的信息沟通,例如电话通知、书面指示等。单向沟通仅朝着一个方向沟通,信息的发送者和接收者的地位不变。其优点是速度快、无干扰、秩序好,但是由于没有反馈,接收率较低,接收者容易产生抗拒、挫折和埋怨的心理。严格说来,当面沟通信息总是双向沟通,因为,虽然沟通者有时没有听到接收者的语言反馈,但从接收者的面部表情、聆听态度等方面就可以获得部分反馈信息。

2. 双向沟通

双向沟通是指有反馈的信息沟通,如讨论、面谈等。在双向沟通中,沟通者可以检查接收者是如何理解信息的,也可以方便接收者明白其所理解的信息的正确性,并可要求沟通者进一步传递信息。双向沟通是信息流动方向可逆的来回反馈式沟通,信息发送者和接收者之间的地位不断变化。其优点是沟通气氛活跃、有反馈、接收率高,但缺点是速度慢、信息发送者的心理压力较大。

三、正式沟通和非正式沟通

根据程序是否经过组织事先安排,沟通可分为正式沟通和非正式沟通。

1. 正式沟通

正式沟通是指商务谈话、发言、产品演讲、商务信函、备忘录等沟通活动。正式沟通在组织中起到非常重要的作用,它对组织的内部活动及其对公众的外部形象或是公共关系均有着直接的影响。

正式沟通的显著特征在于其严肃性和精确性。因此,正式沟通要求沟通者事先做好准备。比如,用书面的形式进行正式沟通时,所写内容的调子、结构、用词甚至于标点符号,都会对正式沟通产生重要的影响。但正式沟通也并不意味着一定要长篇大论,事实上正式沟通的关键之处在于它的正式性:对正式沟通中发出的每一则信息,发送者都要负全部的责任,这才是正式沟通的本质所在。

2. 非正式沟通

非正式沟通和正式沟通不同,它的沟通对象、时间及内容等各方面都是未经计划和非正式的。其沟通途径是通过组织成员的关系,这种关系超越了部门、单位以及层次。

有人把非正式沟通称为"内部传递",它存在于几乎所有组织的各个层面上。"内部传递"属于企业沟通的一部分。实际上,在所有的组织中员工们都希望了解那些与其个人需求有关的信息,但如果正式渠道不能满足他们的需求或是管理层对此没有作出任何反应,那么他们自然会把注意力集中到内部渠道上来。企业应该寻找适当的方式,充分发挥非正式沟通的正面作用,减少负面作用。

四、言语沟通和非言语沟通

根据信息载体的异同,沟通可分为言语沟通和非言语沟通。

1. 言语沟通

言语沟通建立在语言文字的基础上,又可细分为口头沟通和书面沟通两种形式。

口头沟通是传递信息含义的最基本形式,它具有很多优点。首先,沟通者可以立即发问以澄清含糊之处,因此可以将误解发生的可能性减至最低程度。其次,它使沟通者能依据对方的面部表情来调整自己语速、语调等,从而提高沟通的效果。此外,当许多人需要在一起进行协商时,口头沟通方式效率最高。最后,大多数人都喜欢面对面的人际沟通,因为这种方式轻松、活泼,令人感到自如、温暖,而且能增进友谊。口头沟通的不足之处在于它无法留下书面记录,有时还浪费时间甚至于很不方便。

书面沟通包括了大多数沟通形式,像文件、公告、备忘录、电子邮件、传真、信件、报告、建议、指导手册,均属于这一范畴。书面沟通也具有非常明显的优点。首先,书面沟通能保持长久的记录,对于现在日益增加的诉讼问题和广泛的政府管理来说,这是必需的。其次,采取书面而非口头的方式能够使沟通者仔细考虑、精心组织信息。另外,这种方式还很方便,书面信息可在沟通双方方便的时候构思和阅读,在需要的时候还可以再看一看。当然,书面形式也有缺点。它要求做精心的准备,并对沟通信息的接收者、沟通可能出现的预期结果保持高度的敏感性。书面信息的另外一个缺陷是准备起来比较麻烦,并且需要良好的写作技能。

2. 非言语沟通

非言语沟通是指通过某些媒介而不是讲话或文字来传递信息。美国的伯德·惠斯特尔认为,在绝大多数情况下,语言交流仅仅表达了我们思想大约 $30\%\sim35\%$ 的部分,而 65% 以上的信息是由非言语的形式传递的。另一位心理学家梅拉比认为:“交流的总效果 $=0.07$ 言语 $+0.38$ 音调 $+0.55$ 脸部表情。”这是他在系列实验研究基础上得出的结论。不论这些研究的效度和信度怎样,它至少说明一点:即非言语沟通是人类的一种重要的交往方式。

一般地讲,非言语沟通可以伴随语言的沟通出现,也可以单独出现。非言语的信息主要是通过面部表情、身体姿势和外貌传递的,也可通过与交往范围内的其他人的空间安排来传递。伴随口头语言的非言语行为能够改变、扩展、否定或增进口头的信息。

各种形式的非言语沟通都有四个共同特点:① 很多非言语沟通对我们所隶属的文化或亚文化来说是独有的;② 非言语信息和言语信息可能是相互矛盾的;③ 很多非言语沟通是在下意识中进行的,即我们通常没有意识到它;④ 非言语沟通展现出情感和态度。

辅助语言是由伴随着口头语言的有声暗示组成的。包括人们讲话的速率、音调、音量、声音补白、质量。成功的沟通者善于利用形体动作、形体语言、眼睛中的信息、吸引力、服装空间和距离时间等因素来发出和获取有用信息。

五、个体沟通、群体沟通、组织沟通

根据沟通主体不同,沟通可以分为个体沟通、群体沟通和组织沟通。

1. 个体沟通

个体沟通是指沟通的主体为不同的人。其中自我沟通是个体沟通中最为独特的一种,是个体与自身的沟通。自我沟通是一个认识自我、提升自我和超越自我的过程。一个人对自我的知觉往往是在与别人进行对比中进行的。一般来说,一个人自我沟通的过程具有一定的内隐性,但同时由于能独立地评价自我,所以也具有一定的可控性。自我沟通可以有效地认识自我,也可以通过有效的自我暗示方式来开脱和提升自我。自我沟通是人际沟通的基础。

另外,个体沟通中还包括人际沟通。人际沟通是个体与他人之间的沟通,是人与人之间的情感、情绪、态度、兴趣、思想、人格等特点相互交流和相互感应的过程。通过人际沟通,个人发出关于自己的个性心理的某些特征,同时也可以收集到他人心理的、个性的特征,是一个双向的过程和关系。

2. 群体沟通

当沟通发生在具有特定关系的人群中时,就是群体沟通。沟通也是群体成员交流感情的方式。群体成员在共同工作、生活的过程中,可以利用沟通来表达各种情感,无论是成就感还是挫折感,无论是满意还是不满意,还有焦虑与压力,都会在沟通中表达出来,这样做一方面满足了他们社会交往的需要;另一方面不良情绪的宣泄也可以缓解工作的压力。

3. 组织沟通

组织沟通是涉及组织特质的各种类型的沟通。它不同于人际沟通,但包括组织内的人际沟通,是以人际沟通为基础的。一般来说,组织沟通又可以分为组织内部沟通和组织外部沟通。其中,组织内部沟通又可以细分为正式沟通和非正式沟通;组织外部沟通则可以细分为组织与其他外部个体以及群体(如社区、新闻媒体等)之间的沟通。

六、内部沟通和外部沟通

根据沟通主体范围的不同,沟通可以分为内部沟通和外部沟通。

1. 内部沟通

内部沟通主要是在沟通主体内部进行的沟通,商务人员如果对此缺乏了解,就很难做到在组织内进行有效的沟通。内部沟通包括下行沟通、上行沟通和平行沟通。

(1) 下行沟通

下行沟通指由上往下的沟通,即从管理层到基层的沟通。在内部沟通的三种类型中,下行沟通起着主要的作用,如发布指令、作出决定、提出建议、发出通知等。下行沟通可以采用书面的形式也可以采用口头的形式。

下行沟通在组织中的作用主要表现为:给员工下达工作过程中的指令;向员工说明公司所面临的实际状况,并澄清一些在员工中流传的可能的疑问甚至谣言;通过告知员工相关的信息,向员工征询必要的反馈,这些意见和建议可以帮助管理层对内部的决策进行调整和修正。

在下行沟通的过程中,信息来自管理层,因此总带有权威性并有一定的影响力。所以,管理层所发出的指令、备忘录或报告要尽可能地做到清楚、精确。至于选择什么样的渠道,一般要根据情况而定。某些时候面谈可能比其他的方法更有效,因为管理者可以从与下属的交流过程中了解更多的信息;而在其他的情况下,备忘录则是比较好的选择,因为它对既定的接收者来说会起到一种提醒的作用。因此,在下行信息实施之前,管理者要根据实际情况为其选择恰当的渠道。

（2）上行沟通

上行沟通指逆向的沟通过程,指信息从下一级往上一级甚至往最高层的传递过程。上行沟通可能因上司的要求而产生——管理层希望了解下属的汇报和下属的看法,也可能是员工们主动向管理者提出意见和建议。

上行沟通使管理层能够听到下级的看法,这对管理层来说是非常有益的,他们可以以此来检查其决策的正确性和合适性,以便日后能够提高其下行沟通的质量。然而,上行沟通要员工自觉自愿才有价值,对管理层来说,如果他们确实看重上行沟通所传递的信息,就应该制定一定的措施来对此加以鼓励。比如,设立合理化建议奖。

（3）平行沟通

平行沟通指在企业内部的同一层面间的信息传递。平行沟通的特点是:随意、亲密、迅捷。部门之间的交流在企业内部是典型的平行沟通形式,企业的发展需要部门之间进行信息的交流。位于同一层面的员工也经常随意地相互交换信息,最近的新闻以及评价等,这样的沟通便捷可靠。

平行沟通有时因其所具有的非正式性而被管理层所忽略。事实上,平行沟通形式上虽然随意,但在内容上却是严肃的。平行沟通具有双重特征——如果适当引导,它在协调公司内部的想法和建立公司的企业文化方面可以起到积极的作用;反之,它亦可对处在特定层面员工的士气产生消极的影响。

2. 外部沟通

外部沟通是指沟通主体与环境中的其他主体之间的沟通过程。一个企业不可能不与其他企业或个人沟通而独立存在。为使其外部沟通更为出色,不少公司设立了公共关系部,其一般具备两个职能:一是尽其最大的努力,让公众知道该公司的存在。出于这一目的,公关人员必须接触各种人群,从顾客、投资者、银行家到政府官员、媒体人士等。二是公关人员经常将他们从公众那里了解到的信息提供给管理层参考。

企业外部沟通的另一重要方面在于企业与个人,比如与消费者和股东之间的沟通。今天的个体消费者对服务的质量尤为挑剔,许多公司都把"顾客满意"作为企业努力的目标,所以很多公司的代表要定期走访其客户,以了解他们的意见及对产品的需求。同样与股东的沟通也非常重要,通过沟通可以让股东对公司的运作给予更多的支持,也可以给股东更多的回报。

七、同文化沟通和跨文化沟通

根据沟通主体的文化背景的不同,沟通可以分为同文化沟通和跨文化沟通。

不同文化背景的人在历史传统、思维方式、思想观念、生活环境、宗教信仰等方面存在明显的差异。跨文化沟通指的是发生在不同文化背景下的人们之间的信息和情感的相互传递过程。它是同文化沟通的变体,相对于同文化沟通而言,跨文化沟通要逾越更多的障碍。随着经济全球化的进程不断加剧,商务组织的跨文化活动日益频繁。不同文化背景的商务人员了解相关的跨文化沟通的知识和技巧,掌握不同文化之间的差异,可以在沟通的过程中减少不必要的摩擦和麻烦,从而提高工作效率。

— 小贴士

沟通方式的选择

采用什么样的方式来进行沟通跟组织的规模有很大关系。如果组织的规模比较小,大量的沟通一般是通过口头的和面对面的交流实现的。然而,随着组织规模的扩大,更多信息交流需要采取书面的形式。组织在选择沟通方式的时候除了考虑规模的因素外,还要考虑组织所在的环境和任务的特征以及沟通的传统等。在这个方面没有统一的定则,适合自己的才是最重要的。

没有一种最佳的沟通方式,好的沟通效果是综合运用多种沟通方式的结果,取得良好沟通效果的关键是针对实际情况选择正确的沟通方式。

第四节　商务沟通发展的新趋势

随着世界经济由工业经济向知识经济的快速转变,企业面临的竞争环境日趋动态、复杂,不确定性也逐步增多。为了在复杂多变的环境中灵活运转以便在全球的竞争中获胜,企业进行管理方式的变革已经成为历史的必然趋势。

企业改变传统的组织结构方式,由等级制向扁平化和网络化方向发展;工作方式也发生了很大的变革,团队工作和小组工作的方式得到了普遍的采用;为克服资源的短缺,公司向海外扩展市场,赢得发展和壮大自己的机会,跨国经营已经成为不可逆转的时代潮流,公司将在跨国沟通上花费更多的时间和精力;同时由于员工素质和知识水平的提高,他们要求参与管理的意识也空前高涨,现代员工具有传统员工所没有的独特性质,对他们的激励和沟通需要新的方式和技巧;未来员工的晋升和发展都越来越跟自己的沟通能力息息相关,沟通能力成为职业生涯发展的关键技能,也成为企业评定员工的指标。这些都是企业未来沟通的重点和难点。

无论企业是转变组织结构还是改变自身工作方式，沟通的好坏直接关系到企业运行的成败。在新的经济条件下，未来沟通面临的问题还是很多的。总结起来，组织未来的沟通重点主要表现为如下几个方面：

一、组织结构扁平化与员工普遍参与管理

目前，西方许多企业的组织结构已经开始改变，由传统的层级制向扁平化、网络化的方向转变。所谓组织结构扁平化，就是通过减少管理层次、裁减冗余人员来建立一种紧凑的扁平型组织结构，使组织变得灵活、敏捷，提高组织工作效率。

扁平化的组织结构较好地解决了传统组织结构中的沟通层级过多、沟通链条太长带来的沟通效果不尽如人意的缺陷。但是，传统组织结构中的同一层级内部沟通以及企业不同层级之间的横向沟通问题仍然困扰着企业的管理人员。

随着中间管理层的减少和员工素质的普遍提升，越来越多的雇主希望员工参与管理、计划以及决策过程，越来越多的员工本身也非常渴望对自己从事的工作具有更大的发言权。员工普遍参与管理就使得组织内部对信息的分享程度的要求不断提高。在对员工授权的同时，如何向员工传递更多的信息，如何加强员工对工作的结果、成本和组织现有的绩效等有明确的了解，怎样鼓励员工进行信息分享，并改善交流与沟通的环境，为员工之间与企业内部的沟通、交流提供支持，这些都直接或间接与组织内部的沟通有关。

二、团队工作的普遍采用所带来的沟通问题

现代企业的另外一个显著的特点就是团队工作的普遍采用。据统计，各种行业中80％的雇主选择了以质量小组和工作团队为基础的管理体制，以增强员工的自我管理意识。

伴随着团队工作的普遍采用，团队在组织管理中发挥着越来越重要的作用，组织内部的团队在管理变革中担当了越来越重要的角色。团队成员在知识、能力、兴趣、爱好、信仰、价值观等许多方面都具有很大的差异。随着劳动力资源的全球配置，团队成员的组成更加复杂，不同成员可能来自不同的文化背景，这些特征上的差异给团队成员之间以及不同团队间的沟通设置了障碍。当下企业面临的挑战是提升团队的绩效，这就必须解决团队的沟通难题，沟通成为团队绩效提升的瓶颈。

三、经济全球化给跨文化沟通带来难题

经济全球化的迅猛发展使世界变成了地球村。公司特别是跨国经营的公司要想在国际竞争中获得优势，尤其要面对跨文化沟通的压力。国家、种族及文化背景的差异使得企

业在全球化进程中遇到了各种各样的沟通障碍,影响了企业的发展。分析沟通障碍的来源,研究如何消除沟通障碍,在全球化企业管理中变得越来越重要。

跨文化公司的分公司与总部之间的沟通问题、分公司内部人员之间的沟通问题、分公司与其所在国其他组织和企业间的沟通问题以及跨文化公司的分公司与当地公众环境间的沟通问题都成为困扰跨国公司的难题。

员工队伍的多元化使得越来越多的公司在沟通方式的选择上更加小心翼翼。由于年龄、性别、种族、民族、宗教、阶级和健康状况等在个体之间的差异非常巨大,伴随着经济全球化和资源在世界市场上的配置,人力资源在全球流动的自由度越来越高,在整合来自不同文化背景的员工中,公司的跨文化沟通能力非常重要。

四、沟通技能成为测评员工能力的重要项目

从 20 世纪末开始,人们工作的环境已经发生了巨大的变化。环境的复杂、动态对人的不同技能提出了较高的要求。但是在企业发展的每一阶段都需要人们具备良好的沟通技能。对新经济形势下的知识员工来说,作为工作的基本技能之一的沟通技能就显得尤为重要。

员工能够在写作、谈话中有效地表达出自己的思想是现代企业对员工沟通能力的一条基本要求。随着公司裁员和权力的分散化,团队工作方式在更大范围内获得应用,这就需要团队成员能够在一起工作,能够共同识别问题、分析可供选择的方案,并给出最终的解决方案。他们要能向其他成员"兜售"或者交流自己的意图。即使从事技术工作,也同样需要沟通技能。国际四大会计师事务所的首席执行官将沟通技能列在了会计行业取得成功所必须具备的三项基本技能的首位。而且随着跨国公司在全球市场的扩张和整个国家劳动者队伍组成的多样化,与不同文化背景的员工进行沟通变得非常普遍,这就需要有敏锐的观察力。

当员工在工作中获得提升时,沟通技能就会显得更加重要,有时决定能否获得提升的首要因素可能就是沟通能力了。一个人沿着晋升的梯子向上爬得越高,口头与书面的沟通技能也将比技术能力显得越重要。这是因为经理人员的大部分时间会用来进行诸如指挥、授权、评价、澄清事实和合作等沟通活动。可见,无论是对企业经营绩效的提升还是个人职业生涯的成功,良好的沟通能力都是必不可少的。提升员工的沟通能力既是员工个人的责任,也是企业进行员工培训的重要内容。

五、商务沟通日益面临道德约束问题

我们倡导进行积极的、健康的信息沟通,双方的沟通以不损害第三方的利益为道德基准,反对那些为了私人利益而损害他人的沟通行为。

普遍的道德守则如诚实、正直仍然能够指导我们的沟通行为。同时呼吁企业谨慎对

待商务沟通中所需要涉及的一些具有商业秘密的信息和掌握这些信息的职位和个人,必要的时候,为维护正当的权益,双方可以签署保密协议。

小案例

刘强的烦恼

刘强是一家国企的研发人员,他的同窗好友陈豪供职于一家外资企业,而且在业务上两家企业具有相当的竞争关系。作为同窗好友又同在一个城市工作,业余时间聚会聊天是少不了的。可是,刘强在跟陈豪的交往中经常感到很困惑:不知道无意中两个人对工作的谈论有没有违背公司的利益,毕竟他是公司的技术骨干,掌握很多有价值的信息。他害怕陈豪会问起他最近开发的新项目,总感觉陈豪是故意的。经常不由自主地想,如果陈豪问起来,我应该把数据和最近的进展告诉他么?有意回避讨论工作上的事情会不会引起老同学的反感?

刘强的担心并不是多余的,因为很多的竞争情报就是通过这样的人际交往的渠道被对手获得,因而很多公司也告诫员工在私人交往中要注意,不要把重要的信息透露给竞争对手。大多数情况下,如果我们面对的是一个完全陌生的人,我们会做到守口如瓶,维护公司利益,但是面对我们亲密的朋友、爱人的时候,可能就要受到强烈的私人感情的影响。

这些对内的、对外的沟通都涉及道德选择的困难,很少有人在面临这些困境仍然作出正确的选择。这一选择受个人的道德准则和社会对不道德行为的压力的大小等无形因素的影响。正是由于很多不道德的沟通使得公司蒙受了巨大的损失,侵害了消费者的利益。因而在沟通中倡导道德原则,提倡高水平的道德沟通十分必要。

【问题讨论】

1. 什么是沟通?请列举出三种比较典型的定义。
2. 什么是商务沟通?商务沟通的一般流程是什么样的?
3. 简要说明沟通过程中可能的干扰因素。
4. 请指出三种沟通的分类方法。
5. 请简要描述商务组织的沟通功能。
6. 未来组织的商务沟通面临什么样的变革?
7. 在您看来,沟通技能对您未来的职业会产生怎样的影响?
8. 您认为沟通中需要遵守道德准则吗?请举例谈谈您自己的观点。

【沟通实践】

假如您是某房地产公司的人力资源部经理,您刚刚招聘了一批应届大学毕业生到本公司从事房地产的销售工作。公司的人事副总要求您在他们正式上岗工作之前做一次入职培训。您考虑决定给年轻的大学生们讲讲商务沟通的重要性在本公司的体现。您现在要做的是从您日常的生活中寻找相关的案例,这样使他们更有助于认同和了解。请简要地写一个您的发言概要。

【沟通游戏】

游戏名称:看不见与说不清。

游戏目的:了解组织不同的角色的情境,认识沟通中的要素。

游戏角色:

(1)3名学员扮演工人,一起被蒙住双眼,带到一个陌生的地方;

(2)有2名学员扮演经理;

(3)1名学员扮演总裁。

游戏规则:

工人可以讲话,但什么也看不见;经理可以看,可以行动,但不能讲话;总裁能看,能讲话,也能指挥行动,但却被许多无关紧要的琐事缠住,无法脱身(他要在规定时间内做许多与目标不相关的事),所有的角色需要共同努力,才能完成游戏的最终目标———把工人转移到安全的地方上去。

游戏准备:

不同角色的说明书以及任务说明书。任务说明书可以由培训师根据情况设计,关键是游戏中总经理要有许多琐事缠身。

游戏体会:

组织中上下级的沟通是非常重要的! 游戏完全根据组织现实状况而设计,总裁并不能指挥一切,他只能通过经理来实现企业正常运转;经理的作用更为重要,他要上传下达;而工人最需要的是理解和沟通。这个游戏让学员深刻地认识到,以后在工作中遇到问题,一定要以“角色转换”的心态来对待。

第二章 组 织 沟 通

类似的例子可能在每个公司都发生过,因为公司本身就是一个合作的组织,大家都是为了这个组织工作,在这样的组织中,沟通的效率高低和组织运行的效率高低有着直接的关系。以上的案例中如果行政部经理和工程部经理能进行有效的沟通,那么类似的矛盾就不会产生了。因此,在组织中,建立有效的沟通机制是非常必要的。

在本章中,您将学习到以下内容:

➤ 组织沟通的含义以及影响组织沟通的影响因素
➤ 沟通中的有效倾听
➤ 有效运用沟通中的非言语信息
➤ 组织沟通的策略

第一节 组织沟通概述

组织沟通是指与组织特质相关的各种类型的沟通。依据不同的分类标准,组织沟通可以分成很多类型,不同组织的内部沟通通常采用不同的沟通渠道和沟通形式,组织在沟通中会受到各种因素的阻碍而使沟通难以顺利进行,由于这些因素的影响和作用,组织中的人们也常常会陷入一些沟通的误区之中。以组织本身为边界,组织沟通可以分为组织外部沟通和组织内部沟通。

一、组织的外部沟通

组织是生活在社会这个大系统中的一个子系统,在组织的生存与发展过程中,它时刻需要与周围的其他子系统进行交流,从事着物质、能量、信息的交换。

与组织相关的外在子系统都是组织沟通的直接的或者潜在的沟通对象。组织的外部沟通对象包括政府、其他组织、公众与社区、新闻媒体,如果是营利性组织还包括股东、供应商、客户以及竞争对手等,如图 2-1 所示。以下就以企业为例来说明组织的外部沟通环境和沟通对象。

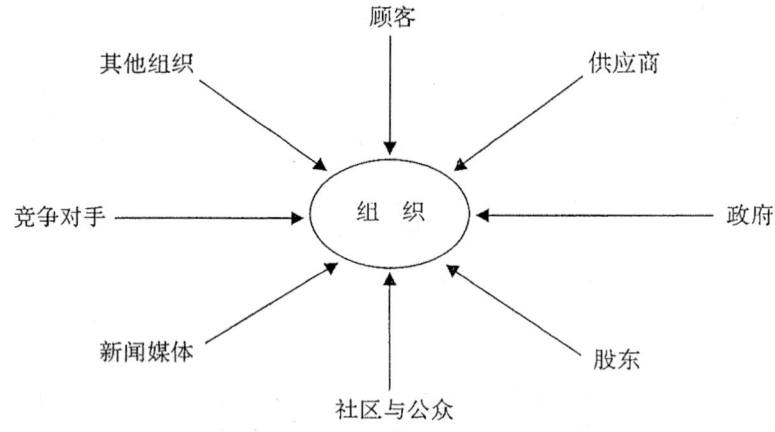

图 2-1　组织外部沟通的对象

企业与外部的沟通对象主要包括与顾客、供应商、新闻媒体、社区与公众、政府部门、竞争对手等。外部沟通的主要目的是希望与对方达成共识,取得一个双赢的结果。对于供应商和顾客,最主要的目的是建立长期互信的关系。所以沟通的方式,必须考虑如何双赢,通过沟通消除对方疑虑,建立信任基础。

企业的外部沟通中,最主要的是与客户的沟通,其中直接的沟通起到非常重要的作用。在谈判过程中,谈判者扮演着一个很重要的沟通角色,客户不能直接看到你的公司,他看到的只是你这个人,怎样说服客户,让客户对你产生信任,进而信任你所代表的公司,都要靠沟通。

与供应商的沟通也同样重要,因为两个企业之间的竞争,也是两条供应链之间的竞争。很多企业在与客户的沟通中,通常能做到这一点,但在与供应商的沟通中,往往自以为是买方市场,忽视了平等、双赢的原则,从而导致在关键时刻,比如整个市场供应趋紧的时候或者企业资金周转困难的时候,得不到供应商的支持而使企业无法正常运转。

企业与其他外部对象的沟通也同样重要,而且在不同类型的组织中发挥的作用也不同。企业应本着真诚的态度,与这些外部对象进行沟通。

二、组织的内部沟通

组织是一个结构化的次级架构,它有着自己的等级,分成不同的部门,不同层级之间和各个部门之间以及组织成员之间的沟通都属于组织的内部沟通。组织内部沟通渠道可以分为正式渠道和非正式渠道,两种渠道都具有不同的形式。

1. 正式渠道的沟通形态

(1) 链型沟通

链型沟通表现在组织多层次结构中,如图 2-2 所示,信息逐级传递,只有上行沟通和下行沟通,居于两端的人只能与其相邻的一个成员联系,而居中的人则可以分别与相邻两端的成员沟通信息。在这种形式中,信息经层层传递、筛选,容易失真,各个信息传递者接受的信息差异很大。

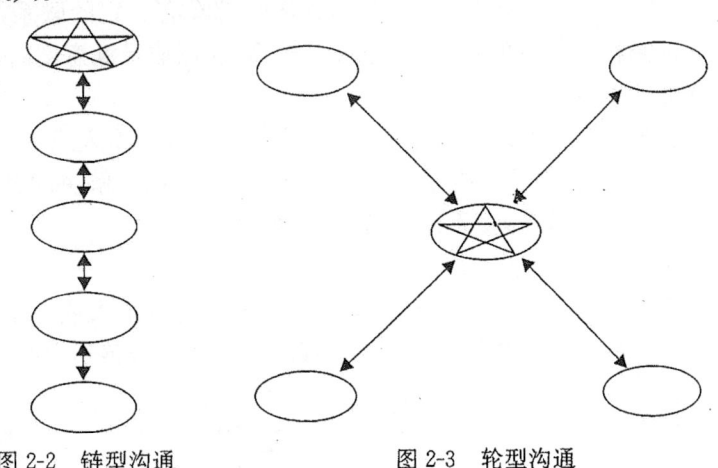

图 2-2　链型沟通　　　　　　图 2-3　轮型沟通

(2) 轮型沟通

轮型沟通表示一个管理者与多个下属进行沟通,如图 2-3 所示,而多个下属之间没有相互沟通现象,如图 2-3 所示,属于控制型网络,其中只有一个成员是各种信息的汇集点与传递中心。这种方式集中化程度高,解决问题的速度快,中心人员的预测程度高,但沟通的渠道少,组织成员的满意程度低,士气低落。

(3) 环型沟通

环型沟通表示多个人之间的沟通,管理者对两个下属进行沟通,而两个下属又分别对各自的下属进行再沟通,基层又相互沟通。其中,每个人都同时与两侧的人沟通,如图2-4所示。在这种方式中,组织的集中化和预测程度都比较低,畅通渠道不多,组织中成员具有较为满意的联络,士气高昂。当然,环型可以发展为多环型,如图 2-5 所示的四环型。

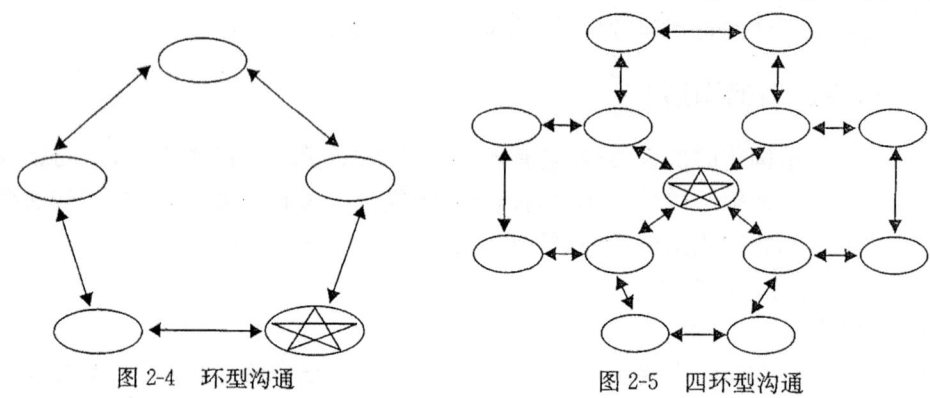

图 2-4　环型沟通　　　　　　　图 2-5　四环型沟通

（4）全渠道型沟通

全渠道型沟通表示每个人与其他人自由地相互沟通,并没有明显的中心人物,如图2-6 所示。这是一个开放的网络系统,每个成员之间都具有一定的联系,彼此了解,集中度与主管人员的预测程度都较低,由于沟通渠道较多,所以成员满意度高,合作气氛浓厚。

（5）Y 型沟通

Y 型沟通表示为多个层次的逐级沟通中,两位上级通过一个人或一个部门进行沟通,这个人成为沟通的中心,如图 2-7 所示。该形式集中化程度高,解决问题的速度快,但组织中成员的平均满意程度较低,易于造成信息曲解或失真。

（6）倒 Y 型沟通

倒 Y 型沟通表示在多个层次的沟通中,一位上级通过一个人或一个部门进行沟通,和 Y 型大同小异,作为"瓶颈"的这个人或这个部门一定要十分善于沟通,如图 2-8 所示。

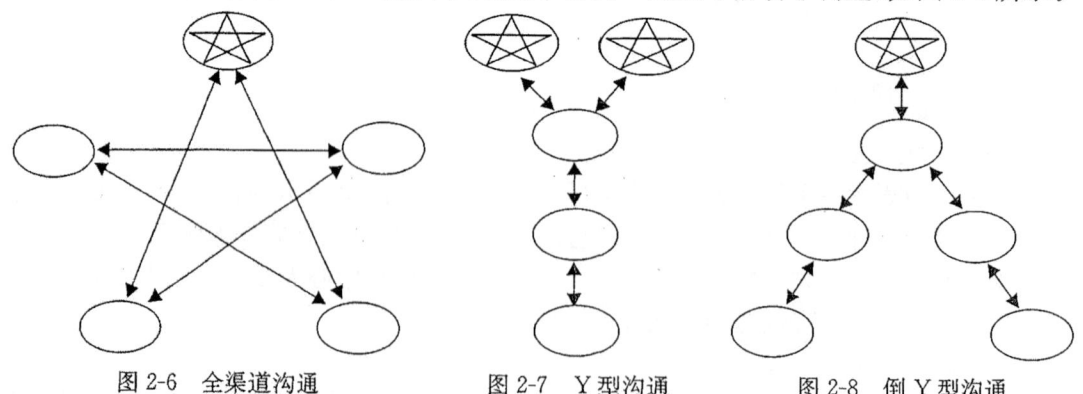

图 2-6　全渠道沟通　　　　图 2-7　Y 型沟通　　　　图 2-8　倒 Y 型沟通

不同的沟通渠道有着自身不同的优势,可以从解决问题的速度、信息的精确度、组织化、领导人的产生、士气和工作变化弹性等几个方面对各种正式沟通渠道作一个比较,如表 2-1 所示。

表 2-1

沟通类型的比较

沟通类型	沟通速度	信息精确度	沟通主体的权威性	员工士气	工作变化弹性
链型	较快	较高	较显著	低	慢
轮型	快	高	显著	很低	较慢
环型	慢	低	不发生	高	快
全渠道型	最慢	最高	不发生	最高	最快
Y 型	较快	较低	会易位	不一定	较快
倒 Y 型	较快	较低	会易位	不一定	较快

2. 非正式渠道的沟通形态

非正式沟通作为人在最自然的状态下采取的沟通方式,它的形式分为如下几种:

(1) 单串型沟通

单串型沟通表示信息在非正式通道中依次传递,即一人传递,第一个人转告给第二个人,第二个人将消息转告给第三个人,以此类推,如图 2-9 所示。

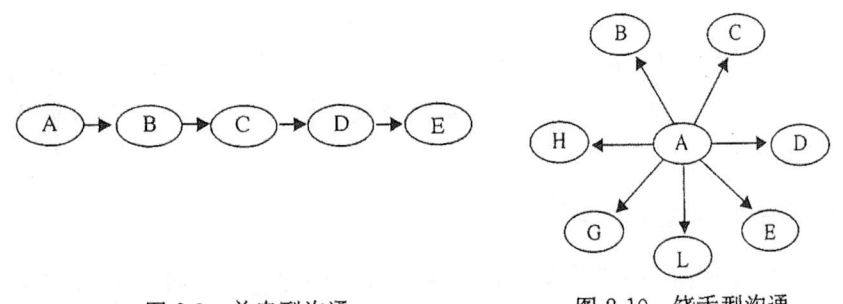

图 2-9 单串型沟通   图 2-10 饶舌型沟通

(2) 饶舌型沟通

饶舌型沟通是指信息由一个人告诉其他所有人,如图 2-10 中,A 是非正式渠道中的关键人物。

(3) 集合型沟通

集合型沟通是指在沟通中,可能有几个中心人物,由他们转告若干人,图 2-11 中 A 将信息传递给特定的 B、C、D,再由他们传递出去。

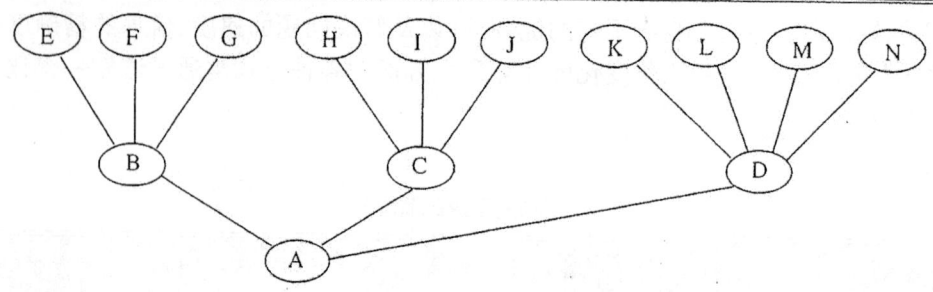

图 2-11　集合型沟通

（4）随机型沟通

随机型沟通是指信息由 A 随机传递给某些人，这些人又再随机地传给另一些人，即信息的传递者想把信息告诉什么人便告诉什么人，并没有一定的中心人物或者选择性的传递。

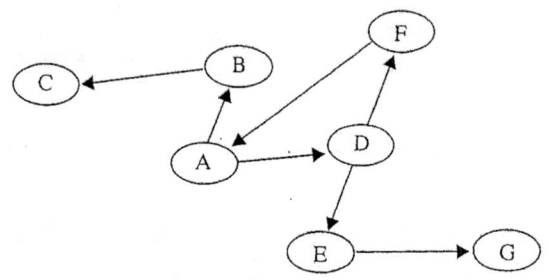

图 2-12　随机型沟通

任何一种沟通渠道都存在优点和缺点，关键在于组织管理者的使用和匹配的技巧。对沟通渠道的选取：一方面取决于组织的实际情况；另一方面也要结合沟通渠道自身的特点。

三、影响组织沟通的因素

大多数组织的沟通效果都不尽如人意，很多理论研究者和管理实践者都在探讨切实改进组织沟通的各种方案，提升组织沟通的技巧，以增强组织沟通的能力。

解决问题之前，首先要分析组织沟通的障碍究竟是什么，有哪些因素在影响组织的沟通效率与效果。一般，影响组织沟通的因素主要有三种：一是有关沟通双方个体的因素，包括沟通主体的心理、行为等因素；二是有关组织本身的因素，如组织采取什么样的结构、组织文化是否优秀，以及组织是否具有良好的沟通氛围；三是有关组织的社会环境，组织所在的社会是否倡导沟通的工作方式，是否鼓励人与人之间的互动。

1. 沟通个体的因素

（1）个体之间的生理差异

沟通主体之间的一些生理差异因素可以给沟通带来很大的影响，男性和女性的沟通风格基本上是天然就存在的，而且人与人之间在生理结构上存在着知觉偏差。因而，在组织沟通中，应该考虑到对不同的沟通主体采用相宜的沟通方式。

（2）沟通者的心理障碍

有的人天生怕与陌生人沟通，有的人总是对沟通的后果顾虑重重、患得患失，造成这种心理状态的原因是沟通双方在组织中的权利与地位上的不对等给沟通者带来的压力。还有的人具有思想上的偏见，往往有对信息进行过度加工的倾向。所有这些的心理状态都不能带来好的沟通效果。

（3）沟通能力的因素

人所具有的观察能力、理解能力与表达能力存在差异，因而人的沟通能力有高低之分。在能力相差较大双方的交流中出现沟通障碍是常有的，所谓曲高和寡，知音难觅就是这个原因。

组织沟通的很大部分是以语言为载体，它在双方的言语交流中实现，操纵不同语言进行交流本身就存在很大的理解障碍。即使使用同一种语言进行交流，由于沟通者的语言表达能力欠缺，沟通的效果并不理想。沟通者不知道说什么，如何说或者说得不准确、不到位、含混不清以及使用不恰当的语言都是沟通的直接障碍。

（4）沟通的对象、时机与渠道的选择有误

有了需要沟通的内容，但是不知道自己的沟通对象是谁；不知道什么时候说最能起作用，通过什么方式来说等，这些都表示沟通主体对沟通目的并不十分明确，这势必影响到沟通的效果。

2. 组织本身的因素

（1）组织的结构形式

组织的结构形式直接决定着组织内部沟通的方式。在传统的层级制组织结构中，机构设置是按职能划分的。由于组织内部层级繁多，等级森严，不仅使得各部门之间缺乏必要的横向联系与沟通，而且严重阻碍了信息的纵向传递和反馈，使得上级远离下属。

扁平化的组织结构放宽了管理范围，增加了管理幅度，使上级能够直接与下属取得联系，进而使组织内部成员之间、下属与上级之间、工作团队之间的纵向、横向和交叉沟通成为可能。通过全方位沟通，信息传递和反馈在组织内部畅通无阻，从而达到信息资源为组织全体成员共享的最佳状态。此外，组织层级的减少还可以大大降低信息传递的失真率，提高组织内部的沟通效率。

（2）参与的群体

组织中包含着不同的参与者，按照各自的关系可以分成不同的种类，他们在组织中担任不同的职位，有着不同的功能，扮演不同的角色。不同角色之间的主要差别是地位与权利的不同,这些因素制约了沟通者对沟通对象、内容、方式和方法的选择。

上级可以拍着你的肩膀说:"好好干活啊!"但是你绝对不会拍着你的上级肩膀说这样的话,此时你的沟通就受到了对方职位因素的影响。在组织内部,一个人(如上级)与他人(如下属)之间权力的不平衡也是沟通的一个潜在障碍。许多上级害怕向下属说明困难、损失以及其他会使自己看起来显得软弱的事情。与此同时,下属也会避免向上级提供那些说明自己缺乏进步、心存沮丧或者组织成员中存在矛盾等方面的信息,他们甚至还会"润饰"自己的报告,以便使自己看起来好像取得一定的成果。

(3) 组织文化因素

组织文化是被广大组织成员所普遍接受的价值观以及由此决定的行为准则,它是组织在过去经营实践中成功经验的总结,体现了组织的记忆。一方面,积极乐观的优秀组织对于营造组织的良好沟通氛围起到非常积极的促进作用;另一方面,不可忽视组织文化带来的团体心理上的惰性,这种惰性妨碍了人际沟通的顺利进行。组织文化使团体成员在长期共同活动中形成的典型心理特征表现为团体的规范、团体压力与凝聚力,但是有时会滋生出组织自身的惰性,使得组织自己将自己孤立起来,听不得对方的意见。

单打独斗、个人英雄主义的工作方式在现今社会是越来越不可取了,相反,团队的分工合作方式正逐渐被各企业认同。管理中打破各级、各部门之间无形的隔阂,促进相互之间融洽、协作的工作氛围是提高工作效率的良方。对一个企业而言,最重要的一点是营造一个快乐、和谐的环境,在管理的架构和同事之间,可以上下公开、自由自在、坦诚沟通。

3. 环境的因素

组织存在于广阔的社会环境中,大环境中人们采用的沟通方式、方法都会对小范围组织中的人们的沟通产生影响。社会倡导什么样的价值观、采用什么样的沟通方式对组织及其成员的价值取向和沟通方式具有显著的影响。日本人不会直接对你说你今天穿的很难看,而美国人就会直截了当地指出来,中国人可能会绕着弯子让你感觉到你衣着的不合时宜之处。

在一个开放、鼓励沟通的环境里面,人们通常积极参与沟通,较为容易获取更多的信息,组织沟通的效果和效率也会较高。而封闭的组织环境对组织沟通具有阻碍作用。组织成员接收到的组织信息较少,他们不知道组织对自己的期望是什么,感觉没有人关心他们,更没有人愿意聆听他们的心声,因而也就没有进行沟通的动力。

第二节　沟通中的有效倾听

倾听能力是我们自幼学会与别人沟通能力的一个组成部分,它保证我们能够与周围的人保持接触;失去倾听能力也就意味着失去与他人共同工作、生活、休闲的可能。我们虽然都在听,可是听的效果却不是那么理想。据权威人士推测,日常生活中的口头信息只有一半左右得到了充分的理解。专家们说我们倾听的效率只有25％，也就是说，在我们听到的话中，有75％的内容被我们忽略、遗忘、扭曲或者误解了。在日常生活中倾听能力较弱可能导致严重的误解，工作时在倾听上的疏忽可能酿成重大灾难。因此，我们有必要来了解倾听，提高我们的倾听技巧。

一、有效倾听的价值

倾听是人体的感觉器官接收口头和非言语信息、确定其含义和对此作出反应的过程，只要我们的耳朵在接受别人传送过来的声音，我们就是在倾听。有效的倾听是指接收信息全面具体，理解信息也很准确的过程。

需要指出的是，倾听过程并不是只有耳朵在担当功能，人体的很多其他器官都与之一起工作，如眼睛、大脑等。在耳朵听到的同时，人的眼睛也在接受从信息源传递过来的视觉信息，大脑对这些感官收集到的信号综合处理，作出反应。

同时，倾听并非是一个被动的接受信息的生理过程，更重要的，它是一个包含了人主动参与的过程。在这个过程中，人必须调动感情、知识、经验和运用已经形成的价值观去进行选择、思考、接收、理解，并作出必要的反馈。倾听的价值可以表现为如下几个方面：

1. 倾听是获得信息的重要方式

沟通是人们日常获取信息的很重要的方式。交谈是人们获得大量有关信息的最主要渠道，因为在交谈中，人们不光是通过听觉媒介获得信息，同时还要调动其他感官去接收言语和非言语传递的信息。

很多时候，你想得到的消息不能够或不方便问出来，这时候就要用到听，在别人的话语中找出有效信息，更好地了解人和事。特别是在讨论问题时，切不可自己夸夸其谈，相反多听别人的意见或建议会给你带来启发，开拓你的思路。日本一家公司在招聘时，就让应聘者聚在一起，然后逐个做自我介绍。介绍结束后，发给每个应聘者一张纸，让他们写下记得的其他人的名字。这就是在考察应聘者听的能力，也就是获取信息的能力。

2. 倾听可以增进人际关系

言多必失，沉默是金。很多情况下多说是没有任何意义的。比如当有客户向你抱怨你的产品是多么不合格的时候，你最好的办法不是夸赞你的产品来反驳他，而是静静地听，他在抱怨什么。

卡耐基曾说："专心地听别人讲话，是我们所能给予别人最大的赞美。"无论对象是谁，你认真地倾听就是对对方的尊重和肯定，别人自然也就喜欢和你说话，良好的关系就建立了起来；而且倾听可以消除彼此间的误会与隔阂，化干戈为玉帛，增进关系。

3. 善听才能善言

在听的过程中，我们理解别人的感情、思想和需要，了解他人的需求，那么我们在与之交谈的过程中才会有的放矢，才能围绕目标，才会有说的内容。不听，就很难明白问题的症结所在,也就无法说服别人。只有一方愿意听,讲的另一方才有说的动力。

在中国古代就有"兼听则明,偏信则暗"的古训,在希腊有句古老的谚语"多听少讲有利于统治国家",这些都说明了上级倾听的重要性。安德烈·莫洛亚说:"领导人应善于集思广益,应当懂得运用别人的头脑。"但是,如果上级不愿意也不善于倾听他人,就不可能出现从谏如流的状况。

4. 倾听才能真正理解他人

有时人们是从抱怨声中发现顾客的需要。可能他的抱怨只是想获得一个更为优惠的折扣,也可能他抱怨的产品真的有问题,但是如果你对他的抱怨不耐烦的话,又怎能找到让顾客满意的方案呢。

倾听的过程,就是一个理解的过程。从对方的语言里我们可以听出他们想告诉倾听者什么,或者想表达怎样的情感或信仰。当人们在公共场所听政治家的演讲,或来自不同信仰组织的辩论时,人们可以在倾听中明确感受到他们的情绪、思想以及他们所支持拥护的价值观。

5. 倾听可以提高工作效率

因为交流失误而导致的商业事故会影响合作双方之间的商务关系;公司内部的工作效率也依赖于员工的倾听能力。听明白命令再做事才能做好事。一般来说,公关公司衡量一个职员有没有工作能力往往看他是否善于倾听,通过认真倾听可以提高领会他人想法和要求的效率。

二、影响有效倾听的因素

虽然我们用大量的时间与精力来倾听,然而,现实中有很多因素会干扰我们的倾听效果。影响倾听的因素主要有:

1. 环境因素

环境因素对倾听的效果影响很大,而且影响方式纷繁复杂。倾听的时间、地点、气候条件、谈话者的衣着打扮、谈话双方的位置远近与讲话者的行为方式等都会以不同的方式影响倾听的效果。

2. 语言表达因素

我们接收到的信息如果是用语言为载体传递的,不同语种的人交流肯定比在同一语言下沟通受到的障碍更多,因为在语言的背后有着不同的文化背景的问题。但即使我们使用同一语言,不同的年龄、职业和教育背景的人使用语言的能力与风格也是不一样的。

第一,如果发送信息使用过分精练的语言,可能导致接收方信息接收太少,很难猜测对方的意图。同时,如果发送信息方在较为短暂的时间里发出了太多的信息,超出接收方理解的能力范围,也不能取得很好的倾听效果。

第二,如果发送信息者使用不恰当的省略、较高频率使用只有少数人理解的俗语、习惯用语、专业术语、生僻词汇等,则发送的信息也难以被人理解。

第三,发送信息者的口头语与体态语不符合的情况也经常困惑倾听的一方,并且干扰其倾听的过程。

第四,发送信息者吐字、发音是否清晰,语言组织的逻辑性是否很强,语言表达能力如何等都会影响倾听的效果。

第五,发送信息者的讲话速度太慢也是一个原因。大多数人以每分钟 150 个单词的速度讲话,而听者却可以以每分钟超过 400 个单词的速度进行处理。这中间存在的时滞就很容易使接收者心不在焉,而它又会反过来降低倾听的效果。

3. 倾听者的理解能力

很少有学校像重视阅读、口头表达和写作能力那样重视倾听能力的培养。我们中的大多数人在接收教育的过程中缺少如何进行有效倾听的训练。倾听者的知识水平、文化素质和职业等,往往决定了其倾听能力的高低,能理解到什么和在多大程度上理解,都是由倾听者过去的实践决定的。

4. 情绪、性格与态度

倾听者抱着尊重对方的态度去听,能收到良好的效果,如果很不情愿地去听,效果往往不理想。倾听者必须在比较平静的心态下倾听他人,试图理解他人,极端的情绪体验会阻碍倾听者进行客观而理性的倾听。倾听者在极度暴躁或者焦虑不安等不稳定的情绪下是不可能很好地倾听的。

倾听者的性格特征影响倾听效果,有些人倾向于用刻板印象去预先设定讲话者,这种假定将导致倾听者偏离正确理解的轨道。控制型倾听者总不愿意倾听而是倾向于说;被动倾听者总不带着有意识和一颗积极的心去倾听,只当信息是耳边风,这些都可能导致沟通过程中的理解错误。

5. 生理差异

由于倾听是感知的一部分,它的效果受听觉器官、视觉器官的限制,如果生理有缺陷,必然会影响我们倾听效果。同时对具有正常听觉功能的人来说,不同的性别对倾听的内容的关注焦点是不同的,男人倾听在于提供建议,女人倾听注重的是一种亲密关系的建立。

6. 选择性知觉

人人都有评估和判断所接收信息的天生倾向。接收者会根据自己的需要、动机、经验、背景及个人特点,有选择地去看、去听信息。有时候人们甚至把自己的兴趣和希望也带入到倾听的过程中来。但是,当一个人在认知失调的状况下,即一个人具有两种或更多互相对立的态度时,就会感到矛盾,不能有效倾听。

7. 文化因素

影响倾听的文化因素里面不仅包含了不同质的文化,同时还包括在同一文化内部的地域差异。不同文化背景的人对事物的理解和评价不同,因而反应也大相径庭。

小贴士

八个不利于职业发展的倾听坏习惯

　　倾听技能是一个极其重要的商业技巧,然而我们周围很多人倾听的能力都表现得很糟糕。如果你不能发现并改掉这些坏习惯,它们就会妨碍你的职业发展。

　　● 容易受说话者外表和讲话方式的影响。能力较差的倾听者往往根据讲话者的相貌、服饰、年龄等来判断讲话者说话的可信性并产生偏见。

　　● 以评价而不是理解的方式倾听。我们常对说话者的观点是否符合自己的个人判断标准进行评价,这样会妨碍我们对说话者传递信息的理解。

　　● 心不在焉地听。我们都知道如何做出一副认真热切倾听的姿态,而实际上什么也没有听。这是最糟糕的倾听习惯。

　　● 不愿听较难理解的内容。这样一来,会使得很多人失去学习新东西和提高倾听能力的机会。

　　● 急不可耐地抢夺发言机会。有些人在听的过程一直在思考着自己要进行什么样的发言,结果他们不能集中精力去听别人都说了些什么。

　　● 假装理解了。因为害怕表现出愚笨、不礼貌或者无知,所以当我们并没有真正理解的时候,我们也可能频频点头。从而失去真正理解主题的机会。

　　● 只听事实。能力较差的倾听者往往注意不到对方语调、眼神等非言语信息的变化,这样可能无法透过对方的言语信息来体会其中的内在的含义。

　　● 不能有效控制注意力。有些倾听者很容易被内外的分心因素干扰。他们不能抑制或排除周围的噪声干扰,也不能抵御自己内心那些影响注意力的念头。

三、提高倾听能力的技巧

　　倾听是一门艺术,它跟其他很多艺术一样,需要不断地练习,技能才会提高。掌握倾听的艺术并非很难,只要克服心中的障碍,从小节做起,肯定能够成功。以下介绍一些有助于提高倾听能力的技巧。

　　1. 检查自身的倾听习惯

　　倾听效果不理想可能因为没有用心去听,也可能由于倾听者存在不同程度的倾听障碍。在学习沟通技巧时应该先了解自己是否存在倾听障碍,有没有倾听的技巧。倾听障碍就是那些阻碍倾听者进行良好倾听的东西,一般是受倾听者个体的心理因素或行为和习惯因素的影响。如倾听者有着严重的心理防御和封闭的思维模式,倾听者总是习惯先说先想而非先听,总是打断别人的讲话等。

人们不愿意仔细倾听的一个重要原因是心理防御。一般地说,人们都不愿意得到坏信息;更有些人经常以自我为中心,本能地排斥坏的消息。人们不愿意仔细倾听的另一个重要原因是一些人具有强烈的个人成见,成见只是一种个人内心的预期,它会阻碍人的思维,阻碍接受正确信息。

通常,人们习惯于关注自我,总认为自己才是对的。在倾听过程中,过于注意自己的观点,喜欢听那些与自己观点一致的意见,对不同的意见往往是置若罔闻,这样往往错过了聆听他人观点的机会。审视自身倾听习惯可以看到自身的优点和缺点,使自己在倾听过程中能够扬长避短。

2. 明确倾听目的

倾听目的是倾听过程的向导,倾听的目的越明确,倾听者就越能够掌握它。预定的目标促使我们积极参与人际交流,主动搜寻自己所要的信息。同时,在目标的驱动下,倾听者会对满足自己需要的信息更加敏感,因而记忆更加深刻,感受更加丰富。根据倾听的目的不同,可以选择是否记笔记。一般来说,除非必要,否则不要做笔记,因为做笔记的过程本身会影响倾听的效果。但是,有选择地记笔记有助于进行有效的提问,只需要提示性的关键字就可以了,没必要记住对方说的每一个字。

3. 创造良好的倾听环境

倾听受到环境的干扰比较大,所以我们要努力创造一个良好的倾听环境。首先,应停止讲话,以做好倾听准备。其次,检查周围的环境是否适于倾听,宽泛的倾听环境不仅包括自然条件因素,而且还包括社会因素,人的心理和生理因素。良好的沟通环境应该达到以下要求:大家能感到平等的环境,能提供必要的安全感,没有威胁性;适当的地点,尽量防止别人的无谓打扰及噪声干扰等;有利于反馈,能够观察到眼睛和面部表情;保证沟通拥有足够的时间;沟通双方平和的情绪、状态和态度等。

4. 保持良好的倾听状态

要做到这一点,倾听者首先要保证没有生理上的不方便与困扰来干扰自己;其次,倾听者应在精神上做好倾听准备,排除杂念,明确自己的偏见可能很大程度上妨碍自己有效倾听,所以,倾听者不应该带有不利于倾听的先见与假设;最后,倾听者应该集中注意力,全神贯注在听的动作上,努力倾听。同时,倾听者可以边听边观察讲话者的非言语信息以辅助自己倾听。

5. 建立信任关系

信任是双方交流的必要前提,信任对方能使得交流具有很大的诚意。在双方关系紧张的情况下,是不会相互真诚地传递信息的,所以,沟通的双方应该敞开心胸,向对方表达交流的诚意。随时注意自己的偏见,不要让它影响了你对信息的全面准确的接收。倾听者应以开放的心态来接受别人的意见;就事论事,尊重对方也是一个独立的个体,谈论的是一个具体的事件,避免批判对方。

　　6. 学会倾听过程中的反馈

　　倾听者提供各种非言语的反馈如各种对方能理解的动作与表情,来表示自己的关注程度,以鼓励讲话者继续。倾听者的反馈对说话的人很重要。讲话人在接收到这些反馈信息后可以及时调整讲话的内容及方式。

　　呈现恰当而肯定的面部表情——肯定性点头、适宜的表情并辅之以恰当的目光接触,向前移动脚步或者身体前倾,接近说话者等无疑显示:您正在用心倾听。

　　提问是一个很好的进行反馈的方式,一方面可以对听到的信息中不明白的地方进行进一步的澄清;另一方面也可以使得讲话者了解听众理解的情况。提问是为了知道彼此在想什么。通过提问的内容可以获得信息,同时可以从对方回答的内容、方式、态度、情绪等其他方面获得信息。倾听中的提问要做到数量少而精,并仅仅围绕谈话内容。

　　小贴士

倾听习惯的好与坏

好的倾听习惯	不好的倾听习惯
● 了解对方心理	● 喜欢批评,打断对方
● 集中注意力	● 注意力不集中
● 创造谈话兴趣	● 表现出对话题没有兴趣
● 观察对方身体语言	● 没有眼睛的交流
● 辨析对方意思并给予反馈	● 反应过于情绪化
● 听取对方的全部意思	● 只为了解事实而听

第三节　沟通中的非言语信息

　　理解对方的含义不仅仅是听他说些什么,眼神、面部表情、身体语言、空间、距离等——所有这些非言语的线索都会影响信息接收者对信息的理解。在一项对沟通的调查中,研究人员发现对一则信息的"看法"只有7%来自言语,而另外多达93%的信息内容均来自非言语信息,其中55%是通过面部表情、形体姿态和手势,38%通过语调。而且在言语和非言语信息相互矛盾的情况下,接收者更信任非言语提示。

一、非言语信息在沟通中的作用

　　非言语沟通,是指用语言以外的,即非言语符号系统进行的信息交流。这种形式一般表现为视—动符号系统(手势、表情、体态等);目光接触系统(眼神、眼色等);辅助语言(说话的语气、音调、音质、音量、节奏等)以及空间运用(身体距离)等。非言语沟通通常不是独立地建立起来的,它往往附属于面对面的口头传递形式,是一种重要的辅助性工具。

1. 非言语信息可以调整言语沟通

非言语沟通和言语沟通一样可以表达感情和情绪,但人们运用言语行为来沟通思想、表达情感,往往有词不达意或词难尽意的感觉。因此,需要同时使用非言语行为来帮助,或弥补言语的局限,或对言语的内容加以强调,使自己的意图表达得更完整、更充分。

2. 非言语信息也能代替言语信息

当两人谈话时,非言语沟通能帮助人们在他人面前恰如其分地表现自己的形象。实践显示,对于一个人的认识很大程度上来自对其非言语行为的观察。经过人类的长期实践,非言语行为形成了部分替代言语行为的独特功能。例如,摇头表示"不",招手表示"来这儿"的意思。

3. 非言语信息也能讲话

人们并不是总能控制非言语沟通,当用语言表达自己的想法时,很多非言语沟通就在无意识中发生了。而且也许言语沟通已经结束,非言语沟通还在连续,这样实际上可以有效地帮助我们传递想用语言表达的思想。

二、非言语信息沟通的种类和方式

按照表达媒介的不同,非言语沟通可以分为辅助语言、面部表情、肢体语言和时间、空间、领域等几类。

1. 辅助语言

辅助语言是由伴随着口头语言的有声暗示组成的,我们表达方式所体现的含义与词语本身所体现的含义一样多。辅助语言包括语速(说话的速度)、音调(声调的高低)、音量(声音的响度)和质量(是否有悦耳或不愉快的声音)等。

(1) 语速

尽管商务人士经常认为"时间就是金钱",但那并不意味着我们要急急忙忙或是很快把话讲完。实际上,除非确实紧急,否则我们应该尽量以正常速度说话,即每分钟100～150个字。不能很好控制说话速率的人只会给别人留下缺乏耐心或是缺乏风度的印象。实际上,速率能够成为非常有用的工具,即增加说话的魅力和分量。

(2) 音调

音调可以决定一种声音听起来是否悦耳。一般来说,当听到高声说话时,不管其内容是如何重要,人们都会感到不舒服;这是因为高声调的说话往往使听话人感到紧张。此外,它听上去更像是训斥,而不像是谈话。由于这样的原因,除非迫不得已,我们应该尽量不要提高讲话的声音。但太低的语调难以听到,用低音调说话的人似乎是胆气不足,所以可能被认为没把握或害羞。音调是可以改变的,但这需要在声音修正方面受过专门训练的人员帮助来进行。

（3）音量

我们确实需要一个洪亮的声音,但却很少用到它。相反,当彼此沟通时,我们用的是常规声音或者是低声。音量可以为您的言语增添色彩,同时它也能告诉别人您是什么样的一种人。如果合乎于说话者的目的,且不是不分场合地在任何时候都使用,声音响亮是美妙的,柔和的声音也有同样的效果。想要保持课堂安静,有经验的老师知道在什么时间增加或降低音量。

（4）音质

声音的总体质量是由所有其他声音特点构成的,即速度、回音、节奏和发音等。声音质量是非常重要的,因为研究人员发现,声音有吸引力的人被视为更有权力、能力和更为诚实可靠;反之,声音不成熟的人可能被视为能力差和权力低,也欠缺诚实和热情。

2. 面部表情

一个人的面部表情同样可以袒露感情。有专家估计人类面部可以显示 25 000 多种表情。虽然有些人在想隐藏自己感情的时候,能够控制住自己,做到面无表情。但是大多数人还是将感情"写在"脸上的。抬起或垂下眉毛、眯眼、紧张地吞咽唾沫、咬紧牙关和开怀大笑——这些自觉和不自觉的面部表情对言语信息来说起到了一种补充作用。

（1）目光接触

眼睛被称为"心灵的窗户"。目光的接触也是灵魂的接触。有时读懂了对方的眼神,也就是读懂了他的内心。大多数人无法在盯着别人的眼睛时撒谎。所以,我们更愿意相信那些能够直视我们眼睛的人,而不太相信不能同我们保持目光接触的人。持续的目光接触表示信任和尊敬;而短暂的目光接触则流露出胆怯或感到有压力。信息接送者通过保持经常的视线接触,了解接收者的注意力是否集中,是否表示出尊敬、赞同或是否有不好的感觉。从接收者的角度来说,目光的交流能反映说话者是否真诚、自信和可靠。

（2）眉毛的运动

眉毛的运动可以传递像问候、惊讶、恐惧等信息。一般来说,西方人比东方人更会运用眉毛来传递信息。据报道,西方人能用眉毛来传递 28 种不同的信息。当然,其中一些眉毛的运动被认为是东西方所共有的,像紧锁眉头表示焦虑、眉毛扬起表示惊讶等。

（3）嘴巴的运动

嘴巴的动作也能从各个方面反映人的内心。嘴巴紧抿而且不敢与他人进行目光接触,可能由于心中藏有秘密,而不愿透漏;嘴巴不自觉地张着,并呈倦怠状,说明可能对自己和对自己所处的环境感到厌倦;咬嘴唇,表示内疚;当对对方的谈话感兴趣时,嘴角会稍微往后拉或向上拉。值得注意的是,在英语国家,用手遮住嘴,有说谎之嫌。中国人在对人讲话时,为了防止唾液外溅或口气袭人,爱用手捂住嘴,很容易使讲英语国家的人认为他们在说谎话。

3．肢体语言

肢体语言主要指四肢语言，它是人体语言的核心。通过对肢体动作的分析，可以判断对方的心理活动或心理状态。肢体语言可以反映一个人的社会地位、自信、羞怯或顺从等情况。但在不同的文化中，同一肢体动作可能代表不同的含义。

（1）手臂语

a．站立或走路时，双臂背后并用一只手握住另一只手掌，表示有优越感和自信心。如果握住的是手腕，表示受到挫折或感情的自我控制；如果握住的地方上升到手臂，就表明愤怒的情绪很严重。

b．手臂交叉放在胸前，同时两腿交叠，常常表示不愿与人接触；而微微抬头，手臂放在椅子上或腿上，两腿交于前，双目不时观看对方，表示有兴趣来往。

c．双手放在胸前，表示自己诚实、恳切或无辜。如果双手手指并拢放置于胸前的前上方呈尖塔状，则通常说明充满信心。

d．双臂向两侧平伸，上下拍打，一般表示飞。但是在英语国家这一动作也暗指标致的女郎或男子同性恋者。

手势是身体工作中最核心的部分，手势语不仅丰富多彩，甚至也没有非常固定的模式，由于沟通双方的情绪不同，手势动作各不相同，采用何种手势，都要因人、因物、因事而异。在日常生活中常见的手势如下：

a．不断地搓手或转动手上的戒指，表示情绪紧张或不安。

b．伸出食指，其余的指头紧握并指着对方，表示不满对方的所作所为而教训对方，带有很大的威胁性。

c．将两手手指架成耸立的塔形，一般用于发号施令和发表意见，而倒立的尖塔形通常用于听取别人的意见。

d．两手手指相互交叉，两个拇指相互搓动，往往表示闲极无聊，紧张不安或烦躁不安等情绪。

e．在英语国家，人们喜欢将两手的食指和中指向下比划，意思是所谓的、自称的或是假冒的。在表示讥讽某人时，也常用这个动作。

（2）腿部语言

a．站立时两腿交叉，往往给人一种自我保护或封闭防御的感觉；相反，说话时两腿和双臂张开，脚尖指向谈话对方，则是友好交谈的开放姿势。

b．架腿而坐，表示拒绝对方并保护自己的势力范围；不断地变化架脚的姿势，是情绪不稳定或焦躁、不耐烦的表现；在讨论中，将小腿下半截放在另一条腿的上膝部，往往会被人理解为辩论或竞争性姿势；女性交叉上臂并架脚而坐，有时会给人以心情不愉快甚至是生气的感觉。

c. 笔直站立，上身微前倾，头微低，目视对方，表示谦恭有礼，愿意听取对方的意见。

d. 坐着的时候无意识地抖动小腿或脚后跟，或用脚尖拍打地板，表示焦躁、不安、不耐烦或为了摆脱某种紧张感。

小贴士

身 体 与 语 言

讲话者会根据听众的身体姿势来判断他们对于所谈内容的态度。一些自然的、具有开放性的姿态，如平摊的双手，轻松的坐姿代表着接受、容纳、尊重与信任。而另外一些姿态如握紧的双拳、双手插在裤口袋里面、交叉双臂等通常被认为是紧张与防卫姿势。下面是有关身体语言的一些信息。

1. 说话时捂上嘴（说话没把握或撒谎）；把铅笔等东西放到嘴里（需要更多的信息，焦虑）；无意识地清嗓子（担心、忧虑）；有意识地清嗓子（轻责、训诫）。

2. 没有眼神的沟通（试图隐瞒什么）；擦眼睛或者捏耳朵（疑惑）；触摸喉部（需要加以重申）；触摸耳朵（准备打断别人）。

3. 擦鼻子（反对别人所说的话）；紧握双手（焦虑）；握紧拳头（意志坚决、愤怒）；手指头指着别人（谴责、惩戒）。

4. 坐在椅子的边侧（随时准备行动）；坐在椅子上往前移（以示赞同）。

5. 双臂交叉置于胸前（不乐意）；衬衣纽扣松开，手臂和小腿均不交叉（开放）；背着身坐在椅子上（支配性）。

6. 小腿在椅子上晃动（不在乎）；坐时架起二郎腿（舒适、无所虑）；脚踝交叉（收回）；脚置于朝着门的方向（准备离开）；摇晃一只脚（讨厌）。

7. 搓手（有所期待）；手指不断叩击皮带或裤子（一切在握）；双手紧合，指向天花板（充满信心和骄傲）；一只手在上，另一只手在下置于大腿前部（十分自信）；背着双手（优越感）。

8. 一个人有太多如下的体态语时可被认为是在撒谎：眨眼过于频繁、掩嘴、用舌头润湿嘴唇、清嗓子、不停地做吞咽动作、冒虚汗和频繁地耸肩。

4. 时间、空间和领域

除了身体流露的非言语信息，在沟通过程中，还有三个外部因素也可以表达非言语信息：时间、空间和领域。

（1）时间

人们如何分配和利用时间能够告诉观察者其个性和态度。比如人们根据对准时、及时、延时、时间的早晚长短及过去、现在、将来等概念的不同理解来看待不同人的个性。

（2）空间

这里指沟通者之间的空间距离，不同的空间距离传递不同的信息。因此，人们谈话时应该保持什么样的距离、办公室应该多大以及该如何装修、会议室的摆放等都可以展现出主人的个性。空间上的距离通常表现出个人在企业中地位的差异，往往给员工留下心理上的印痕。这就是为什么很多员工尽量不和其经理接触的原因所在。然而事情总是在朝着好的方面转化，许多企业已经意识到距离因素产生的影响，并在努力去缩短它。

（3）领域

领域是我们把它视为暂时或永久属于自己的空间。我们每个人都有特定的区域属于自己的领域，或是某个特定的地点，或是我们周围的空间。每个人都有令自己感觉舒适的私人区域。社会交往的领域如表 2-2 所示。

表 2-2
社会交往的四种领域

领　　域	距　　离	适　用　者
亲密区域	0～0.5米	家庭成员和其他喜欢的人
个人区域	0.5～1.5米	与朋友私下交谈；这个区域上的上限距离使你与人保持了一定的距离
社会区域	1.5～3.5米	熟人、同事与陌生人之间；距离足以进行目光交流，也足以使人感觉舒适
公众区域	3.5米以上	在教室和人群面前演讲时使用；有助于沟通的非言语信息此时变得重要起来

三、有效控制非言语沟通

非言语信息对沟通起到非常重要的作用，在沟通的过程中，为了提高沟通的效果，需要对非言语沟通进行有效控制。

1. 树立良好的第一印象

在商务活动中，会遇到形形色色的人，但是留给每个人第一印象的机会只有一次，而这个印象会牢固地印在对方的脑海中，很久不会改变。更重要的是，人们还会从这些第一印象中认定对方还有其他一些消极的品质，甚至使他没有第二次机会来纠正印象失误。因此，要对非言语信息进行控制，就必须从树立良好的第一印象开始。

（1）树立自信

人的自我形象来源其内心，更确切地说是来源于如何看待自己。行为方式在很大程度上决定了交流的结果。据研究表明,自认为是沉默寡言、不擅长与他人沟通的人,他们的行为方式与那些自认为是外向、能较好地与他人沟通的人有很大的不同,沟通的结果也不一样。当然,对交流结果影响最大的是自己。如果一个人的表现好像是沉默寡言,不擅长与他人沟通,其他的人也会不自觉地利用这种方法对待他。因此,成功沟通的基础是相信自己。

（2）穿出品位

人的服饰有着丰富的信息传播功能,它能显示出某人的职业、爱好、社会等级、性情气质、文化修养等。对方会根据一个人的服饰快速判断其地位、信用、性格和潜能。由于外表在商务活动中非常重要,所以在外表的打扮方面一定要花些精力和时间。

（3）体语恰当

据统计,给人们的第一印象约 41% 来自自己的行为,即来自自己的身体语言。因此各种身体语言都应力求得到一个受欢迎的或职业化的第一印象,在接触的一刹那让对方感受到热情,赢得人们的注意和尊重。

初次见面在握手的时候,如果是遇到新朋友一般要主动伸手,表示热情和友善;和男士见面的女士应该主动伸手,便能体现她的热情和大方的气质。站立的姿态往往也能体现人的修养、文化水平以及与他人交往的诚意。另外,一个真诚的微笑能够在对方的心中产生轻松、愉快和可信的感觉,有助于消除由于陌生、紧张带来的障碍。

2. 恰当地把握时空距离

任何沟通总是在一定的时间和空间内进行的,因此,时间和空间也就成为沟通过程中不可分割的组成部分,而且人们也总是不自觉地利用时空因素来沟通有关信息。

（1）时间控制

沟通时间的选择,交往的间隔长短,沟通次数的多少,以及赴约的迟早,往往显示出行为主体的品格与态度。一个学生上课经常迟到或是早退,老师会认为他学习不认真;上司可以故意推迟和下属见面的时间,以表示对下属的不满和惩罚;一般人可以运用及时答复朋友来信的方式,表示对友谊的重视。

（2）空间控制

如果说时间的利用主要是传达行为主体自身方面的信息,那么,空间的利用则主要显示双方彼此间的关系。

第四节　　组织沟通策略

根据国外权威机构的调查,在大多数的公司里面,上级认为自己大约花费 60%～70% 的时间用于沟通,但员工们依然认为,他们与上级之间最大的问题在于沟通不足。这个调查告诉我们,企业中要想沟通好,不只是增加沟通时间,更重要的是研究如何改善沟通技巧,进行更有效的沟通。

按照信息在组织内部的流向,组织内部的沟通分为三种:一是上行沟通,即下属与上级的沟通;二是下行沟通,即上级同下属的沟通;三是平行沟通,即同事间的沟通。上级要与下属沟通,下属也应主动与上司沟通,同级之间同样需要沟通,不沟通会产生隔阂,回避问题绝不是好办法。本节就主要围绕着这三个方面的内容来介绍组织沟通的具体策略。

一、与上级沟通的策略

假设你是组织的新成员,你会如何处理与上级的沟通问题? 比如怎样切入工作话题,采用何种方式——直接的或是委婉的? 如果你是组织的老成员又该如何与上级保持良好的沟通? 遇到意见不一致的时候如何将工作开展下去? 与上级沟通时你会不会时常心里发怵?

与上级有效沟通,一是可以让你的能力和努力得到上级的高度肯定,赢得更快的发展速度和更大的发展空间;二是可以消除上级对你的误解,以免给自己和他人带来不必要的麻烦;三是可以增加下属对上级的理解,使上级能够更愉快和更顺利地开展工作。经常进行和谐的上下级沟通可以使得团队更协调,管理更通畅,效率更高,无形中也创造了令身心愉悦的工作环境,促使工作更具有创造性与吸引力。

1. 与上级沟通的原则

(1) 知己知彼原则

首先,下属必须了解上级的品性、好恶。如果你不了解上级的为人、喜好、个性,只顾挥汗如雨地埋头苦干,工作再怎么出色也可能得不到上级的赏识和认同的。在工作中多留意一下上级的言谈举止,品位一下他的为人,不但可以减少相处过程中不必要的摩擦,还可以促进相互之间的沟通,为自己的晋升扫清障碍。

其次,下属还必须了解上级的沟通风格,在此基础上采取相应的方法与其沟通,才能帮助你达成一个完美的结果,同时促进上下级关系的协调。

(2) 理性对待原则

别认为下属的职责就是默默干好自己的事,上级总会发现和重视的,其实这很可能只是你的一厢情愿,抱着这样的想法的人也许会一辈子怀才不遇。如果你不主动找机会与上级沟通,可能永远也得不到上级的重用和赏识。

另外,上级也是凡人,也会犯错误,而且他们的指示和命令也并不总是正确的,所以对上级的服从不是盲从,有时候运用智慧对上级说“不”也很重要。

(3) 权利不对等原则

上级永远是上级,上级在公共场合不是你的朋友,这是一条铁的纪律。上级可能还有他的上级,绝大多数的上级在乎其权威和地位,需要别人的承认,需要他人维护自己的尊严。

即使上级私下里跟你哥们相称,在公司也最好把你们的关系定位为简单的上下级关系。在这方面有很多活生生的例子,很多私人关系很好的上下级在正式场合还照样需要暂时把他们的私交放在一边。毕竟,公司不是大谈私人感情的地方,工作就是工作。

(4) 注重细节原则

下属在与上级沟通的过程应注意自己的言谈举止和工作中的细节问题,越是随意的场合越要加以小心;当事人无心,旁观者有意。

很多上司都信奉"见微知著"的四字箴言,认为这些生活中的旁枝末节将袒露一个人很多的秘密——潜意识的行为是很难伪装的。

(5) 建设高于对抗原则

在很多组织里面,总有那么一种员工,他们觉得"我跟上级对着干,我就了不起,能够赢得众人的叫好。"其实,这种想法是非常幼稚的,在这种沟通心态下的交流不会有什么建设性的成果,只会加深双方的反感。

在组织中,上下级沟通应该本着真诚的心态,为的是把共同的工作做好。沟通的双方不是收获自己的立场而是收获共同利益的过程,沟通不是为了对抗而是为了取得建设性的成果,所谓"上下同欲者胜。"

职员的天职就是工作。如果没有完成上司交给你的任务,不管有什么客观因素,别试图在心存不快的上司面前解释什么,没有做好本职工作,任何理由都不是理由,因为大部分上司首先关心的只是事情的结果。

2. 与上级沟通的技巧

与上级沟通前,首先,要了解上级的性格、需求、期望和沟通风格,在了解的基础上采取灵活的技巧,同时依据要沟通问题的性质和内容,选取不同的沟通方式。其次,与上级沟通的成功与否还取决于时机,在不恰当的时间做正确的事情同样是个错误。

(1) 沟通方式的采取

在组织中,下属与上级沟通的常见方式有如下几种:

a. 开诚布公式。这种方式要求下属有什么想法或意见就与上级进行及时、直接的沟通,应以解决问题为导向,直接把问题放到桌面上来谈,并将自己对该问题的看法、理解以及自己所认为合适的解决方案和盘托出,在征求上级的意见以后,再去执行以解决问题。

b. 先斩后奏式。这种方式是下属在发现问题以后,由于主客观原因的影响使得他们并不是先向上级汇报,而是自己直接将问题解决掉,然后把分析问题的方法、具体的解决方案、实施的过程等做一个详细的汇报总结上交给上级。此种方式能非常直接地体现出下属的建设性、主观能动性和创造性,如果问题解决得圆满的话,就很容易在上级心目中留下深刻的印象,对于以后的升迁和发展就会非常有利。

　　c. 含情脉脉式。在很多时候，作为下属可能任劳任怨、辛辛苦苦地做了很多的事情，但也许上级并没有注意到他的工作能力和业绩，这种时候，如果下属赤裸裸地向上级提出要求，可能反而适得其反。此时如能采取"含情脉脉"的方式，通过交流一些工作上的问题来含蓄地表达出自己个人要求，也许就能更容易获得上级的认同和赞赏。

　　d. 指桑骂槐式。在组织沟通上，下属通过对一些经典的事例或生活中比较典型的事情进行一些评价，得出自己的评判标准，而其实质上是"醉翁之意不在酒"，是想通过这种典型事例来暗示自己对公司某件事情的个人看法，或暗示自己的一些要求。

　　以上四种方法，各有各的特点，适用于不同类型的组织和上级。比如，在西方文化主导的一些组织中，他们的组织文化更欣赏睿智、个性的组织成员，这个时候，组织成员采取以上第四种方法可能比较合适，通过典型事例来暗示自己的要求和想法，而上级在揣测出你的真实意图之后，也许会莞尔一笑，反而欣赏你的这种智慧和幽默。当然，欧美组织也不是都是喜欢只此一种沟通方式，对于微软等一些希望组织成员更富有激情、创造力的组织来说，他们也许更喜欢你用第一种方式来表达出自己的见解。

　　(2) 沟通时机的选择

　　下属和上级讨论问题的最好时机，绝非在上级开口询问之后。选择沟通时间有很多的技巧，包括与上级约定沟通时间都需要仔细斟酌。下属一般可以这样说："我有一件事需要与您讨论，您看什么时间合适？"记住，大清早刚到办公室，或午后令人疲惫的时候，都不适宜和上级讨论问题。当他表现出不赞同或心不在焉的神情时，同样，最好别再展开你的话题，否则你在上级心目中的印象很可能会一落千丈。

小贴士

如何与上级交谈

　　下属在和上级交谈的时候，请温和地提出你的困难，不要有情绪化的举止，更要提出具体可行的建议。也千万别"教"上级如何做事，必须要给他预留一个思考上的空间。这个思考空间代表两重意义：其一是让上级自行考虑问题；其二是对他的经验和智慧致敬。如果下属把整件事该如何做都详详细细地列出来，还强迫他依样画葫芦，不论计划怎么好，上级都有可能接受不了。

二、与下属沟通的策略

　　与下属沟通时，一方面要尊重下属，要让下属感到自身工作的重要性，调动他们工作的积极性；另一方面也要表明你沟通的诚意，要让下属感到双方都是为了把工作做得更好，双方有着共同的利益与追求。在与下属沟通的过程中应遵循一些基本的原则。

1. 与下属沟通的原则

(1) 合理授权原则

授权就是上级将权力和责任赋予下属,使得下属在一定的监督范围之内,具有相当的行动自主权。授权应该合理、适度,不可以过分授权,使得下属的工作和行为缺乏必要的监督,同时授权也要真实、切实可行,要让下属真正有自主决策的权力,能起到调动下属工作积极性和主动性的作用。

(2) 对事不对人原则

要维护下属的尊严,小心避免伤害下属的自尊心,应该就事论事,不要涉及对个人的价值评价,否则会引起下属的极大不满。如果工作处理产生差错,下属本人的内心也多有愧疚,双方应该本着解决问题的态度进行沟通,而不是为了求全责备下属。

(3) 理解宽容原则

在工作中,不少上级都可能遇到过去与自己顶牛的下属。面对这些下属,如果处理欠妥,很容易使双方的关系搞僵,甚至产生和激化矛盾,作为一个上级,要有博大的胸怀和足够的信心。对顶牛下属的合理言词要予以肯定,正确的意见要予以采纳,以便能够尽快地拉近与其的感情距离。上级要能有效控制自身的情绪和态度,不为对方偏激的情绪、语言所左右,要有冷静的高瞻远瞩的气概。

(4) 客观公正原则

上级应该坚持用实事求是的态度客观地评价下属,一是要注意从多角度、多侧面、多途径、多层次进行观察和了解,期望求得一个对下属全面而准确的认识。二是注意评价要言之有理、言之有据,在事实的基础上作出合理科学的判断,同时评价要切实、中肯、真诚。

(5) 自我批评原则

作为上级,对下属不仅要指出其工作中存在的问题,也要看到其工作的成绩,跟下属沟通的时候,要具有自我批评的精神,而不是对下属过分苛求。对于一些失误和工作上的差错,上级要意识到自己也负有一定的责任,检查是否是由于自己指挥不当造成的。具有自我批评精神的上级往往在沟通中能赢得下属的信任和支持,也有助于下属说出自己真实的想法。双方只有在负责的态度下才能找到解决问题的办法。

上下级的成功沟通要互相尊重和信任,对上级来说,先把自己放在一边,突出对方的地位,多替下属着想,要从对方的角度去思考问题,以便达成共识。

2. 与下属沟通的技巧

作为一名管理者,应该具有良好的沟通技巧才能胜任管理工作,不同的下属有着不同的个性、需要和问题。上级掌握一些灵活的沟通技巧将有助于上下级之间化解彼此的隔膜,使得下属以更饱满的激情投入工作。

(1) 多赞美给下属以自信

每个人的内心都渴望来自他人的积极评价,希望能被别人了解和赞美。身为上级,应适时地给予下属鼓励慰勉,经常褒扬下属的某些能力。赞扬应该及时、清楚、明确,以表示你内心的欣赏,同时赞美也应适可而止,不可过分。绝大多数的下属是很敏感的,一些应付敷衍式的赞美是很容易为下属察觉的。

(2)沟通应该具有针对性

不同下属因为年龄、接受的教育和文化背景的不同而具有不同的性格、不同的理解水平。与不同的下属沟通时,管理者应该认识到沟通对象的个体差别,应该具体问题具体分析。上级应该切记不要对所有的下属使用同一种语言、同一种方式进行沟通,那样只会让下属心生反感。在对沟通对象分析的基础上采取对方能接受的方式、方法和语言,这样沟通才能取得切实的成效。

(3)尽可能多地聆听下属

专心地聆听是双方沟通的关键,不仔细听完下属的发言就妄下结论往往给下属留下不负责任和敷衍的印象,耐心地倾听可以使你发现问题的所在,并找到说服对方的关键点。倾听之后,上级应该对下属的发言给出有效的回应,提出建设性的意见和建议,表达自己对事件的内心感受,积极的反馈可以使得沟通更为坦诚、更为有效。

(4)注意克制情绪,保持冷静

当下属与自己的意见和看法相左时,作为上级,切忌勃然大怒,用权力去压倒下属。此时发泄情绪只会恶化原本紧张的上下级关系,不利于问题的解决。高明的上级应该做到克己忍让,对下属礼让三分,以柔克刚,让事实来证明自己。对于上级的克制和忍让,下属会由衷地佩服上级的度量,这样的上级常常能赢得下属真诚的拥护与尊敬。

尽量利用工作机会和闲暇时间多接触下属。与他们交谈时要专心倾听他们的谈话内容,学会喜欢下属,赞赏他们的优点和长处,增加他们对组织的信任感和凝聚力。

三、与同事沟通的策略

现代组织经常需要组织成员与他人结成团队,共同作业,组织中跨部门交流也越来越频繁。如何进行跨部门的沟通,如何解决好与同事的沟通问题,使同事之间保持良好的沟通关系非常重要。一方面通过经常互相的沟通,员工的工作容易得到他人的认可和鼓励;另一方面员工彼此之间的信息和情感的交流可以创造一个好的工作群体氛围并结成良好的工作伙伴关系。融洽的同事关系能让员工获得更多的快乐和放松,使其心情舒畅并缓解内心的工作压力。

1. 与同事沟通的原则

(1)和谐原则

这是维持和同事交往的一个基本原则。应努力维持和谐、友好的同事关系,一般不要发生面红耳赤的争吵,更不能随便发怒。同事之间的交往要有气量和涵养,应互相帮助体贴。经常为小事而大动肝火的人很难赢得同事的尊重，人际关系也必然紧张。

（2）轻松原则

同事之间应该有着轻松幽默的交往氛围，这样才可以融洽人际关系，使得大家愿意敞开心扉与人交流。同事关系过于紧张，一方面使得工作场所失去生机；另一方面也不利于人的身心健康。同事之间适当开开玩笑，可以活跃气氛、融洽关系、增进友谊。但开玩笑一定要适度，要因人、因时、因环境、因内容而定，同时，开玩笑一定要注意内容健康、风趣幽默、情调高雅，切忌拿他人的身体残疾或者缺陷开玩笑。

（3）谨慎原则

良好人际关系的形成是同事之间长期努力的结果，而要破坏和谐的同事关系，可能一句话就足够了。同事不是你的家人，在与同事交往中，不要口无遮拦，说不该说的话。对于一些话题，在说话之前，要考虑一下说出来是否合适，不要想说什么就说什么。与同事的交往要本着谨慎、小心的态度，尽心呵护已形成的和谐的同事关系。

（4）礼貌原则

要尊重同事，虚心向同事请教，尤其对长辈和经验、技能比你丰富的同事，待人接物切忌傲气。同事之间言谈举止应该表现得体、有礼貌，但是也要避免过于谦卑，以免会留给同事虚伪的印象。

男女同事之间的交往更应注意礼节。对女士的尊重是每一位有教养的男士应具备的品格和风度。在人际交往中，男士应尊重、照顾女士，时时、处处体现"女士优先"的原则。

2．与同事沟通的技巧

在当今分工日益精细的社会里面，离开他人的合作，任何人都无法获得有效成功。学会与他人合作是成功的重要因素，与人合作得是否愉快且卓有成效，很大程度上取决于你是否具有与人沟通的技巧。

（1）多换位思考

要互相尊重和信任，先把自己放在一边，突出对方的地位，多替同事着想，要从对方的角度去思考问题，以便达成共识。在取得成绩之后，力求共同分享，切忌处处表现自己，将大家的成果占为己有。

（2）多互相帮助

当他人遭到困难、挫折时，伸出援助之手，给予帮助。良好的人际关系往往是双向互利的。给别人的关心和帮助越多，当自己遇到困难的时候得到援手的可能性也越大。

（3）多赞美同事

要胸襟豁达、善于接受别人及自己。要不失时机地给别人以表扬。但表扬要掌握分寸，不要一味夸张，从而使人产生一种虚伪的感觉，失去别人对你的信任。

（4）多花时间与同事交往

　　培养自己多方面的兴趣、爱好,多结交朋友也是一种比较好的人际沟通的办法。另外,同事之间互相交流信息、切磋自己的工作体会也会使人际关系更加融洽。

　　(5) 多微笑

　　微笑是人类面孔上最动人的一种表情,是社会生活中美好而无声的语言,它来源于心地的善良、宽容和无私,表现的是一种坦荡和大度。微笑是人际关系的粘合剂,也是化敌为友的良方。微笑是对别人的尊重,也是对爱心和诚心的一种礼赞。

　　每个人都有自己的优点与短处,大家在一起相互取长补短,才能齐心协力出色地完成工作任务。如果不能虚心接受同事那些善意的建议和意见,默契合作便无从谈起,也不可能高效率地工作。

四、与客户沟通的策略

1. 获取客户好感的原则

　　当你对一个人有好感时,你一定会以好意回应他,如此双方的面谈就会如沐春风。那么,哪些因素会影响到第一次会面的印象呢? 作为业务代表,我们又该把握哪些方面呢? 这正是以下将要讨论的问题。

　　(1) 给客户良好的外观印象

　　外观会给人暗示的效果,因此,要尽量使自己的外观给初次会面的客户一个好印象。一个人面部上的眼、鼻、嘴及头发都会带给人深刻的印象,虽然每个人的长相是天生的,但是你也能进行适当程度的修饰。例如有些人的眼神冷峻或双目大小不一,都会给人较不愉悦的观感,此时可以利用眼镜进行修饰。洁白的牙齿能给人开朗纯净的好感,而头发散乱不整理则会让人感到落魄,不值得授予重任。

　　其他如穿着打扮都是影响第一印象好坏的主要因素,一个连穿着都不能注意好的人,怎么能获得别人的信任呢? 或许有些人认为这些都是小节,觉得自己超强的专业知识能带给客户最大的利益,客户应该重视的是这些,不可以貌取人。但事实上客户在作决定的时候往往是感性的因素左右着理性的因素,否则“推销商品前先推销自己”这句话就不会成为一句指导推销的金玉良言了。

　　(2) 要记住并常说出客户的名字

　　名字的魅力非常奇妙,每个人都希望别人重视自己,重视别人的名字,就如同看重他一样。沟通大师戴尔·卡耐基小的时候家里养了一群兔子,找寻青草喂食兔子,成为他每日固定的工作,有时候却没有办法找到兔子最喜欢吃的青草。因此,卡耐基想了一个方法:他邀请了邻近的小朋友到家里看兔子,要每位小朋友选出自己最喜欢的兔子,然后就用小朋友的名字给这些兔子命名。每位小朋友有了以自己名字命名的兔子后,每天都会迫不及待地送最好的青草给自己同名的兔子。了解名字的魔力,熟记他人的名字能让你轻易地获得别人的好感,千万不要疏忽了它! 业务代表在面对客户时,若能经常、流利、不断地以尊重的方式称呼客户的名字,客户对你的好感,也将愈来愈浓。

（3）让你的客户有优越感

让人产生优越感最有效的方法是对他引以自豪的事情加以赞美。若是客户讲究穿着,你可向他请教如何搭配衣服;若客户是知名公司的员工,你可表示羡慕他能在这么好的公司上班。有一位爱普生公司的业务代表,每天约见客户时的第一句话就是:"你的公司环境真好,能在这里上班的一定都是很优秀的人才。"通过一句简单的赞扬,一下就拉近了和客户的距离。客户的优越感被满足,初次见面的警戒心也自然消失了,彼此距离拉近,能让双方的好感向前迈进一大步。

（4）替客户解决问题

十几年前有一则宣传理光复印机的广告,大家对它的广告词一定还记忆犹新:"用普通办公用纸就能复印文件。"大家记住了这份便利,也记住了桂林理光这个产品。十几年前机关文书的复印用纸是使用专用的纸张,对纸质要求非常高,每年政府机关为复印用纸的巨额花销头痛不已。这个问题各家复印机厂商的业务代表都很清楚,但复印机都是国外进口的,国外没有复印用纸与普通办公用纸的区别,因此进口的机器根本不能为普通办公用纸提供复印。

理光公司的一位业务代表,知道政府机关在复印上存在这个问题,因此,他在拜访某个政府机关的主管前,先去找理光技术部的人员,询问是否能修改机器,使机器能适应普通办公用纸的复印需求,技术部人员知道了这个问题,仔细研究后,认为可以改进复印机的某些设置,以适应普通办公用纸的纸质。业务代表得到这个讯息后,见到该单位的主管,告诉他理光愿意特别替政府机关解决普通办公用纸复印的问题。客户听到后,对理光产生无比的好感,在极短的时间内,理光的这款机器成为政府机关的主力机种。由此可见,业务代表在与准客户见面前,若是能事先知道客户面临着哪些问题,有哪些因素困扰着他,若能以关切的态度站在客户的立场上表达对客户的关心,让客户能感受到你愿意与他共同解决问题,他必定会对你立刻产生好感。

（5）自己保持快乐开朗

快乐是会传染的,没有一个人会对一位终日愁眉苦脸、深锁眉梢的人产生好感。能以微笑迎人,能让别人也产生愉快的情绪的人,也是最容易争取别人好感的人。因此,作为业务代表的每日修炼课程之一,就是在出发前,对着镜子笑上一分钟,使自己的笑容变得亲切、自然。同时对自己说:我很自信,我很快乐,我要成为销售冠军。通过这样一种自我沟通、自我暗示的方法,先让自己愉悦起来,再用这份愉悦和活力去感染他人,这样就为你和准客户的沟通奠定了好的基础。

（6）利用小赠品赢得客户好感

你应该让你的客户觉得你不是来签合约的业务代表,而是来进行业务宣传、沟通彼此关系的使者。事实上,许多国际性的知名大公司都备有可以配合本公司 CIS 形象策划宣传的小赠品,如印有公司办公大厦的小台历,拷贝有公司 LOGO 标志的茶杯、签字笔等,供业务代表初次拜访客户时赠送给客户。小赠品的价值不高,却能发挥很大的效力,不管拿到赠品的客户喜欢与否,相信每个人受到别人尊重时,内心的好感必然会油然而生。

2. 接近客户的技巧

"接近客户的 30 秒,决定了推销的成败"。这是成功推销人共同体验的法则,那么接近客户到底指的是什么含义呢? 接近客户是否有一定的技巧可循呢? 在接近客户时我们应该注意哪些方面的问题呢? 这是值得共同探讨的问题。

在接近客户前首先要明确沟通的主题是什么,然后再根据主题选择适当的接近方法。每次接近客户有不同的主题,例如主题是想和未曾谋面的准客户约时间见面,那么你可以选用电话约见的方法;想约客户参观展示,可以采用书信的方法;想向客户介绍某种新产品,那么直接拜访客户就比较适合。切入主题的这段时间,你要注意下列两点:

(1) 迅速打开准客户的"心防"

任何人碰到从未见过面的第三者,内心深处总是会有一些戒心。当准客户第一次接触业务员时,他是"主观的",也是带有"防备"心理的。"主观的"含义很多,包括对个人穿着、打扮、头发的长短、品位,甚至高矮胖瘦等主观上的感受,而产生喜欢或不喜欢的直觉。由于主观的切入点,使准客户对于不符合自己价值观或审美观的人有一种自然的抗拒心理。"防备"心理是指由于人们对不太熟悉的人都会产生一种本能的防备心理,所以无形中就在准客户和业务员之间筑起了一道防卫的墙。

因此,只有在迅速地打开准客户的"心防"后,才能敞开客户的心胸,客户才可能用心听你的谈话。打开客户"心防"的基本途径: ① 让客户产生信任; ② 引起客户的注意; ③ 引起客户的兴趣。

(2) 学会推销商品前,先销售自己

接近客户技巧的第二个注意点就是在推销商品前先将自己推销出去。"客户不是购买商品,而是购买推销商品的人",这句名言流传已久。说服力不是仅靠强而有力的说辞,而是仰仗着推销人举止言谈中散发出来的人性与风格魅力。

丰田公司的神谷卓一曾说:"接近准客户时,不需要一味地向客户低头行礼,也不应该迫不及待地向客户说明商品,这样做,反而会引起客户逃避。当我刚进入公司做推销业务时,在接近客户时,我只会向他们介绍我的汽车,因此,在初次接近客户时,往往都无法迅速地与客户进行沟通。在无数次的体验揣摩后,我终于体会到,与其直接说明商品不如谈些有关客户的太太、小孩的话题或谈一些社会新闻之类的事情,让客户喜欢自己才真正关系着销售业绩的成败,因此接近客户的重点是让客户对一位以推销为职业的业务员抱有好感,从心理上先接受他。"

小案例

你喜欢什么样的业务员？

业务代表 A：你好，我是大明公司的业务代表周黎明。在百忙中打扰你，想要向你请教有关贵商店目前使用收银机的事情。

商店老板：你认为我店里的收银机有什么毛病吗？

业务代表 A：并不是有什么毛病，我是想是否已经到了需要换新的时候。

商店老板：对不起，我们暂时不想考虑换新的。

业务代表 A：不会吧！对面李老板已更换了新的收银机。

商店老板：我们目前没有这方面的预算，将来再说吧！

业务代表 B：刘老板在吗？我是大明公司业务代表周黎明，经常经过贵店。看到贵店一直生意都是那么好，实在不简单。

商店老板：你过奖了，生意并不是那么好。

业务代表 B：贵店对客户的态度非常的亲切，刘老板对贵店员工的教育训练一定非常用心，对街的张老板，对你的经营管理也相当钦佩。

商店老板：张老板是这样说的吗？张老板经营的店也是非常的好，事实上，他也是我一直学习的对象。

业务代表 B：不瞒你说，张老板昨天换了一台新功能的收银机，非常高兴，才提及刘老板的事情，因此，今天我才来打扰你！

商店老板：喔？他换了一台新的收银机？

业务代表 B：是的。刘老板是否也考虑更换新的收银机呢？目前你的收银机虽也不错，但是新的收银机有更多的功能，速度也较快，让你的客户将不用排队等太久，因而会更喜欢光临你的店。请刘老板一定要考虑这台新的收银机。

比较范例中的业务代表 A 和业务代表 B 的接近客户的方法，很容易发现，A 业务代表在初次接近客户时，直接询问对方收银机的事情，让人有突兀的感觉，遭到商店老板反问："店里的收银机有什么毛病？"后，该业务代表又不知轻重地抬出对面的张老板已购机这一事实来企图说服刘老板，就更激发了刘老板的逆反心理。

反观业务代表 B，却能把握这两个原则，和客户以共同对话的方式，在打开客户的"心防"后，才自然地进入推销商品的主题。B 业务代表在接近客户前已先做好了准备工作，能立刻称呼刘老板，知道刘老板店内的经营状况，清楚对面张老板以他为学习目标等，这些细节令刘老板感觉很愉悦,业务代表和他的对话就能很轻松地继续下去,这都是促使业务代表成功的要件。

(3) 常用的接触客户的流程

常用的接触客户的流程如图 2-13 所示。

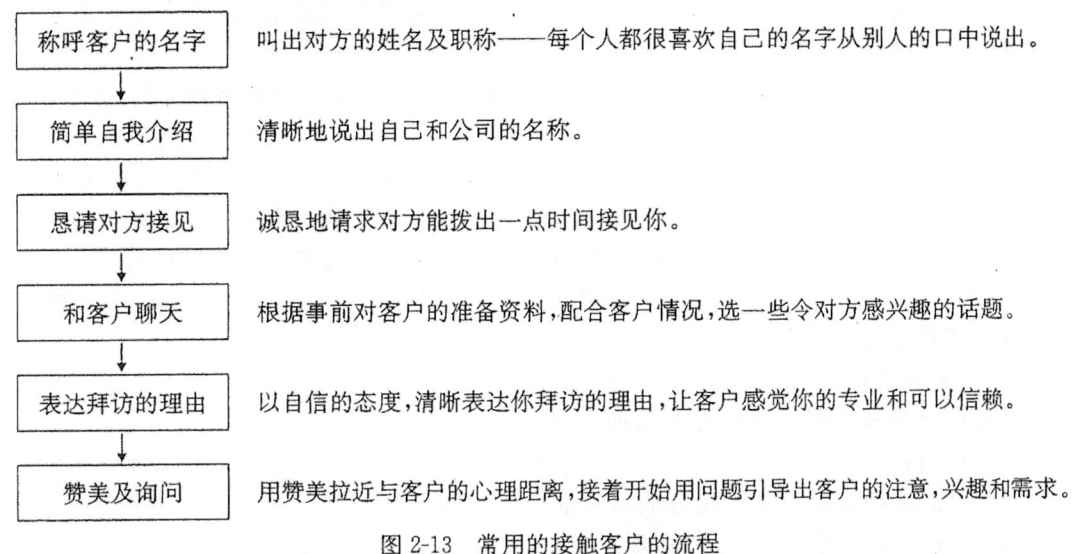

称呼客户的名字	叫出对方的姓名及职称——每个人都很喜欢自己的名字从别人的口中说出。
简单自我介绍	清晰地说出自己和公司的名称。
恳请对方接见	诚恳地请求对方能拨出一点时间接见你。
和客户聊天	根据事前对客户的准备资料,配合客户情况,选一些令对方感兴趣的话题。
表达拜访的理由	以自信的态度,清晰表达你拜访的理由,让客户感觉你的专业和可以信赖。
赞美及询问	用赞美拉近与客户的心理距离,接着开始用问题引导出客户的注意,兴趣和需求。

图 2-13　常用的接触客户的流程

接近客户的中心是贯彻"以心换得心,以情换得情"这样一个原则。希望所有的业务代表能够首先树立"以客户为中心"的原则,在接近客户的沟通过程中注意接近要点,和客户建立更加紧密融洽的关系。

【问题讨论】

1. 什么是组织内部沟通? 它采取哪些典型形式?

2. 请列举出影响组织沟通的因素,并分析它们的影响。

3. 为什么说倾听能力对沟通如此重要? 试举例来说明。

4. 在沟通中您怎样提高自己的倾听能力来达到良好的沟通效果? 有哪些心得体会或是成功、失败的经验以及教训与大家分享?

5. 沟通中非言语信息的作用有哪些? 如何有效控制非言语沟通?

6. 上级的下行沟通的原则是什么? 取得良好的沟通效果应该具备什么样的沟通技巧?

7. 下属的上行沟通应该遵循哪些原则? 帮助沟通的有效技巧有哪些?

8. 同事之间的沟通需要按照什么原则进行? 应该掌握什么样的沟通技巧?

9. 为了获得客户的好感,一般要遵循哪些原则?

【沟通案例】

　　财务部陈经理结算了一下上个月部门的招待费,发现有1 000多元没有用完。按照惯例他会用这笔钱请手下员工吃一顿,于是他走到休息室叫员工小马,通知其他人晚上吃饭。

　　快到休息室时,陈经理听到休息室里有人在交谈,他从门缝看过去,原来是小马和销售部员工小李两人在里面。

　　"呃,"小李对小马说,"你们部陈经理对你们很关心嘛,我看见他经常用招待费请你们吃饭。"

　　"得了吧,"小马不屑地说道,"他就这么点本事来笼络人心,遇到我们真正需要他关心、帮助的事情,他没一件办成的。你拿上次公司办培训班的事来说吧,谁都知道如果能上这个培训班,工作能力会得到很大提高,升职的机会也会大大增加。我们部几个人都很想去,但陈经理却一点都没察觉到,也没积极为我们争取,结果让别的部门抢了先。我真的怀疑他有没有真正关心过我们。"

　　"别不高兴了,"小李说,"走,吃饭去吧。"

　　陈经理只好满腹委屈地躲进自己的办公室。

　　思考问题:

　　(1) 在上述事情的沟通上到底是谁的错? 为什么?

　　(2) 假如你是陈经理,你会怎么做?

【沟通实践】

1.【自检】

表2-3

倾听技巧自我评估测验

倾 听 技 巧	投入程度低←→高				
1. 在倾听中,我与讲话人保持很好的目光接触。	1	2	3	4	5
2. 在倾听中,我采用开放的姿势,没有抱臂或者跷腿的动作。	1	2	3	4	5
3. 在倾听中,我直接面对讲话人,身体前倾。	1	2	3	4	5
4. 在倾听中,我尽量排除干扰。	1	2	3	4	5
5. 在倾听中,我能保持沉默,给讲话人充足的时间。	1	2	3	4	5
6. 在倾听中,我从不打断别人的讲话。	1	2	3	4	5
7. 在倾听中,我经常围绕谈话的相关问题提问,增加自己的理解。	1	2	3	4	5
8. 在倾听中,我经常使用开放型的问题提问。	1	2	3	4	5
9. 在倾听中,我经常觉得很放松,但是很投入。	1	2	3	4	5
10. 在倾听后,我觉得自己的倾听效果良好。	1	2	3	4	5

请选择出表2-3中认为能符合您的情况的数字,1表示完全不符合,2表示偶尔符合,3表示基本符合,4表示比较符合,5表示完全符合。

如果您的得分在35分以上,那么您是一个很好的倾听者,在20分以下,您的倾听技巧需要改进以提高倾听效果。

2.【自检】

表2-4

说服领导的技巧的自我评估

说 服 领 导 的 要 点	一贯如此(3分)	经常如此(2分)	很少如此(1分)
能够自始至终保持自信的笑容,并且音量适中。			
善于选择领导心情愉悦、精力充沛时的谈话时机。			
已经准备好了详细的资料和数据以佐证你的方案。			
对领导将会提出的问题胸有成竹。			
语言简明扼要,重点突出。			
和领导交谈时亲切友善,能充分尊重领导的权威。			

表2-4的评判标准:

14～18分:你能在工作中自觉地运用沟通技巧。你是一个非常受欢迎的人,你的领导很赏识你。

7～13分:你已经掌握了很多沟通的技巧,并已经尝试着在工作中运用。你的领导认为你是一个有潜力的人,但还需加紧努力。

0～6分:你应该抓紧时间学习一下和领导的沟通技巧了。因为你现在和领导的关系很不融洽,适当地改善沟通技巧,可以帮助你充分发挥自己的能力,去争取更为广阔的发展空间。

3.【自检】

表2-5

受准客户欢迎程度的自我评估

检 测 项 目		得 分
保持良好的个人形象	① 发型整洁(2分)	
	② 衣着得体(2分)	
记住并常说出客户的名字	① 知道客户的业余爱好(4分)	
	② 了解客户的工作成就(4分)	

（续表）

	检　测　项　目	得　分
让客户有优越感	① 能有针对性地称赞客户(5分)	
	② 言语得体,令客户愉悦(3分)	
	③ 充分尊重客户的意见(3分)	
替客户解决问题	① 了解客户的行业特点(4分)	
	② 知道困扰客户的瓶颈问题是什么(5分)	
	③ 能及时反馈产品改进方案给客户(4分)	
	④ 以客户为中心(3分)	
自己保持快乐开朗	① 与客户交谈时面带微笑,亲切自然(3分)	
	② 每天上班前自我沟通3分钟,保持愉悦自信的工作状态(5分)	
	③ 用友善的态度来面对客户公司的每一位员工(3分)	
利用小赠品	① 通过小赠品传递友好的信息(2分)	
	② 通过小赠品完成公司对外形象宣传(2分)	

表 2-5 的评判标准:

45～54 分:恭喜你,你肯定是一位很受客户欢迎的业务员,你已熟练掌握了接近客户的技巧。

30～45 分:你的沟通技巧受人称道,你可以对照表 2-5 进一步完善自己的沟通技巧。

15～30 分:你的业务沟通能力已经有了一定基础,但还有很多需要改进的地方。

0～15 分:这是一个令人沮丧的得分,你的沟通能力的确不怎么样。不过别灰心,重视沟通并努力练习,你会有很大的进步。

【沟通游戏】

游戏名称:信息传递

游戏目标:

(1) 学习运用非语言渠道传递信息;

(2) 练习解读别人的肢体语言。

游戏时间:15 分钟

游戏规则:

（1）每组选 2 名同学参与；

（2）1 名同学面向大家，另 1 名背向大家并在整个过程中不得回头；

（3）教师站在背向大家的同学身后，向面向大家的同学依次展开词条；

（4）面向大家的同学以肢体语言表现出词条的内容，以便让背向大家的同学猜出词条；

（5）自教师展开第一条词条开始记时，每三条词为一组，每组时间为 5 分钟，以在规定时间内全部猜出词条为获胜。

第三章　群体沟通

　　在许多国际性的公司里,几乎每个星期都有工作例会。这样做的目的是帮助所有的员工对企业的某些方面有所了解,使管理层和下属之间有更好的沟通。一个安排得很好的员工周例会,是对业绩实行有效管理的关键。

　　周例会是管理者和员工之间的碰头会,这是保持他们之间关系的一种主要途径。其主要目的是互教互学以及交换信息。通过讨论具体的问题和情况,管理者向下属传授自己的技能和专长,并通过大家的讨论看是否有其他的方法来解决同样的问题。

　　以 H 公司的行政部为例,他们每个星期都要开一次工作例会。通过参加一些例会后发现:部门沟通搞得好,部门的决定也会做得好,而且往往通过大家集思广益作出的决策比个人的决策要好得多。当部门开会的时候,部门经理尽量调动所有成员的积极性,鼓励大家思考问题并积极发表自己的见解。一般会上所强调的内容来自于与会人员的全体考虑而不是某个人的看法。这个公司把周例会当成他们最有效的沟通系统。

　　不难发现,个体在组织中工作和生活时,在很多情况下都是以群体的方式从事各种活动的,而且同一个个体还可能同时处于不同的群体中。群体的效率和氛围如何,跟群体沟通的关系非常密切。因此,只有很好地理解人们在群体中的心理与行为的特定规律,才能提高群体沟通的效率。

　　在本章中,您将学习到以下内容:

➢ 群体和群体沟通的定义

➢ 团队的类型以及发展阶段

➢ 团队沟通的技巧

➢ 高效率会议的准备工作

➢ 会议主席的沟通技巧

➢ 头脑风暴法在群体沟通中的有效运用

第一节 群体沟通概述

群体是一种社会现象,它介于组织和个人之间。组织是由许多正式和非正式群体组成的。正式群体的研究在最近十年来变得日益盛行,这主要是由于组织正在变得日益庞大和更加复杂,以至于在现今的商业社会中,所有的决策需要的信息已经不再是由某个人、某个专业领域所能充分提供的。随着学习型组织、团队精神的不断倡导,群体沟通也显得日益重要,研究群体沟通对组织的发展具有重要的意义。

群体区别于个体,就在于群体中的个体间必然有某种联系。群体沟通也与普遍意义的个体沟通有很大的不同。群体沟通的形式,可以是直接沟通,也可以是间接沟通;可以是书面沟通,也可以是口头沟通。但不管采用什么样的形式,群体沟通都有其共性。

一、群体概述

为了更好地理解群体是如何通过沟通发挥作用的,我们首先要对群体的基本问题有所了解,即:什么是群体? 群体和团队有什么区别? 群体有哪些分类和功能?

1. 群体的含义

在社会生活中,我们经常会看到各种各样的人群。例如,在一辆公共汽车上的乘客,街上围观吵架的人们等。这些是群体吗? 显然不是,这些只是简单的一群人的集合。

群体通常被认为是由两个或两个以上相互作用、相互依赖的个体所组成的具有相对稳定的关系模式的集合体。个体拥有共同的利益或目标,他们自认为自己属于群体并与群体之外的其他个体相区别。例如,学校里的各种协会都是群体,一个保护环境的志愿小组也是群体,一个社区的老年业余秧歌队也是群体。

2. 群体的特征

群体与人群不同,它有其独有的特征,具体表现为如下几个方面:

(1)群体中的个体之间存在着社会交往行为

这是群体最明显的特征之一。也就是说,群体的成员之间是相互作用、相互影响的,他们之间存在着信息的沟通。而"人群"则不具备这样的特点,他们仅仅是在特定的时间和空间上处在一起,相互之间不一定有社会交往行为。

(2)群体往往有相对稳定的结构

尽管群体也在经常发生变化,但群体中必然存在着某种稳定的关系将群体的成员维系在一起。例如,一个经常在一起打球的同事组成的群体,当群体中的一个成员在一次活动中缺席时,其他人就会关注到这一事实并且询问他为什么没来,这说明他们在维系着一个稳定的群体。而在一辆公共汽车上的乘客则不具有这样的行为,有的人在中途上车,有的人下车,不断在发生变化,但是大家往往并不关注其中每个个体的行为。

（3）群体成员有共同的利益或目标

这是指群体在组建时候的理由。例如，一个车间中的某个班组成员，他们共同的目标就是取得好的业绩，这样才能获得更多的奖金，使他们的共同利益得到满足。

（4）群体的成员认为他们有群体归属感

一个群体之所以成为一个群体，很重要的一点就是群体的成员认为他们自己构成了一个群体，群体中的成员与群体之外的成员是能够区分开来的。换句话说，人们可以通过某些方面的特质，比较容易地判断出一个人是否属于某个群体。

二、沟通在群体中的作用

在现实社会生活中，除了个体之间的沟通之外，群体沟通也是比较常见的沟通方式。如个体和群体之间或群体和群体之间存在着一对多、多对多的正式或非正式沟通，我们把这些一对多、多对多的沟通统称为群体沟通。沟通在群体中的作用至少包括如下几个方面：

1. 使群体成员获得必要的信息以完成工作任务

人们从事各种各样的活动是需要一定的信息作为依据的。例如，作出一项决策，人们需要知道有关这个决策的一些信息，如果信息不足，可能就会造成失误。群体之间的交流就成为传递群体信息的必要手段。

2. 沟通也使得群体成员之间互相理解，避免冲突

很多时候冲突源于信息不对称，也就是一方拥有某种信息，而另一方缺乏某种信息。例如，一个主管人员发现某个员工没有完成自己交给他的工作任务，就对该员工进行了严厉的批评，但是他并不了解，这名员工没有完成任务是由于客户的原因造成的，因此造成对这名员工的误解。

3. 沟通是传递群体的规范、文化、观念的途径

群体中的一些正式的规则、制度等需要让成员了解并遵守，这些往往通过各种正式的通道进行传递，例如公司下发给员工书面的员工手册，是为了让员工了解公司的制度。群体的文化观念也可通过各种正式和非正式的通道进行传递。有些公司利用企业内部的宣传刊物向员工传递企业的理念、价值观，管理人员在与员工交谈时也经常注意向其灌输企业的理念。

4. 沟通是群体或组织成员交流感情的方式

群体成员在共同工作、生活的过程中，可以利用沟通来表达各种情感，无论是成就感还是挫折感，无论是满意还是不满，还有焦虑与压力，都会在沟通中表达出来。这样，一方面满足了他们社会交往的需要；另一方面不良情绪的宣泄也可以缓解工作的压力。

三、群体沟通的特点

作为很多人在一起的群体，在沟通过程所表现出的特点也和个体沟通不同。

1. 群体沟通的优点

基于充分的群体沟通之后,群体的信息共享、组织创新能力、员工的自我管理能力等一般要提高很多,群体沟通比单个员工沟通的优越之处通常表现在如下几个方面:

(1) 产生更多的信息,使管理决策和解决问题、思考问题更为全面,质量也更高。

(2) 提高了群体之间的理解,关系更加融洽。

(3) 因为"社会效应",当人处于被他人包围之中时,会更有干劲和活力,所以团队中有较高的动力和业绩水平。

(4) 消除影响问题分析和解决问题效率的个人偏差和盲点。

2. 群体沟通的缺点

以群体沟通合作的方式解决问题,也存在着很大的局限性,具体表现在如下几个方面:

(1) 时间和效率

以群体沟通的方式来解决问题或制定决策,会使过程变得很长,成员会因为集体思考而降低效率,尤其是在时间很紧的情况下,如果群体成员达不成一致意见,很可能使决策延误。

(2) 群体压力

群体沟通中"从众心理"可能导致不好的决策。由于群体中的其他人会产生一种群体压力,它会影响一个杰出的人,使他可能作出平庸的决策。

(3) 专家或领导压力

群体沟通的过程中,如果专家或是领导不是以平等的、参与式的风格与其他成员沟通,就会阻碍双向沟通的实现,有时不但不会有利于问题的解决,反而可能恶化群体成员之间的关系。

(4) 说而不做

群体更容易倾向于以说代做,因为大家都有"反正不是我一个人决定"的感觉,不愿意去积极地解决问题。

第二节　团　队　沟　通

团队是群体中最有凝聚力的一种。各类企业中,各种以任务为中心的团队不时应运而生,同时又有大量的团队因任务的完成而解散。高效率的团队在企业经营活动中显示了强大的生命力——它能极大地促进企业的生产经营活动。另外,团队自身要想高效率地运作,在很大程度上依赖于团队内部成员的构成、沟通的有效性、团队领导的管理风格、团队决策类型及方法等诸多因素。其中,团队中的沟通对于形成一个高效的团队有着举足轻重的作用。

一、团队概述

20 多年前,当沃尔沃、丰田等跨国公司把团队模式引入到生产过程中时,曾引起一时的轰动,因为当时团队还是标新立异的管理方式。可是今天,高效团队在数千家大型跨国公司内已是无处不在了。我国随着市场经济体制的建立健全,市场态势已经由卖方市场转变为买方市场,市场竞争日益加剧,许多企业也开始尝试改革传统的管理模式,纷纷采用团队的组织结构及团队的生产形式。

1. 团队的含义

工作群体中的成员不一定要参加到需要共同努力的集体工作中,他们也不一定有这样的机会。因此,工作群体的绩效仅仅是个人贡献之和。在工作群体中,不存在积极的协同作用,不能够使群体总绩效大于个人绩效之和。工作团队则不是这样,它通过团队成员的共同努力,能够产生积极的协作效应,使团队的绩效水平远大于个体成员绩效水平之和。

团队是由少数知识与技能互补、愿意为了完成某一共同目标的人员组成的相互依赖、相互承担责任、具有共同规范的群体。① 由于团队组织不同于传统的组织形式,团队成员相互之间应该有密切的联系,直接感受到对方的存在,所以团队的人数不可能很多。② 互补技能包括技术性和职能性的专家意见、解决问题的技能和决策的技能、人际关系的技能等方面。另外,金无足赤、人无完人,团队中的每个成员都可能存在着这样或那样的弱点、缺点,一个优秀的团队,注重的是发挥每个成员的优势;团队成员在企业中各有职责,如领导、管理者、专业技术人员、操作人员等,其工作角色对其能力和特长要求也各有侧重;如何用其所长、避其所短,是团队能否迈向成功的关键所在。③ 一个团队不单是集合一群人而构成的,若彼此没有共同目标、相互认同与互动行为,那么即使形式上聚集在一起,也不是什么团队。团队的目标只有被队员理解和接受,能将完成团队目标看成是自己的目标,并愿意付出行动,团队的目标才会实现。

2. 团队与群体的区别

在企业里,人们常常会误以为一起工作的人群就是"团队",而当所谓的"团队"无法为企业创造高绩效时,往往会归结为团队的失效。事实上,这些貌似团队的人群集合体仅仅是一般的工作群体,而非团队。因此,在界定团队时,要特别注意区分"群体"与"团队"。

为了探究团队与群体之间的差异,学者们对一般群体与团队进行了对比观察与研究,但他们得出的结论并不统一。斯蒂芬·P·罗宾斯认为:"工作群体中的成员不一定要参与到需要共同努力的集体工作中,他们也不一定有机会这样做。因此,工作群体的绩效,仅仅是每个群体成员个人贡献的总和","工作团队则不同,它通过其成员的共同努力能够产生积极协同作用,其团队成员努力的结果使团队的绩效水平远大于个体成员绩效的总和",因此"所有的工作团队都是群体,但只有正式群体才能成为工作团队"。同时他在其《组织行为学》一书中指出,群体与团队的差异主要体现在:目标、协作配合、责任和技能四个方面。英国学者 Nicky Hays(1997)则认为除了目标、协作配合、责任和技能之外,群体与团队的差异还表现在两者的规范不同,"团队规范倾向于以任务为焦点,重视高效尽责的工作行为",而"群体规范对于人们所从事的任务可能没有多少帮助"。国内学者章义伍指出,群体领导与团队领导也存在差别:"作为群体应该有明确的领导人;而团队可能不同,尤其当团队发展到成熟阶段,团队成员共享决策权"。此外还有其他学者提出团队与群体在文化、沟通等方面也存在不同。

在总结前人研究的基础上,本书将团队与群体的差异作了归纳如表 3-1 所示。

表 3-1

团队与群体的差异

要　素	团　队	群　体
目标	致力于共同的目标	没有共同的目标
规范	以团队任务为导向	与人们从事的任务没有关系
技能	相互补充的	随机的
责任	个体＋相互负责	个人负责制
领导	分享领导权	明确的领导人
协作	积极	中性(有时消极)
文化	互相帮助、民主	各按其位、严格执行
结果:绩效水平	1＋1＞2	1＋1＝2

由表 3-1 可知,团队与群体之间的诸多差异是导致团队与群体最终绩效差异的真正原因,在这个过程中也体现出团队沟通的独特性。

3. 团队对组织的作用

团队在管理界流行并大行其道并不是没有缘由的,它在提高组织效率方面产生了有目共睹的贡献。具体表现在如下几个方面:

(1) 有效增强组织的灵活性

市场环境的新变化是企业组织普遍采用团队形式的主要原因。如今的市场环境已逐步走向全球化激烈竞争的买方市场,产品的寿命周期不断缩短,顾客的需求也日益向个性化和多样化的方向发展,多样化和及时响应是顾客需求的最重要特征。因此,组织的团队结构管理模式就成为今日企业竞争战略重点转移的必然要求。任何企业要想在激烈的竞争环境下生存、发展都必须改变过去等级分明、决策缓慢、机构臃肿、人浮于事,对外界变化的应变能力差的管理模式。团队给予员工必要的团队工作技能训练,团队的共同价值取向和文化氛围使组织能更好地应对外部环境的变化和适应企业内部的改革、重组。团队工作以灵敏、快捷和柔性为企业赢得竞争优势。

（2）简化组织结构、提高组织效率

团队的组织模式使组织结构大大简化，组织内部协调简单，领导和团队、团队和团队以及团队内部成员之间的关系变成伙伴式相互信任和合作的关系，使企业决策层能腾出更多的时间和精力，去整体把握，制定正确的发展战略，寻找良好的市场机会，组成"联合舰队"的作战群体，产生了比个体简单相加高得多的劳动生产率。

（3）充分体现以人为本的管理思想

团队鼓励成员一专多能，并对员工进行工作扩大化训练，要求成员积极参与组织决策。团队工作形式培养了员工的技术能力、决策能力和人际关系处理能力，使员工从机器的附属中解放出来，充分体现了以人为本的管理思想。

（4）增强企业内部的凝聚力

每个团队都有特定的团队任务和事业目标，团队鼓励每个参与者把个人目标溶入和升华为集体的团队目标并做出承诺，这就使企业文化建设中的核心问题——共同价值体系得以建立，变成为操作性极强的管理工具。同时，团队的工作形式要求其参加者只有默契地配合才能很好地完成工作，促使他们在工作中有更多的沟通和理解，共同应付工作和生活压力。

正是由于团队能够带来以上诸多的好处，才使团队大行其道。据美国《财富》杂志统计，世界 500 强的公司中，80％的公司都在倡导使用团队模式。

二、团队的类型

根据建立团队的目的对团队进行划分，团队可以分为三类：问题解决型团队、自我管理型团队和多功能型团队，如图 3-1 所示。

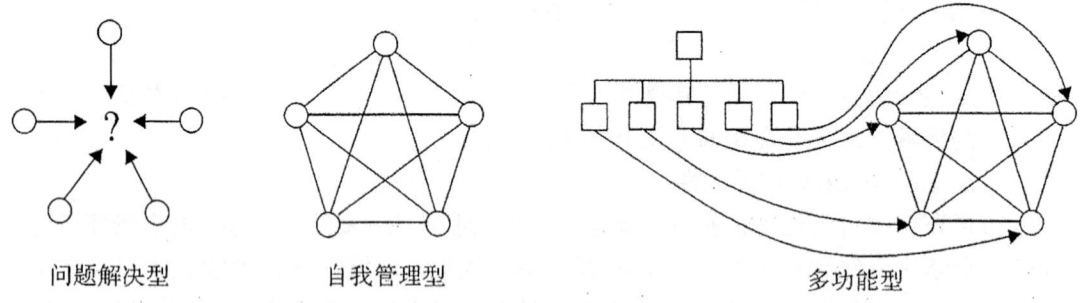

问题解决型　　　　　　自我管理型　　　　　　　　　　多功能型

图 3-1　团队的三种类型

1. 问题解决型团队

问题解决型团队集中解决其任务区内的问题，研究潜在的解决方法，并经常被授权在规定的限度内采取行动。这些团队一般由来自同一部门或不同部门的 5～12 个员工组成,他们每周聚会几个小时,讨论如何提高产品质量和生产效率,如何改善生产环境。在问题解决型团队中,成员就如何改进工作程序和工作方法,相互交流看法或提出建议。但是,这些团队几乎没有权力根据这些建议单方面采取行动。

2. 自我管理型团队

问题解决型团队的做法行之有效,但是在调动员工参与决策的积极性方面,尚嫌不足。这种欠缺促使企业努力创建新型团队,这种新型团队就是自我管理型团队。自我管理型团队是真正独立自主的团队。它们不仅注意问题的解决,而且执行解决问题的方案,并对工作结果承担全部责任。

自我管理型团队通常由 10～15 人组成,他们承担部分以前由自己的上司所承担的一些责任。引进自我管理型团队,减少了 1～2 个管理层,因而产生了扁平式的组织结构。一般来说,团队的责任范围包括控制工作节奏、决定工作任务的分配、安排工作休息、检查工作程序等。完全的自我管理型团队甚至可以挑选自己的成员,并让成员相互进行绩效评估。这样,主管人员的重要性就下降了,甚至可以被取消。例如,通用电气公司机车发动机厂大约有 100 个团队,它们负责进行工厂的大多数决策,有权安排检修工作;决定工作日程;批准日常设备采购等。

3. 多功能型团队

多功能型团队把来自各个工作职能的人的知识和技能集中起来,以发现和解决问题。多功能型团队从若干部门吸收成员,处理与部门有直接关系的问题,并在问题解决后解散。他们常常在需要速度、注意力和对顾客需求作出有效反应的情况下效率特别高。

多功能型团队是一种有效的组织形式。它能促使组织内不同领域员工之间交换信息、激发创新、产生新的观点,解决面临的问题,协调复杂的项目。当然,管理多功能团队不是管理野餐会,在其形成的早期阶段往往要消耗大量的时间,因为团队成员需要学会处理复杂多样的工作任务。成员之间,尤其是那些背景、经历和观点不同的成员之间,建立起信任并能真正合作也需要一定时间。

三、团队沟通中的角色定位

成熟的团队不依赖于领导而独立地发挥作用,成员有能力组织讨论并且积极参与。其中喜欢负责的人可能扮演领导者角色,害羞的人可能会和平常生活中一样,犹豫不决,可能不适合制定决策而适合参与决策。其中一些角色对团队来说是特定的。大致来说,分为任务角色和维护角色。

1. 任务角色

任务角色(task roles)是帮助完成工作的角色。扮演这些角色的人帮助团队产生新的观点,帮助搜集和整理信息,以及分析现有的信息。任务角色不局限于任何人,它们可以在团队进行工作时在成员之间交替互换。下面是一些常见的任务角色：

（1）创始/探索者

表现为创始/探索的成员，通常提出新观点、目标、解决办法和途径，这些人常常是团队中最有创造力和精力最充沛的人。当团队陷入困境时，他们可能会说"如果试一试……"或者"我想如此这样……可能会解决问题"。

创始/探索者经常能指出新方向或者防止团队迷失目标。当小组出现麻烦时，他们敢于投入其中并给予援助。他们通常也是掌灯人，以便他人看清道路。

（2）信息搜寻和提供者

成员个人既可以寻找又可以提供信息。因为大量的信息会对讨论带来更好的结果，所以许多成员将扮演这种角色。信息的提供者通常是小组中最有见识的成员，他们对议题有更多的经验，甚至是这个方面的专家。信息搜寻和提供者角色在任何团队里都是最重要的，小组获得的信息为团队讨论提供了基础。扮演这种角色的人越多，团队的讨论质量就越高。

（3）批判/分析者

批判/分析者是那些研究团队所收集信息，分析各方观点的人。他们能够综观全局，了解每一件事怎样恰当地组合在一起。扮演这种角色的人通常有极好的组织观念，他们通常使团队处在预定的轨道上："我们已经两次提到这个观点了，也许需要在更深层次上讨论它。""我们应该再考虑这个问题一次，好像有些东西被遗漏了"。

2. 维护角色

扮演维护角色（maintenance roles）的人通常把重点放在会议的情调上。由于没有人想把全部时间都用于理性地处理工作的事情上，所以满足某些感情需要还是很重要的。扮演维护角色的人通过鼓励、调和、调节和观察来满足这些感情需要。

（1）鼓动者

鼓动者称赞和表扬对团队做出贡献的成员，比如说："你搜集的这条信息确实非常有用，现在我们终于可以投入工作了"。最好的鼓动者是积极的倾听者，他们帮助团队成员重新澄清观点，理顺思维，而且他们不对其他成员和观点作反面的评价。鼓动者使人们对自身和自己所作的贡献感觉良好。

（2）协调/调和者

那些帮助团队解决冲突，通过调解来处理争论和意见的人就是协调/调和者，扮演这样角色的人在找到每个人都能接受的方式上具有自己的技巧。当提醒团队目标比个人需求更重要的时候，协调/调和者特别有效，比如，协调/调和者会说："我知道你们希望周六上午图书馆能开放，但是我们必须找到适合每一个人的最好时间"。

（3）调节者

就像调节者这个名字所表示的意思那样，调节者在离题的时候通过温和地提醒成员议事日程和讨论的观点,来调节团队的沟通:"我们扯的有点远了,现在我们言归正传吧。"

好的调节者能够找到让每个人说话的机会,比如说:"张军,你有什么要说的吗?你还什么都没说呢!"或者"肖莉,你的意见非常不错,让我们来听听其他人有什么想法。"

(4)观察者

观察者帮助小组形成内聚力。他们对每个成员的需要都很敏感:"我们忽略了张军刚才的意见,我们花点时间来讨论讨论它"。

四、团队沟通的策略

成功的团队会树立自身的团队沟通风格,并根据自身的风格来选择合适的团队沟通策略。

1. 团队沟通的风格

不同的团队沟通模式各有不同,但有效的沟通模式有一些共同的特征:沟通者旨在促进团队完成他的工作,这种沟通无论在语言状态下还是在非语言状态下都显得合理,被他人所认可,适合团队和当时的情景,开放坦诚。可供选择的有效沟通风格很多,无论哪一种,都可对特定的团队和环境起到有益的作用。我们将团队的沟通风格区分为下列几种:

(1)支持/平等型

这种沟通着力于互动的过程。在一个互动的氛围中帮助团队成员表达其观点。确切而言,支持/平等型沟通模式团队中的每个成员都会对团队负责,成员的地位平等,大家可以畅所欲言,这样的团队获得成功的可能性很大。

(2)指挥/权威型

这种沟通能推动工作深入进行,着力于保证工作的完成。这种沟通风格一般会为沟通主体的权威的领导或专家的思想所左右,在某些时候由于这样的沟通模式也可以使团队的任务很快迫于压力完成,但另外一些时候这样的沟通也会导致团队成员之间真正的信息交流非常有限。

(3)被动/进攻型

沟通不是共享的,它用控制和策略制约交流与任务的全过程。这种被动/进攻型的沟通模式常以负面的激励方式来达到对团队成员的约束,沟通的效率很低,甚至在某种特殊的场合沟通的负面效果比正面效果还明显。

(4)敌意/分裂型

这种沟通是反效率的。主要关注个体的目的或者呈现防御姿态,表现出争斗的环境。这种风格无视团队的互动需求,也不为工作的完成过程负责,是一种消极的沟通,造成了对团队有害的防卫性氛围。

┌───┐

小案例

团队沟通风格举例

一个团队正在开会,团队成员之一肖莉又迟到了,打断了团队的严肃讨论。各种沟通模式的反应是:

● 支持/平等型

"哎,肖莉,我们正在讨论,为张军的项目出点子。请哪个人把进展情况告诉肖莉,我们需要听取每个人的看法。"

● 指挥/权威型

"肖莉,你先坐会儿,我们要把这个想法探讨完,然后张军会告诉你他的想法。"

● 被动/进攻型

"我们很幸运,肖莉大驾光临了。"

● 敌意/分裂型

"肖莉,你知道你在干什么吗? 真让人恶心! 我不想再把时间浪费在这种会议上了,因为有些人是如此……"

└───┘

前两种有效沟通都会使团队继续工作,使肖莉参与进来而不浪费时间、精力,不牵扯人际关系;后两种沟通则着力于惩罚肖莉,而不是推动工作的进展。

2. 团队沟通中的语言策略

通过运用坦诚、负责、肯定以及恰当的语言,可创造一种团队成员之间互相关注、支持交流、降低防卫的氛围。

(1) 保持敏感

运用有效的、支持性沟通风格要取决于你理解他人的感受和回应,并进而对他们作出积极回应的能力。会察言观色的人,既不僵硬、刻板地固守自己的看法,也不表现软弱无力的样子。他们能够接受他人的观点,能回应他人,灵活、坦诚,不受既定的约束,使其沟通适应实际情况的需要。

(2) 与人坦诚相处

在崇尚个人主义的文化中,比如北美,坦诚沟通是一种受重视的沟通模式。坦诚是开放性的沟通,了解自己、关注他人,关注你的需求或明确要他人知道的事情。一个坦诚的陈述通常很直接,但它同时需要谦恭有礼、顾及他人的感情。

有一点至关重要,即要了解什么是坦诚,什么不是坦诚。坦诚指表达出你的想法或者感受,"剖腹掏心"不是坦诚。坦诚是陈述你的观点,不是攻击他人。坦诚是为你自己的沟通负责,不让别人来操纵你的反应。坦诚需要敏感,需要具备一些能力,如了解你的需求,会处理沟通中的风险,开明合理地陈述你的立场;关心并理解沟通对他人的影响。图 3-2 展示了坦诚与其他行为的相关性。

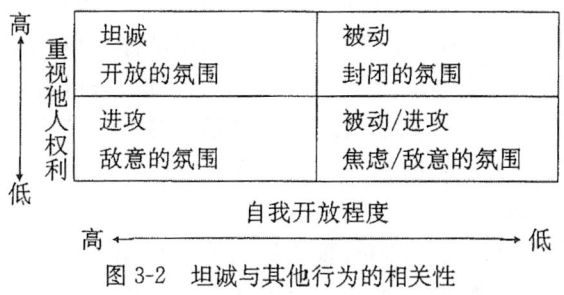

图 3-2　坦诚与其他行为的相关性

　　图 3-2 左上角所表现的是坦诚的沟通者。沟通者展示自我,希望影响他人,高度重视他人的权力,知道怎样运用外交手段和沟通手段。支持性群体的成员开诚布公,不带偏见地表达其观点,着力于问题而非人。他们重视坦诚而不运用计谋,有同情理解之心,而不仅仅表现中庸,所有这些目标均可用坦诚和支持性的沟通来完成。

　　图 3-2 左下角指有些人能展示自我,希望影响他人,但较少关注他人的权利。这些人会显现进攻的态势。进攻型采用了“我第一”的态度,想控制人,不太尊重他人的兴趣或感受。当沟通被用来通过攻击一个人的自我意识,引起他人的精神痛苦时,就呈现了侵略性。这种人特别想控制他人的感情和行为,也许仅仅以言语或非言语的方式“敲他一下”,通过恶意的取笑或者在语言上不依不饶。进攻几乎永远是一种无效的沟通方式,因为它表达了敌意,使队员分裂成防御性的派别。研究发现,在有着批评、操纵或居高临下式沟通的群体中存在着防御。简而言之,在那样的群体中,没有人相信别人不会伤害自己。

　　图 3-2 右上角是既高度关注他人,又经常受他人影响的沟通者,其行为会呈现被动性。这种人保留意见,会言不由衷地做出让步,同意他人,会因惧怕可能的后果而压下自己的兴趣。当然,有时你可以选择沉默,但不必感觉被动。支持/平等型在必要时,可保留评价,以便让队员探索问题。这不是被动,你没有退缩,只是因为互动过程的需要而选择倾听。

　　图 3-2 右下角是喜欢自我防卫,易受人影响,而且不关注他人权力的人,其行为呈被动/进攻型,这种消极进攻风格的沟通是敌意的,往往会引起不和。这类人用间接的手段阻碍了进步或伤害别人而不用负责任。他存着制造痛苦的意图而取笑、挖苦别人或轻视他人,否定他人,使别人下不了台。消极好斗的人把他受人控制的愤怒掩盖起来,憎恶这种控制,想要保护自己,但还是被他人“左右”。

　　(3) 使用负责任的语言

　　如果每个人都能对团队共同的感受和想法负责,则一切会容易得多。负责的语言还为其他人改变观点和观念留下余地。当用更富假定性语言代替肯定性语言时,团队就会有更多的合作,更少的防御。缓和你的语气,接受他人的观点以保持开朗、合作的氛围。

当然,肯定并不总是负面的,它取决于怎么说,取决于情势,以及你自己的专门知识。研究者最近发现,当说话的人和听者的期望相符时,人们容易给予他们信任,这包括说话人用肯定还是委婉的语言。你如果是专家,人们期望从你那得到肯定的回答,但假如你不是专家,则人们的回答会委婉些。大致说来,"我认为"或"很可能"这些词清晰地表达了你的看法,但留下了让人可以不同意的余地,而"总是"、"决不"和"不可能"则终止协商,即便你有专业知识为你的想法提供支持。

(4)常给别人以肯定

当别人通过承认你的想法和感受,真正倾听你并做出回应,你会有被认可的感觉,这叫做以人为本的沟通。的确,它认可了一个人在互动过程中的价值和作用。此外,能够进行以人为本的沟通的人往往被认为更有说服力。但是当根本没有人回应你,当他人表示你的意见是错误、愚蠢或不重要的而否定你时,你很可能觉得受了伤害。

当你被肯定时,就容易做到坦诚,容易出效率,也容易对团队作出贡献。人们不仅在感受到被操纵或被攻击时会变得具有防御性,当他人表示中立或冷漠时也会使人产生防卫心理。肯定一位团队伙伴将有助于他全力以付地工作,也有助于团队创造一种合作的氛围。

(5)使用恰当的语言

使用恰当语言是探讨沟通时一个关键的词。使用恰当语言是使用适合团队成员、适合自己和团队情况的语言。如果你的话开启了讨论和思想交流,就是恰当的;如果你的话终止了交流或者令人费解,那就是不恰当的。

选择恰当的语言取决于你是否对他人敏感,以及如何判断想要达到的目的。这种选择同时需要心和大脑:脑负责分析,心负责回应。选择恰当的语言需要考虑听者的知识层次、背景和感受。

a. 适合团队伙伴。语言尽可能清晰具体。专家建议避免使用"他们"或"这"之类的模糊代词。我们听过人们这样说"他们真的完成了"或"这是个问题,谁完成了?"什么是问题?尽量使你的话明确易懂。如果你需要用队员们不熟悉的术语,要给予详细的解释。忘记了他人的背景和感受,肯定会导致人们的防御。恰当的语言还应有包涵性,尊重他人。例如,在有女性在场的时候对全体成员说:"兄弟们,我们……",这种语言忽略了处于少数状态的女性,把女性排除在外,就没有包涵性,没有尊重女性,是不恰当的。

b. 适合自己。你的语言还应对自己合适,你的谈话反映了你的自我形象。调整语言有时意味两难境地。我们所说的调整是以别人能接受的方式告诉他人你是谁、你是怎么想的,而不是虚伪地撒谎或者歪曲。许多优秀的沟通者运用"转码"法:和一些可能不习惯他们的谈话方式的人,改变风格,进行有效的沟通。比如,你在团队中是一个文化程度很高的人,一个文化程度较低的人对来自"象牙塔"的人做出一些恶意的评价,而你为自己所受的教育而自豪。如果你说:"是啊,受教育一点儿用都没有,我浪费了很多年。"这说明你虚伪。如果你避免深入下去的交谈,寻找你们之间可共同讨论的事物,这就是一种诚实,很可能是一种有效的方法去消除障碍,增进沟通。

c. 适合情形。当你在选择语言时,你需要认识团队的工作情形。让我们比较一下两个公司的团队:A 团队是一个管理团队,正努力在短时间内做出一个预算,因此,队员们需要使其语言围绕任务,清晰具体,高度任务化。而 B 团队负责为发展一个合作性的组织文化,这种任务要求创造性和想象力,要求使用探索性、灌注情感的和形象的语言。

五、团队沟通中的倾听和提问

团队沟通中的言语沟通和非言语沟通传达的信息非常有限,而且在很多时候不深刻、不具体。在团队的沟通过程中倾听和提问能提供一些必要的、及时的反馈,使人更深入地理解传达的信息。倾听和提问可以为个人以及团队进行成功的沟通引发对话,创造氛围,并互相合作探讨。

1. 团队中倾听和提问的作用

(1) 引发对话

对话不仅仅意味着人们轮流说话。在对话中,人们形成自己的看法和见解并进行交换。对话包括发表看法、倾听、释义、提问、添加、变化,直至达成共识。两人进行相互坦诚的沟通较为容易,但是还有很多对话要在许多人的场合进行,包括团队的会议等。沟通专家指出:只有通过倾听,我们才可以从中了解任何有关人和事方面的情况,以便作出合乎职业准则的决策并采取行动。

(2) 创造氛围

言语沟通和非言语沟通可以创造支持性沟通氛围,也可以创造防御性沟通氛围。形成支持性沟通氛围的部分原因是:人们倾听和提问的方式使团队成员之间互相信任,从而达成共识。对于团队沟通来说,更为重要的或许是倾听和提问。有效的倾听和提问能创造出这样一个氛围:人们都致力于达成共识;当人们互相倾听时,都在努力了解对方。在非常有成效的沟通中,我们倾听的重点往往是与讲话人一起达成某种共识,而并不仅仅是理解他的想法。相互促动丰富了沟通的氛围,使沟通健康而有序。

(3) 进行合作性分析

作为一个团队,团队成员应为一系列的目标努力。具体来说就是确立目标和标准,分析信息和问题,找出解决问题的办法。有效的团队沟通包括合作性分析,它是一个倾听和提问的过程。该过程使团队成员有可能一起(批判性地、创造性地、分析性地)思考,并检验他们观点的逻辑性和正确性。

团队优势在于其成员的观点、经历、背景以及视点的多样性。但是,如果团队成员不能去深究彼此的意思而达到全新的、更好的理解,那么优势就不复存在。只有认真的倾听和经过思考的提问才能体现出团队的优势。

2. 倾听和提问的基础

毫无疑问,作为个体,要想在团体中或工作单位取得成功,倾听是基本要求。同样,如果只有倾听而没有机智、敏锐的提问,就会在很大程度上限制沟通的效果。没有提问,就无法证实你的理解是否准确,无法探究一些好的想法,无法与他人创造性地构建新思路。

(1) 构建团队规范

有效的倾听在团队中往往难以实现。在一对一的对话中,你可能有一半的时间在倾听;而在团队中,你倾听的时间可能会达 65%～90%,如此多的人在交流,倾听就变得较为困难。这就是为什么团队需要形成一些明确的沟通惯例,以便让团队成员在交流时遵循。这些惯例包括如下几点:

a. 轮流发言。要注意团队其他成员用非言语方式表达出来的想要发言的要求,而且要帮助他们获得发言机会。要提醒大家关注他们的发言:要请别人发言;某人发言被忽略时要提醒团队成员注意听。

b. 学会倾听,不要随意打断别人。带着开放的思维和支持的立场去倾听,不要打断别人,或插话。好的倾听者是那些包容别人的想法,并且会用言语或非言语方式做出反应来鼓励人们进行有效的沟通的人。

c. 以支持的态度提问。以支持的立场来提问,以帮助他人理清想法和信息,也使得团队的沟通可以及时地回归主题。提问时要注重内容、思想、分析。不要将注意力集中在个体身上。在评价好的倾听者时,人们将"支持"和"准确"列于首位。

遵循这些惯例,就可以创造一个有益的沟通氛围。作为一名团队成员,在这样的氛围中会受到鼓励,愿意将想法和感受与大家分享,因为团队中其他人确实在倾听并且真的想要理解你。

(2) 排除沟通障碍

许多因素会妨碍有效的倾听和提问:信息超载和需要理清多个头绪会妨碍你整理、加工和保留你所听的内容;焦虑,或者为某事、或生活中的其他事情担忧也会影响你倾听。做出积极反应的倾听和提问需动脑筋,付出情感,还要动用体力。随着职位的提升,一个人在沟通时倾听所占的时间会越来越多。

团队中如果出现防御性沟通,往往源自于成员之间的竞争。如果人们总想赢别人,那么团队就很难建立合作和支持的沟通氛围。一些常见的自我保护性习惯助长了这种不良倾向,在日常中常常表现为:

a. 爱钻牛角尖。如果你总在想要反驳或支持某种观点,那么就开始左思右想如何做出反应,别人所说的其他内容都听不进去了。

b. 有成见或者贴标签。事先就为某位发言者或某一话题做了定论会使你拒绝理解别人的想法。

c. 喜欢对发言者评头论足。总是喜欢关注发言者的某些"缺点"或"不是",注意个人的表达方式。这样的思考方式,个人特点和团队工作的特点会影响你理解别人所说的内容。

d. 对另有用意的词反应强烈。每个人都会对某些特殊的词作出反应,但如果只注意某个你不喜欢的词,你就了解不到其他内容了。

e. 对所讨论的话题不感兴趣。自己如果对主题"乏味"或"无所谓",那你就不会发现任何有意义的东西。

f. 思想开小差。如果你在想其他的事("我晚餐吃什么呢?"或"那个学生漂亮吗?"),就听不进去团队成员的发言。

g. 随意干扰别人。发表评论或与别人窃窃私语不仅会影响你获取信息,而且也会影响到别人。

h. 假装在倾听。你可能是名"完全入睡的倾听者",对着说话人欣然地点头,但点头次数和倾听有效度之间没有明显的关系。有可能你在点头的同时却想入非非,而自己却浑然不觉。

3. 倾听和提问的技巧

言语和非言语交流方式能帮助团队成员倾听彼此的声音,引导团队沟通的做法就是倾听和提问,帮助团队成员积极参与沟通。个人背景或文化背景不同会使人们采用不同的方法表达自己。有的发言者看不出别人想要发言的迹象,有的人很想让其他人发言但不知道该如何去做。因此,倾听和提问中需要一些合适的引导。

(1) 促进倾听和轮流发言

有时,你可以巧妙地问一个旨在搞清意思的问题,以帮助别人获得发言机会。假定肖莉看上去有点不解,你可以这样说:"我不太清楚这点,"然后你可以转向肖莉说,"你清楚吗? 是不是也不太清楚?"这样,就可以让肖莉表达她的疑惑,而不至于让她觉得自己很傻。如果肖莉已清楚了,也就可以了。你给了别人提问的机会,而且没有人因此有所损失。

一般来说,打断别人是粗鲁的行为,而且破坏沟通,但有时也有例外。有时候有必要打断某人,然后将发言的机会还给别人。或者,打断别人可以只是些简短的支持性话语("肖莉,说得对,我绝对赞同你!"),这样原先的发言者就可以继续说下去。

有时候,打断别人可以达到夺取发言机会的目的。专家发现,如果你没有成功打断某人,也就是说,你打断他,但他拾起话题继续说下去,这时你就可能成为下一个发言者。也许,你的举动以某种方式确立了你是下一个发言者的姿态。无论如何,谨慎打断别人有时可以使你得到发言权。但是,打断别人的这种方法要谨慎使用;如果使用过分,就成了一种以自我为中心的做法,这会降低你在团队中的信誉。

（2）排除干扰

如果团队成员不在倾听对方，任意打岔，不让人讲述完自己的想法，说话离题，或者互相干扰，就需要给他们一些引导，帮助他们回到正题，将注意力集中到发言者身上。一种做法是向发言者提问，使人们的注意力又集中到讨论内容上。你可以这样说："我们已谈了这么多，我需要弄清楚我们现在讨论到哪儿了，张军，让我概括一下你的发言，"接下来你可以简要复述发言者的发言内容，这样就可以使整个团体又回到讨论的焦点。然后加一句"是那样吗？好的，谢谢，现在请继续！"

如果讨论完全失控，无人在倾听任何人的发言，这时就专门花点时间谈一谈团队的沟通情况。你可以描述一下你所看到的似乎正在团队中蔓延的不良现象，然后试着让大家依次发言，别人认真倾听。这样做仍然要讲究策略，描述问题时不要指责大家。

（3）积极倾听

积极倾听是大脑内部的加工过程。在积极倾听过程中，你在智力层次上与说话者交锋。你不在提问对方，但你在分析，并且在自我提问，你正"进入状态"。

积极的倾听者利用自己的思维速度来加工信息。人们说话的语速（每分钟约 100～150 个单词）一般慢于倾听者处理信息的速度（每分钟约 400～600 个或更多的单词）。这两者的时间差可能会因倾听者思想开小差而流失掉，或许也会被用来加工分析信息。为了利用好这两者的时间差，可以做下列事情：

a. 做好倾听的身体准备。坐在可以看到发言者并且可以与之交流的地方。身子要前倾，保持视力接触，并在适当的时候点头。

b. 排除干扰。要在脑中时时提醒自己："你在工作，不要分神"。如果你确实想到了其他事情上，就赶快振作起来，集中注意力。如果实在抵御不了这些念头，就草草记下以便事后考虑，这样做就可以使你全神贯注地倾听了。

c. 倾听时抓住要点和重要内容。不要对细节纠缠不清。如果某个细节令你不安，很快记下以待以后查实，然后就不要再去想它了。

d. 倾听时要整理并透彻理解信息。依逻辑关系将各种信息联系起来。对不同概念进行有机结合，抓住关键词，将不同想法串联起来以便你能理解，用心记住这些想法；可以运用类比或比喻，或将想法与熟悉的例子联系起来。

e. 通过大脑分析信息，对正在倾听的内容进行分类、整理。问自己一些有关所听材料的问题，将不对劲的地方记下来，以便以后再进行分析。倾听时要捕捉发言者提出的依据、价值观、假设和论点。

（4）相互提问

相互提问可以弄清、探讨、分析并且探究团队成员的发言内容。它需要人们具备分析和批判性的思维技巧。注意，你不是评论人而是评论问题、原因和结果、信息和依据，建议以及计划。

向提供信息的团队成员提问可以帮助形成一种积极的氛围,并向目标迈进。向作为整体的团队提问题,可以澄清不清楚的内容("可以将那点再说明一下吗,我没搞清楚"),并且扩充不完整的地方("这一点还有谁要补充的?""我们如何能得知这一点")。一般来说,有效的提问应该达到如下的要求:

a. 对推理和依据进行检验。通过提问题来验证事实,推断和结论之间的联系,找出谬论并加以纠正。但一定要注意提问时要对事不对人。

b. 所提问题需带有分析。提问时要切中因果关系,要有助于检验最佳的解决方法和准则。这样讨论问题时就不会让发言者处于防守的位置。

c. 探究更多的信息。巧妙地提问以获得支持性依据,想办法弄清楚发言者的前提,询问有关职业道德方面的问题或困境。提这些问题时应怀着"澄清"问题而非在争论中"占上风"的支持性姿态。其次,提问方式要能帮助发言者客观并诚实地给予回答。

d. 倾听别人所提的问题。其他人也可能问你一些问题,其目的是分析想法,在某些信息上达成共识,而不是向你个人发出质问。不要一昧地提问题,使人们只听你一个人在说。

e. 弄清你想要问什么。要清楚你在寻求的东西。如果拿不准,就说出来,请求团队队员帮你。别人可能知道你到底对什么感到不解。

f. 提问要具体。用词要清楚,只问你需要了解的东西,如果在提问前要引用例子、资料或假设,一定要表述清楚、客观、准确。不要将陈述与提问混为一谈。

g. 每次只提一个问题。如果你的问题包含两部分。那么先说明一下:"我的问题分两部分。第一部分是……,第二部分是……",这样有助于他人回答。

h. 避免问"别有用意"的问题。不要让他人在两个同样错误或同样是指责性的问题中做选择。例如:"你何时考试不再作弊"。这个问题有言外之意。

第三节 会 议 沟 通

无论你是否愿意参加,会议或者是讨论会在今天的商务社会里已经变得越来越重要了。组织和参加会议也是商务活动中最常见的群体活动,会议是一种典型的群体活动。会议的主要目的就是解决问题,但由于开会技巧不佳或过于频繁,不但无益于解决问题,反而使问题愈趋复杂。频繁的会议与主管的随意决策,常常是员工的梦魇;员工花太多时间在无效率的会议上,不仅浪费公司成本,也造成工作效率低下。如何能在会议中高效率地解决问题,是"高效会议管理技巧"的中心议题。

一、会议概述

一次会议一般是由三个或更多的人所组成,大家聚在一起是希望能够集思广益以解决问题。从组织的角度,会议是一种提供有效信息的场所。

1. 会议的意义

(1) 会议是一个集思广益的渠道

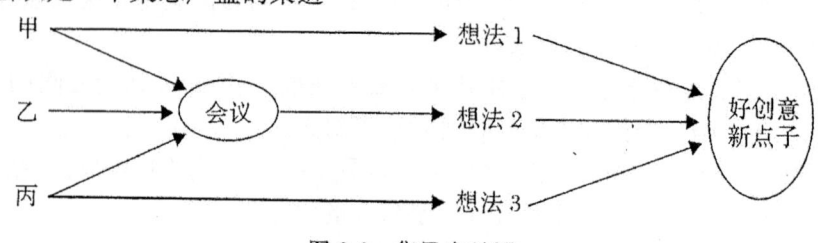

图 3-3　集思广益图

从图 3-3 可知,会议是一个集合的载体。通过会议使不同的人、不同的想法汇聚一堂,相互碰撞,从而产生"金点子"。许多高水准的创意就是开会期间不同观念相互碰撞的产物。

(2) 会议显示一个组织或一个部门的存在

会议总是在大于一人的情况下发生的,即使是只有两个人的会议,这两个人也是一种小型组织。没有不开会的组织或部门,一个组织或部门不召开会议,它的存在价值就会受到质疑。因此,会议能够充分显示一个组织或部门的存在价值。组织或部门与会议的关系,如图 3-4 所示。

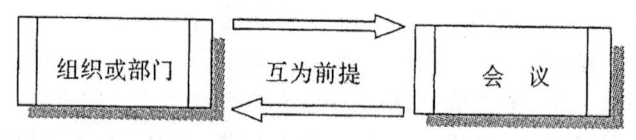

图 3-4　组织或部门与会议的关系

(3) 会议是一种有效的群体沟通方式

开会很少是一对一的沟通,绝大多数情况下都是一种群体沟通。随着科技的迅猛发展,人们的沟通方式越来越多,现在人们可以通过 E-mail、多媒体等种种形式进行沟通。但是,群体沟通,即会议这种沟通方式,是任何其他沟通方式都无法替代的。因为这种方式最直接、最直观,并且最符合人类原本的沟通习惯。

2. 会议的功能

举办会议的目的是为了一个共同的目标而把与会者的想法和建议集中起来,然后进行展示、讨论,以期达成一致。会议的主要功能主要表现为如下四个方面:

(1) 开展沟通,传达资讯

会议是一种多项交流,可以集思广益,实现有效沟通是会议的一个主要目的。通过会议可以向员工通报企业的决定及新决策,即向员工传达来自上级或其他部门的相关资讯。

(2) 监督员工,协调矛盾

　　许多公司或部门的常规会议的主要目的是为了监督、检查员工对工作任务的执行情况,了解员工的工作进度;同时,借助会议这种"面对面"的群体沟通形式,来有效协调上下级以及员工之间的矛盾。

　　(3) 达成协议,解决问题

　　此类会议的重心不是放在对导致问题产生的种种原因的分析上,而是在采取行动上。达成协议与解决问题一般要经历如图 3-5 所示的六个步骤,通过这六个步骤,最终实现协议的产生和问题的解决。

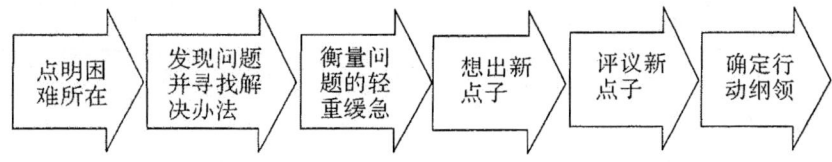

图 3-5　达成协议与解决问题的六个步骤

　　(4) 资源汇总,信息分享

　　召开这类会议的目的是为了告诉他人在某一特定领域或在某一特定项目上的进展情况。信息分享的会议一般采用自上而下的模式,即由组织者介绍有关情况,其他人在听。在大多数情况下,组织者讲完后不要求提问。

　　(5) 开发创意,激励士气

　　以开发创意为目的的会议较多地出现在广告公司、媒体公司中。通过举行会议,形成新的构思,并且论证新构思,使其具有可行性。年初或年底的会议通常具有激励的目的,这种会议是为了使公司上下团结一心,朝着一个方向共同努力。

　　3. 会议的种类

　　会议可以按照人数、开会方式和开会目的进行分类,每一种分类都从一个方面反映了会议的作用,每一种分类都与人们的实际需要、社会的不断发展密切相关。会议的种类如表 3-2 所示。

表 3-2

会 议 的 种 类

划分标准	划　分　类　别
组织类型	内部会议和外部会议,正式会议和非正式会议
时间规定	定期和不定期
出席对象	联席会(由若干单位共同召集并参加)、内部会、代表会、群众会等
功能性质	决策性(必有决议、决定)、讨论性、执行性(分配工作、布置任务、执行政策)、告知性(发布会、说明会)、学术性、协调性、报告性、谈判性、动员性、纪念性等

（续表）

划 分 标 准	划　　分　　类　　别
议题性质	专业性（解决专门领域问题）、专题性、综合性等
规模大小	特大型（万人以上）、大型（数千人）、中型（数百人上下）、小型（数十人或数人）等
方式手段	常规会、广播会、电话会、电视会等
国籍及议题的范围	国内会议和国际会议等

一般来说，组织常见会议的种类有如下几件：

（1）经理例会与特别会议

经理例会是指由本企业的经理们参加，研究经营管理中重大事项的办公会议。这类会议是例行的，通常每月一次或每周一次，与会者和会议地点都相对固定。

经理特别会议是在企业的外部环境或内部运转机制面临重要问题，急需领导集体研究，立即拿出解决方案时召开的会议。这类会议的主要任务就是研究和解决新问题，作出相应的对策。

（2）部门员工例会

部门员工例会是某一部门定期召开，由本部门全体员工参加的会议。如生产部门例会、销售部门例会等。一般起到通报情况、交流信息、解决问题、融洽感情的作用。

（3）股东大会和董事会议

股东大会是股份制企业定期召开的例行性会议，一般每年召开一次，有股东参加，决定股份公司的最高执行方针。秘书通常会在大会召开前 3～4 个星期就将会议通知邮寄给参会人员。董事会分例会和特别会议。

（4）公司年会

公司年会用于各部门报告一年来的工作业绩，确定下一年的工作计划。公司年会往往在年终举行，不仅要进行总结表彰，还可能开展一系列的庆祝活动。

（5）客户咨询会

客户咨询会主要是邀请企业的客户代表、合作单位代表参加，听取客户对企业经营管理方面的意见、建议，对客户提出的问题集中给予解答。这类会议的与会者来自方方面面，有本地区的，也有外埠的；有本国的，也有外国的；规模比较大，工作量和难度较大，要求较高。

（6）产品展销定货会

产品展销定货会是企业经营中经常使用的一种营销手段，一般由销售部门负责人操办。

（7）业务洽谈会

业务洽谈会是企业中一项重要的活动，是企业提高经济效益的关键。企业的领导人常常亲临此类会议。

（8）新产品新闻发布会

企业研制出新产品并准备将其推入市场时,常常采用新闻发布会的形式进行宣传。

4. 失败会议的常见问题

（1）管理不善

会议要开得卓有成效,就要有目的性和方向性。通常,会议的方向由主持人控制,如果举措得当,就能确保会议程序井井有条。如果没有选出恰当的主持人来掌握和控制局面,会议就可能开得不着边际,漫无目的。此外,如果会议主持人不重视对会议的控制,会议也会开得杂乱而低效。

（2）缺乏会议前的充分准备

开会之前如果缺乏充分的准备,会导致以下问题:与会者没有办法拿出会议所需资料;会议没有时间限制,与会者个个筋疲力尽,或者随意离开会场;反复讨论同一问题,而其他重要的问题没有足够的时间商讨;与会者不清楚为什么要开会,事先不知道自己来干什么。

（3）与会者不重视会议

如果与会者认为会议不重要,那么有可能干脆不来开会,或者临时派人代替自己开会;会前不会花精力和时间来准备资料或思考会议的主题;开会的时候态度不够严肃和认真,随意接听电话或是开小差。

（4）开会的过程中组织混乱

与会的环境太差,周围环境太吵,或是干扰太大,使与会者难以集中思想;部分与会者迟到或早退,引起其他与会者的不满情绪;讨论的时间过长,会议经常在进行途中偏离主题;与会者举止不文明,随意打断其他人的发言,有的人热衷于无谓的争论,有的人干脆一言不发。

—— 小贴士

高效会议的八大特征

● 只有在必要时才召开;

● 事先已经精心筹划过;

● 拟订并分发了会议日程表;

● 严格遵守会议时间安排;

● 一切会议活动都按部就班;

● 邀请了与会议相关的所有人员出席会议;

● 对会议议题及时作出了评论和归纳;

● 记录所有的决定、建议和负责人。

二、高效会议的准备

会议能否获得成功,在很大程度上取决于会前的准备工作。会前的准备工作涉及很多方面。

1. 判断是否有开会的必要

俗话说"不打无准备之仗",高效率的会议一般在正式宣布开始之前就已经注定了。而高效会议的第一步准备工作是确定是否真的有开会的必要性。这个确定工作看似多余,实际上却是必不可少的。一般来说可以通过如下的几个方面作出判断:

(1)是否有更好的方法

如果有其他更好的方法能解决问题并达到同样的目的,那么也就无需开会,因为开会在时间和成本上都消耗较高。例如:可以通过打电话、发邮件或是写便条等其他的形式,也许感觉上不一定那么正规,但是却简洁有效,对于解决一些不太重要的问题或是解决一些对时间要求很紧的问题还是很有帮助的。

(2)是否需要群体决策

会议是一种群体沟通和决策的方式,这种方法虽然可以集思广益,但同时在时间上如果掌控不好,也会造成一定的浪费。假如你是唯一可以作决策的人,那么就没有必要去浪费自己和他人的时间去召开耗时太久的会议。如果决策已经作出,又召开集体会议讨论,结果可能会全盘推翻原来作出的决策,就会使自己陷入尴尬的境地,也不利于问题的解决。

(3)要全面考虑开会的成本问题

会议成本是一个绝对不能忽视的问题,一定要做好会议成本的预算,不能用高额的会议成本来换取某些会议的发生,因为企业内部的沟通也有其他的比较好的解决渠道。

2. 确定会议的议事日程

在会议确定要召开之后,最重要的准备工作就是确定会议的议事日程。这是因为:与会者在实际参加会议之前,最好能事先了解开会的目的和具体的安排,这样他们就可以提前做好相关的准备工作。

另外,会议的组织者最好还应该为与会者准备一些更为具体的信息——最好是书面的形式。这将使会议的议事日程在内容上更为充实,并使得与会者对整个形势以及拟讨论的问题有更进一步的了解,从而也能就议事日程上所列问题深入思考并提出应采取的行动。

3. 确定会议的参加者

与会者指应邀参加会议的人。一个会议的成功与否与会议的规模和构成的关系非常密切。会议可能由于参加的人员太多、太少、不恰当的人员结构而流于失败。在与会成员的构成上,可以考虑如下三个方面的因素:

（1）同质性和相互性平衡

一个团队如果成员之间具有很强的同质性，成员之间具有相似的背景、性格、知识和价值观，那么成员之间就会较少出现冲突和分歧，会议成果也许会平淡无奇和缺乏创新思想。相反，如果团队成员具有很大的相异性，会议期间可能会有比较多的冲突和争论，也可能什么问题也解决不了，但也可能得出更新奇或更优秀的方案。所以，根据会议的目的去平衡与会者的结构就显得比较有意义。

（2）竞争性和合作性的平衡

当与会者为一个共同的目标奋斗且对他人采取合作态度时，团队讨论的方式比个人决策更有效，更有助于激发全体成员去打拼和获得竞争的胜利，并且会导致更高的成员满意度。甚至，合作团队会显示出有效的人际关系、良好的合作分工和更高的参与度。

（3）任务导向性和过程导向性的平衡

与会者的特征会显示出其思维倾向性：侧重过程还是侧重任务。如果这两类与会者在构成上可能相互平衡，会议将会更高效。一般来说，任务导向的与会者埋头于事务，他们不怎么容忍开玩笑或者有关情感和友谊的讨论，能有效地完成任务但满意度可能较低。而过程导向的与会者则强调团结精神和参与合作，他们对成员感情和满意度比较敏感，甚至不惜牺牲"任务结果"来满足成员的愉悦。

小贴士

会议准备中的 5W1H

- Why：会议的目的；
- What：会议讨论的议题；
- Who：会议的参加者；
- When：会议的日程安排；
- Where：会议的地点及所需设备；
- How：会议的规章制度，例如：入场准时；把手机铃声调到震动的位置上；交通和住宿的安排等。

三、会议主席的沟通技巧

无论一切准备得怎样好——从会议的日程安排、与会者的选择，到会议的时间、地点等，但如果没有一位知道如何管理和主持会议的领导者，很多会议往往还会以失败而告终。会议主席或会议领导者的角色，主要是主持会议、维持会议秩序，且确保小组积极工作。

1. 会议前的认真检查

会议开始前,会议的组织者应该系统地对会议的准备工作做检查,以保证所有的工作准备就绪,没有出现遗漏或问题。对任何会议来说,很多意外的情况都有可能发生,比如椅子不够、空调出现问题或是参与的一位重要人物由于某种原因不能准时到会场而必须使会议延误。所以会议没有正式开始之前,会议主席需要把检查工作做详细的安排。

2. 有效控制会议

会议的控制方式和组织取决于会议的目的。会议控制应当着眼于建立一种行为标准,以这些标准衡量会议结果,并在必要时进行必要的调整。会议主席如果希望会议能按照既定的方式进行,就需要从标准和结果来控制会议的过程。作为有效的会议主持人应遵循以下五个基本原则:

a. 决定讨论的主题,并在会议的开始突出会议的主题及强调会议的目的;

b. 明确讨论的范围,来集中与会者参与讨论的注意力;

c. 确保人们围绕主题依次发言;

d. 尽可能做到公正,尽全力避免与会者之间的争论;

e. 确保其他成员了解会议进展情况。

3. 会议过程进行正确引导

无论会议主持人以怎样的风格给自己定位,他们必须能够发起会议,并确保以良好的秩序进行主题和问题讨论。例如,有些与会者习惯于还没有搞清楚问题就武断地作出结论,作为主持人就应该对这样的行为加以引导,以保证与会者是在充分分析问题背景的前提下作出合理的决策建议。为能够保证会议的良好秩序,主持人需要明确以下四个方面的问题:

a. 识别主题——应清楚地对会议主题加以说明,如有必要,会议间隔后要重复强调;即使会议议题是事先确定好的,在会议过程中也常有一些与会者偏离会议议题的情况出现,出现这种情况,会议主席的一个重要职责就是及时加以纠正,以保证会议按照事先的计划进行。

b. 确定发言的次序——在集体会议中,每个人发言的机会和时间都是非常有限的,为了保证每个人或大多数人都有机会发言,会议主席必须确定发言顺序,保证与会者依次发言。

c. 评价不同方案——列出可选方案,预测每个方案的可能结果(时间、成本、资源等)。

d. 选择行动计划——为达到预期结果,要确保每个人都明确自己的责任,主席应确保与会者不偏离这个程序,有时可能还要提出新的建议、澄清上述内容、做小结或提出对可能出现的问题的注意事项。

4. 引导会议讨论

在开会的过程中，会议主席要及时根据会议的进程和讨论的话题，围绕会议的主题提出恰当的问题以激励与会者。尤其在会议陷入讨论的僵局或是会议讨论偏离主题的时候，提问方式不但有助于激励与会成员，也是控制会议的有效手段。对那些一直滔滔不绝的人要恰当地打断，为其他人提供更多的发言机会，对不愿意发言的人要激励发言。一般来说，会议主席要注意以下几个问题：

a. 提问过程汇总尽量避免提出一些可以简单地以"是"或"不是"回答的封闭性问题；

b. 问题尽量简短；

c. 一次尽量只讨论一个方面的主题；

d. 提出的问题要紧扣主题。

5. 应对隐议主题

在会议的过程中，与会者可能会偏离会议主题展开讨论，有时甚至讨论的问题完全与主题无关，如抛开会议主题而讨论一些小团队的利益等。为了避免这样的情况发生，会议主席一般可以注意以下几点：

a. 事先妥善处理不同与会者之间的关系，尽量避免可能的冲突。

b. 及时遏制会议讨论过程中的不良倾向，把与会者个人之间的争斗、矛盾解决在萌芽阶段；

c. 要求与会者只就基本的结论作出判断，避免讨论没完没了的细节。

6. 主持作出决策

成功的会议一般在会议结束之前会形成最后的会议决策方法结果，这就需要会议最后的决策。根据会议的目标和程序不同，会议的决策方法也不同。一般有以下几种：

（1）权威决策法

它是指由参加会议的一个或少数权威人士作出决策，在大多数情况下是会议主席作出决策。这种决策方法的优点有二：一是速度快，因为只是一个人或是少数几个人作出决策，比讨论出决策所需要的时间一般都短；二是高效率，因为一般权威人士在知识和经验方面也都是见长的。

（2）投票表决法

这是民主决策最常见的方式。可以根据会议性质的不同来决定投票通过的比例，可以半数、2/3 或 3/4 多数通过，一般问题越重要，需要同意的人数比例越高。这种方法的优点是可以调动与会者的积极性，而且可以代表大多数人的意见。

（3）趋同决策法

这种方法并不是用简单投票来让全体与会成员决定最后的结果，而是广泛征求不同成员的意见，并最后形成一个折衷方案。这种方法的优点是几乎每个成员的意见都可以在决策中有所反应，成员的参与程度高，有利于维护群体的团结。

（4）一致决策法

这种方法要求每一个成员都同意，决策才能通过。这种方法与权威决策法相反，比较有利于保护弱小成员的利益，也有利于决定的执行。其缺点在于难以达成一致，特别是某些成员利用此规则谋求更多利益时，则更难达成一致。

第四节　群体沟通中的头脑风暴法

群体决策中，由于群体成员心理相互作用的影响，易屈于权威或大多数人意见，形成所谓的"群体思维"。群体思维削弱了群体的批判精神和创造力，损害了决策的质量。为了保证群体决策的创造性，提高决策质量，一些改善群体决策沟通的方法变应运而生，头脑风暴法是其中较为典型的一种。

一、头脑风暴法的定义

头脑风暴法是指让讨论小组的每个成员自由地提出各种想法，而不管这些想法看起来多么幼稚和离奇。在实际工作中，几乎 80％ 的创新任务可以使用头脑风暴法。由于会议使用了没有拘束的规则，人们就能够更自由地思考，进入思想的新领域，从而产生很多的新观点和问题解决方案。当参加者有了新观点和想法时，他们就大声说出来，然后在他人提出的观点之上建立新观点。所有的观点被记录下来但不进行批评。只有头脑风暴会议结束的时候，才对这些观点和想法进行评估。

1941 年，亚历克斯·奥斯本，一个广告总经理，发现传统的商业会议制约了新观点的产生。于是，他致力于寻找一种把自由赋予人们思想和行动以激发新观点产生的规则，这一规则，后来逐渐演变成为"头脑风暴法"而闻名于世。他把"头脑风暴"描述成一个小组试图通过聚集成员自发提出的观点，为一个特定问题找到解决方法的会议技巧。他提出了如下规则：

a. 没有对观点的批评；

b. 追求观点的数量；

c. 在彼此的观点之上建立新观点；

d. 鼓励狂热的和夸张的观点。

他发现，当遵循这些规则的时候，更多的观点就会产生，而且更多的新颖观点带来了更多有用的观点。使用这些新规则，人们所受的拘束减少了。这些拘束使人们不能提出他们有可能被他人认为是错误或愚蠢的观点。奥斯本发现，由于改变了人们思维的方式，即使是看起来比较"愚蠢"的观点，有时也可以激发出非常有用的观点。

自从 1941 年诞生以来，"头脑风暴法"在世界各处传播。这个技巧逐步为大多数受过教育的管理者所了解。现在，每天在世界的某处都有头脑风暴会议在进行。新观点从这些会议中不断涌现,社会正在因它而改变。

二、头脑风暴法遵循的原则

采用头脑风暴法进行群体决策时,要集中有关专家召开专题会议,主持者以明确的方式向所有参与者阐明问题,说明会议的规则,尽力营造出融洽轻松的会议气氛。一般情况下,主持人不发表意见,以免影响会议的自由气氛,而由专家们"自由"提出尽可能多的方案。头脑风暴法应遵守如下原则:

1. 庭外判决原则

如果要求人们在提出自己的建议之前必须先对其他人进行评价,那么得到的建议就可能会很少。同样,如果有人在别人提建议的过程中就立即进行评价,那么他就会打断别人的思路。因此,头脑风暴法要求对各种建议、方案的评判必须放到最后阶段,此前不能对别人的意见提出批评和评价,而是认真对待任何一种设想,而不管其是否适当和可行。

2. 思路尽可能的自由

创造一种自由的气氛,激发参加者提出各种甚至是荒诞的想法。一个新颖的、异想天开的主意本身虽然很少能够直接构成创新方案的一部分,但却由于有一个全新的概念,而能够使人们打破常规,不被局限在那些表面看起来最有可能的解决途径中。这是一条最难遵循的原则,因为它要求每个人必须做到不急于对任何观点和想法作出判断。

3. 只追求观点的数量

意见越多,产生好意见的可能性越大。努力追求数量有助于产生高质量的主意,你想出的主意越多,你就越有可能从这些粗泛的想法中找到真正有价值的东西。

4. 建立和完善所提出的思想

当你和你的小组倾听别人的想法的时候,你会发现你的思路拓展了,从而更容易想出新的主意,也有助于完善已经提出的主意。这样你可以避免在一味地追求全新主意的过程中发生思想僵化。

三、头脑风暴法的实施流程

1. 会议的时间和参加人员

为了提供一个良好的创造性思维环境,应该确定专家会议的最佳人数和会议进行的时间。经验证明,专家小组规模以 10～15 人为宜,会议时间一般以 20～60 分钟效果最佳。专家的人选应严格限制,以便于参加者把注意力集中于所涉及的问题,具体应按照下述三个原则选取:

a. 如果参加者相互认识,要从同一职位(职称或级别)的人员中选取。领导人员不应参加,否则可能对参加者造成某种压力。

b. 如果参加者互不认识,可从不同职位(职称或级别)的人员中选取。这时不应宣布参加人员职称,不论成员的职称或级别的高低,都应同等对待。

c. 参加者的专业应力求与所论及的决策问题相一致,但这并不是专家组成员的必要条件。另外,专家中最好包括一些学识渊博,对所论及问题有较深理解的其他领域的专家。

2. 头脑风暴法的操作流程

许多问题并不是随着闪现在头脑中的第一个念头而自动解决的。为了寻求最佳解决方案,需要考虑多种可能的解决方案。头脑风暴法是定义一个问题、概念以及与主题相关的任何事情的行动,它从不忽视来自任何微弱声音中的建议。所有的主意都将被记录下来,并仅当头脑风暴法结束以后才予以评价。

a. 在一个小组或者大组中选择一位主持人和一位记录员(他们可以是同一个人)。

b. 通过头脑风暴法来定义问题或者概念。确保每个人对将要探索的问题都有清晰的了解。

c. 建立讨论活动的规则。这些规则包括:主持人控制讨论进程;承认每个人作出的贡献;确保没有人侮辱、贬低或者评价另一参与者及其回应;声明没有一个答案是错误的;记录每一个回答,除非它被一再重复;设定发言时间限制,到时立即终止发言。

d. 开始集体自由讨论,主持人和小组成员共享他们的答案。记录员记录下所有的回应,使得每个成员能够看到这些反映。确保在讨论结束以前不要评价或批评任何回答。

e. 一旦集体讨论结束,马上检查记录结果和开始对各种回应进行评价。检查这些回应记录的时候,一些基本的要求包括:寻找任何重复或者相似的答案;将相似的概念聚集在一起;剔除明确不合适的回应;精简了记录清单以后,继续运用小组讨论的方式,讨论剩余的回应内容。

小贴士

头脑风暴的准备

- 清晰地写出会议目标和选择好与会人员;
- 选择好会议时间和地点,避免干扰和打断;
- 准备好所需要的全部工具;
- 带些玩具,如面具和鼓,当开完一节会议后带上面具和击鼓庆贺;
- 带上主意"点火器",如广告册子、可以上网的电脑等。

四、实施头脑风暴法的技巧

1. 数量要求

为了拓展思路,可以为讨论小组设置一个数量目标——这个目标可定得高一点,使之不能轻易就达到。这样更有助于让参与讨论的成员关注新建议的数量,从而促使成员进行更广泛的思考。

2. 思维线索

为了鼓励认真听取别人的想法,与会者应该注意其思维的线索——主题,即想法之间的紧密联系而不是想法本身。然后,通过这些线索来激发其他方面的新主意。

3. 信件交流链

信件依次在小组成员之间传递。每个成员将自己的主意写在一封信里,并且将信传给下一个成员。这个方法尤其适用于以下情况:思维小组无法见面,或者发生冲突的可能性比较大,或者小组成员希望通过匿名进行交流。多次进行信件交流更有可能激励新主意的形成。

4. 随意涂写

在某个中心位置放置一个征询意见板,让小组成员依次走过去将主意写在上面,这是一个在许多人中迅速收集主意的方法。

5. 点名进行

小组的每个成员依次被点名说出自己的主意,这样使大家都有机会发表自己的意见。鼓励性格比较被动的成员积极参与,同时限制一般情况下侃侃而谈的成员,使他们不至于主宰整个会议。

6. 便条风暴法

小组的每个成员将自己的主意写在一个便条上,然后将这些便条贴在一个意见板上进行小组评价。这种办法可以很快地收集到大量主意,还可以匿名进行,防止提出不成熟的评价。

【问题讨论】

1. 什么是团队?请你说一说团队和群体有什么区别?

2. 影响一个团队沟通的因素有哪些?总结你所在团队的一些不成文规定,并列举出来。

3. 思考一下你自己,看看自己在团队中担任什么角色,自己沟通的风格属于哪一种?观察其他团队伙伴,他们的情况如何?

4. 考虑一下你所在团队的非语言行为和对非语言信息的回应。你认为自己应如何运用非语言信息来进行自我保护,回应团队伙伴?你的团队伙伴的非语言行为中,哪些使你舒服,哪些使你不舒服,你有什么样的反应?

5. 对话式倾听和提问有什么好处?观察你所在团队在讨论问题时的方式,谈谈如何培养自己的倾听能力和提问水平。

6. 头脑风暴法遵循的原则是什么?

7. 一般头脑风暴法在实施过程中有哪些技巧?

【沟通案例】

案例1 一位顾客到新华超市的连锁店去退货,然而新来的员工态度非常蛮横,这位顾客随即到公司进行投诉并向当地媒体反映出来。这件事情给新华超市带来了非常不好的影响。假如您是该超市的负责人,您走访了这位顾客,并和当班的员工和主管进行了沟通。在此之后,您认为有必要就此事召开一次会议。您打算以此为契机来教育所有的员工。现在需要你考虑的是:您准备召开什么样的会议? 会议的参加者是什么样的人? 还需要做哪些具体的安排?

案例2 某公司的年终市场销售分析会议正在进行,公司总经理担当会议的主席。在会议进行过程中,公司负责市场工作的副总经理提出,公司明年的市场营销重点应从"以巩固国内市场为主"转向"以开拓国际市场为主"。他希望他的设想能在这次会议上得到大家的支持和通过。但在会议进行过程中,负责市场营销的部门经理、副经理对这个设想提出了反对意见,他们认为国内市场的潜力还很大,而企业的资金实力不够,与其让其全面开花,还不如采用"各个击破"的方略,先在国内市场取得优势地位。结果双方争得不可开交。如果你是会议主席,面临与会代表这种相争不下的局面,你准备如何解决? 如果最终需要你就这次分析会议作总结,你又如何对"市场营销的重点"问题作总结?

【沟通实践】

【自检】 你在会议中是否具有以下行为?

你 的 会 议 表 现	是	否
1. 总是在会议开始前三天就已经安排了会议的日程并将会议议程通知给每位与会者		
2. 当与会者询问议程安排时总是回答:还没有定呢,等通知吧		
3. 对于会议将要进行的每个议程都胸有成竹		
4. 会议开始前半个小时还在为某个议程犹豫不决		
5. 提前将每一个会议任务安排给相关的工作人员落实,并在会议前确认		
6. 临到会议前却发现还有一些设备没有安排好		
7. 预先拟定参与会议的人员名单,并在开会两天前确认关键人物是否出席		
8. 自己也忘记了邀请哪些人出席会议,会议开始前才发现忘记了邀请主管领导参加会议		
9. 会议时间安排恰当,能够完成所有的议题		
10. 会议总是有一些跑题		
11. 会议布置恰当,与会者觉得舒适又便于沟通		
12. 会议室拥挤不堪,大家盼望早点结束会议		

以上12个问题,你如果选择了题目中题号为单数的行为表现,请给自己加1分;如果选择了题目中题号为双数的行为表现,请给自己减1分。最后看看自己的总得分!

3～6分:你的会议沟通技巧还是值得称道的。

0～3分:你的会议沟通技巧也不错,不过需要改进。

低于0分:你的会议沟通技巧真不怎么样,赶快努力!

【沟通游戏】

游戏名称:倾听与回馈

活动目标:

(1) 学习人际沟通的基本态度(技巧)——倾听。

(2) 体会"倾听"与"回馈"在人际沟通时所产生的效果。

活动程序:

(1) 3人一组,未满3人者,则分派到其他组成4人一组。

(2) 每组3人(或4人)轮流当说话者(一次1人)、倾听者(一次1人)与观察者(1～2人),每人皆须分别担当三种角色,体会每种角色的立场与感觉。

(3) 三种角色的任务如下:

说话者:在5分钟内主动引发各种话题。

倾听者:只扮演听与响应的角色,不主动引发任何话题。

观察者:不介入说话者与倾听者的对话,只负责观察两人的对话情形。

(4) 事后讨论:每人皆当过三种角色后,小组成员作经验分享的活动,说话者与倾听者分享彼此的感觉,观察者则说出所观察到的情形。

活动时间:25～30分钟

活动总结:在人际沟通中,并不只是把自己的意见、想法表达出来,更重要的是也要用心倾听对方所传达的信息,如此才能真正达到双向沟通的目的。此种倾听的能力,既是基本的沟通态度,也是一种可习得的技巧。

第四章 人际沟通

　　当人们开始步入新的环境时,往往遇到许多没有明确答案的情况。在这种时候,你所碰到的人际交流能够帮助你找到明确答案吗? 是不是和下面新员工张军第一天上班的情况有些类似?

　　"我走进去,加入了大约20人的群体。没有人搭理我,也没有人和我说一句话;最后我不得不问我的组长是谁,组长恰好不在。我和我旁边的女员工说,我是新来的,不知道该干什么。她用平淡的语气告诉我:在岗前培训中说有人会帮助我,和我一起工作。天大的笑话! 我完全靠自己单干。我出错误了,一个年轻的女士骂了我一顿。好像谁都不友好,我真想走开算了。我感到纳闷,一个企业怎么能够这样运行呢。"

　　"第二天,我仍旧感觉很糟糕,我做好了辞职的准备。我给我的组长打电话,告诉她发生的情况,她让我别着急,鼓励我说我一定能行。"

　　"一个月后,公司给我和另外两人安排了详尽的培训。似乎你一旦向公司证明你愿意努力工作,公司就帮助你培养必要的技能。我仍然在工作,但是我仍然疑惑不解,公司因为这样不知道失去多少好员工。"

　　由以上案例可以看出:张军作为一名新员工的遭遇说明了一种艰难而紧张的人际交流的形式。在组织中,每个人都要面对各式各样复杂的人际交流,张军的遭遇只是其中一个典型例子而已。怎样才能和周围的人建立良好的人际关系,有效地沟通呢? 相信你学习完本章后会有一个满意的答案。

　　本章主要围绕人际沟通,介绍人际关系的本质和作用,个人性格与人际沟通之间的联系,以及若干有效提高人际关系的沟通策略。

　　在本章中,您将学习到以下内容:

➢ 人际沟通的特点

➢ 人际沟通的本质和发展阶段

➤ 人际沟通的原则以及障碍
➤ 自我沟通的主要内容
➤ 有效赞美和善意批评的技巧
➤ 提升人际沟通效率的策略

第一节　人际沟通概述

所谓人际沟通,顾名思义,就是指个体之间信息和情感相互传递的过程。人际沟通是群体沟通、组织沟通的基础。从某种程度上来说,组织沟通是人际沟通的一种表现和应用,任何有效的商务沟通都是以人际沟通为保障的。人际沟通的最主要目的是维系和发展人际关系,人际沟通还包括人的自我沟通,自我沟通的主要目的是通过积极的自我暗示来获得成功。

人际沟通是一种特殊的信息沟通,是个人与周围人之间的心理沟通,是人与人之间情感、情绪、态度、兴趣、思想、人格特点相互交流、相互感应的过程。通过人际沟通,个人发出了关于自己的个性心理的某些特征信息,同时也可以收集到他人心理的、个性的特征信息,它是一个双向的过程。

一、人际沟通的要求

人际沟通不同于一般的信息沟通,它具有自身的特点。如果人与人之间要达到较深层次的人际沟通,一般要满足如下要求:

1. 沟通双方要有相同的沟通动机

动机是指推动人去从事某种活动,指引活动去满足一定需求的意图、意见和信念等。它是人们进行沟通行为的直接原因。只有具有相同的沟通动机,沟通的双方才能愿意参与沟通,并进入较深层次的沟通状态。

2. 沟通双方对沟通过程应积极参与

每一个人都不是被动的接受者,而是积极的参与者。在向客体传递信息的时候,必须要分析对方的可能动机、目的和需求等,并且要预料到对方可能会做出的回答,以此获取对方的新信息。比如两个商务谈判的对手,谈判的过程中都要顾及对方的情绪、情感、态度和兴趣,并根据对方的反应,对谈话的内容和方式做出相应的改变。由此可见,人际沟通并不是简单的"传递信息",而是一种信息的积极交流。

3. 沟通双方经过沟通都会发生改变

人际沟通是以改变对方的思想和行为为目的的一种沟通行为。沟通的结果是沟通双方的关系发生新的变化。举例来说,在与别人见面或者谈话时,自己的行为和心理就会有所变化,而对方也是如此。

4. 沟通双方要有相同的沟通能力

沟通能力主要是指人们进行沟通所需要的知识和经验,人们只有在相同的知识和经验范围内才能交流。如果一个社会学家不懂原子科学知识,他就无法同自然科学家就"裂变反应和核聚变反应"的问题进行交流。可见,只有具有相同的或者相通的沟通能力,才会有"共同的语言",才能成为沟通的主体。

5. 在人际沟通中会产生"完全特殊"的障碍

"完全特殊"指的是这种障碍与沟通渠道没有关系,而是由社会、心理和文化因素造成的。交流的双方对谈话情景没有统一的了解而产生的沟通障碍,就是由社会因素引起的。心理因素造成的沟通障碍,主要是由个体心理特征差异决定的;而由文化因素所引起的沟通障碍,往往是因为交流双方的风俗习惯、宗教信仰和民族观念不统一而导致的。

二、人际沟通的本质

人际沟通的本质是人与人之间由于某些需要而进行的心理上的交流,是一种受多种心理作用和影响的复杂的心理活动。人们进行人际沟通总是有特定的目的、受特定动机的驱动,交流的过程中也包含着意见交流和情感交流。

1. 沟通动机

在与他人为伴时,人们在有意无意地满足自己的某种需要。这种需要可能是为了得到友谊快乐,也可能是为了找到归属感,或者去逃避什么,也可能是为了掌控局面等。我们把这些沟通动机分为三类:

（1）归属动机

每到周末,一些同学就要呼朋引伴,一群人一起去聚餐、聊天,或者郊游等。这种参加群体活动能满足我们不甘寂寞、希望得到尊重,甚至友谊和爱情这些方面的需要。每当新学期的前几周,大学校园里有各种社团组织都在招兵买马。报名参加的学生有些被接纳,有些被拒之门外。通常那些被接纳的学生就会产生归属感、幸福感。

（2）实用动机

这种沟通的目的是完成某项具体任务,所以这种沟通也称为工具式沟通。比如部门负责人为了完成上级交给的任务,选择与员工聊天或者共进午餐。聊天内容可能不仅仅是工作任务,也可能包括家庭孩子,甚至职工的职业前景等。海阔天空的一番交流其主要目的只有一个:完成上级交来的任务。

（3）探索动机

探索动机表现为人们对新生事物或者未知事物的好奇,希望自己能够了解认识它。当这类人发现了自己感兴趣的新的东西时,他们就积极地寻找新的人际沟通来实现自己的探索动机。

2. 意见沟通

意见是人们对某些事情的看法,是人们的主观认识。信息沟通和意见沟通相互关联,但是信息沟通是对已经发生和将要发生情况方面的沟通,是对客观存在方面的沟通。意见沟通是人际沟通中较为常见的表现形式,在意见沟通的过程中,经常表现有如下几个方面的障碍:

(1) 意见不通是最危险的信号

沟通双方之间不能交换意见和信息,不能做到信息通畅,听不到彼此的意见必然使相互关系活动陷入盲从和被动。如果彼此之间对意见不能很好的处理,并互相猜测对方的想法,这样会使人际关系进入一种比较紧张的状态。

(2) 意见分歧是意见冲突的萌芽

发生了意见分歧,如果不能及时消除的话,往往会导致剧烈的冲突,造成人际关系紧张。消除意见分歧的唯一办法是意见沟通。由于所处的时代环境、教育背景以及很多别的复杂原因,比如在父母与子女之间,上司和员工之间,同事之间都会或多或少存在意见分歧。有分歧是正常的,遇到分歧要及时沟通,交换意见,尽量减少对事物看法的差距,把意见冲突消灭在萌芽状态,争取把意见分歧转化到意见相通。

(3) 意见冲突是关系破裂的前兆

当意见冲突发生时,必须采取紧急措施,及时修补裂痕,防止事态进一步扩大和恶化。解决意见冲突的方法仍然是沟通,而且还有可能需要第三方出面调停或者是依靠权威出面调停。这样可以借助外部力量,来减少彼此敏感程度,达到化解矛盾避免冲突的目的。

3. 情感沟通

人本主义心理学家马斯洛认为,需要是人类生活的基本标志。人有低等的吃穿住行的生存需要,也有更为高级的心理需要,其中就包括感情沟通的需要。

在人际沟通过程中,我们要注意尊重对方正常的和正当的情感需要,并在可能的条件下给予满足;对于消极的和不正当的情感要求,应该给予引导和矫正。这一系列过程都建立在情感沟通的基础之上,并包含在情感沟通之间。对于管理者而言,重视情感沟通更是具有重要意义。情感沟通便于与公众或者员工建立良好的合作关系,能够令工作氛围轻松愉快,使管理工作顺利进行和开展。在进行情感沟通时,应注意以下几个问题:

(1) 要站在对方的立场来分析问题

在进行情感沟通时,一方面要清楚自己的心境;另一方面也要体察对方的心情。在自己心情良好,对方心境也很好的情况下直接沟通比较容易交换意见,达成共识。这种双方心境都良好的时候是最优的沟通时机。

(2) 要在良好的状态下与他人沟通

在自己心境不好的时候,要尽量去调整自身状态。不良的心情会让人反应迟钝,思维混乱。这种时候进行沟通,不仅达不到预期目的,还可能会影响到对方的心情,甚至使事情越来越糟。可以采取适当的自我调节来调整心情,比如转移注意力,出门旅游,和好朋友长谈等方法,使自己的心情阳光起来。这样,带着一份好的心情和别人进行感情沟通,不仅能使自己的观察更敏锐,而且能更加真切地体会对方的心境,能更为真实地了解对方的意见。

(3)与心绪不佳的人沟通要做好思想准备

选择在对方心情不好的时候进行沟通,必须要有足够的心理准备。这样情况下的沟通可能对方作出的反应是满腹牢骚,一肚子怨气都朝着你发泄。不过,也就是在这种时候,能够很好地发现对方的真实看法。在情绪激动的时候人们往往会忘记掩饰自己,真实地表达自己的思想。在抱怨和不满中往往有很多的合理化建议和宝贵的意见,可能这些都是在风平浪静的时候对方所不愿意表达出来的。所以,遇到这种对方心境不好的情况故意回避矛盾,害怕群众发牢骚、提意见并不可取。对于管理者来说,只有在公众心情不好的时候不回避直接沟通,才能更全面、更深入地体察公众情绪,实现更稳固的感情沟通。

三、人际沟通的层次和阶段

人际沟通的目的是建立、维持和发展人际关系,人际信息沟通的过程就是人际关系的动态过程。人际信息沟通对人际关系的影响是在三个层次、四个阶段上进行的。三个层次是指信息层次、情感层次和行为层次;四个阶段分别指情感定向阶段、探索情感阶段、情感交换阶段和稳定情感阶段。

1. 人际沟通的层次

(1)信息层次

信息层次是人际沟通的基本层次,在这个层次上完成的任务是信息的传递和反馈,信息得以交流,因而产生一定的认识和初步的印象。如果信息交流不能实现,那就谈不上什么情感交换和行为交互了,人际关系也不会建立起来了。如果交往双方的信息沟通出现障碍,人际关系就得不到发展。因此,虽然信息交流是最低层次的沟通,也一定要重视它,因为它是情感层次和信息层次的基础。

(2)情感层次

在有了一定认识和初步印象后,人们通常要安排一些轻松的活动来联络感情,比如说聚餐或者舞会。在活动过程中,进行进一步的信息交流,以获得更多的了解。双方对交流信息的译码和对对方的动机、需求、性格、世界观、价值观、思维定势的感知,都伴随着情感体验。这种情感体验分为两种:情感共鸣和情感排斥。当参加交流的个性特征都能够被对方接受,就会产生情感共鸣,建立起良好的人际关系;反之,如果双方不能够接受彼此的个性特征,就会产生感情排斥,拉大距离,形成疏远的人际关系。

(3)行为层次

行为层次是交往双方的行为互动层次。人际交往的最终目的是引起对方的行为。同时,为了和对方搞好关系,人们也根据沟通对象对自己的评价期望调整自己的行为。

只有不断调整自己的行为,双方才能够建立心理相容的关系,否则就会出现人际冲突而导致关系破裂。行为层次是人际信息沟通的最高层次,它是以信息层次和情感层次为基础的。

2. 人际沟通的阶段

从纵向来看,人际信息沟通还分为四个阶段。在社会心理学中,这四个阶段的连接被称为社会渗透过程。

(1) 情感定向阶段

人们根据价值观念、审美观念、需求和动机的心理定式选择沟通对象。如果对方也有愿意接触的愿望,就积极搜寻有关对方的信息。在这一阶段,双方仅仅掌握对方的仪表、姓名、性别、工作单位、职务等基本背景材料,人们只做表面的或者浅层次的"自我表露",竭力掩饰自己的不足之处或者可能引起对方反感之处,多少有一些投其所好的意味;如果双方互相感到满意,有继续相处的意思,信息沟通就进入下一阶段——探索情感交换阶段。

(2) 探索情感阶段

人们在了解基本背景的基础上,还有了工作信息或者思想上的互动,双方主动暴露自己个性中较浅的东西,比如兴趣、爱好特长和一般思想等。比起定向阶段,此时的话题和活动逐渐增多,并且摆脱了拘谨、刻板的局面,能够轻松友好地互动。如果双方互相感到满意,就会有进一步了解的强烈愿望,沟通向情感交换阶段发展。

(3) 情感交换阶段

在这一阶段,由于人们经常暴露自我信息,自我开放的区域明显增大,双方进行了较为深入的情感交流,很少有保留地表现自己个性,责任感大大增强;同时关系的危险度也随之增加。双方都能较为自由地批评或者赞许对方的行为。这一阶段典型的人际关系是好朋友或者恋人关系。

(4) 稳定情感阶段

在这一阶段,信息互动高度频繁,信息量剧增,沟通方式丰富多彩,"自我暴露"彻底。这一阶段的外部行为表现为相亲相爱,近距离交往等。由自由恋爱发展的夫妻关系属于这一阶段的人际关系。

在上述四个阶段中,无论那个阶段的沟通出现故障,都有可能导致信息沟通中断或者人际关系破裂。

四、人际沟通的特殊性障碍

在人际沟通中,存在着沟通障碍。这种障碍通常是由社会、心理或者文化因素所造成的。这些障碍包括语言障碍、习俗障碍、观念障碍、角色障碍、个性障碍和心理障碍。下面分别就这六个方面进行描述。

1. 语言障碍

语言是最重要的沟通方式,但是语言的复杂性也是众所周知的事实。就中国来说,每个省份都有自己的方言俚语,而每个省中各个地区的方言又各不相同。其中的复杂性可见一斑。语言方面原因引起的沟通麻烦到处可见。

(1)语音差异造成隔阂

中国地域辽阔,是个多民族的大家庭,许多民族有自己的民族语言,不同的民族间的交流便面临着语言的障碍。我国的现代汉语分为北方话、吴语、湘语、赣语、客家话、闽北话、闽南话等几大方言区。四川人说"我的鞋子不见了",东北人听了大惊,以为四川人的"孩子"丢了,因为四川话的"鞋子"听起来颇像"孩子";广东人说"郊区",北方人常常听成"娇妻",这样的笑话不一而足。有时词语语音相同,语意也可能不一样,同样会造成交流隔阂。

(2)语意不明会造成歧义

语意不明,就不能正确表达自己的思想和看法,这样的沟通效果是会大打折扣的。例如,某学生给学校领导写信:"新学期以来,张老师对自己非常关心,一有进步就表扬自己"。校领导非常纳闷,这究竟是一封表扬信,还是批评信呢。因为校长不知道"自己"是指"学生自己"还是"老师自己"。幸好该学校领导作风扎实,马上进行询问调查,才弄清楚这是一封表扬信,是在表扬老师对该生的帮助。

小案例

You are Doing One Hell of Job

好莱坞一家电影公司在美国西部小镇拍摄一部电影。剧中有一些关于窄轨铁路的镜头。当地一名铁道工程师乔伊被选出来扮演窄轨工程师,对此乔伊非常自豪。某一晚,好莱坞众明星和乔伊聚会于当地一个酒吧。乔伊问导演:"今天我演的怎么样?"导演用他自己喜欢的好莱坞方式说:"乔伊,你演的很好(You are doing one hell of job)。"

乔伊没有理解这一口头用语的特殊含义,认为导演在批评他演得很糟糕。于是生气地说:"哦,我不知道我演的很糟糕。不过让你来演的话,你也不一定比我演得好!"

导演仍然用他自己偏好的用语说:"我知道,你演得很好!"听完此话,乔伊特别愤怒,认为导演是故意当着知名演员的面侮辱他,于是就和导演吵了起来。最后,人们不得不把他们分开以免两人打起架来。

（3）专业术语和暗语引起理解障碍

乔伊和导演的沟通因为对一个词语的理解不同而受到阻碍，进而危及两人的人际关系。此类事情不一而足：让外行人来听技术专家们的讨论会，会让人感到晦涩艰深，不知所云，主要原因是专业术语会对外行人构成理解障碍；反过来，如果让技术专家们到农村的骡马市场上去听农民交易时的"行话"，同样也让他们困惑不解，如坠云雾之中。

在由越轨行为构成的亚文化群中，如犯人、土匪、乞丐、赌徒等，其暗语也使该文化群以外的人难以理解。例如窃贼文化中，"钳子"指手指；"生锈"意指不能扒窃；"平顶山"指戴警察的大盖帽；"啃干骨头"是指撬门；"抓耗子"指扒火车行窃等。

2. 习俗障碍

习俗就是风俗习惯，是在一定历史条件下形成的具有固定特点的调整人际关系的社会因素。如道德习惯，礼节审美传统等。习俗世代相传，是经长期重复出现而约定俗成的习惯。虽然不具有法律的强制约束，但通过家族、邻里、朋友的舆论监督，往往迫使人们入乡随俗。

（1）不同的审美习俗带来的冲突

在我国，"龙"是吉祥的神物，有着不可思议的力量，中国人自豪地自称是"龙的传人"；"龙"在中国还是帝王的象征，皇帝都自称是"真龙天子"。但是在希腊和罗马神话里，"龙"是鳄鱼类的丑陋动物，能够"喷烟吐火"的四足凶残动物。"圣经"上也说"龙"是罪恶的象征。所以，许多英文报纸不把"亚洲四小龙"译为"four dragons"，而是经过文化转换，翻译成"four tigers"。所以，在中国，送朋友一幅"龙凤呈祥"的画，朋友会非常高兴；但是如果你送给希腊友人这样一幅画，估计他即使嘴上不说、脸上不表现出来，心里也会不太高兴。

（2）不同的礼节习俗带来的误解

在我国和别人说话时，看着别人的眼睛，说明你谈话很专心；如果你眼神游离不定让人感觉到你已经开始讨厌这次谈话了。而在日本，直视别人的眼睛是傲慢的表现；谈话中不能直视别人的眼睛，而是看他的领结打结处，以示尊重。

（3）时空习俗带来的麻烦

北美人和拉美人在交谈时对空间要求上有很大的差别。在北美洲，如果是谈业务，那么双方之间的距离是 2 英尺；如果在鸡尾酒会上，这个距离会缩短。但是任何时候，如果双方的距离近至 1 英尺，就会使北美人感觉极不舒服。但是对于拉丁美洲人来说，2 英尺的距离，显得非常冷淡。于是拉丁美洲人会主动接近谈话对象，甚至近至 1 英尺以内。这样一来，北美人的感觉会非常不好。

总之，各民族风俗习惯是客观存在的，在人际沟通中必须注意了解和尊重对方的风俗习惯。

3. 观念障碍

观念属于思想范畴,由一定的经验和知识积淀而成的,是在一定社会条件下人们接受、信奉并用以指导自己行动的依据。观念本身是沟通的内容之一,同时又对沟通有巨大的影响作用。有的观念是促进沟通的强大动力,有的观念则是阻塞沟通的绊脚石。因此,在消除语言习俗和障碍之后,有必要进一步关注观念障碍。

（1）封闭观念排斥沟通

封闭观念根源于小农经济。小农世世代代在一小块土地上耕种,自给自足。简单劳动只凭经验和力气,不需要分工和协作,没有丰富的社会联系,这些决定了他们必然怡然于"桃花源"式的生活方式,产生"鸡犬之声相闻,老死不相往来"的自我封闭观念。这种观念反对竞争和冒尖,必然不尊重科学,压抑人才,排斥知识沟通。

（2）僵化观念窒息沟通

僵化观念就是把某种认识凝固化、神圣化、奉为永恒真理的观念,是一种静止的观点。其标志有:

a. 唯经典。误把经典理论当成灵丹妙药,不管遇到什么问题,都到经典著作中找现成答案,如果实践与理论发生矛盾,就"削足适履",用理论来裁减实践,看不到新鲜实践材料,也听不到群众强烈呼声,堵塞了信息沟通的渠道,实际上也终止了新思想的沟通。

b. 唯权威。古希腊哲学家毕达哥拉斯曾提出"万物皆数"的命题,认为一切都可以用整数比来表达。他的一位弟子通过严格的逻辑推理,发现等腰直角三角形的斜边和直角边并不构成整数比。这一发现对毕达哥拉斯学派的打击太大了,因为常见的线段尚且不能表达为"数",哪里还谈得上"万物皆数"呢?这个矛盾由后来引进"无理数"概念而得到解决,但当时的毕达哥拉斯学派为了维护权威封锁了这个发现,从而一度窒息了数学的发展。封锁新思想,是僵化观念的必然所为。

克服僵化思想,首先必须树立实践第一的观点,坚持把实践作为检验真理的唯一标准,在实践中坚持和发展真理。其次在实践的基础上,还要树立积极进取的观点,勇于探索,勤于沟通,不断开拓新境界。

（3）极端观念破坏沟通

日常生活中经常遇到这种情况:争论双方都只抓住对方在沟通中的某一环节、方面或者特性各执一端,彼此否定,谁也听不进去对方的意见,结果是谁也说服不了谁。

美国谈判学会会长、著名律师杰勒德·I·尼尔伦伯格认为:"一场成功的谈判,每一方都是胜者。""应该把谈判作为一项合作的事业。如果双方能在一个合作的基础上进行谈判,那就有可能使他们深明大义,为实现利益均沾的目标而努力。"而谈判的破裂,往往是由于至少有一方看不到这一点,在利益问题上只顾自己一方,过分苛求对方造成的。极端的要求是谈判成功最危险的隐患。

4. 角色障碍

"角色"一词按其原意是指在戏剧舞台上依据剧本所扮演的某一特定人物的专门用语。将其引进到社会学中,是指每个人作为社会的一分子,在社会的大舞台上都得扮演角色,都得按照社会对这些角色的期待和要求,服从社会行为规范。如果缺乏明智性或者由于盲目性,人们扮演不同的社会角色,往往会因为缺少共同语言而引起沟通困难。

社会地位不同的人往往具有不同的意识、价值观和道德标准,从而造成沟通的困难。不同阶层的成员,对同一信息会有不同的甚至截然相反的认识。政治差别、宗教差别、职业差别等,也都可能成为沟通障碍。不同的党派成员对同一政治事件往往持有不同的观点;不同的宗教或者教派的信徒,其观点和信仰迥异;职业不同常常也造成沟通的鸿沟——"隔行如隔山";年龄也会构成沟通障碍,所谓"代沟"就是这样一个例子。

小案例

沟通中的角色冲突问题

英国著名的维多利亚女王,与其丈夫相亲相爱,感情和谐。但是维多利亚女王是一国之君,成天忙于公务,出入于社交场合。而她的丈夫阿尔伯特却和她相反,对政治不太关心,对社交活动也没有多大的兴趣,因此两人也闹些别扭。有一天,维多利亚女王去参加社交活动,而阿尔伯特没有去,已经是夜深了,女王才回到寝宫。只见房门紧闭着。女王走上前去敲门。

房内阿尔伯特问:"谁?"

女王回答:"我是女王。"

门没有开,女王再次敲门。

阿尔伯特问:"谁呀?"

女王回答:"维多利亚。"

门还是没开。

女王徘徊了半晌,又上前敲门。

房内的阿尔伯特仍然是问:"谁呀?"

女王温柔地回答:"你的妻子。"

这时,门开了,丈夫阿尔伯特伸出热情的双手把女王拉了进去。

作为女王丈夫的阿尔伯特,开始就知道敲门的人是自己的妻子,他的两次发问实际上都是明知故问。为什么维多利亚前两次敲门都遭到了拒绝,而最后一次丈夫开了门并且热情有加呢? 这是由于她的语言没有随场合的变化而变化,女王的心理状态没有随着沟通的环境对象的变化而加以调整,她的话语与所扮演的角色发生严重的冲突而造成的失误。

5. 个性障碍

这主要是由于人们不同的个性倾向和个性心理特征所造成的沟通障碍。气质、性格、能力、兴趣等不同,会造成人们对同一信息的不同理解,从而为沟通造成困难。个性的缺陷也会对沟通产生不良影响。一个虚伪、卑劣、欺骗成性的人传递的信息,往往令人难以接受。

6. 心理障碍

现实中的沟通还往往受认知、情感、态度等心理因素左右,有些不良的心态也会造成沟通障碍。

(1) 认知不当导致沟通障碍

认知不当主要包括"第一印象","晕轮效应","定势效应","刻板印象"等几个方面。

a. 第一印象。这是指第一次交往给人留下的印象特别深刻,以后要改变这些印象往往不太容易。但是第一印象显然不能代替我们对这个人长久的看法。有些人给人的第一印象特别好,但是长时间交往下去,感觉并不是如此;有些不善言辞的人初次见面的时候往往不能给人鲜明的正面印象,但是经过一段时间交往,他的友好、诚信往往能赢得长久的友谊。古语说"路遥知马力,日久见人心",是有一定道理的。在人际交往中,要注意克服第一印象的影响。

b. 晕轮效应。这是指人们对他人的知觉容易产生偏差。当一个人对某人某方面主要品质形成印象后,就会认为这个人一切都不错。就像月亮周围的大光环是月亮的扩大一样,所以称为晕轮效应。

c. 定势效应。这是指在人们头脑中存在的关于某一类人的固定印象。当我们认识他人时,常常会有一种预设的心理状态,按照事物的外部特征将他们归类,从而产生定势效应。

d. 刻板印象。这是指人们持有一套固定的看法,并以此作为判断评价别人的依据和标准。比如犹太人做生意比较精明、英国人比较保守、上海男人小家子气、北方人很豪爽等。刻板印象虽然有利于对某一群人的概括了解,但也容易产生偏差,造成"先入为主"的成见,容易阻碍人与人之间的正常沟通和交往。刻板印象往往会导致误解,因为,刻板印象有时所依据的并非事实,有时是将偏见合理化,有时是无端认为某群体有某种特性(事实上某群体并不具有某种特性),那么在沟通过程中必然导致偏差和障碍。

(2) 情感失控导致沟通障碍

人是有感情的动物,人总是带着感情来参与社会活动。在某些情感状态下,人们容易接受外界信息;而在另外一些感情状态下,人们不能很好地吸收外界信息。如果不能很好地驾驭情感,就会有碍正常沟通。

例如,不能摆脱心情压抑状态的人往往表现得孤僻,不愿和人交往。此外,骄傲、急躁情绪等也妨碍沟通。

(3)态度欠当导致沟通障碍

态度是人对某种对象的相对稳定的心理倾向。除认知成分、情感成分外,态度还包括行为成分。以恰当的认知,健康的情感支配行为的心理倾向,就是科学的态度;反之,就是欠妥的方式,是非科学的不端正态度。态度不正确,就不能有理想的沟通效果。

在消除沟通的心理障碍的研究结果中,国内外普遍应用的是加拿大柏恩博士提出的相互作用分析理论。柏恩认为,人的性格由父母、成人、儿童三种心理状态构成。父母状态以权威和优越感为标志;儿童状态以冲动和变化无常为标志;成人状态以理智和稳重为标志,表现为尊重别人、慎思明断,不受父母心态和儿童心态的影响。在一个人性格结构中哪种心态占上风,性格就表现出该种态度的特征。实践证明,在人际沟通中,培养成人心理是至关重要的。

第二节　自我沟通概述

成功的人际沟通的前提是成功的自我沟通。"要说服他人,首先要说服自己",这是对自我沟通重要性和必要性的准确概括。自我沟通的过程就是一个认识自我、接纳自我、提升自我、超越自我的过程。自我沟通的目的是在取得自我内在认同的基础上,更有效率、更有效益地解决现实问题,自我沟通是手段和过程的内在统一,而最终目标在于解决外在的问题。因此,自我沟通是一个内在和外在统一过程中的联结点,没有自我沟通过程,自我认知和外界需求就成为各自孤立的分离体。

一、自我沟通的定义

自我沟通的过程就是一个认识自我、提升自我和超越自我的过程。自我沟通的关键在于自我知觉。自我知觉是指人们对自己的认识和评价,这直接影响人们如何与他人沟通,所以自我知觉的正确性就显得非常重要。自我知觉包括自我概念、自我形象、自我尊重、自我暗示四个方面。

1. 自我概念

自我概念是对自己心理现象的理解、知觉和评价,是对自己的总体认识,它组织和引导着有关自我的信息处理过程。自我概念在人们幼年时期就已经形成了,而且继续通过人们认定的种种角色体现出来。

角色是一个人用以符合特定情境需求的行为模式。基于人们对自己的评价和别人对人们的反应，人们可能选择和被迫选择扮演种种角色。人们扮演的角色会受到人际关系、文化期待、人们所认同的团体和自己的影响。

2. 自我形象

自我形象就是一个人对自己的看法，是对自我概念的知觉，通过自我评价而形成，并且受先天的经验及他人评价的影响。对自我的印象部分来自于人们的感知，也可能来自于对经验的反应，例如由经验知道自己的专长和爱好。一般来说，第一次经验比后来的经验对自我形象的认定影响更大，人们习惯于用别人的评价来确定、强化和改变对自己的知觉。

在自我沟通中涉及自我形象的正确性问题。自我形象的正确性有赖于知觉的正确性和人们处理知觉的方式。每个人都经历过成功和失败，也听过赞美和责备。如果人们只注意成功的经验和正面的反应，或是只注意负面的经验和负面的反应，人们的自我形象有可能被扭曲。有时对自我形象的认知比其真实情况更能影响人们的行为。

3. 自我尊重

自我尊重是人们对自己的正面或负面的评价。自我尊重是自我概念中的评价层面，自尊会影响沟通的方式，也会影响别人对自己评价。

自尊的高低会影响人们如何进行沟通。一个低自尊的人，因为无法肯定自己的优点，所以在与人交往时会预测别人对他的否定。在这样的预测之下，他说话总是语调低沉的，态度也是畏缩的，内容也在不断地否定自己，这样的沟通是很难成功的。相反，有较高自尊的人对自己的贡献有信心，因此预期别人将正视他们的价值，他们也会表达正面的自我观点，期待别人接受自己。

自我的另一个功能是调节内在的信息，从而影响人们内在的自我沟通。当人们在思考时，实际上是在进行自我对话。自我在其中起到调节者的作用。

4. 自我暗示

自我暗示即通过自己的认知、言语、想像等心理活动过程，调节和改变自身身心状态，进而影响行为的一种心理方法。

自我暗示通过调动潜意识力量，可以达到突破自我、改造自我的奇效。自我暗示可以通过自我意象达到塑造一个新的自我的功效。所谓自我意象就是指一个人对自己的看法，就是自己的蓝图，也就是你对未来生活情况的指示图表，它的影响力巨大。自我意象是可以改变的，改变自我意象，就能改变人的个性和行为，扩大自我意象，就能拓展自己的"潜在领域"。发展适当的自我意象能使个人富有新的能量、新的才华，并最终能从失败走向成功。

要提高沟通技能，在平时要养成良好的"自我交谈"的习惯。自我交谈也就是平时所说的自我暗示。自认为是沉默寡言、不善于与他人交流的人，他们的行为方式与那些自认为外向的、能较好地与他人交流的人有很大的不同。对交流结果影响最大的是人们自己。

如果在自我交谈过程中把自己的形象和自尊都强化,而且在沟通前就呈现给他人,就能很好地调整自己的穿着、举止、接触别人的眼神、姿势等。

自我交谈的形式可以是多种多样的。在自我沟通的过程中,训练自我暗示技能就是要以积极的心态调整自我,通过自我沟通艺术的培养,达到自我沟通的目的。

二、自我沟通的特点

自我沟通除了过程上与一般人际沟通具有相似性外,在具体要素和活动上有其自身的特殊性,主要表现在:

1. 主客体的同一性

自我沟通中,沟通的主体和客体都是"我"本身。"我"同时承担信息的编码和解码功能,因此一般自我沟通比较内隐,不能明显地表现在外。

2. 一定的可控性

自我沟通的目的在于说服自己,而不是说服他人,因此,自我沟通常在自我的原来认知和现实外部需求出现差异时发生。

3. 沟通过程中的反馈来自"我"本身——主我

由于信息输出、接受、反应和反馈几乎同时进行,因此,这些基本活动之间没有明显的时间分隔,它们几乎同时进行,也同时结束。

4. 沟通中的媒体也是"我"本身

沟通渠道可以是语言(如自言自语)、文字(如日记、随感等),也可以是自我心理暗示。

三、自我沟通的艺术

自我沟通从某种意义上讲是每个人的本能,只不过不同的人通过不断的自我修炼和自我完善,在自我沟通技能上存在差别。从沟通的过程来看,沟通是一种自我调节过程,自我沟通的目的在于说服自己去接受这个现实,并适应这个现实,或是以自己的努力去改变这个现实。

但当不同的人面临同样的问题,或是同一个体在不同阶段面临相同的问题时,其解决方式总是不一样的,而且每个人在成长过程中,随着阅历的增加和不断的学习,自我沟通的技能也在不断的提升。这里把自我沟通的技能通过不断学习和交流、不断思考和总结而提高的过程称为沟通技能的自我修炼过程,这个过程包括以下的三个方面:自我认知、自我提升和自我超越。

1. 自我认知

每个人都有着不同的风格,而不同的风格决定了人们在处事中采取不同的态度和方法,但做为沟通的主体,关键是要让你的沟通帮助你达成目标,而不是放纵自我。

小案例

如果你想改变世界，首先就应该改变自己

从前，有一位美国牧师，他在一个星期六的早晨起来，正为自己要在十分困难的情况下进行唠叨的布道发愁。当时他的太太出去买东西了，天空正下着雨，他的儿子在吵闹不休，令人心烦。后来，这位牧师在无可奈何的情况下，捡起一本旧杂志，一页一页地翻阅，直翻到有一幅色彩鲜艳的大图画——世界地图时，他就从那本杂志中撕下这一页，然后再将它撕成很小的碎片，扔到地板上，然后对他的儿子说："小约翰，假如你能够把这些碎片拼起来，我就给你 25 美分。"牧师以为这件事会使他的儿子花上大半个上午。可是不到 10 分钟，就有人敲他的房门，是他的儿子抱着拼好的地图进来。牧师非常惊讶地看着这份准确无误的世界地图，便问："孩子，你是怎样这么快就完成这件事的？"小约翰说："这非常容易。在地图的另外一面有一个人的照片，我就把这个人的照片拼到一起，然后把它翻过来。我想如果这个人是正确的话，这个世界也就是正确的。"这位牧师终于笑了起来，给了他儿子 25 美分，并且说："你也替我准备了明天的讲道。假如一个人是正确的，他的世界也就会是正确的。"

2. 自我提升

(1) 让自己的心胸更加豁达

任何人都会有不足之处，都会有疏漏，所以不能对人过分苛求。心胸狭窄、小肚鸡肠的人肯定不会有什么人格魅力！"水至清则无鱼"，苛求将使你失去别人对你的好感，你的人格魅力也就无从谈起了。试想，谁愿意和一个成天吹毛求疵、怨天尤人的人在一起呢？被众人疏离，成了孤家寡人，哪里还会有人格魅力，所以要用海纳百川的胸怀来容忍他人，俗语说将军额头能跑马，宰相肚里能撑船，只有以宽广的心胸对待一切，才有可能赢得他人的好感。当然，这并不是说你去做老好人，而是能设身处地地为他人着想，谅解他人。

(2) 善用幽默——自信与才智的体现

爱尔维修曾说过："人们希望有朋友，为的是和他们融为一体，把人们的心灵倾注到他们的心灵中去，为的是享受那种由于彼此的信任而始终令人欣慰的无穷的乐趣。"有时候人们会处于十分尴尬的境地，这时，都需要人际交往的润滑剂——幽默。它是一种有价值的思维品质，它表现为机智地处理复杂问题的应变能力，它是人们处于困境时实现自我解脱的一种方法。

幽默并非与生俱来的，需要培养和训练。第一，要保持一颗平常心，宽厚超脱，对周围的人和事要宽大为怀，超然物外，洒脱处之。第二，要把目标对准自己，从严肃中挖掘出轻

松,从高尚中看到卑微。

（3）修炼自我意识

自我提升的过程就是一个不断自我修炼的过程。选出你想具有的人格,然后进行自我暗示。想象自己已经具备了这些优秀的品质。然后对自己讲:我已经是这样一个人了。那么不久你会发现自己身上出现了你所羡慕的美德。用自制力控制住自己,每天多次提醒自己,并抓住每个表现的机会,把它展现出来。

找到一些人,发现他们的长处并赞美他们,但切记不要虚伪、奉承,而要真诚、热情,这将帮你养成发现别人美德的习惯,从而获得尊重及来自他人的感激。"吸引法则"将让那些你所赞扬的人,在你的身上看到你在他们身上所看到的那些美德。

（4）克服害羞心理

在人际交往中害羞是一种很大的障碍。有时害羞会平添一分可爱,但更多的时候会给人不够开朗大方等不良的印象,影响着一个人的魅力。造成害羞的原因一般是过分注重自我形象。要克服这种心理首先要树立自信心,坚信自己必有与众不同之处。心理学家曾经分析一些人在社交场合的录像带,发现那些自认为举止可笑的人,他们的言行并不像他们认为的那样差。其次是要鼓励自己勇敢地尝试。再次要运用心理暗示想象自己怎样和别人打招呼,怎样在公众场合发表自己的意见,并从自己熟悉的人开始,努力寻找机会尝试。还有就是改变自己的观点,不要总是暗示自己"我是一个不善于与人打交道的人"等。

（5）转化视角,开放心灵

首先,就是要求人们从他人的角度去思考问题。要从封闭的自我约束中跳出来,通过转换自己传统的思维方式,以广阔的视角分析问题。其次,是要尊重他人,开放自己的心灵和尊重他人是紧密相关的美德,不开放自己的心灵,就会把自己封闭在自我的世界里。再次,就是要把沟通的理念建立在"人所欲,施于人"的理念,要根据对象的特点,组织信息的内容和编码的方式,把问题的解决和人际关系的强化有机结合起来。最后,要积极地意识自己的成见,或者将不符合自己思想观念的信息加以"改造",使之成为自己的观点框架。

3. 自我超越

（1）超越目标和愿景

自我超越是个人成长的学习修炼的最高境界。一个具有自我超越理念的人无论在做事还是在为人方面,总有一个追求的目标和目标引导下的愿景。在自我沟通的过程中,设定的目标是认识自我、反省自我和修炼自我的方向和精神支柱。为了这个目标,他会乐于接受他人的建议和忠告;他会开放自己的心灵,接受他人的想法,以修正自己的观念和行为;他会不断审视自己的动机,调整内在的动机以达到与外在动机的统一;会追求物质自我、社会自我和精神自我的和谐统一。

一个具有高度自我超越的人,在学习和发展技能的过程中首先会确立追求的目标和愿景。目标的确定过程,是一个自我定位的过程,为达到这个目标,他会设定具体的、阶段性的愿景。不断设定愿景的过程,是自我不断积累知识和能力的过程。一个具有高度自我超越的人,在学习和发展技能的过程中还应不断地否定自我。

（2）以自我为目标

强调"原我"和"新我"的比较以确定目标,是因为以超越他人为目标,在实现超越的过程中可能会产生副作用。首先,超越他人可能会形成人人争先的局面,结果造成关系紧张;第二,超越他人可能由于他人在客观上面的某些专长,很难实现真正的超越,从而使自己丧失信心;第三,以超越他人为目标,一旦目标实现,就会迷失进一步努力的方向。

"以自我为目标"强调的是自我精神追求的不断提高,是一种不断设定内心目标、持续自我激励的过程。更多地要求自律,这也是自我超越的内在要求。

第三节　　高效的人际沟通技巧

性格是一个人对现实的稳定态度和习惯化的行为方式中表现出来的个性心理特征。诚实和虚伪、勇敢和怯懦、勤劳和懒惰、果断和优柔寡断都是性格特征。性格就是由许多性格特征组成的统一体。性格特征表现在对现实的态度和行为方式中。恩格斯说:"人的性格特征不仅表现在他做什么,而且表现在他怎么做"。"做什么"反映了一个人追求什么、拒绝什么;"怎么做"反映了人们的行为方式,人们如何得到他所追求的东西,如何去拒绝他放弃的东西。人对现实稳定的态度决定了他的行为方式,而人的行为方式又体现了他对现实的态度。

一、沟通风格和沟通技巧

若希望通过高效的人际沟通来获得良好的人际关系,首先应该了解的是自己属于哪一种沟通风格的人。在工作中,我们可能要跟不同类型的人交往,所以还需要了解自己即将与之沟通的对象具有什么样的沟通风格。只有了解了不同的人在沟通过程中不同的特点,才有可能用相应的方法与其沟通,最终达成一个完美的沟通效果。

1. 沟通风格

风格是某个时代、流派、作家或说话者所特有的表达方式与格调,或是文字创作采用的文体表达方式等。沟通风格是人在沟通中具有的典型方式和特征,它与人的个性、价值观、文化背景等具有密切的联系,是人在社会生活中形成的一种惯常行为,并且成为人际交往中的模式。

人是世界上最复杂的动物,人的个性相差非常大,采取的沟通风格也丰富多样。不同个性的组织成员呈现多样的沟通风格,使得沟通变得丰富多彩;另外,我们也不可忽视这样的现象:不同的人在互相沟通过程中,由于沟通风格的不同和个性差异而使沟通很难进行,有些沟通甚至陷入困境。不良沟通的后果会导致人际关系恶化,使人们害怕沟通,不敢跟人沟通。

2. 沟通风格的类型

在人际沟通过程中,可以依据一个人在沟通过程中的情感流露的多少以及沟通过程中作决策是否果断这两个属性把我们在工作和生活中遇到的所有的人分为四种类型:分析型、和蔼型、表达型和支配型,如图 4-1 所示。

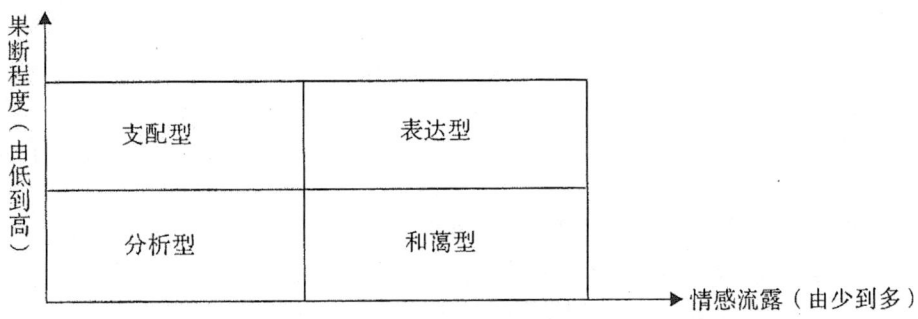

图 4-1　沟通的四种风格

（1）分析型

有的人在决策的过程中果断性非常弱,感情流露也非常少,说话非常啰嗦,问了许多细节仍然不作决定,这样的人属于分析型的人。

（2）和蔼型

还有一类人感情流露多,但是做事不果断,做事速度也非常的慢,喜怒哀乐都会流露出来,这样的人属于和蔼型的人。

（3）表达型

该种人感情外露,做事非常果断、直接、热情、有幽默感、活跃。在说话的过程中,表达型的人往往会借助一些动作来表达他的意思,谈话时候动作非常多且夸张。

（4）支配型

这一类人感情不外露,别人很难判断他的情感倾向,但是这一类人做事非常果断,总喜欢指挥别人,命令别人,我们将这样的人称为支配型的人。

沟通风格本无好坏之分,每一种风格都会在它使用的对象和场合中发挥作用,每一种风格只要使用恰当都可以达到良好沟通的目的。

并不是每一个人身上都具有一种典型的沟通风格,对大多数人而言,其沟通风格是四种类型的混合体,只是在某一个时段,某种类型的特征会占据主导地位。所以,我们应该对每一种风格采取认同和理解的态度,哪一种风格都有其潜在的动力,都有助于你成功。我们应该在交往中善于观察他人的沟通方式,并弹性地调整以使自己与对方同步,迅速消除双方的冲突,建立良好的关系,这样我们就可以得到一个更好的沟通结果。

3. 与不同风格的人沟通的技巧

（1）如何与分析型的人沟通

分析型沟通者具有如下性格特征：

◇ 严肃认真　　　　　　　　◇ 动作慢

◇ 有条不紊　　　　　　　　◇ 合乎逻辑

◇ 语调单一　　　　　　　　◇ 语言准确,注意细节

◇ 真实　　　　　　　　　　◇ 做事有计划有步骤

◇ 沉默寡言　　　　　　　　◇ 经常使用挂图

◇ 面部表情少　　　　　　　◇ 喜欢有较大的个人空间

首先,在与分析型的人沟通时,应注重细节,对于约定的会谈时间一定要遵守,准时到达是应当的。

其次,注意谈话应该尽快切入主题,谈话过程中要一边说一边拿出纸和笔做记录,像他一样认真和一丝不苟。注意在沟通中不需要有太多的眼神交流,更避免有太多身体接触,你的身体不要太过前倾,而应该略微后仰,因为分析型的人强调安全,要尊重他的个人空间。

最后,同分析型的人在说话的过程中,一定要尽量用准确的专业术语,这是他需求的。还要多列举一些具体的数据,多做计划,多使用图表。

(2) 如何与支配型的人沟通

支配型沟通者具有如下性格特征：

◇ 果断　　　　　　　　　　◇ 有作为

◇ 指挥欲较强　　　　　　　◇ 强调效率

◇ 独立　　　　　　　　　　◇ 有目光接触

◇ 有能力　　　　　　　　　◇ 说话快且有说服力

◇ 热情　　　　　　　　　　◇ 语言直接,有目的性

◇ 面部表情比较少　　　　　◇ 使用日历

◇ 情感不外露　　　　　　　◇ 做事有计划

◇ 审慎

首先,在与支配型的人沟通时,一定要有计划,并且最终要落到一个结果上,因为这类人特别看重结果。在和支配型人的谈话中不要流露太多感情,要直奔结果,从结果的方向说,而不要从感情的方向去说。

其次,你给他的回答一定要非常准确。你和他沟通的时候,可以问一些封闭式的问题,谈话有具体的依据和大量创新的思想。支配型的人非常强调效率,要在最短的时间里给他一个非常准确的答案,而不是一种模棱两可的结果。沟通一定非常直接,不要有太多的寒暄,直接说出你的来历,或者直接告诉他你的目的,要节约时间。

最后,你说话的时候声音要洪亮,充满信心,语速一定要比较快。如果你在支配型的人面前声音很小就意味着缺乏信心,他就会产生很大的怀疑。同时伴有强烈的目光接触,目光的接触是一种信心的表现,所以说和支配型的人一起沟通时,你一定要和他有目光的

接触。同支配型的人沟通的时候，身体一定要略微前倾。

（3）如何与表达型的人沟通

表达型沟通者具有如下性格特征：

◇ 外向　　　　　　　　　　◇ 合群
◇ 直率友好　　　　　　　　◇ 活泼
◇ 热情　　　　　　　　　　◇ 快速的动作和手势
◇ 不注重细节　　　　　　　◇ 生动活泼、语调抑扬顿挫
◇ 令人信服　　　　　　　　◇ 语言有说服力
◇ 幽默　　　　　　　　　　◇ 陈列有说服力的物品

首先，在和表达型的人沟通的时候，我们的声音一定要洪亮，说话要非常直接。

其次，要有一些动作和手势，如果我们很死板，没有动作，那么表达型的人的热情很快就消失掉，所以我们要配合着他，当他出现动作的过程中，我们的眼神一定要看着他的动作，否则，他会感到非常的失望。他经常说你看这个方案怎么样，你一定要看着他的手认为这里就有方案。在沟通中你也要学会伸出手，"你看，我这个方案怎么样？"他会很好奇的看着你的手，仿佛手里就有一个完整的解决方案。

最后，表达型的人特点是只见森林，不见树木。我们要多从宏观的角度去说一说："你看这件事总体上怎么样"、"最后怎么样"。表达型的人不注重细节，甚至有可能说完就忘了。所以达成口头协议以后，最好与之进行一个书面的确认，这样可以提醒他。

（4）如何与和蔼型的人沟通

和蔼型沟通者具有如下性格特征：

◇ 合作　　　　　　　　　　◇ 面部表情和蔼可亲
◇ 友好　　　　　　　　　　◇ 频繁的目光接触
◇ 赞同　　　　　　　　　　◇ 说话慢条斯理
◇ 耐心　　　　　　　　　　◇ 声音轻柔，抑扬顿挫
◇ 轻松　　　　　　　　　　◇ 使用鼓励性的语言
◇ 办公室里有家人照片

首先，和蔼型的人看重的是双方良好的关系，他们不看重结果。在和他们沟通的时候，首先要建立良好关系。对他们的办公室及照片要及时加以赞赏。和蔼型的人有一个特征就是在办公室里经常摆放家人的照片，当你看到这个照片的时候，千万不要视而不见，一定要对照片上的人物进行赞赏，这是他最大的需求。

其次，在同和蔼型的人沟通过程中，你要时刻充满微笑。如果你突然不笑了，和蔼的人就会想：他为什么不笑了？是不是我哪句话说错了？会不会是我得罪他了？是不是以后他就不来找我了？等等，他会想很多。同时，遇到和蔼型的人一定要时常注意同他要有频繁的目光接触。每次接触的时间不长，但是频率要高。每隔三五分钟，他就会进行一次

目光接触，接触以后立刻又会羞愧地低下头，过一会儿再去接触一下，但是不要盯着他不放，要接触一下回避一下，沟通效果会非常的好。

最后，同和蔼型的人沟通说话要比较慢，要注意抑扬顿挫，不要给他施加压力，要鼓励他，并去征求他的意见。所以，遇着和蔼型的人要多向他们提问："您有什么意见，您有什么看法"。提问后你会发现，他能说出很多非常好的意见，如果你不问的话，他基本上不会主动去说。

二、沟通中的有效赞美

赞美别人，仿佛用一支火把照亮别人的生活，也照亮自己的心田，有助于发扬被赞美者的美德和推动彼此友谊健康地发展，还可以消除人际间的龃龉和怨恨。赞美是一件好事，但绝不是一件易事。赞美别人时如不审时度势，不掌握一定的赞美技巧，即使你是真诚的，也会变好事为坏事。所以，开口前我们一定要掌握必要的技巧。

1. 赞美的作用

赞美他人，是我们在日常沟通中常常碰到的情况。要建立良好的人际关系，恰当的赞美他人是必不可少的。美国一位著名社会活动家曾推出一条原则："给人一个好名声，让他们去达到它"。事实上被赞美的人宁愿作出惊人的努力，也不愿让你失望。赞美能使他人满足自我的需求。心理学家马斯洛认为，荣誉和成就感是人的高层次的需求。

一个人具有某些长处或取得了某些成就，还需要得到社会的承认。如果你能以诚挚的敬意和真心实意的赞扬满足一个人的自我，那么任何一个人都可能会变得更令人愉快、更通情达理、更乐于协作。因此，作为领导者，你应该努力去发现能对部下加以赞扬的小事，寻找他们的优点，形成一种赞美的习惯。

赞扬部下是对部下的行为、举止及工作给予正面的评价，赞扬是发自内心的肯定与欣赏。赞扬的目的是传达一种肯定的信息，激励部下。部下受到激励会更有自信，想要做得更好。

当别人计划做一件有意义的事时，开头的赞扬能激励他下决心做出成绩，过程中间的赞扬有益于对方再接再厉，结尾的赞扬则可以肯定成绩，指出进一步的努力方向，从而达到赞扬一个，激励一批的效果。

2. 有效赞美的原则

赞美别人作为一种沟通技巧，也不是随意说几句恭维话就可以奏效的，有效的赞美要遵循以下几个原则：

（1）赞美的语言要因人而异

人的素质有高低之分，年龄有长幼之别，因人而异，突出个性，有特点的赞美比一般化的赞美能收到更好的效果。老年人总希望别人不忘记他"想当年"的业绩与雄风，同其交谈时，可多称赞他引为自豪的过去；对年轻人不妨语气稍为夸张地赞扬他的创造才能和开拓精神，并举出几点实例证明他的确能够前程似锦；对于经商的人，可称赞他头脑灵活，生财有道；对于有地位的干部，可称赞他为国为民，廉洁清正；对于知识分子，可称赞他知识渊博、宁静淡泊……当然这一切要依据事实,切不可虚夸。

（2）赞扬的态度要真诚

虽然人都喜欢听赞美的话,但并非任何赞美都能使对方高兴。能引起对方好感的只能是那些基于事实、发自内心的赞美。相反,若无根无据、虚情假意地赞美别人,他不仅会感到莫名其妙,更会觉得你油嘴滑舌、诡诈虚伪。真诚的赞美不但会使被赞美者产生心理上的愉悦,还可以使你经常发现别人的优点,从而使自己对人生持有乐观、欣赏的态度。

（3）赞扬的内容要具体

在日常生活中,人们有非常显著成绩的时候并不多见。因此,交往中应从具体的事件入手,善于发现别人哪怕是最微小的长处,并不失时机地予以赞美。赞美用语越翔实具体,说明你对对方越了解,对他的长处和成绩越看重。让对方感到你的真挚、亲切和可信,交流双方的人际距离就会越来越近。如果你只是含糊其辞地赞美对方,说一些"你工作得非常出色"或者"你是一位卓越的领导"等空泛飘浮的话语,不但会引起对方的猜度,甚至产生不必要的误解和信任危机。

（4）注意赞美的场合

在众人面前赞扬部下,对被赞扬的员工而言,当然受到的鼓励是最大的,这是一个赞扬部下的好方式;但是你采用这种方式时要特别的慎重,因为被赞扬人的表现若不是能得到大家的认同,其他部下难免会有不满的情绪。因此,公开赞扬最好是能被大家认同及公正评价的事项。例如:业务竞赛的前三名、获得社会大众认同的义举、对公司产生重大的贡献、在公司服务25年的资深员工等,这些值得公开赞扬的行为都是公平公开竞争下产生的,或是已被社会大众或公司全体员工认同的。

（5）适当运用间接赞美

所谓间接赞美就是借第三者的话来赞美对方,这样比直接赞美对方的效果往往要好。比如你见到你下属的业务员,对他说:"前两天我和刘总经理谈起你,他很欣赏你接待客户的方法,你对客户的热心与细致值得大家学习。好好努力,别辜负他对你的期望"。无论事实是否真的如此,反正你的业务员是不会去调查是否属实的,但他对你的感激肯定会超乎你的想象。

间接赞美的另一种方式就是在当事人不在场的时候赞美,这种方式有时比当面赞美所起的作用更大。一般来说,背后的赞美都能传达到本人,这除了能起到赞美的激励作用外,更能让被赞美者感到你对他的赞美是诚挚的,因而更能加强赞美的效果。所以,作为一名管理者,你不要吝惜对部下的赞美,尤其是在面对你的领导或者他的同事时,恰如其分地夸奖你的部下,他一旦间接地知道了你的赞美,就会对你心存感激,在感情上也会与你更进一步,你们的沟通也就会更加卓有成效。

总之,赞美是人们的一种心理需要,是对他人敬重的一种表现。恰当的赞美别人,会给人以舒适感,同时也会改善与下属的人际关系。

三、沟通中的善意批评

很多人把心直口快、性格直爽作为自己性格的优点。但是如果是表达大家都能接受的事情当然很好,可假如毫不留情地指出他人的错误,那么就不那么受人欢迎了,即使批评他人的出发点是为他人好,也就是常说的善意批评。如果希望把善意的批评的善良意图传达给对方,就要首先了解他人对批评的态度。

1. 人们对批评的态度

人们在批评面前,经常会表现出一种拒绝批评的本能。这种反应往往是不自觉的。对这种状态,很难评价其好坏,但它确实是一种人性的弱点,具体表现为如下几个方面:

(1)内心深处有某种害怕与拒绝

无论是害怕还是委屈,最终都表明我们不喜欢被批评,或者说在我们内心深处,隐藏着一种本能的拒绝。在人际交往中,聪明者往往很善于自我检讨和自我批评,既表现出良好的自身修养,又可以"堵"住他人的嘴:我已经知道我错了,你也就不必再说了。这种做法的确很明智,自我批评与他人批评所指向的问题虽然是相同的,但是两者的心理感受却大相径庭:前者不影响人的自尊,后者则有碍自尊。

(2)为自己辩解

当我们做错事情遭到他人批评的时候,很多时候第一反应就是要为自己辩解。事情没有做好,总能找到一些客观的理由。为什么会为自己辩解呢?这当然有自尊心在作祟,使我们轻易不愿承认自己错了,同时还有另外一个原因,也就是我们主观上是想把事情做好的,但客观上事与愿违。

(3)将错误归咎于他人

这也是一种为自己辩解的方式,不过把立足点从最初的本意转向自己错误的根源,但在被批评者看来,这根源不在自身,仅凭自己是不会酿成错误的,正是由于他人的错误,才导致自己如此。

2. 善意批评的方法

俗话说:良药苦口,忠言逆耳。有人认为,批评就是"得罪人"的事。所以有些主管从不当面指责他人,因为他们不知道如何处理指责他人后的人际关系,因而造成他人的不当行为,一直无法得到纠正。有些主管指责他人后,不但没有达到改善他人的目的,反而使他人产生更多的不平和不满。事实上,之所以会产生这样的后果,恐怕还在于我们缺乏批评技巧的缘故。医药发展至今,许多良药已经包上了糖衣,早已不苦口了;那么我们为什么不能研究一下批评他人的技巧,变成忠言不逆耳呢?

(1)以真诚的赞美或感谢做开头

俗话说:尺有所短,寸有所长。一个人犯了错误,并不等于他一无是处。所以在批评他人时,如果只提他的短处而不提他的长处,就会使受批评者感到心理上的不平衡,感到委屈。比如一名员工平时工作颇有成效，偶尔出了一次质量事故，如果批评他的时候只指责他导致的事故，而不肯定他以前的成绩，他就会感到以前"白干了"，从而产生抗拒心理。另外，据心理学研究表明，被批评的人最主要的障碍就是担心批评会伤害自己的面子，损害自己的利益，所以在批评前帮他打消这个顾虑，甚至让他觉得你认为他是"功大于过"，那么他就会主动放弃心理上的抵抗，对你的批评也就更容易接受了。

（2）要尊重客观事实

批评他人通常是比较严肃的事情，所以在批评的时候一定要客观具体，应该就事论事，要记住，批评他人，并不是批评对方本人，而是批评他的错误的行为，千万不要把对他人错误行为的批评扩大到对他本人的批评上。比如说，你作为一名编辑去校对清样，结果发现版面上有一个标题字错了而校对人员却没有发现，这时你应该对他进行批评，你可以说："这个字你没有校出来"。你也可以说："你对工作太不负责任了，这么大的错误都没有校正出来。"很显然，后者是难以被对方接受的，因为你的话语让他很难堪，也许他只是一次无意的过失，你却上升到了责任心的高度去批评他，很可能把他推到你的对立面去，使你们的关系恶化，也很可能导致他在今后的工作中出更多的纰漏。

（3）指责时不要伤害他人的自尊与自信

不同的人由于经历、知识、性格等自身素质的不同，接受批评的能力和方式也会有很大的区别。在沟通中，我们应该根据不同的人采取不同的批评技巧。但是这些技巧有一个核心，就是不损对方的面子，不伤对方的自尊。指责是为了让他人更好，若伤害了他人的自尊与自信，他人很难变得更好，因此指责时要运用一些技巧。例如："我以前也会犯下这种过错……"、"每个人都有低潮的时候，重要的是如何缩短低潮的时间"、"像你这么聪明的人，我实在无法同意你再犯一次同样的错误"、"你以往的表现都优于一般人，希望你不要再犯这样的错误。"

（4）应以启发而不是命令来提醒别人的错误

正面地批评他人，对方或多或少会感到有一定的压力。如果一次批评弄得不欢而散，对方一定会增加精神负担，产生消极情绪，甚至对抗情绪，这会为以后的沟通带来障碍。所以，每次的批评都应尽量在友好的气氛中结束，这样才能彻底解决问题。在会见结束时，你不应该以"今后不许再犯"这样的话作为警告，而应该对对方表示鼓励，提出充满感情的希望，比如说"我想你会做得更好"或者"我相信你"，并报以微笑。让他人把这次见面的回忆当成是你对他的鼓励而不是一次意外的打击。这样会帮他打消顾虑，增强改正错误、做好工作的信心。

（5）批评时要选择适当的场所

不要当着众人面指责，指责时最好选在单独的场合。你的独立的办公室、安静的会议室、午餐后的休息室，或者楼下的咖啡厅都是不错的选择。每个人都会犯错，你要有宽广的胸襟包容他人的过失，本着爱护他人的心态，在批评的时候要给他人留有颜面。

第四节　提升人际沟通能力的基本策略

毋庸赘言,绝大部分人都生活在庞大的关系网之中:与上下级的关系,与同事的关系,与客户的关系,与朋友同学的关系……等等。人际关系的维系是一件比较困难的事情,当你给别人留下的美好印象随着时间的推移而慢慢消失或改变时;当你曾经掩饰的缺点暴露无遗时;当你和朋友之间发生了某些不愉快的冲突时,你的人际关系就会遇到困难。这时候就需要一些策略和技巧来维护你的人际关系,正确解决沟通中出现的问题。

一、提高人际沟通效率的原则

高效的人际沟通过程一般都遵循着一定的原则。有关专家把这些原则概括成下面三个方面:主动倾听、建设性反馈和适当的自我袒露。

1. 主动倾听

主动倾听对于加强建设性反馈和开放沟通都是必不可少的。倾听是综合运用身体、情绪、智力寻求意义和理解的过程。只有沟通的接受方能够理解发送方的信息,倾听才是有效的。下面一些具体的建议能帮助读者增强主动倾听的能力:

a. 停止说话:如果你在说话,便无法倾听;

b. 放松:努力创造一种自由谈话的氛围,让说话者无拘无束;

c. 让说话者知道你愿意听:显示出你对谈话很感兴趣,运用目光接触给予非言语的反应;不要在别人说话时看报纸,看手表或者玩铅笔;

d. 排除干扰:关起门,不要听音乐、乱翻报纸;

e. 和说话者共鸣:努力理解他人的观点,与之分享相似的经历;

f. 耐心:要安排足够的时间,不要打断谈话者,不要开门或走开;

g. 不要发脾气:一个愤怒的人会误解别人所讲的话。

2. 建设性反馈

在给予反馈时,人们与他人共同分享他们的想法和感觉。建设性的反馈能够促进对话。下面是一些建设性反馈的原则:

a. 建设性反馈基于沟通双方之间的信任基础。没有相互信任这一基础,双方往往处在封闭沟通的状态。只有相互信任,才能走向开放的交流。

b. 建设性反馈是具体的而不是泛泛的。它使用清楚的和最近发生的例子。当你说别人是"一个支配一切的人"时,不如说"刚才我们在对这个争议作出决定时,你没有听别人发表的意见。"这样说或许接收者更容易接受。

c. 建设性反馈是接受者准备好接受的时候给予的反馈。不要在一个人生气、不安或存有戒心的时候提出其他新的建议。

　　d. 发送者应该和接受者一起核实建设性反馈,以确认反馈是否有效。发送者可以请求接受者重述反馈以检验它是否与发送者的意图相一致。

　　3. 适当的自我袒露

　　自我袒露是指个体把有关自己的信息沟通给别人。人们常常通过他们所说的话和说话的方式无意识地袒露许多关于自己的情况。自我袒露与沟通有效性的关系是曲线式的:不袒露自己的个人可能压制他们的真正感觉,因为袒露它们具有威胁性;相反,完全袒露的个人或者大量袒露自我的人,实际上也不能够与他人交流——因为他们太关心自己了,每一句话都离不开自己。在上下级之间、团队成员之间,或者在与顾客交往过程中进行适当的自我袒露,能够促进沟通,分享工作相关的问题。但是在自我袒露的过程中也要注意以下几方面的原则:

　　a. 袒露那些别人希望知道的信息。自我袒露其实也是一种互动,虽然一般人不喜欢太自我封闭和保守的人,但是袒露的重点仍要放在对方想要知道的信息层面上,否则这种沟通对倾听者来说会变成一种负担,甚至感到厌倦。

　　b. 别在袒露中失去自我。虽然袒露在某种程度上可以拉近我们和他人之间的人际关系,但是袒露也是有风险的。一般来说,袒露的过程中可能导致你透漏出自己的缺陷和弱点,这样就会给别人提供了更多可以攻击你的机会。有些人感觉如果自己袒露太多,就会有失去自我的感觉。有些事情只有自己才应该知道,告诉别人可能引起伤害和失去别人对我们的信任。

　　c. 渐进式的自我袒露。接受别人的自我袒露以及将自己的秘密说给别人听同样具有威胁性,所以要随着关系的进展而渐渐地袒露自己深层次的信息。不要过分袒露而吓坏了对方,或是给对方造成心理压力而使自己不安。

　　d. 有回报时才做更深入的袒露。一般来说,袒露要达到比较好的效果,双方在沟通的过程中都应该有适度的袒露。假如你袒露后对方并没有明显的回应时,表示对方可能认为你们目前的关系也许不适宜做这么多的自我袒露。

二、提升人际沟通的基本策略

　　高效的人际沟通是良好人际关系的基础,在与他人交往的过程,要了解人际沟通的原则,掌握人际沟通的策略,不断提升自己人力关系的技巧。

　　1. 加强自我修养,建立和谐关系

　　每一个人都希望自己与周围人们的关系是和谐融洽的,虽然良好的人际关系的产生和建立取决于交往双方,但一个人是否被他人所接受,关键在于自己的形象如何。这就有一个认识自我、改造自我、完善自我的问题,也就是加强自我修养的问题。

　　(1) 表达要直截了当

　　要把你的期望说得清清楚楚。通常情况下,人们的不良习惯会认为:我们就是不向对方说清楚,他们也应该知道怎样做。这只是猜测,该表达清楚的不表达清楚往往会引起很多不必要的麻烦。

（2）碰到问题马上行动

遇到问题要马上采取行动去沟通,拖延会使问题变得越来越复杂、越来越被动、越来越难以解决。好多事情等你行动起来去做时就会发现,并不像想象中那样难,有时反而做起来会很容易。与其采用拖延的方式,整天生活在焦虑之中,不如马上行动去解决。

（3）正确评价自己

"人贵有自知之明"就是这个道理。因为要建立良好的人际关系,仅仅了解别人是不够的,还要了解自己。"以人为镜",从他人的态度中,通过与他人的比较来不断地体察自己的内在本质,并作出正确的评价,从而不断改造、完善、优化自己的形象。好多人碍于所谓的"面子",对自己不知道的东西装懂,这样不但影响正常的沟通,还容易闹出笑话。因此,必要的时候说"我不知道"也是很好的。如果你想知道什么就说出自己的想法,表明你愿意与对方一起找出问题的答案。

2. 善于与人相处,掌握沟通时机

人际关系是双方交往的过程,人际关系越好,朋友越多,相处的时间越长,相互间也越觉得欢乐、温暖、友好。如果交往只是一厢情愿,那么往往是不会建立良好关系的,因此必须解决如何与人相处的问题。

（1）不要在激愤的状态下沟通

如果你的情绪正处于激愤状态,不要去找别人沟通。你的激愤情绪会使你失去往日的理智,这样也会引起别人的愤怒,使问题难以解决。很多人常会在自己很生气的状态下去找别人理论,这样不但无法有效沟通,反而伤了感情。因此,激愤的时候最好先停止沟通,等冷静下来再做处理。

（2）不要对沟通有抵触情绪

很多时候,我们会对别人的打扰表现出不耐烦。其实不知这无意中可能伤害了对方的感情。掌握好每一次交流的机会,因为很多时候可能因为你的"心不在焉"而导致自己与别人的疏远。

（3）勇敢而不失于鲁莽

勇敢者敢于斗争,敢于进取;鲁莽者则单凭借主观臆断而不顾后果。与人交往中后者是不受欢迎的,往往也是一事无成的。

（4）豪爽而不落于粗俗

为人坦率、豪放、不斤斤计较是一种美德。而庸俗、粗野、失礼是缺乏修养。与人相处中,豪爽而不粗俗的风度才会受到欢迎。

（5）热情而不趋于虚伪

真诚者,以诚待人,真心实意。虚伪者则口蜜腹剑,台上握手、台下踢脚。与人相处无诚意是不会建立起好的关系的。

3. 重视感情投资,加强人际亲和力

所谓"感情投资",就是在加深人与人之间的感情方面下工夫、花"本钱";中国人注重人情,人情是密切人际关系的重要手段,感情投资,也就是利用人情的手段来强化人与人之间的感情联系,使双方的关系得以巩固和加强。

(1)真诚求实地肯定人

这是感情投资的一个重要方面和途径。真诚地肯定和赞扬人,会使人觉得他的工作,他为工作所付出的努力、所取得的成绩,或者他的为人,得到了别人的理解、承认和赞许,从而感到遇到了知音,得到了温暖。即使双方本来交往并不密切,也会一下子从心理上使双方的距离靠近,使双方的关系变得亲切和谐起来。关系亲和了,遇到矛盾就容易解决,事情也就好办了。

(2)热情真挚地关怀人

将真挚的感情注入人的心灵中,这是感情投资的主要方向和内容。人际间的感情交流总是双向的,热忱地关怀别人,给人以真挚的爱,就能唤起被爱者对自己同样诚挚的爱。

通过关心人来改善人际关系,已经受到西方企业界的重视,被有效地运用于企业管理。虽然日本企业中没有专职的思想工作人员,但实际上各层次的管理人员集业务和思想工作于一身。这些人一般都清楚地了解每一个人的家庭和思想情况,遇到职工有困难,他们都主动去当"参谋"。他们有时宛若"大家庭"中的"长辈",对员工的管理富有"人情味"。

4. 牺牲自我利益,从对方立场考虑问题

善于牺牲自我利益是人们自我修养的一种高超境界,一般很难达到。企业管理者为了提高自己的管理能力,在这方面加强锻炼是必要的。

(1)问题思考清楚之后再说

在说明问题之前,要先把事情想清楚,这样你才能说得清楚透彻,表达得合情合理。比如,两个人之间闹了矛盾,如果有一方能够忍让并主动和解,这种宽容忍让的品质也是善于牺牲自我利益的表现,久而久之,这种优良的品性必然会受到众人的喜欢。

(2)给人以宣泄怨愤的机会

包括对自己的怨恨,这是一种博大的气度与胸怀,也是牺牲自我利益的表现。管理者在管理过程中应该尽量让自己的属下充分地表达自己的情绪和意见。松下公司曾经设立一个橡皮制成的总经理人像,如果员工对上级有了意见,可以拿起大棒来打"总经理"。边打边发泄自己的牢骚和怨气。待员工怒气平息之后,员工便可以到隔壁房间去,那里有专门的管理人员来听取员工的意见和建议。

(3)即使对方是在对你发脾气,也不要还击

别人的情绪或反应可能和你一样是由于畏惧或是遇到挫折而引起的。如果对方发脾气,你也大声予以回击,这样会激起更大的情绪激愤。不如来个"以静制动",对方察觉后

也会感到不好意思而对自己有所收敛,在你的情绪的感染下,他也会慢慢稳定下来,这时再切入主题不迟。

(4) 多从对方的立场角度看问题

多从对方的立场角度考虑问题是理解人尊重人的重要技巧。人们考虑问题和事情大多以自我为出发点,但由于人们的价值观、态度、愿望及所处的时间、空间和其他条件不尽相同,对同一件事情的看法可能会有很大的差异,因此,人们在相互交往过程中,难免会在思想上有分歧,为了更好地理解人、帮助人和关心人,多从对方的立场角度看问题是必要的,凡事跟别人"调个位置"看看,必能增进了解和支持。在人际关系网的建立和维护中,即使双方发生了矛盾和分歧,也能通过这种换位思考的方式迅速化解和消除矛盾,进而重归于好。

【问题讨论】

1. 人际沟通是如何定义的? 你在什么时候使用人际沟通?
2. 在与他人沟通的过程中如何进行有效赞美?
3. 什么是自我袒露? 它对维持相互关系有什么重要性?
4. 自我沟通的艺术一般体现在哪些方面?
5. 假如你是一个公司的主管,你如何与有缺点、犯了错误的人沟通?
6. 有人认为"先赞扬,后批评"很虚伪,你有何看法?
7. 提升人际沟通一般有哪些策略?
8. 自我提升过程中有哪些注意点?

【沟通案例】

有一个奶制品专卖店,里面有三个服务员,小李,大李和老李。当您走近小李时,小李面带微笑,主动问长问短,一会儿与您寒暄天气,一会儿聊聊孩子的现状,总之聊一些与买奶无关的事情。而大李呢,采取另外一种方式,他说,我能帮您吗? 您要那种酸奶? 我们对长期客户是有优惠的,如果气温高于30℃,您可以天天来这里喝一杯免费的酸奶。您想参加这次活动吗? 老李的方式更加成熟老到,他和您谈论您的日常饮食需要,问您喝什么奶,是含糖的还是不含糖的? 也许您正是一位糖尿病人,也许您正在减肥。而老李总会找到一种最适合您的奶制品,而且告诉您如何才能保持奶的营养成分。

思考问题:哪一种是最有效的方式呢? 这三种模式之间的内在联系是什么?

【沟通实践】

【自检】　测试:个人风格表

正如每个人有不同的指纹,每个人的风格是不一样的。指纹无所谓好坏,风格也无所谓对错,这份问卷的目的是要帮助你了解自己的风格类型,并找出与他人相异的地方,这与心理健康或心理困扰无关。

步骤一：

下列每个问题都是以成对（a 与 b）的方式呈现的，a 与 b 各代表你所具有或不具有的一种特质。请根据你的实际情况来评定你的偏好程度，在每题的 a 与 b 上分别评定你的偏好程度，并给每题的 a 与 b 各评定一个从 0～5 的分数。0 表示你从未有这种情形（也就是另一项总是发生），5 表示你总是有这样的情形（也就是另一项从不发生）。请注意：每题 a 与 b 两项评分之和必须等于 5（即 0 与 5，1 与 4，2 与 3，4 与 1，5 与 0），请勿使用分数（如 1/2）或者小数（如 2.5）评分。

1.【　】a. 先了解别人的想法，再下决定。
　【　】b. 不和别人商量，就下决定。

2.【　】a. 被认为是一个富于想象或凭直觉的人。
　【　】b. 被认为是一个讲求精确和事实的人。

3.【　】a. 根据现有的资料及情境的分析，对他人作评断。
　【　】b. 运用同理心与感觉，以了解他人的需要及价值观，并以此对他人作评断。

4.【　】a. 顺着他人的意思作出承诺。
　【　】b. 作明确的承诺，并确实加以实践。

5.【　】a. 有安静、独自思考的时间。
　【　】b. 与他人打成一片。

6.【　】a. 运用熟悉的好方法来完成工作。
　【　】b. 尝试运用新的方法来解决当前的工作。

7.【　】a. 以合乎逻辑的思考及按部就班的分析得出结论。
　【　】b. 根据过去生活的体验及信念来得出结论。

8.【　】a. 定下完成工作的最后期限。
　【　】b. 拟定时间表，并严格遵行。

9.【　】a. 和别人刚谈某个主题，就自我思考一番。
　【　】b. 和其他人尽兴畅谈某个主题后，再自我思考。

10.【　】a. 设想各种可能发生的情况。
　　【　】b. 按实际的情况处理问题。

11.【　】a. 被认为是一个长于思考的人。
　　【　】b. 被认为是一个反应机敏的人。

12.【　】a. 事先详细地考虑各种可能性，事后反复思考。
　　【　】b. 搜集需要的资料，稍作考虑，就作出明确的决定。

13.【　】a. 拥有内在的思想和情感，而不为他人所知。
　　【　】b. 与他人共同参与某些活动或事件。

14. 【　】a. 抽象与理论。

　　 【　】b. 具体与实际。

15. 【　】a. 协助别人探索他们自己的感受。

　　 【　】b. 协助别人作出合理的决定。

16. 【　】a. 问题的答案保持弹性,且可修改。

　　 【　】b. 问题的答案是明确的,是可预知或预测的。

17. 【　】a. 很少表达自己内在的想法和感受。

　　 【　】b. 能自在地表达自己内心的想法和感受。

18. 【　】a. 从大处着眼。

　　 【　】b. 从小处着手。

19. 【　】a. 运用常识,凭借信念来作决定。

　　 【　】b. 运用资料分析事实来作决定。

20. 【　】a. 事先做好详细计划。

　　 【　】b. 临时视需要而做计划。

21. 【　】a. 结交新朋友。

　　 【　】b. 喜欢独处或只与熟识的人交往。

22. 【　】a. 重视概念。

　　 【　】b. 重视事实。

23. 【　】a. 相信自己的想法。

　　 【　】b. 相信经过证实的结论。

24. 【　】a. 尽可能在记事本上记下事情。

　　 【　】b. 尽可能少用记事本记载事情。

25. 【　】a. 在团体中详细地讨论一个新奇未决的问题。

　　 【　】b. 自己先想出结论后才和他人讨论。

26. 【　】a. 拟定计划,然后切实执行。

　　 【　】b. 拟定计划,但不一定要执行。

27. 【　】a. 是理性的。

　　 【　】b. 是感性的。

28. 【　】a. 随心所欲地做些事。

　　 【　】b. 尽量事先了解别人期望自己做什么。

29. 【　】a. 成为众人注意的焦点。

　　 【　】b. 退居幕后。

30. 【　】a. 自由想象。

　　 【　】b. 检视实情。

31.【 】a. 体验感人的情境或事物。

　　【 】b. 运用能力,分析情境。

32.【 】a. 在预定的时间内开会。

　　【 】b. 在一切妥当或有机会的情况下,宣布开会。

步骤二:个人风格记分纸

内向性(I)	外向性(E)
1. b	1. a
5. a	5. b
9. a	9. b
13. a	13. b
17. a	17. b
21. b	21. a
25. b	25. a
29. b	29. a
合计:	合计:

直觉性(N)	辨识性(S)
2. a	2. b
6. b	6. a
10. a	10. b
14. a	14. b
18. a	18. b
22. a	22. b
26. b	26. a
30. a	30. b
合计:	合计:

理性(T)	感性(F)
3. a	3. b
7. a	7. b
11. a	11. b
15. b	15. a
19. b	19. a
23. b	23. a
27. b	27. a
31. b	31. a
合计:	合计:

熟思性(P)	决断性(J)
4. a	3. b
8. a	7. b
12. a	11. b
16. a	15. b
20. b	19. a
24. a	23. b
28. a	27. b
32. a	31. a
合计:	合计:

步骤三:个人风格表记分方法:

(1)将"计分表"每一竖栏的总分相加。共四对,八个分数。

(2)分别找出每一对分数中,数字较大者,即为你个人的风格,每人均可有四种风格,例如:内向性18分,外同性22分,则取外向性为个人风格,其他以此类推。

(3)每个风格都有程度上的差别,如果在相对应的两个风格中(例如外向性对应内向性),有一方的程度较强,即表示另一方的程度较弱。具体比照分数如下:

- 30～40 分表示这个风格非常强,几乎没有另一对应风格。
- 25～29 分表示这个风格比另一对应风格强。
- 22～24 分表示这个风格比另一对应风格略强一些。
- 20～21 分表示兼具两个风格的特质。

【沟通游戏】

游戏名称:名人游戏

游戏目标:

优秀管理者必须具有敏捷、严密的逻辑思维能力。训练一线管理人员或销售人员熟练使用封闭式的问题,作出判断的逻辑思维能力,并利用所获得的信息缩小范围,从而达到最终目的。该训练让学员在寻求"是"答案的过程中,练习如何组织问题和分析所得到的信息。

游戏形式:5 人一组,20 人一个班最为合适,这样一般分为 4 个小组。

游戏时间:15～20 分钟。

游戏材料:四顶写有名人名字的高帽子,比如丘吉尔、爱因斯坦、甘地、祖冲之等。

游戏步骤:

(1) 让在场的全体学员报数,将他们分成四组;

(2) 在教室里摆 4 张椅子;

(3) 每组选 1 名代表作为名人坐在椅子上,面对本小组的队员们;

(4) 给坐在椅子上的每个名人带上写有名人名字的帽子,给在场的名人 2 分钟时间思考对策;

(5) 每组的组员,除了坐在椅子上的人不知道自己是什么名人外,其他人员都知道,但谁都不能直接说出来,只能回答"是"或者"不是";

(6) 现在开始猜,从 1 号开始,他必须要问封闭式的问题,如"我是……吗?"如果小组成员回答"是",他还可以问第二个问题。如果小组成员回答"不是",他就失去了机会,轮到 2 号发问,如此类推;

(7) 谁先猜出自己是谁为胜。

游戏讨论:

(1) 你认为哪位名人提问者最具逻辑性?

(2) 如果你是名人,你会怎样改进提问的方法?

(3) 在这个过程中你是否注意到了学员的其他能力?

(4) 当场上的队员的提问没有逻辑性时,你突然想到了什么?这种行为方式是不是看起来很熟悉?就你的团队的工作效率、成效、互相信任及合作等方面来说,这个行为的代价是什么?

第 二 部 分

商务沟通实务

第五章 商务书面沟通

开篇故事

星期一早上，××公司项目部唐经理一边喝着咖啡，一边掏出备忘录检查今天的工作安排。他的下属小王上午将向他提交一份客户交流季度综合报告。中午，唐经理需要提交本部门每两周一次的时事通讯稿。另外，下午唐经理需要用两个半小时来准备 A 工程的项目建议书。按照原计划，如果顺利的话，该工程建议书将进入第二阶段。在此项任务旁边，他又加了一条：下午请小朱检查该工程的配套宣传手册。以往，他倾向于把较多的精力放在工程的技术方面，而忽略了客户们看到的第一件东西——宣传手册。

放下手中的备忘录，唐经理打开笔记本电脑看看有没有新邮件。小王发来的邮件说她要同一位客户共进早餐，因此要晚半个小时提交季度报告。他看了看组织留言板，没有什么新的内容。唐经理关掉了电子邮件，打开 Word 窗口。因为今天是星期一，他打开了工作日记文件夹。在过去的半年里，每当唐经理想出一个好主意，他的第一反应就是"先在工作日志里写下它！"刚开始做工作日志的时候，他有些敷衍，但是现在这已经成为他日常工作的一部分。这样做，有助于他集中精力工作。每周的工作不再模糊不清，本部门的职能以及他本人的工作职责在头脑中也越来越清晰。

唐经理喝完了咖啡，关上笔记本电脑，大致浏览了一下《新华日报》的目录。他正要阅读一篇关于软件开发的文章时，他的秘书小李走了进来，交给他一些需要签署的文件和一封信函。一周的工作就这样开始了。

作为一名经理人，唐经理每天要通过各种沟通方式来进行商务活动，书面沟通就是其中重要的一种。唐经理借助备忘录使自己的工作井然有序，并运用工作日志记录自己的工作想法和心得。在日常工作中，他还要处理大量的商业信函、商务报告等商务文书。

商务活动中的沟通活动很多都是通过书面进行的，有效的书面沟通会大大提高办公效率，相反那些令人费解的项目建议书、平淡无味的备忘录、毫无吸引力的报告则会导致工作效率的降低。因此具备良好的书面沟通能力，已成为当今人们求职、晋升的必备技能之一。

　　本章主要介绍商务活动中书面沟通的基本理论和写作技巧,以及常见的商务文书写作方法。

　　在本章中,您将学习到以下内容:

➢ 有效书面沟通的特征、作用及技巧

➢ 商务写作的一般过程及要点

➢ 提升商务写作能力的方法

➢ 商务信函、商务报告及其他常见商务文书的书写方法

第一节　商务书面沟通概述

　　随着现代商务活动在时间和空间上的不断深入和拓展,尤其是进入信息时代以后,各商务领域、系统中前所未有的问题也纷至沓来,使得现代商务活动变得更为纷繁复杂。在此背景下,如何开展有效的商务书面沟通,如何寻求提高书面写作能力的有效途径已成为现代商务活动的重要话题。

一、商务书面沟通的意义

　　从《财富》500 强中随机选取的 100 位企业主管认为,需要重视的商务技能包括口头演讲、备忘录写作、基本语法、信息报告写作和分析报告写作五项,其中有四项技能与书面沟通有关。与此同时,另一项针对 218 位主管的调查显示,有 79% 的人认为书面沟通能力是最受忽视的商务能力之一。为什么书面沟通在商务活动中如此重要却又被严重忽视呢?

　　1. 令人头疼的书面沟通问题

　　有许多人认为写作就像公众场合演讲那样令人望而生畏;有许多人害怕把自己的思想诉诸于文字;也有许多人认为随便写出一堆文字别人就可以了解他们要表达的意思了。

　　对于书面沟通的问题,常有一些错误的观点:

　　(1)秘书或专职写作者会替我写

　　事实上当今公司和政府里大部分工作人员均需要在计算机上亲自起草、修改文件、备忘录或是报告。正确的拼写、措辞、格式、组材、逻辑、分析和语气等,也要由自己决定。

　　(2)非写不可时,我可以借助于标准格式文件

　　标准格式信函是一种适合于通常情况的、预先打印好的、填空式的标准空白信函。如果标准信函写得不错,用这种方式沟通是完全可以的。可是,随着个人在公司的位置越高,面对非常规情形和要求创造性解决问题的机会就会越多。培养独创性思维和良好的写作技巧这两种必要的技能,不但能更大限度地发掘个人的潜能,同时更有利于实现事业发展的目标。

　　(3)我的工作是会计师而不是作家

刚开始找工作当然要靠专业才能,如会计。以后,良好的口头或笔头表达能力才可以帮你保住这份工作。一项针对会计公司的调查表明,80%的人每天都要写备忘录;67%的人每周要写一份工作报告、留言或财务声明;93%的人每周至少要给客户写一封信。

（4）干脆打电话好了

很多人说,在公司他们更多的时间花在了听、说沟通上,花在读、写沟通上的时间很少。但任何一家公司都不能单靠口头沟通。白纸黑字的方式不仅非常直观,还可以留下记录,更有利于传递复杂的信息。这种方式既省钱又方便读者,还能让作者的信息表达得更为有效。

2. 书面沟通的重要性

很多商务人士倾向于口头沟通而不是书面沟通,因为他们认为前者易于操作且更为有效。并且就工作时间分配来看,书面沟通所占的比例最小,约占9%,而听和说则分别占到了45%和30%。所以人们不禁质疑:书面沟通有那么重要吗? 但答案却是肯定的。

事实上,无论是内部沟通还是外部沟通,企业一刻也离不开书面沟通。对内部而言,企业需要制定各种规章制度和计划,要处理众多商务信函。对外部而言,企业的各种商务报告,如:财务报告、市场调研报告以及对外的商务信函等,已成为企业与其生存环境之间交流信息的纽带。在现实生活中,书面沟通能力较强的人往往容易得到晋升;而书面沟通能力较差的人则往往容易遭受失败。这些都提醒了我们书面沟通的重要性。概括起来,书面沟通的重要性主要体现在以下五个方面:

（1）信息表达更加准确

几乎每个人都有说话语塞到事后才想出最佳词汇表达的经历,那是因为口头沟通要求及时反应,而书面沟通相对受时间的限制较少。人们可以通过思考之后把想表达的内容写下来,并进行反复修改,所以信息能得以有效、准确地传递。

（2）易保存,且不易"污染"

每天人们都接收大量的口头信息,但信息是需要记忆的,随着时间的流逝,这些口头信息也逐渐从人们脑海中褪去。而书面信息则不同,能够较好地被保存下来,且不易受"污染",使受众得到相对真实的信息。

（3）更加令人信服

"如果没有写下来,就等于什么都没有发生。"人们总是愿意相信亲眼看到的东西。撰写备忘录或工作报告可以将人们说过、做过的事情以及决策的理由统统记录在案,对个人或公司起到保护作用。一旦成为正式文件,甚至具有法律效力。

（4）比口头沟通更灵活

口头沟通要双方同时有空才能进行,在商务活动中,这种情形太难得。第一次致电就能在办公室找到要找的人的情况仅占所有公事电话的12%。但如果通过写信或备忘录,就可以让收件人在方便的时候阅读。最重要的是,收件人可以按自己喜欢的方式阅读,跳过容易的,略去不重要的,或者反复阅读信中的难点和要点。

(5)更具有经济性

在面向很多人或进行远距离传递信息时,书面沟通远比口头沟通要经济。尤其是有了互联网之后,商务人士可以通过电子邮件的方式,用短短几秒钟的时间向接受方发送各种电子书面文件,既经济又省时。

二、商务书面沟通的内涵和类型

当《财富》的记者向成功企业的总经理们提问有关商务培训的话题时,他们都会很沮丧地说:"还是要多些书面写作技能方面的培训,要教他们(员工)写得更好。"这不是要求他们的员工有多么优秀的写作能力,而是希望能进行有效的书面沟通。那么什么是有效的商务书面沟通呢?

简单地说,所谓商务书面沟通就是与企业商务活动有关的书面沟通活动。具体而言,商务书面沟通是指为了实现企业商务活动的目标,将与商务活动有关的信息、思想与情感通过书面文字图表的形式在个人、群体或者组织间传递的过程。

商务活动中的书面沟通种类有很多。按其内容不同,可分为:信函、备忘录、报告、提议、记录、合约、指示、议程、通知、规章、笔记、计划、讨论文件等。每一个类型可能有多种形式,如报告可以是市场调查报告、财务报告,计划可以是年度计划、月计划等。按其信息载体不同,可分为纸张沟通(包括信件、备忘录等)、传真沟通、电子邮件沟通和电子会议系统沟通四种。

──小贴士──

传统与现代书面沟通的比较

传统的　　纸张、传真	现代的　　电子邮件、电子会议系统
● 读者参与程度低,反应慢 →	读者参与程度高,反应快
● 对于信息的接受情况缺乏控制 →	信息能立即收到,且能自己控制
● 难以埋名隐姓 →	可以埋名隐姓
● 更可能受约束 →	不太受约束
● 要求更符合逻辑和语法规范 →	语言不规范,可能错误较多
● 需要更多时间准备 →	准备时间较短
● 传递速度慢 →	传递速度快

三、有效商务书面沟通的特征

国外的一些专家指出,有效的书面沟通应具备"ABC"三个特征,即:准确(accurate)、简洁(brief)、清晰(clear)。还有另一种提法称为"4C",即:正确(correct)、清晰(clear)、完整(complete)、简洁(concise)。本书将有效书面沟通的特征归纳为以下三点:

1. 内容正确、完整

内容正确、完整是有效商务书面沟通的首要特征。"正确"是指信息要真实可靠、观点要准确无误。"完整"是指要全面地表达事实、观点及对策。人们在进行口头沟通时常常遗漏信息或将信息夸大,在有效的商务书面沟通中可以避免出现这种现象。

2. 语言清晰、简洁

语言清晰、简洁是有效商务书面沟通的重要特征。清晰、简洁的语言不仅能引起人们阅读的兴趣和好感,方便人们阅读,而且能使人们快速、准确地领会文书所要表达的主题。

3. 较强的时效性

书面沟通具有较强的时效性,是由商务活动的特性所决定的。如果"市场调查报告"不能及时提供市场上产品、价格等方面信息变化的情报,就不能起到提供依据、辅助决策的作用。如果拖延商务信函,很可能会使企业失去宝贵的商机,甚至蒙受经济损失。

小案例

贫乏的书面沟通影响工作的方方面面

- 或许你被一封电子邮件搞得情绪低落,因为发件人的口吻似乎粗鲁无礼。
- 一封来自客户的信件,其中拖沓冗长的句子和啰嗦的词语让你困惑。
- 你得花很长时间来弄清楚一项新设备的说明书。
- 同事给你留的便条令人困惑,几乎毫无意义。
- 一份通知开会的备忘录没有给出地点与具体时间。

上述情况会引起什么样的后果呢?

- 在收到那封粗鲁无礼的电子邮件后,你和发件人的关系可能会陷入僵局。
- 由于看不懂客户的信件,你不得不延迟回复。
- 由于看不懂说明,你不愿意再买那个厂的产品。
- 你忽略了同事的便条,同事由此对你心存芥蒂。
- 由于备忘录没有表明会议什么时候开始,许多人迟到。

第二节　商务书面沟通的基本策略

只有当你的读者作出你所期望的反应时,书面沟通才算成功,即才算进行了有效的书面沟通。为了获得期望的读者反应,可以运用以下三种基本策略:从沟通者出发的基本策略、从读者出发的基本策略,以及信息组织和写作方式策略。

一、从沟通者出发的基本策略

沟通者,作为书面沟通的发起人,是书面沟通过程中的基本要素之一。从沟通者的角度出发,书面沟通主要考虑三方面的因素:写作目的、主要内容和搜集材料。

1. 写作目的

沟通者首先应该明确书面沟通的目的。所谓写作目的是指沟通者期望通过书面沟通而实现的目标。从沟通者的角度来看,写作目的主要包括:提出问题、分析问题、解释、说明、指示和说服等。

明确写作目的非常重要,因为不同的写作目的需要采用不同的写作方法、不同的写作风格和不同的文书格式。另外,明确写作目的可以帮助沟通者更有针对性地进行沟通,并有助于沟通者节省写作的时间。

小贴士

有关写作目的的不同视角

沟通者写作目的		希望读者做出的反应
提出问题	⟶	赞成并回答问题
分析问题	⟶	理解并认可
介绍情况	⟶	知道、了解或理解
解释事件	⟶	理解
后续信息	⟶	相信被文件的接收者关注
工作指示	⟶	能够照办
说服劝说	⟶	同意

2. 主要内容

如果明确写作目的解决的是"为什么写"的问题,那么明确主要内容解决的则是"写什么"的问题。"写什么"与"为什么写"密切相关,写作的内容归根到底是为了实现写作目的。

许多人在写作时只顾提笔写,而不愿先理顺自己的思想,明确哪些该写,哪些不该写,哪些该重点阐述,哪些可以一笔带过,这种做法显然是不明智的。沟通者在进行书面沟通前,应该问问自己:为了实现写作目的,所发信息应该包括哪些内容? 这些内容中哪些重要,哪些次要? 如何取舍? 等等。

3. 搜集材料

搜集哪些材料与写作目的和主要内容都有关系。在沟通者动笔之前,搜集的材料是形成其观点(主题)的基础;动笔之际,搜集的材料又会成为沟通者表现其观点(主题)的支柱。在搜集材料时,一般要确保搜集的信息材料真实、准确,并且将客观事实与主观意见、推论相分离。

二、从读者出发的基本策略

从读者出发,以受众为导向是进行书面沟通最重要的策略。为了使书面沟通更有效,必须要考虑以下四方面的因素:读者的特征、读者需要什么信息、读者的反应,以及如何激发读者。

1. 读者的特征

明确读者的特征是十分必要的,它有助于沟通者找到适合的写作方式。为了进行更有效的书面沟通,沟通者不妨问自己这样一些问题:我的读者是谁? 有多少人? 他们的文化背景如何? 他们的年龄、兴趣爱好? 他们的立场如何? 等等,这些问题可以帮助沟通者有效地划分读者的范畴。

在明确读者的范畴之后,沟通者可以通过手头拥有的资料数据或者通过市场调研进一步掌握读者的信息,进而分析出读者的特征。

2. 读者需要什么信息

很多商业人士都会面临这样的困难,那就是:他们知道的信息太多了,但对读者需要什么信息却不清楚,结果把所知道的所有内容都罗列在文件里,展示给读者。但长篇大论的文件不仅增加了读者阅读的难度,而且降低读者阅读的兴趣。因此,明确读者需要什么信息至关重要。

根据基蒂·O·洛克的观点,读者需要什么信息涉及三个问题:首先,读者对于主题已经知道多少信息。事实上,人们往往会过高估计其读者对于主题的了解程度。其次,读者对信息主题的常识来自平时的阅读还是个人经验。在洛克看来,亲身体验直接掌握的知识往往比间接从书本学到的更实际、可信,所以人们会把这些经验视为将来更好开展工作的基础。再次,读者应了解关于主题的哪些方面的信息后才能赞同你的观点。当你需要读者赞同你的观点时,可以采用"如你所知"或"正如你记得的那样"的字眼开始提醒对方有关的信息。

╔══╗

小案例

啰嗦与简洁的比较

尊敬的张先生：

　　非常感谢您上周对我的接待。我们的谈话是那样的愉快，在我回到办公室之后，我还情不自禁地回想着我们的谈话。此次谈话令我回味无穷，我相信您也是如此吧？

　　回来以后，我立刻检查了本公司的销售目录，查看了您所要的式样。但遗憾的是这种式样已经售完。但我们的习惯做法是：留下部分产品以防不时之需。我不知道我们现有的尺寸是否符合您的要求，因为上次谈话时，您并没有告诉我您所需要的尺寸。故而请您来信将您的尺寸告诉我。

　　假如有尺寸合适您，我将很高兴地以原价六五折的特价卖给您。尽管今天上午另一位客户来电询问与您相同的式样，我还是想先征求您的意见。请尽快将您的决定告诉我。

　　　　　　　　　　　　　　　　　　　　　　谢峰
　　　　　　　　　　　　　　　　　　　　　　M 公司销售顾问

改进后：

尊敬的张先生：

　　非常感谢您在上周接受我的造访。回公司后，我检查了库存，发现我们尚有部分存货。假如你愿意来信告诉我们您所需要的尺寸，我将高兴地以原价六五折的特价卖给您。

　　　　　　　　　　　　　　　　　　　　　　谢峰
　　　　　　　　　　　　　　　　　　　　　　M 公司销售顾问

╚══╝

　　3. 读者的反应

　　在明确读者需要的信息之后，我们还要掌握读者的反应。如果读者对信息感兴趣，或者认为信息对自身有益，他们很可能积极采取行动；反之则不会。根据玛丽·蒙特的观点，要弄清读者的反应，我们必须要解决两个问题：

　　（1）读者对你的信息感兴趣程度如何

　　如果读者的兴趣程度较高，则可不必多花时间去唤醒他们的兴趣；但如果兴趣程度较低，不妨采用以下建议：① 用主题句或第一段向读者暗示该信息的重要性；② 信息越短越好。

　　（2）你的要求对读者来说是否容易做到

如果你的要求难以付诸行动,读者很可能会放弃行动。对此,不妨采用以下建议:① 将行动细化为若干部分;② 尽可能简化行动的步骤;③ 为行动的实施设定一个合理的截止日期。

4. 如何激发读者

如果读者对你的信息产生抵触情绪,必然会给沟通带来困难。如何消除读者的抵制情绪,并激发他们采取你所期望的行动,往往是沟通中最大的难题。为此,我们必须要考虑"什么能打动读者"。常用的策略包括:① 把好消息放在第一段;② 强调读者可能的受益;③ 开头先讲你们的共同点和一致之处;④ 说明你的建议是目前最好的解决方法,当然还必须指出这不是十全十美的。

三、信息组织和写作方式策略

有效的书面沟通还必须注重信息的组织和写作方式的选择。信息组织和写作方式的选择解决的是"如何写"的问题。根据人的记忆规律,人们往往容易记住文章的开头和结尾,而忽略中间部分。所以,有效的信息组织,应该将重点放在文章的开头或者结尾。因此,有效的信息组织方式有两种:一是直接式,即把文章的主题放在开头,再对主题进行论证;二是间接式,即先举例各种论证,在结尾推导出文章的主题。

另外,还必须选择正确的写作方式。每一种写作方式都有特定的格式。按照这些格式来写,能更好地满足读者的期望,有助于读者更好地获得他们所需要的信息。

── 小贴士 ────────────────────

格 式 和 惯 例

类　型	内部使用	外部使用	原　　　　则
商业信函	备忘录	信件	按照商业习惯,交谈式的,短段落
行动指南	建议书	建议书	要解决的问题提纲化,主要内容标题化,明确的解决方案,把大量细节附于附录中
营销文件	通告	宣传册	引人注目,色彩鲜艳,易引起对后续信息的关注
报告	工作报告	年度报告	使用标题/副标题,表格,图表,照片,图像;细节附于附录中

第三节　　商务写作概述

为了开展有效的书面沟通,除了掌握沟通的基本策略之外,还应该掌握一些写作的方法。这些方法包括：商务写作的一般过程、商务写作的注意要点以及商务写作的技巧。通过掌握这些基本原理,将有助于沟通者在各种商业环境下更有效地写作。

一、商务写作的一般过程

了解商务写作的过程,是开展有效书面沟通的前提。一般来说,写作过程包括三个阶段:准备阶段、初稿阶段和修改成稿阶段。

1. 准备阶段

准备阶段是写作过程的基础环节。专家们认为,准备工作一般要占据整个写作过程的一半时间。在这一环节中,主要要从事两方面工作:构思和选材。

（1）构思

构思是指整个写作思维的组织过程,包括分析问题、定义目的、分析读者、构思观点、开列大纲等。在构思的过程中,你要作一些初步的决定,如:写些什么内容,怎样开头和结尾等。构思要考虑的不仅是指导全文写作的纲领,而且也包括每个句子、每个段落的具体写作安排。

（2）选材

选材是指选取写作所需资料的过程,涉及搜集材料和提炼材料两方面的工作。资料的来源一般有两种渠道:文献资料和调查材料。文献资料是指企业内外部现成的材料;调查材料则要通过正式或非正式的调研活动取得。提炼材料是指根据写作的目的和内容,对搜集的材料进行筛选。

2. 初稿阶段

在完成准备工作之后,下一步就是开始初稿的创作,这也是写作过程中的核心环节。商务写作与一般写作有所不同,商务创作过程可以在纸上或计算机屏幕上进行,也可以让秘书听写;创作内容可以是表格、断续的记录、意识流般的随笔,也可以是正式的文稿。

一般创作过程可细分为两个阶段:如何开头和如何进行。商务写作的开头十分重要,它将决定读者对文书的第一印象。在开头部分,你要考虑怎样称呼对方,哪些内容应放在开始显眼的地方等。在创作的进行过程中,伴随着沟通者思维的不断发展变化,可以不拘泥于在准备阶段形成的写作构思。

3. 修改成稿阶段

这一阶段在整个写作过程中起到保证书面沟通整体质量的作用,以便确保沟通者的文字能有效地表达出其写作的目的。在这一阶段,要从事的工作有:修改和编辑。

（1）修改

在正式修改之前,沟通者应该先做一些检查。检查对象不只局限于已完成的初稿,还可以对经历的各个写作步骤进行评估。写作目的理解是否确切？写作需要的资料是否完备？信息来源可靠与否？修改得彻底与否？

修改是根据评估过程中发现的问题对初稿进行改动、增删、替换、重组等。修改的不仅是个别字词，还可以包括大的增删、替换等，因为沟通者在重新审视具体写作目的和读者需要后，有可能想通过重新安排、组织文章使其更有效地达到写作目的，满足读者需要。

（2）编辑

编辑的目的是确保语言符合规范的要求和商务写作的原则。其中包括改正拼写错误、打印错误和修辞及格式错误等。编辑与修改不同，修改可以对文章整体内容做大的改动，而编辑注重版面的加工。

专家们建议：不要过于相信计算机，毕竟那些检查拼写错误的软件的作用是有限的；不妨把文章从头到尾大声通读一遍，有利于找出错误；在此后还可以找人帮忙复查一遍。

小贴士

修改文章的小窍门

在进行文章修改时，不妨试试以下方法：

● 注意时间间隔，文章写好后不妨先放一两天，以便理清自己的观点，更好地修改。

● 将文章从头到尾大声朗读一遍。

● 如果你不知道从何改起，不妨从以下几方面做起：是否跑题？材料是否要增减？文章结构怎么样？顺序排列如何？语言是否生动准确？

● 最后问自己："你拿到这篇文章是否会读？文章有吸引力吗？"

最后要指出的是，以上写作的三个阶段不一定总是依次进行。有人在成稿阶段觉得有必要增加更多细节时还会再去搜集资料；有人在成稿的过程中发现错误而进行及时修改。简而言之，写作的过程并非一成不变。

二、商务写作的注意要点

商务写作与其他的写作不同。一般的文章和学术论文可能要求我们展示知识或表露情感，使用很多长句或华丽的词语，但商务写作一般以准确、简短的语句为佳。在撰写大多数商务文件的时候，沟通者不用为了创造性的想法而绞尽脑汁，不用炫耀广博的知识、丰富的语言或者优美的文采。因为商务写作的目的是表达而不是震撼。在商务社会里，写作要注意以下四个要点：

1. 积极

"把读者赶跑的最快方法就是使用消极的语气"。有研究表明,消极的语气会降低文章的可读性,甚至会引起读者的反感,因为它们好像是在批评或者指责读者。当你在使用一些有关抱怨、批评、缺点、失败、错误的词语时,也许并没有意识到这些词语的消极效果,但是它们可能让你陷入困境,所以尽量删除不必要的消极信息至关重要。

为了避免消极结果,要限制消极词语的使用,并设法找到积极的方式表达自己的想法。当你不得不提供消极信息时,不妨告诉读者可以做些什么而不是不可以做些什么,至少这样他们会感觉自己不是被动的,他们也有选择的余地。

小贴士

消极表达与积极表达

消极的表达:

1. 您没有告知您的信用卡号,因而我们无法按您的订单发货。

2. 直到 4 月 1 日您才能在 H 停车场停车。

3. 您不要担心……

4. 没有高级管理者的协助,这个问题将无法解决。

积极的表达:

1. 我们一旦接到您的信用卡号,就会马上按订单给您发货。

2. 从 4 月 1 日起您就可以在 H 停车场停车了。

3. 您会乐意……

4. 在高级管理者的协助下,这个问题是可以解决的。

2. 清晰

读者能否比较容易地阅读、理解、吸收你的文章,在很大程度上取决于你的写作是否清晰。当你表达的内容让读者有多种理解时,你的文章就不再清晰。为了使文章显得清晰易读,你应该尽量使用准确的短语、词语和标点。具体来说,可以从以下几方面入手:

a. 用词尽量准确,如:你要表达的时间是"星期五",就不要含糊地使用"周末";

b. 避免使用抽象词语;

c. 尽量使用短句、简单句;

d. 每段开头最好有一个主题句;

e. 正确使用语法、标点。

3. 简洁

商务人士一般都很繁忙，他们一般没有太多的时间来细读文件。如果你的文章冗长又复杂，并使用许多词汇和长句，他们会厌倦阅读你的文章，所以文章的简洁很重要。

要做到文章的简洁，可以从以下几方面入手：

a. 避免赘词，如：能使用"因为"，就不要用"由于某种原因"。

b. 杜绝重复，如：应使用"经验"而不要用"实际的经验"。

c. 尽量使用单词不用短语，用短句不用长句。

小案例

一个通告的比较

收件人：全体员工

发信人：王剑（后勤部经理）

现在通知全体员工，有人在后面的停车场留下一辆灰色的新奥迪车，由于这样的事实及此车已在该处停留了几个星期并一直无人认领，我公司已和警方联系并已获得警方授权，如果我们把收入捐给某类慈善机构，就可以拍卖此车。如果有人愿意并且能够参加拍卖会，请花些时间到后勤部讨论有关拍卖过程的最重要和基本的环节。

改进后：

收件人：全体员工

发信人：王剑（后勤部经理）

有人数月前在后面的停车场留下一辆灰色奥迪，由于无人认领，警方授权我公司拍卖，收入将捐给慈善机构，有意参与拍卖活动者请与我部联系。

4. 礼貌

保持有礼貌的语调可以增进读者的好感，拉近与读者的距离，有利于读者采取你所期望的行动。保持有礼貌的语调不仅要杜绝粗鲁的表达方式，而且要避免那些贬低对方或者说教的言词。类似于"你应该"、"你必须"、"你不得不"等词语会让读者觉得自己出于被迫的地位，而产生抵制情绪；反之，使用礼貌用语"请你"等，可以起到缓和的作用。

即使当你觉得完全有理由表达自己的愤怒时，你也要牢记：向读者发火并不是有效解决问题的方法。作为一名商务沟通者，你的任务是通知、说服和增进好感，而不是宣泄你的愤怒。

> **小案例**
>
> # 不礼貌的表达和礼貌的表达
>
> 不礼貌的表达：
> 1. 在星期五之前你务必完成这份报告。
> 2. 你应该在该部门组织一个公用车队。
>
> 礼貌的表达：
> 1. 请你在星期五之前完成这份报告。
> 2. 组织一个公用车队能够降低贵部门的交通费用，并且有助于保护环境。

三、商务写作的技巧

你是否也有过面对电脑屏幕和一堆白纸，却迟迟无法下笔的经历呢？事实上几乎所有人都有过这种思路堵塞的经历。写作的过程并不轻松，玛丽·蒙特给了我们克服思路堵塞的写作技巧，它们是：改变写作任务、改变自己的行动和改变自己的固有观念。

1. 改变写作任务

克服思路堵塞的写作技巧之一就是改变你正从事的写作任务。具体包括：

（1）先写其他部分

当你在某一部分堵塞住了，不妨把它放在一边，先写其他部分。不要强迫自己从文章开头一直写到文章的结尾。先写那些对你而言相对容易的部分——即使是结尾。

（2）先写出你的标题

试着先写出标题、副标题或要点，然后再回头在每个标题下填入相关内容，这样可以先把文章的框架搭起来，思路比较清晰。

（3）做一做非文本工作

做一做其他的诸如格式或图表方面的工作，使你在再次回到文本写作工作之前有一些成就感，让自己有写下去的动力和愿望。

2. 改变自己的行动

克服思路堵塞的写作技巧之二就是改变你正从事的行动。具体包括：

（1）休息一下

当你在思想或表达方法上陷入困境时，休息一下通常会有所帮助。走开一会儿，做做其他事情，为解决潜意识中留存的问题空出一段时间来，当你再回到工作之中来时，通常能更有效地工作。

（2）与你的读者"交谈"

坐下来,想象自己正在与读者进行交谈。然后,大声口述或写下你要对他说的话。一般来说,与安安静静地写作相比,大声将你写的东西读出来会使文章的文笔措辞更加流畅。

（3）谈谈你的观点

与其他人谈谈你的写作。谈一下你的观点,你文章的总体构架或某些具体的问题等所有使你困惑的问题,别人的启示有助于你获得新的思维。

（4）阅读或谈论一下其他东西

读一读其他东西或谈论一下其他论题,这个方式可以使你的思路有所拓展。

3. 改变自己的固有观念

最后一个技巧就是改变你对写作的看法。具体包括:

（1）放松"规则"对自己的束缚

有时候沟通者会被自己认定的某些规则所束缚。抛开这些规则,尤其是在草拟文稿阶段,对于那些"非规则"的文字可以在以后的阶段进行改善。

（2）对计划进行修改

抛开原计划,重新组织写作计划,使之成为更易管理的部分。

（3）在每页的顶部打上"草稿"字样

在每页的顶部或每页的背景打上"草稿"字样,以提醒自己不必追求完美。

（4）降低对自己的期望

不要对自己过分苛刻,降低对自己不切实际的要求。

（5）不要沉溺于文笔

既然只是草稿,不必太过完美,你可以慢慢进行修改。

（6）预料到写作的复杂性

写作是件复杂的事情,不能期望它从一开始就是合乎逻辑、一帆风顺的。写作是一个反复思考和修改的过程。

第四节　商务信函的写作

商务信函是企业与外部团体之间联系的重要方式,也是在现代商务活动中使用频率最高、效果明显、方便易行的一种交际文书,其目的在于传达意见,从事商务交往上的接洽、安排和发展,以便求得对方的理解和合作。一旦发生经济纠纷时,又常常作为书面证据,具有重要的法律意义。

一、商务信函概述

1. 商务信函的重要性

商务信函是商务沟通的重要工具。在所有商务文书中,商务信函的使用频率最高。商务信函可适用于各种主题和多种形式,是人们商务活动中不可缺少的沟通工具。

商务信函关系到企业形象。许多顾客会以企业所发信函的内容、风格和质量为基础对该企业做出评价。所以商务信函的好坏直接影响到企业在顾客心中的形象。

据英国有关部门的调查表明,如果每个与写信有关的员工每星期只犯一次错误,结果要重新再写一封,那么每年的成本大约是 750 000 英镑。

因为一封信的实际成本并不仅仅包含信笺、信封和邮票,还包括在机构传递过程中发生的费用,存档的时间、设备和空间等。还有最大的一项支出:写信人和打字员的工资费用。

2. 商务信函的分类

商务信函的分类有多种形式。按内容可分为:介绍信、证明信、贺信、问候函、致谢信、询问及推销函、商用通知函件等;按信息的性质可分为:积极性信函、消极性信函及劝说性信函。

3. 商务信函的基本特征

商务信函不要求像一般社交信函那样应酬寒暄;也不要求像文人墨客那样追求词藻华丽。这类函件只要求内容上简明确实、条理清楚,语言上浅显易懂、达意准确、明白无歧义。这类书面交际的基本特征可以概括为三点:内容清晰,语气友好及书写正确。

内容清晰是指思想要表达得明朗突出,语言要写得清晰易懂;语气友好是指书写的风格要以友善为前提,因为友好的语气有助于获得读者的好感;而书写正确是商务写作的首要原则,特别是涉及人名、地名、时间、数字和术语等,尤其要确保准确无误。

小案例

一封失败的信

亲爱的先生/女士:　→ 写信者不愿花精力查明收信人

我已间接获悉您在寻找一家公司为贵公司所有部门安装新电脑。我确信作为一个完全令人放心的公司,我公司定能被指派。不管我们在贵公司业务方面经验有限。曾经为您服务过的人说我们能胜任此项工作。我是个非常热请的人,对于与您相会的可能性,除非另通知,我在周一、周二和周五下午不能拜访你处,这是因为…… → 语义含混　→ 错别字　→ 提供无关信息

这封信表达含混不清晰,信件内容缺乏全面考虑,信中有错别字,而且废话连篇,是一封典型的失败商务信函。

二、如何撰写商务信函

1. 商务信函的格式

一般企业都有本企业特制的商务信函信笺，信笺上方已预先印好信函格式。信笺一般有六个组成部分，即信头、标题、称谓、正文、签署、附记。

（1）信头

商务信函的信头一般包括：企业的名称、地址、邮政编码、电话号码及传真号码、电子邮箱、企业网页等。

（2）标题

商务信函要拟制标题，内容一般围绕事由，位置应在信纸首行的中央，作用在于使阅读人在繁忙的商务活动中一看标题，便知道属于哪方面的业务联系。标题的右下方是发函字号，以便发函和收函双方将函件归档存查。

（3）称谓

要顶格书写收信单位名称或收信人的姓名，并在其后面标注冒号。一般是姓名后带上职务衔，以示尊重。

（4）正文

正文一般由开头、主体和结尾三个部分组成。开头是进入正题之前所说的问候语，特别是商务社交文书。主体就是整个信函的核心部分，它包含的内容有：发函缘由、发函的具体事项，以及对接收信函者的希望及要求。结尾是把主体所叙述的事，加以简要的概括，起画龙点睛的作用。同时在结尾时要用几句表示客套的惯用结语。

（5）签署

签署包括发函单位或个人姓名、发函时间及签章。

（6）附记

这一部分包括附言、附件两方面的内容。附言是用以补充正文的内容。如有附件应予以编号并注明附件名称。

2. 商务信函的写作要点

书写商务信函除了要做到内容清晰，语气友好及书写正确（前面的章节已有论述）外，还应该注意以下要点：

（1）书写字体

商务信函如果是手写，字体应该整洁干净、简洁清晰。书写潦草会使人在看信之前产生不良印象，以致会对写信者的外貌、能力、性格、人品等产生不正确的推测。

（2）信函礼貌

对于商务来信要及时回复。对于对方来信的问题，要尽力做到有问必答，而不能置之不理，尤其是对顾客的来信。

（3）信封书写

信封有一定格式，一般应该详细注明收信个人或公司的地址、姓名以及写信人地址、姓名。随便书写信封，不仅不利于信件的投递，而且对收信人来说也是不礼貌的。

小贴士

信函中常见的重大错误

- 杂乱无章的排版
- 大量的病句和错别字
- 写错了公司或收件人的名字
- 无实质内容
- 无签名和日期
- 字迹潦草、有涂改现象

三、积极性信函的写作

在商务沟通中，你常常会需要传递三种信息：积极性信息、消极性信息和劝说性信息。由于三种信息的传送目的不同，所以传递三种信息的商务信函在组材上也有所区别。

积极性信函一般用于表达对客户、雇员和朋友的良好愿望、热烈感情和真诚的想法。在商务活动中，许多人忽略了表达积极性信息的重要性，认为这些信息对组织运作来说是无关紧要的。事实上，这些看似并不重要的信息满足了人们内心需要被尊重、赞美、安慰和重视的需要。因为几乎每一个人都喜欢好消息，所以积极性信函是一种相对容易书写的信函。为了更有效地书写积极性信函，不妨采用以下几个步骤：

1. 报告好消息

好消息报告得越快越好。开头提出好消息有利于增进读者阅读的兴趣，提高读者接受建议的可能性。

2. 列出细节

针对你所报告的好消息列出详细的说明和背景资料，并有针对性地回答读者的问题，提供充足的、有助于达到写作目的的信息。细节描述顺序按照读者认为的重要性次序安排。

3. 论述其中可能出现的消极因素

有时候，不避讳地说出可能的消极因素反而会增加读者的信任度。这些有关消极因素的论述会让读者觉得你是设身处地为他们考虑。但要注意：这些负面信息可以直说，但要尽量从积极方面展开。

4. 列举出读者的受益处并解释

在传达好消息的通信中,一般先简单说出读者受益处,再做一些相关的解释。如果能增加一定的细节、例证会使解释更加清楚且有说服力。

5. 表达出良好祝愿的结束

充满友善的结尾,表明你的中心任务就是为对方提供服务。

小案例

一封积极的促销信

尊敬的顾客:

在新年来临之际,为了回馈大家对本店的支持和信赖,本店将于 2006 年 1 月 15 日至 2006 年 2 月 15 日推出特价食品月活动。

在活动期间,本店将特别推出"3 元购买一个牛肉汉堡包"的特惠活动。牛肉类汉堡是本店的经典产品,看似普通的牛肉饼在送到顾客的手中前要经过 40 多项的检测指标。与其他速食店不同,本店的牛肉饼在餐厅进行烤制时不会添加任何食油和脂肪,而是靠牛肉饼本身含有的天然油脂烤制,所以您不必担心会摄入过高的脂肪,保证对人体安全健康,而且口感不油腻。

另外更令人开心的是,您还可以参加"美味由您配"的活动。顾客根据自己的口味及需求,随意地从汉堡类产品、薯条、甜品、鸡翅等多种美味中选择 3 种,搭配成自己喜爱的不同组合。令您在品尝美味的同时,还享受到随心所欲的乐趣。

MM 速食店

四、消极性信函的写作

在含消极信息的通信中,一般都含有拒绝和否决内容。由于我们要传达的信息是负面的、不愉快的,读者可能会有失望、愤怒等反应。因此,许多人认为传递消极性信息是最让人头疼的事。"世上没有传递坏消息的好办法",但如果你必需写含消极信息的信函,不妨从以下几个方面入手:

1. 以缓冲语言开头

提供一个不透露坏消息的中性的或者积极性的开头,以确保读者能继续阅读下去。缓冲的语言要与主题相关,起到过渡作用。常用的缓冲语言内容有:你与读者一致的观点,客观事实,你的良好意愿等。

2. 说明理由

在揭示坏消息之前先对其产生的原因做出详细解释。说明理由有助于读者潜意识里作好思想准备接受坏消息。

3. 清楚、简洁地表达负面信息

以清楚、简洁的方式表达坏消息。如果可能,提供补救措施或其他的选择方案,以表明自己关心读者的利益和要求。

4. 积极肯定的结尾

结尾要积极肯定且充满信心。一般可以是预见性的语言或是祝福语等。

小案例

一封拒绝录用信

尊敬的李瑞先生:

非常感谢您前来恒安保险公司应聘,我们很高兴与您会见并讨论职业机会问题。　　　　　　　　　　　——→ 缓冲语言的开头

通过对您的测试结果的分析,我们发现您是一个善于独立工作,而且分析能力很强的人。您的性格特征表明您具有一定的创新精神,但团队意识不够。　　　　　　　　　　——→ 说明理由

由于人力资源部门的员工需要具有较强的团队合作精神,所以这次我们很遗憾不能与您共事。我公司每年都要雇佣很多各类人员,我们将把您的资料放入人才资料库。等我们发现有适合您的职位时,我们会及时联系您。　　　——→ 表达负面消息

再次感谢与您共度的时光,希望您很快可以找到满意的工作。　　　　　　　　　　　　——→ 肯定的结尾

李　勇
恒安人力资源部经理

五、劝说性信函的写作

在商务沟通中,我们不仅要通知读者,还要说服读者。说服能力是一个人生命中最重要的技能之一。毫无疑问,你在家里、学校和工作中运用过说服策略来使别人认同你的观点或激励他们做你想要他们去做的事情。这种努力的结果大部分取决于你的要求的合理性和你提出的论点的说服力。商务要求和销售信息也以这种方式起作用。

进行劝说性信函的写作对多数商务人士来说是一个挑战。因为在大多数情况下,读

者是很难被说服的。一旦你说服了他们，你还要进一步督促他们采取行动。撰写销售性的劝说性信函，可以从以下几方面入手：

1. 吸引消费者的注意

抓住读者的兴趣或谈及你们的共同点，说明你的信函他们既会感兴趣，又会受益，这将增加你劝说成功的可能性。比如说，你可以列出一些有关某种新产品令人信服的效果、对某个问题提出一些可供选择的参考方案、给予读者特别的好处或是出乎预料的声明等。总之，你要提供的是一个有价值的产品。

2. 让消费者产生兴趣

当你成功地吸引了消费者的注意之后，你下一步要做的事情就是要引起他们的兴趣，否则他们的注意力不会持续很久。因此，不管你提供什么样的信息，这些信息应该是生动、清楚、很有说服力的。最好用坚实的证据，包括事实数据、专家意见、事例和细节来证明传递信息的准确性和价值。要从产品能为读者做什么的角度来描述一件产品：省钱或是赚钱？减少艰苦的努力还是增进健康？产生快乐或提高地位？总之，要把过硬的产品与热烈的感情联系起来，以表达出对收件人的直接或是间接的收益。

3. 减少购买的阻力

仅仅是吸引消费者的注意力还是不够的，下一步要做的就是要"激起"消费者心中的购买欲望。这时的关键就是要帮助消费者克服购买的阻力。要预见消费者可能拒绝的理由，并用鉴定书、退款保证、有吸引力的保险、免费试用等方式来打消消费者的顾虑。如果是价格问题，要从其他方面分析消费者如果购买竞争对手的产品则可能带来的更大的损失。

4. 激发消费者的购买行动

消费者虽然对你的产品产生了兴趣，但很可能放下这封信不久就忘了这件事情。对方拖延的时间越久，最终实施购买计划的可能性就越低。所以在信的最后应该要求对方立即反应，比如：用礼物、限量、最后期限或折扣等其他方式来推动消费者采取行动。

小案例

推 销 信 样 例

尊敬的经理，您好！

您是否在工作中有过这样的烦恼：传真机不能像笔记本电脑一样随时带在身边？传真过来的文件耗费太多的纸张，真是麻烦！传真来的文件也不能直接进行修订和打印……

3G-FAX 数码传真机已经问世！它可以帮您解决传统传真机为您带来的所有烦

（续上）

恼！清华大学博士后金子建先生率领自己的研发团队历时三年多研发成功的第三代电子传真机，其由硬件和管理软件两部分构成，硬件与电脑相连，软件安装在电脑里，传真收发直接进出电脑。该传真机具有以下几种主要的功能：

无纸收发：传真自动进出电脑，不用传真纸、墨粉、硒鼓等耗材。

传真管理：收发传真自动保存；可以查看收发传真的时间、姓名、状态等日志；可以根据姓名、传真号码、日期、主题等多种方式查找收发的传真。

传真编辑处理：可以将收到的传真直接在电脑上进行浏览、修订、批注、加封页、转发、归档、打印等。

语音提示：当接收传真的客户为人工接听时，系统自动会用语音提示客户给出传真信号接收传真。

直传电子文件：无需上网、不用账号，像发送传真一样发送电子文件，只需拖一下即刻到达对方。

安全和保密：3G-FAX 独有"收方身份认证和密码提取"功能，保证了双方信息的安全。

操作简单：界面设计吸收了 Windows Explorer 和 Outlook Express 的优点和使用习惯，用户一看就会。

如果您想早日摆脱传统传真机的烦恼就赶紧行动吧！请拨打我们的热线电话8003695590 来了解它的具体性能。在 2 月 15 日之前订货还可以享受 20% 的促销折扣价，您还犹豫什么？

　　　　　　　　　　　　　　　　　　　　　　　　金恒科技有限公司

第五节　商务报告的写作

对于大多数商务人士来说，撰写商务报告是一个艰辛的过程，但只要他们从事商务活动，写报告就不可避免，因为"报告是商业的生命"。商务报告是一种搜集研究事实的人与需要报告的人之间的信息或建议的交流形式。商务报告可用于系统地回答问题和解决问题，是进行商务决策和采取商务行动的基础。

一、商务报告概述

1. 商务报告的内涵和分类

商务报告被广泛地应用于各种商务活动，种类繁多，有多种分类方法：按内容可分为周期性的经营报告、形势报告、调查报告、证明和建议报告、标注报告、可行性报告、建议等；按提供的信息可分为信息性报告和分析性报告；按写作用途可分为临时报告、行动报告、状态或进展报告和总结报告；按正式程度可分为：正式报告、一般报告和非正式报告。

2. 有效商务报告的特征

一份有效的商务报告一般要包括以下基本特征：

（1）清晰的结构

不同类型的商务报告一般有其固定的格式，清晰的结构便于读者更好地使用报告。

（2）易于阅读

书写报告应尽可能便于读者阅读，如：报告的正文应尽可能精简，额外的信息应放在附录中。

（3）良好的视觉提示

良好的视觉提示可以从报告的逻辑和结构出发，准确设计出让读者一目了然的布局。

（4）良好的写作和编辑

错误的写作和编辑会使读者无法理解报告的内容，报告的建议自然不容易被采纳。

（5）简短的格式

有效的商务报告应该尽可能采用简短的格式，以便于节省读者的阅读时间。

二、正式商务报告的书写

很多经理人都认为报告写作是一份复杂而又艰苦的工作，他们觉得一份报告要涉及很多内容且写作程序复杂。但是如果你掌握了报告的一般书写格式和修改要点，问题就会变得简单得多。

1. 正式商务报告的书写格式

正式商务报告在结构上更像一本书，只不过篇幅较小。一般正式商务报告由三大部分组成：前页、主页和附页。如图 5-1 所示。

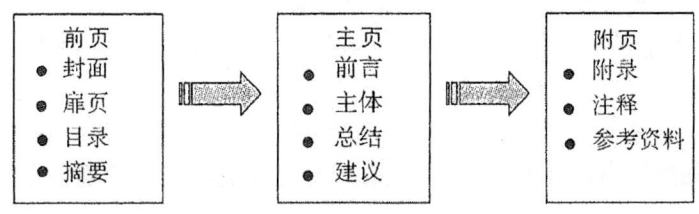

图 5-1　正式报告的三大内容

（1）报告前页

a. 封面。封面是报告的第一页，在封面上要标明报告是用于满足外部还是内部用途的。

b. 扉页。报告的扉页通常包含四项内容：标题、读者群、作者和发行日期。标题是扉页最重要的部分，应该简短有力，让读者一目了然。

c. 目录。目录主要用于提示报告的各主要部分在报告中的具体位置，便于读者查找。如果报告较短，目录可以省略；如果报告较长，目录中可以列出小标题，并要注意不同层次标题的合理安排。

d. 摘要。摘要主要用于告知读者报告所涉及的问题、报告中的主要观点和报告提出的建议。好的摘要易读、简明而清楚。起草摘要时应注意行文的紧凑，减少多余的用词。

（2）报告主页

a. 前言。前言主要简略介绍报告的背景、目的和涉及的范围。这部分也是吸引读者继续阅读报告的关键。

b. 主体。主体是报告的主要内容，主要是对报告结论和建议的分析推导。

c. 总结和建议。总结是从报告正文中推知的种种观点。建议是为了解决或缓解问题所应采取的行动的内容。

（3）报告附页

a. 附录。附录中主要包括不宜在主体中出现的一些图片和表格，一般为补充说明性数据。

b. 参考资料。参考资料主要列出报告中所使用过的文章、书籍、报告或其他信息来源。

c. 注释。主要是对报告中的重要词语或可能的疑难点进行解释。

2. 正式商务报告的修改

要写出一份成功的商务报告除了要掌握书写的一般格式外，还需掌握报告修改的方法。一般商务报告的修改可以从以下四个方面入手：

（1）总体修改

总体修改主要是检查报告的结论和建议是否和写作目标一致；报告的设计是否便于读者阅读；报告中是否有内容遗漏；报告是否存在令读者困惑的地方等。

（2）逻辑修改

逻辑修改主要是检查报告中标题、摘要、目录和结论之间是否协调、彼此一致；报告的主体是否能正确推导出最终的结论；各主要部分之间的衔接过渡是否自然等。

（3）细节修改

细节修改主要是检查报告中的句子结构是否正确；选词是否准确；有无语法拼写错

误;标点使用是否正确等。

(4) 视觉辅助材料修改

视觉辅助材料修改主要是检查报告中是否合理采用视觉材料来避免冗长的解释;是否每个视觉材料都有简洁的解说词和标题;每个视觉材料是否能准确传递必要的信息;视觉材料是否便于读者理解等。

三、其他几种商务报告的书写

通常,商务报告可分为正式报告和临时报告、行动报告、状态或进展报告。在了解正式报告的书写之后,下面介绍其他几种商务报告的书写。

1. 临时报告的书写

临时报告主要用于通告事件的发生。临时报告的书写简单、非正式,对象通常是一个人或一个小团体。由于临时报告的交流方式比较随意,书写时可采用以下格式:

a. 主题——告诉读者"我正在阅读什么"。

b. 介绍——简短的一段话,告诉读者撰写这份临时报告的原因。

c. 信息——给出基本的事实、例子和重要细节,提供读者所需的一切信息。

d. 观点——给出作者的意见和感想,以及可能的建议和方案。

e. 结尾——总结报告的基点,强调最重要的事实和方案中的核心思想。

临时报告的写作虽然简单,但也并非一挥而就,掌握以上书写格式,有助于你更快捷地书写临时报告。

小案例

丰田公司的报告

大多数公司决定新车型的变动方案都通过开会的方式。但在丰田公司,当出现跨越部门分工的问题时,奉行谁发现问题,谁负责撰写报告,分析问题并建议可行的解决方案的原则。这些报告简明扼要,都在1～2页的篇幅。有时,口头汇报附加一个电话汇报就可以了。收到报告的人认真阅读后用另外一个报告回复。

通过几个报告的回合,大部分问题都可以得到解决。假如问题依然存在,就要召开各方会面,此时,由于大家都已经认真思考过同样的问题了,即使开会,会议时间将大大缩短,成效显著。

2. 行动报告的书写

行动报告是对参与了商务旅行、会议、会谈等商务事件的总结报告。行动报告的书写一般包括以下元素：

a. 事件、时间、地点——说明参加的事件、时间和地点。

b. 目的——说明为什么要参加这次行动。

c. 见闻——说明在参加这次行动中，所遇见的人和事，并说明这些人和事与组织特定利益之间的联系。

d. 结论——给出参与此项活动得出的结论，该结论往往用于说明组织为何或如何从该活动中受益。

行动报告的结构虽然简单，但要写好一份行动报告却非易事，需要进行详细的计划和构思，尤其是当你参与的活动涉及多个事件、时间和地点时，就必须考虑报告内容编排的逻辑性和有序性。

3. 状态或进展报告的书写

状态或进展报告是对某一部门的各类业务或某一项目的进展情况进行的总体分析，其作用是为组织高层提供决策依据。状态或进展报告的书写一般包括以下元素：

a. 背景——给出报告期内与部门业务或项目进展相关的背景事件。

b. 行动和结果——指明报告期内采取的所有行动和取得的成果。

c. 成本——给出为取得以上成果所耗费的所有费用。

d. 时间表——主要用于展望未来，给出下一阶段的行动时间计划表。

e. 总结——对报告核心内容的总结和对完成下阶段工作的决心，应简短有力。

由于状态或进展报告书写比较复杂，所以在书写前最好按照以上格式列出提纲。另外，状态或进展报告应尽量真实、客观。

第六节　其他常用商务文书的写作

在商务领域，人们除了要面对大量的商务信函和商务报告外，还经常要阅读和书写一些其他商务文书，本节将介绍另外三种文书：备忘录、电子邮件、明信片和答复卡片。

一、备忘录

"备忘录"(memorandum)一词源于拉丁语 memorare，是"记住"的意思，文学上的意思是"一件被记住的事情"。然而备忘录在商务领域比单纯的协助记忆有更为广泛的用途，它同商务信函和报告一起，已成为商务沟通的主要手段之一。

与用于组织外部沟通的商务信函不同,备忘录主要用于同本组织内部人员之间的沟通。由于读者不同,备忘录和商务信函的格式也有所不同。通常备忘录包括五个部分:接收人姓名、发送人姓名、标题、日期和主体。有时备忘录还包括一些发送人的联系方式,如:办公地点、传真号码、电话号码和电子邮件地址等。

小案例

备 忘 录 范 例

送达:王达先生(人事总监)

发送人:李蕴(培训部经理)

主题:中层干部培训计划

时间:3月11日15时(周一)

根据您的指示,我草拟了一份"中层干部培训计划",供您审批。

此次有关本年度中层干部培训的会议将于本周五下午召开。此前,我必须完成所有会议议程、文件资料的准备工作。所以请您在周四下午之前对此份培训计划作出批示,以便我作进一步的调整和修改。

附:《2006年度企业中层干部培训计划》一份

虽然备忘录和商务信函的读者及格式不同,但两者的写作要求却是一致的。备忘录的书写也要遵循内容清晰,语气友好及书写正确的写作原则。另外备忘录的书写可长可短,视需要传达的信息多少和情况复杂程度而定,较长的备忘录功用类似于商务报告。

二、电子邮件

在过去,大多数商务人士使用备忘录进行内部交流,使用商务信函进行外部交流,但是随着电子邮件的诞生,由于其方便快捷的特点,已逐渐取代了备忘录和商务信函的作用。目前,电子邮件已成为成千上万商务人士的基本通信工具。据有关部门统计:现代商务人士平均可以在20～30分钟内轻松处理80～100封电子邮件。

电子邮件的格式取决于发件人使用的电子邮件系统。绝大多数的电子邮件系统一开始就会提示关于收件人地址和主题句的内容。计算机则自动将日期、发信具体时间和发信人的地址填在邮件上。有时在邮件的最后可以加上发件人的传真号码、电话号码等。

以下是一封典型的电子邮件。

小案例

电子邮件范例

日期：2005 年 1 月 6 日，星期四，13：03

至：AA1234@hotmail.com

由：Ron Hein（ron@ezmet.net）

主题：服务项目与报价

尊敬的顾客：

感谢您的询问和对我公司的关注。我们为顾客提供的服务有以下几个方面：

- 制作简历和求职材料
- 查找和编辑学术资料
- 编辑手册报告
- 创作独特的汇报材料
- 举办各类培训讲座

由于服务性质和完成不同的项目所需要的技术的差别，一般我们按照个人要求报价。您提供的需求越详细，将越有利于我们的准确报价。您也可以通过电话和我们进一步讨论为您提供的服务和相应的价格。

　　　　　　　　　　　　　　　　　　　罗　刚

　　　　　　　　　　　　　　　　　　　M 公司市场部经理

　　　　　　　　　　　　　　　　　　　2005 年 1 月 6 日

　　　　　　　　　　　　　　　　　　　电话：(025) 95869341

　　　　　　　　　　　　　　　　　　　传真：(025) 95869333

　　　　　　　　　　　　　　　　　　　电子邮件：ron@ezmet.net

　　　　　　　　　　　　　　　　　　　网址：ron-bein.com

由于电子邮件的风格比较随意，语言比较活泼，使得很多人在享受电子邮件的便捷性的同时忽略了应有的通信礼仪。有的人对拼写、语法等不够重视；有的人在回复邮件时从不更新主题句，以致出现"回复：回复：回复：回复：……"的主题句等。事实上你的邮件虽然有特定的收件人，但是收件人可以在你不知道或没有同意的情况下给很多人阅读，所以重视电子邮件通信中的礼仪十分重要。

┌── 小贴士 ──

电子邮件中的礼仪

- 记住电子邮件没有隐私，任何人将可能读到你的邮件
- 及时更新主题句
- 反复检查后再发送
- 用词得当，简洁明了
- 使用换位思考方式和强调积极、正面的态度
- 不要制造垃圾邮件
- 回信时，尽可能短篇引用对方的来信，以便收件人更好地理解你的来信
- 注意称呼和签名

三、明信片和答复卡片

明信片和答复卡片以其快速、廉价的特点成为许多商务人士喜爱的沟通工具。明信片和答复卡片一般用于传递简短的商务信息如致谢、恭贺、寻求对方答复等。

明信片和答复卡片通常是提前印刷好的。抬头和礼貌用语印刷在卡片的正面，收件人的地址印刷在卡片的背面。因为卡片将邮寄到许多客户的手中，所以口吻必须保持友好或者中立，并要注意礼貌。

以下是一封典型的明信片。

┌── 小案例 ──

明 信 片 范 例

（寄件公司名称及地址）

亲爱的顾客：

感谢您近来的订货，我们公司现正在办理有关事宜。您将在 10 天内得到答复。

在这一段时间内如果您对所订购货物有疑问的话，请与我们联系。并请把印刷在明信片背面左下角的参考号通知我们。以便于我们保证您的货物不致延期。

电话购物有限公司

由于发送明信片可以省去人们写信、折信、贴邮票的时间,所以深受人们喜爱。另外,邮寄答复卡片的费用一般是发件人已通过免费邮寄系统付清了的,这就有利于鼓励收件人答复。

【问题讨论】

1. 有效书面沟通的特征有哪些? 商务书面沟通的重要性是什么?
2. 如何进行有效的书面沟通?
3. 如果你正在写一份商务报告,如何判断你的读者需要哪些信息?
4. 在一般的商务书面沟通中,作者可以通过哪些方法来激发读者的阅读兴趣?
5. 商务写作的过程一般分为哪几个阶段? 各个阶段都包含哪些工作?
6. 当你坐在电脑面前,脑中一片空白时,你可以通过哪些方法来克服你的思路堵塞?
7. 商务信函的写作格式及写作要点有哪些?
8. 一份有效的商务报告具备哪些特征? 简述商务报告的一般书写格式。

【沟通案例】

作为某生产儿童食品的公司的客户服务代理,公司要求你给所有曾经来信要求公司生产的儿童食品中不应含糖和淀粉的家长写一封信。其实,公司已经去掉了42种产品中的糖分和淀粉;这一调整整体完成后,总共190种产品中的121种将不再含淀粉和糖分添加剂。公司同时还要保证新的配方尝起来味道不错。例如,去掉香蕉中的苦味部分,可以在未加任何糖分的情况下,生产出相对较甜的莫丝(mush),孩子们很爱吃。现在请你给这些家长写封客户回复信。

【沟通实践】

【自检】 小测验:你的写作效率如何?

	A	B	C	D	E
1. 开始写商务文件之前,我会问自己写这份文件的目的。	总是	经常	有时	很少	从不
2. 开始写商务文件之前,我会考虑读者是谁。	总是	经常	有时	很少	从不
3. 写第一稿时,我就力图尽善尽美。	总是	经常	有时	很少	从不
4. 在写作过程中如果拼写错了或用错词语,我会马上更正。	总是	经常	有时	很少	从不
5. 开始书写之前,我会把所有想法都写下来,通常是没有什么组织的凌乱形式。	总是	经常	有时	很少	从不
6. 在文章的组织方面,我总试图把对读者提出的要求集中放在文章的同一部分。	总是	经常	有时	很少	从不
7. 我定稿的时候,每个部分都有标题。	总是	经常	有时	很少	从不

8. 我总是使用人称代词(我,你,你们)写文件。　　　　　总是　经常　有时　很少　从不

9. 我总是试图在尽量少的页数中包含更多的内容。　　　总是　经常　有时　很少　从不

10. 我使用以前写过的文件格式做模板。　　　　　　　　总是　经常　有时　很少　从不

11. 我一般只修改一次　　　　　　　　　　　　　　　　总是　经常　有时　很少　从不

评分指南:

选　项	项数合计	乘　数	该项得分
A	＿＿＿＿＿	＊5	＿＿＿＿＿
B	＿＿＿＿＿	＊4	＿＿＿＿＿
C	＿＿＿＿＿	＊3	＿＿＿＿＿
D	＿＿＿＿＿	＊2	＿＿＿＿＿
E	＿＿＿＿＿	＊1	
		合计:	＿＿＿＿＿

分　数	评　价
48~55	写作天才,你有十分高效的写作习惯。
40~57	效率较高的人,你很喜欢写作。
31~39	写作能力一般。你还可以进步,但是你的一些习惯使你的速度不够或者降低了你写作的质量。
22~30	你的写作技能需要锻炼。
11~21	未来之星。记住存在问题的同时也意味着无限的机会。
0~10	不可能的,你一定是算错了,请再试一次。

【沟通游戏】

游戏名称:回旋沟通

游戏目标:

(1) 彼此交换信息,了解他人的想法、感受与经验。

(2) 自由表达自己的感受、情绪。

(3) 用开放的态度接纳不同的观念。

游戏步骤:

(1) 学员每12人一组并围成圆圈,每组"1"、"2"报数,报数为"1"的人向圈内走一步站在内圈,再向后转,与外圈者一对一,面对面。

(2) 教师说出话题一,内圈先讲,外圈听,两分钟后,换外圈学员讲,内圈听,也是两分钟。

(3) 教师换第二个题目,此时内圈的人向左移一个位子,外圈人不动,以同样方式进行。如此进行完六个题目,让学员有机会与不同的人沟通。

活动规则：

(1) 讲述者必须用第一人称来表述自己的观点。

(2) 倾听者不得打断或反驳。

(3) 交谈双方不得将话题岔开。

游戏总结：

(1) 内、外圈成员分享活动后的感受。

(2) 内、外圈成员分别推选出对方的最佳倾听者,并说明为什么。

(3) 内、外圈成员推选对方最佳讲述者。

(4) 内、外圈成员归纳活动的意义。

第六章 商 务 演 说

　　从以上刘先生的案例中可以看出，尽管我们不是政治家或是知名人士，但在如今这样信息交流不断增加、知识量成指数增长的时代，演说成了很多人成功的必备技能之一。

　　演说活动在人类历史中起着重要的作用。演说不仅是一项社会实践活动，更是一门学问、一门艺术。尤其在现代商务活动中，演说更是发挥着它不可替代的作用。在商务活动中，商务人士如果能熟练掌握和应用演说的技巧，必将在商场中发挥得更加出色！本章从商务演说的含义及要素出发，分析商务演说的准备过程，并介绍发表商务演说的技巧。

　　在本章中，您将学习到以下内容：

- ➢ 演说的概念及分类
- ➢ 面对演说恐惧的方法
- ➢ 商务演说稿的准备
- ➢ 演说中辅助工具的运用
- ➢ 商务演说的技巧

第一节　商务演说概述

许多人都听过引人入胜的演说,也许也希望自己有一天能成为一个成功的演说家。这样的愿望如何实现呢? 首先要初步了解演说和商务演说的相关内容。

一、演说概述

1. 什么是演说

演说又称演讲,是一种带有艺术性而且针对性很强的社会实践活动,它是语言的一种高级表现形式,是艺术地表达出语言的基本意思,是一种有计划、有目的、有主题、有系统的视听两方面信息的传播。一次成功的演说可以使听众坚定信念或改变观点,心悦诚服地接受演说者的意见。

2. 演说的要素

(1) 演说者

任何一场商务演说都不可能离开演说的主体——演说者而独立存在。演说本身就是演说者在特定的时空环境中,以有声语言和相应的体态语言为手段,公开向听众传递信息,阐明事理,表述见解,抒发情感以达到特定目的的活动。一个演说者的个人素质对一场演说的成败会起到关键性的作用。换言之,演说者的个人魅力影响着演说质量本身。

(2) 听众

演说者最终要面对的问题就是每一个听众正在考虑的问题:我从这场发言中得到了什么? 演说者及演说的目的都是通过听众才能达成,从某种角度甚至可以说听众是演说的目的所在。听众的反映情况是衡量演说效果的重要标准。

(3) 演说的媒介

演说的媒介包括以下两个方面:一是有声语言,这是演说的主演媒介。另外是体态语言,又称身体语言,是配合演说的重要形式。

(4) 主体形象

这是指在特定环境中演说者的衣着、打扮及相关环境。在演说中须注意的是:穿着应适合一定的场合;保持衣着整洁;不要穿着可能分散听众注意力的服装。

（5）时空环境

任何一场演说都是在特定的时间和场合下进行的。所以时间和外部的环境会对演说的质量产生一定的影响。

3. 演说的分类

（1）按内容分类

按演说的内容可将其分为政治演说、商务演说、军事演说、学术演说、法律演说、宗教演说等。

（2）按形式分类

按演说的形式可以将其分为命题演说、即兴演说、辩论演说等。

二、商务演说的意义

商务演说是演说的重要组成部分。在当今商业世界中，令人满意的演说可以说是不可或缺的。虽然通过互联网络，人们可以跨越地球进行交谈，但公司仍不惜花费重金布置讲台，开展各种演说活动，原因就在于演说在商务活动中有着不可替代的作用。

a. 从事经济活动的人，常常能从演说，特别是各国领导人的演讲内容中，捕捉有关经济信息，从而确定投资方向。

b. 经济活动中，企业或商业的领导人，也常常要运用演说，把企业活动的奋斗目标、方针、措施向本部门的职工传达，使领导的决心变成职工的具体行动。

c. 贸易洽谈中，生动的演说常常能把客户的注意力引到本企业产品上来，并吸引客户购买。

d. 在涉外经济活动中，演说是对外进行宣传并树立企业形象的重要手段。

e. 在领导上任时发表的就职演说，对于领导在员工心目中树立良好的形象和威信起着非常关键的作用。

三、商务演说的分类

商务演说与一般的演讲不同，因为其大都带有商业目的。商务演说的种类繁多，较为常规的是按照演说的功能和内容进行划分。

1. 按照演说的功能分类

（1）告知型商务演说

它又称介绍性演说，主要功能是向听众传达信息。一般来说，包括以下两个方面的内容：

a. 传递信息。演说的目的仅仅是向听众传达信息。这类讲话通常相当简短精要，着重于现状和事实。传达的信息也不会太复杂，对演说者的演说技巧要求不高，而听众只要倾听就能了解演说内容。如在商务总结会议上,部门领导的演说。

b. 指导工作。假设你即将发表关于公司新政策的演说。你不仅要宣布新政策的颁布,同时还要让员工了解该政策的具体运作方式:如何填写表格,如何上交,返还时需要等待多久等。此时你的目的不仅限于传达信息,而且具有指导、教授、下达指令等功能。

传递信息往往和指导工作同时出现在一场演说中。

(2)说服型商务演说

说服型商务演说也即是劝说型商务演说,是指就某个有争议的问题提出解决方案,并使用大量的逻辑、论据和情感,从而争取听众的认同,影响听众的态度或习惯的转变。这类演说和下面的激发性演说经常出现在商务演说中,和商务谈判一样具有很强的目的性,从而对演讲者的演说艺术要求甚高。

(3)激发型商务演说

在商务演说中,很多情况下,演说的目的不仅仅是传递信息、激励鼓舞甚至是说服听众,更是希望听众采取切实的行动。激发型演说,需要大量运用各种观点、建议和论据,从而使听众听从你的建议并采取确实行动。筹款演说就是很好的例子,演说的目的就是要听众从口袋里掏出现金。为了保证演说的有效性,演说者本人应该坚定支持演说的内容。

(4)娱乐型商务演说

娱乐型演讲以轻松愉快、气氛活跃为特征。在商务沟通领域会经常遇到娱乐性的场合,如联欢活动。此时的商务演说是以活跃气氛,调节情绪,使听众快乐为主要功能。演说多以笑话、幽默等为主要材料,演说者和听众情绪都很放松,演说过程通常令人愉悦。

2. 按照演说的内容分类

(1)公关型演说

这是指企业以洽谈贸易,阐述本企业的对外政策,宣传本企业的发展优势与产品特色等为内容所进行的商务演说。这类演说对于企业对外宣传,树立良好企业形象,吸引公众的注意力是相当重要的。

(2)动员型演说

这是指企业领导向职工解释发展规划、实施计划的意义与效益,以便最大限度地调动广大职工的积极性的演说。

(3)经验介绍型演说

这是指围绕产品质量、销售、管理等经济活动所进行的研究探讨报告等。

(4)总结型演说

这是指企业领导向被授权的大会(如职工代表大会、理事会、董事会等)汇报、分析、评价工作的成果。

第二节　商务演说的准备

美国历史上最伟大的总统之一亚伯拉罕·林肯非常重视演讲前的准备,常常花费数天或数周的时间酝酿一场演说。他经常在穿衣、刮脸、吃点心时都想着怎样演说,他会突然取下帽子草草记下随时想起来的要点,最终再将这些想法和提示重新整理一番,抄写下来进行修改,进而形成他的演讲稿。凡事预则立,不预则废。准备工作是公众演说成败的关键。商务演说前做好准备,会给你的演说带来意想不到的效果。

一、正确面对恐惧心理

除了问答部分外,演说在大部分情况下都是单向的,演说者无法向平时交谈一样从对方处获得反馈。能看到听众的眼睛,却不知道听众到底在想些什么。演说者被从团体中孤立出来的感觉导致心里紧张。

其实任何一个人上台都会有紧张的感觉,紧张是人类的通病。美国心理学家曾在3 000人当中做过一次心理测验:你最担心的是什么? 令人吃惊的是:约占40%的人认为最令人担心也是最痛苦的事是在大庭广众前讲话。成功的演说者是通过多次怯场的经历后才使紧张的心态降到最低程度,不至于外露。

1. 产生恐惧的原因

演说者一般的恐惧来自于如下的几个原因:演说者担心在演说台上表现不佳;或是担心演说过程的听众会有消极或过度极端的反应;也可能担心遭遇尴尬场面,如冷场情况的发生;还有的演说者是上台前担心演说材料准备不够充分,担心自己不能完全表达演说目标或不能说服听众。

2. 恐惧实际不易被察觉

演说确实是很富公众性的活动,但实际上演说过程中的紧张情绪并不容易被听众发现。如果把演说的过程拍摄下来,一定令很多人很吃惊:从屏幕上根本察觉不到自己的紧张情绪。所有演说者要意识到正常的紧张不会给自己造成很大的影响,听众没有办法知道你到底有多紧张,除非你刻意地放大它。

3. 恐惧可通过练习克服

恐惧是演说者经常面临的问题,即使一些伟大的演说家在特殊的场合也会紧张。演说者要做的就是采取各种方式去克服它。富兰克林·罗斯福在演说时就是假装所有听众的袜子上都有破洞。通过练习,演说者可以找到适合自己的方法,来克服恐惧心理。

—小贴士—

放松心情,克服恐惧

(1) 预先汇集整理自己的想法

(2) 到朋友面前预讲

(3) 巧用形体语言

● 正确的呼吸。在演说过程中注意用鼻子深呼吸而不是嘴,用嘴呼吸容易感到口干。

● 逐步放松。暗暗使劲收紧身体各个部分,从足部开始,再逐一放松,实践证明这样有利于缓解紧张情绪。

(4) 演说前好好休息,保持清醒思路

二、做好商务演说的听众分析

要知己知彼,方能百战不殆。任何一种演说,其成功的关键在于使听众高兴和满意,因为他们才是这个场合的中心人物。因此澄清演说需求是最为关键的,这就是要做好听众分析,而商务演说的特点又决定了其特殊的听众调查分析内容。

1. 需求分析

美国总统林肯曾说过:"当我准备发言时,总会花 2/3 的时间琢磨人们想听什么? 而只用 1/3 的时间考虑我想说什么"。可见,在演说的准备过程中,演说者首先要做的就是听众的需求分析,尤其是在利益驱动下的商务演说中,要做好听众的需求分析,在演说中将自己置于听众的位置,以听众的喜好为焦点,因为"吸引别人兴趣的第一条法则是所演说的题目与其人有关,每个人都对自己切身利益的兴趣超过其他任何事物"。

一般来说,首先要分析听众的目的,即听众想从你的演讲中知道什么。只有清楚地知道这点,演说者才可能启发起听众的倾听欲望。另外,还要思考听众对演说内容的熟悉程度:即听众已经知道了什么,以防止让听众对你的演说内容认为肤浅,没有深度。最后还要预测听众的获益度,即听众可以从演说中得到什么。

2. 建立听众档案

对听众的需求分析以后,接下来要做的就是尽可能多地掌握听众资料。这其中包括基本资料,主要为:年龄、性别、职务、经验、学历等。听众的态度,是指听众对本场演说的态度如何,主要包括:期望、例行、支持或是反对。还包括听众参加演说的原因,是自愿的还是被指派的。最后还要了解听众的语言程度。即了解听众的语言使用和掌握情况,对于演说者在演说过程中的有声语言的使用和辅助工具的使用都有着相当重要的作用,一般包括：中文、英文、专门术语等。

　　3.·信息的来源与利用

　　听众信息可以从多方获得，如客户信息可以从项目责任人、区域市场责任人处获取，也可以从客户信息文档处获取，还可以从办事处信息平台网络中获取。在我们获取了一手资料以后，接下来是要对这些基本资料进行分析，因为听众人数、年龄、性别、学历、社会地位、职务的不同都会影响演说的内容和效果，所以演说者在准备时就要做到有的放矢：① 根据听众的多少选择演说合适的场所与形式；② 根据听众文化教育水平选择不同层次的内容及语言；③ 听众的工作性质及职位决定了他们的兴趣与关注方向的不同，演说者可以适当改变演说的内容，吸引听众的兴趣；④ 在商务演说中往往要注意把握重要听众和决策性人物，以便在演讲过程中多关注他们，让他们认同和支持演说内容。

三、确定演说的目标

　　听众分析和演说目标的准备贯穿于演说始终。世界上没有仅仅为了迎合听众的演说，尤其在商务演说中，演说者总是带着特定的主题与目标组织和进行演说。在演说中，演说者需要根据听众的情况和现场的气氛对演说的重点和方式进行适当的调整，然而一切行动都是为了最终目标的达成。

　　一场有意义的演说都会包含：标题、主题和目标。例如：标题："安全带与长寿"；主题："汽车安全"；目标："促使更多的人们驾乘时系上安全带"。

　　可见演说的目标是指你希望在听众脑海里留下的内容以及听完演说后他们会采取的行动。一般来说，演说的目标一定要开宗明义，语言简洁明了，不可包含过多信息。

　　演说的目标通常分为介绍情况、解释原因、说服激励和娱乐招待等几种。演说的目标不同，则演讲的重点也不同，所要求的演说类型也不一样。

　　介绍情况的演说可以使用比较平实的语言，忌讳过度夸张，但是使用的语言一定要准确、简练，思路清晰。情况介绍成功与否的关键是能否找到合适的表达顺序，如时间、空间、逻辑关系，同时还要选择恰当的例子。

　　解释原因的演说要求非常准确的语言、丰富的表达形式、清晰的逻辑思路。

　　说服激励的演说在语言上要求具有比较强的感染力，辞藻要华丽、激昂，并且综合运用多种比较直观的、有感观冲击力的视听手段。

　　娱乐招待的演说则强调新奇、轻松、紧凑和能引起听众共鸣。

四、安排辅助工具的使用

　　辅助工具又称视觉工具，是指任何被用来配合演说的道具：图表、图画、幻灯片、照片以及实物模型等。在当今商务演说中，辅助工具的使用起着越来越重要的作用，可谓一幅好图胜过千言万语。

1. 使用视觉工具的好处

哥伦比亚大学的研究报告证明：我们的感观学习来源有 85% 来自视觉，所以在商务演说的过程中适当地运用视觉辅助器具有很大的帮助作用，具体表现为如下几个方面：

（1）吸引听众的注意力

生动、真实、赏心悦目的视觉信息可以迅速吸引听众的注意力，在较短的时间内给观众以感观的认识，这样可以便于在演说的开始就让听众对演说的内容产生兴趣。

（2）协助听众了解我们传递的信息

话语并不是最有效传递信息的方式，如果我们能用图片或照片来加以辅助的话，效果就会更佳。比如直方图所表现出来的统计数据将能很容易地让人掌握其所要表达的真正含义。

（3）加深听众记忆

对一般人而言，看到的事物比单单听到的事物更容易长驻心中，要是能做接触处理或是去操作使用的话，那就更容易在人们心中留下难以磨灭的记忆了。这就是我们常说的百闻不如一见，百见不如身受。

（4）可以增加演说的趣味

几乎每个人都喜欢图形或照片这种表达方式，经过良好设计的辅助工具可以带给我们不少欢乐与趣味，尤其当把色彩的运用发挥到极致时，这种效果则更为显著。

2. 使用视觉工具的弊端

正是因为视觉工具在演说过程的巨大优势，它在商务演说领域被越来越多地使用。但是任何事物都有它不足的一面，视觉工具的不足表现在以下几个方面：

（1）会转移听众的视线

在演说中过多地使用辅助工具尤其是幻灯片会将听众注意力从演说者身上转移到辅助工具上，如果演说者不能有效控制则会让演说本身的魅力减弱。

（2）需要时间和精力的投入

制作或安排使用辅助工具，需要花费演说者一定的时间和精力，如制作精美的幻灯片往往要占据演说者准备时间的很大一部分。

（3）易受演说场所条件的限制

演说的会场条件经常是要受到限制的，如在露天产品推介会上很多辅助工具就没有办法使用。尤其当演说者准备好了使用辅助工具，却因演说会场条件不足或辅助工具临时出现故障，演说的效果大打折扣。

（4）使用不当会带来很大麻烦

例如在播放幻灯片时，颠倒播放内容或根本找不到与演说内容相对应的内容，将会引起听众的怀疑和演说者自己的慌乱，自然会影响到演说的效果。

可见,视觉工具有时就像一把双刃剑,关键在于适当使用,发挥其最佳效果。

五、如何准备演说稿

演说稿是演说者在讲话前准备的文字稿,是确保演讲系统性、完整性、有效性的必备要素。它为演说的内容和范围提供依据、规范和提示,是演说者进行现场演说的主要依据,也是演说获得成功的重要保证。即使在即兴演讲中也应在情况允许的范围内迅速打出"腹稿"或列个提纲,以免上台后信口开河。

一般来说,演说稿可以保证演说内容的完善,避免演说过程中的遗漏;演说稿也是演说者在不偏离主题的前提临场发挥自如的保证;演说稿还能够增强语言的规范性和表现力;演说稿同时还可以帮助演说者恰当地掌握演说的时间。

1. 演说稿材料的选择

演说稿的准备,是建立在听众分析与主题目标确定的基础上的。在演说稿的写作过程中收集大量材料,并且要做到:去伪存真,由表及里。一篇精彩的演说稿能使演说者的演说锦上添花,收到惊人的效果。所以演说稿无论从立意选材、结构格式还是语言风格上,都应始终受到演说者的重视。具体需要注意以下几个方面:

(1) 材料一定要真实

演说是一种公开性活动,通过演说向听众传递消息时一定要注意信息的真实与准确,尤其在商务演说中,更要重视信息的真实性。演说材料是演说者传播信息,传递感情的书面依据。演说内容必须客观真实,数据、时间、地点、人名都要准确,每一个细节应与客观完全一致,不能有任何的夸大缩小。只有使用真实材料,才能使听众了解真实的情况,掌握真实的信息,演说也才具有极大的说服力。其次,演说内容必须立足现实。应与生活紧密相关而不应是陈词滥调,要提出和回答现实生活中听众关心和瞩目的需要解答的问题;要涉及听众眼前的、身边的、切身的问题。

(2) 材料要具有典型性

"事实胜于雄辩",演说中如果没有典型、生动、感人的事例做依据,再动听的语言也是苍白、空乏的。演说离不开举例,举例目的是佐证或导引。但选择哪些事例、选择多少则必须依演讲主题、观点的需要而定。多选常常给人以事例堆砌、讲解故事之感;没有事例则又给人以缺乏说服力之疑。成功演说其选材要具有"典型性",选用事例必须同阐述观点紧密相连,必须能说明问题,不能说明问题的事例,决不可牵强附会,否则会适得其反。

(3) 材料要新颖

在选择演说材料的过程中不仅要注意考证材料的真实性和确定材料的典型性,还需注意选材的新颖。大家都知道的东西很难吸引听众的注意力,过于陈旧的选材同样会使演说的说服力大打折扣,所以要选择那些具有一定的时代感并能启发起听众兴趣的材料。

（4）内容要具体精练

演说总是在一定时间内完成的，在有限的时间里，只有选取典型且精练的材料，才能使演说更具说服力和激励效应。演说内容一定要具体，切忌使用过多的概念。演说内容的准备应遵循十六字原则：深入实际、内容具体、迎合听众、有的放矢。

2. 演说稿结构的组织

在演说中我们只有一次吸引听众的机会，所以在演说目标明确的基础上，需要设计良好的组织结构。缺乏组织的演说，就像爬梯子时忽然发现梯子少了一节。另外有了良好的组织结构再往上添加素材和内容就会很容易。有了良好的结构，既能帮助听众理解，又能吸引听众的注意力，同时让自己所传递的信息能更深刻地铭记在听众的脑海中。

演说稿组织结构的三个关键因素是：提纲、过渡和模式。演说结构就是综合运用这三个因素来保持听众自始至终对演说的关注。

（1）提纲

提纲是演说结构的基础。组织演说材料的方法各种各样，但有一点却是共同的：那就是列出一个好的提纲。它强调了演说中最重要的因素，剔除了多余的材料，并帮助你选择最佳的论证信息。提纲将迫使你分析演说的逻辑并揭示推理中的缺陷或瑕疵。好的提纲应该是：

a. 条理分明：条理分明的提纲能帮你演说时有更出色的表现，因为此时你的脑海里可以清晰地重现演说要点。你的发言将会自然而然地得出结论，无需丝毫停顿。

b. 简洁、清晰：给演说稿列出提纲最常犯的错误是不够简洁和不遵循顺序。首先，演说不可能包含过多的信息，因此你需要选择最重要的内容。其次，建立优先顺序，也就是为最终的结论形成必要的逻辑。一般每个内容之下最多包含三个或四个要点，随后再制定下一层次的副标题，从而为人们提供吸收信息的大致框架。

（2）过渡

过渡是成功演说的关键环节之一，它可以使得你从提纲的前一部分转入后一部分，从而保持演说者的思路顺畅，使演说始终沿着主题的轨道行使。引导越顺畅，听众积极性就会越高，甚至在有些时候会帮助演说者解决演说中最重要的问题。过渡的转承对于演说的结构和效果非常重要。它也是专业口才的秘密所在。一般常用的过渡形式有：语言、声音和动作。一般来说，常用的过渡方法有：

a. 使用关联词：如：此外、同时、然而、结果、最后等。

b. 提问的过渡方法：在演说中提问是一种良好的过渡方式，比如："既然我们已经知道了商务演讲在商务沟通中的重要作用，那么我们如何在商务沟通中发挥演说的重要作用呢？"

c. 倒叙：演说者通过和听众一起回忆前面已经说过的内容,以起到强调与过渡的作用。这种倒叙式过渡可以作为一种小结在通篇演说中时而出现。这种方式能够帮助听众回忆你的观点,并使听众感受到你清晰的思路。

d. 停顿：林肯经常在谈话途中停顿。当他说到一项要点,而且希望听众在脑中留下极为深刻的印象时,他会倾身向前,直接望着对方的眼睛,足足有一分钟之久,但却一句话也不说。在演说中,突然停顿,可以将听众的目光迅速地集中到你的身上。它是一种非语言性的过渡,恰当地使用停顿,会使听众关注你将要说的内容。但一场演说中不宜有太多停顿,否则会收到相反的效果,甚至会引起听众的反感。

e. 身体语言：身体语言的过渡包括停顿,也包括手势等其他的非言语行为,比如你可以从演说台的一端走向另一端,配合演说的过渡。

f. 视觉教具：当你减弱灯光或开始使用已选择好的工具讲话时,你已经完成了演说中一次过渡。

(3) 模式

在演说的大纲和材料确定以后,还需要寻找一种适合的演说模式,即选择演说的顺序和服务演说目标的风格。顺序的选择必须既能维持听众的兴趣,又能顺应演说的逻辑。而无论选择什么模式来表达演说内容,都必须适合演说者自身的想法和风格。下面是四种经典的演说模式：

a. 按时间排列的模式。即将演说的事件按发生的顺序排列,这一方式具有内在的逻辑顺序,并容易为听众接受。

b. 使用分类的方法。当你缺乏清晰的架构时可以运用这一模式,或如果你的话题不符合某一步骤、程序或时间进程时,也可以运用这一模式。

c. 提出问题和提供解决方案。如果希望听众作出决定和采取行动,可以运用提问和解决方案的模式,不仅具有说服力,同时也富有互动性。这种模式在发布生动有趣的信息方面,不失为一种上好的选择。

d. 比较和对比的模式。在商务演说中,经常需要通过比较和对比唤醒听众对于不同理念计划或产品的区别及相似点的关注。

值得注意的是,以上四种模式很少单独出现在一次演说中。演说的模式可能随主题、听众、传达信息和说服听众的目标不同而改变。在演说稿的准备过程中,需要选择一种或几种适合的模式,并加以有效的运用。

六、商务演说的演练

在做好以上的所有准备之后,接下来要做的就是反复练习。在演说之前,练习得越多,你在演说过程中就越能控制住场面,演说成功的把握也就越大。因为通过练习甚至背诵演讲词,你可以熟悉内容,增强信心。演说前的反复练习有以下好处：

1. 熟悉内容,增强演说自信

演说中热情洋溢的语调和神情往往源自于自信。减少演说的恐惧心理,使自己的紧张不安程度降低的最好方法就是在演说之前熟悉演说的内容。紧张源于没有把握,当你熟悉演说内容就像熟悉自己电话号码一样,你就不会太紧张了,这时,你的感觉就像是"万事俱备,只欠开场"了。

2. 判断时间长短,优化演说组织

在演说之前首先要通过演练来判断自己大概需要的演说时间。太长的演说会让人感到厌倦,太短的演说有可能让听众有云里雾里之感。通过练习和演说预演,可以计算演说时间,以便做适当调整,使演说更有层次感。

3. 提前情景预设,表现落落大方

演说之前提前熟悉场地和环境十分必要。实践证明,当一个事物在人的脑海中留下印象,并且你愿意思考想像一些细节问题,事物会变得非常清晰,甚至会按你预想的场景发生。在演说前,闭上眼睛,想像听众的积极回应,并把这些场景保留在脑海,也许你已经成功一半了。

小贴士

反复练习的方法

1. 优化次序,掌握时间。大部分演练都比正式发表时要快,正式发表的时间比演练要多出 25%~50%。

2. 要认真准备,多次演练,在练习过程中,演说者最好能背下演说稿。

3. 请人观看,提出改进建议。

4. 在单独练习中,使用辅助工具排练,如镜子,录音机,摄像机等。

5. 最后一次演练的时间,离演说的时间越近越好。

第三节　　商务演说的技巧

为了达到演说的目标,演说者不但要在演说之前做好充分的准备工作,而且为了在演说的过程中能够有效控制演说的场面,运用商务演说的技巧来提升演说的效果也是非常必要的。

一、设计精彩的开场白

作为演说者,不管你准备了多少内容,最初的 30 秒是最重要的。演说的开场白担负着建立演说者和听众感情联系和打开场面引入正题的双重责任。

好的开始是成功的一半,听众对演说者的第一印象是非常关键的。因此我们在开始时就要把听众的注意力吸引到自己的话题上,这就需要有精彩的开场白。首先请大家比较下面两种不同的开场白:

"……,大家好,我是今天的演说者,我今天要给大家讲的是吃哪些食物可以减少疾病和缓解紧张。"

"女士们,先生们:首先请允许我问大家一个问题,您愿意再增加 20 年的寿命吗? 如果愿意,那么请您在伸手拿盐瓶之前三思。我是王某某,今天我将与大家共同探讨 10 个非常简单而且已经被证明了的能够使您增加 20 年寿命的方法。"

精彩的开场白有许多好处:如:提高听众的兴趣;营造气氛,使听众与你一致;简述演说的目的和要点;稳定演说者的情绪,增强信心等。

1. 有效开场白的形式

有时不拘一格的开场,会收到了立竿见影的效果。演说开场白的形式有很多,但最终的衡量标准只有一个:是否完成了接近听众和打开演说场面的任务。换句话说,是否吸引了听众的注意力。下面是一些经实践证明的行之有效的开场白形式:

(1) 以夸奖听众开场

为了让你的听众喜欢你,首先向他们表达自己对他们的好感。但不能漫无目的地说一些奉承的话,否则会有虚假献媚之嫌。

(2) 自我介绍式的开场

当会场没有人介绍你时,"自报家门"也很必要。但要想吸引你的听众,介绍时不应落入俗套。

(3) 以提问的方式开场

以提问听众,引起听众思考作为开场白,往往非常奏效,例如"在我介绍之前我有一个基本问题请大家考虑……"。

(4) 以直陈相反观点的形式开场

有些时候,开场直接点出意想不到的相反的思想可能会一下子就抓住听众的兴趣。比如"比尔·盖茨曾说:'微软的目录服务领先于任何厂家',我今天将在这里向您证明这不是真的……"。

(5) 使用使人惊奇的表述开场

这种开场白方式往往在吸引听众注意力,激发听众兴趣方面很有效果。例如"你知不知道有 4 000 多种方式来烹饪豆腐?"

(6) 妙用笑话开场

一个不错的笑话同样可以达到吸引听众的效果,同时它还可以缓解紧张情绪,调动演说气氛。可以采用与听众或场合相关的幽默,但要记住,笑话不要与演说内容脱离。

（7）直接表明讲话目的的开场

开门见山式的演说也是不错的选择，它可以让听众迅速进入演说状态。有时还可以简述演说提纲的开场。

在这里值得注意的是，开场白应随着演说内容、演说者的气质、听众等不同而改变。演说者应该结合自身情况通过不断地实践探索出丰富变化的有吸引力的精彩开场白。

2. 不宜使用的开场白方式

有时候一些不太好的演说习惯会让演说者刚开口就注定了演说的失败。失败的开场一般表现为如下几个方面：

（1）不要边走边开场

有些人登上讲台的时候就开始讲话，有时也是因为紧张的缘故，这样的开场除非处理得非常好，能马上给人以激情四射的感觉，否则会让观众感觉有点唐突。一般来说，应该等到站定并目视听众，使双方都稳定下来再开始你的演说。

（2）不要以道歉开场

我们经常会遇到这样的开场白："大家好！很抱歉，由于准备仓促，今天……"或是"请大家原谅，我不善演说……"。很多人认为这样可以使你表现得更加友善和谦逊，但事实上往往事与愿违，听众会误以为你缺乏自信。不管我们的感受如何，以道歉作为开场白是错误的。如果我们希望别人为我们付出时间和注意力，我们的开场白应该具有这样的意思："听我说，我有一些有趣和重要的事情告诉你们！"良好的开头语言要新鲜，忌套话、空话、老话、大话、假话、官话。

（3）开场最前 30 秒不使用媒体辅助

一般来说，不要一站上讲台，就急于打开投影仪或展示其他的辅助工具。因为灯光一打开，就会把听众的目光都吸引到最亮的灯光上，而忽略了演讲者本身。因此上台后，不要急于打开投影仪，要一切都准备好，等到合适的时候才开始使用。

（4）不要以解释你为何讲话开场

"今天很荣幸受到大会的邀请，我想××请我来的原因是……"不要向听众解释你演说的原因，你站在台前就是最好的理由。有句话用在这里很合适："你的朋友不需解释，你的敌人不信解释。"

（5）称观众为"你"，不要称"你们"

虽然演说是一种一对多的语言沟通形式，使用"你"会让听众感觉自己是在和你说话，你的演说需要他的参与；相反，使用"你们"则会从语言上拉大差距，如何让观众感觉到受重视实际上是非常重要的语言使用技巧。

（6）不要以解释演说艰难程度开场

这样做往往你得到的不是听众的同情，而是听众的厌倦。听众甚至会认为这是你站在台前讲话所应该付出的,你的解释只会是浪费时间。

小贴士

开场的小技巧

■ 深呼吸。这是常用的缓解紧张情绪的方法,在演说开场时,深呼吸会起到定气凝神的作用。

■ 稳步走上演说台。这样会让演说者看起来更加自信。

■ 点头含笑感谢介绍你上场的人,这样礼貌而流畅的衔接方式,会充分显示你的亲和力。

■ 直立台前,调整姿势,这样在调整好自己最佳的状态后,有利于演说者的正常发挥。

■ 停顿稍立,自然微笑,与听众进行目光接触。这是演说中与听众沟通的重要途径,同时也有利于听众注意听讲、积极思考演说的内容。

二、运用合适的语言

演说者要想取得良好的演说效果,必须加强语音、语调方面的训练。由于篇幅原因,在此不详细说明。下面提供一些语言应用方面的技巧:

1. 承上启下

首先,必须根据演说进展状况承上启下,例如承接前面演说者而自然过渡到自己的演说,或以感谢主持人开场。其次,在演说过程中,注意过渡性语言的使用,例如:然而、尽管、因此、总之等关联词的使用。

2. 少说客套话

有些演说者演说时喜欢说客套话。如"本来不想讲,可刘主任偏要我讲,讲不好,请大家原谅!"有位演说者这样结尾:"我的演说就要结束了,此时我向大家表示深深的歉意。耽误了每个人 5 分钟,加起来就耽误了大家 500 分钟。很对不起!"

3. 从缓、平、稳开始

一般来说,开始时语音要做到缓、平、稳。如果开始声调太高,到后来感情强烈处就会声嘶力竭;音量如果过低,以后再突出高音就显得不和谐。

4. 起伏结合

演说者要适度地注意演讲的起伏张弛,变化有度。这主要是从语言、内容、情感几方面去体现,语调要高低升降,速度要急促徐缓,声音要宏大精细,音色要刚柔多变,情感要跌宕起伏。举例来说,可以使用升调,在句尾时音调变得较高,会造成提问题的感觉。而呆板的缺少抑扬顿错的语调,会让听众厌烦。

（1）说话的速度要有所控制

为了营造沉着的气氛,说话稍微慢点是很重要的。标准演说的速度大致为 5 分钟 3 张左右的 A4 原稿,不过,要注意的是,倘若从头至尾一直以相同的速度来进行,听众大多会疲倦不堪。故有时须适当停顿,以便进一步强调。

（2）声音要清楚有力量

不管你先天的音质如何,努力使你演说的声音响亮有力,以避免听众由于你的音调低或不清楚,听不到你的陈述。事实上,过低的嗓音使演讲人对要讲的话题没有把握,而语速过快,会使演讲人和观众都不能获得间歇,可能会失去观众的注意。

三、恰当使用身体语言

演说大多时候还要辅之以"演",即运用面部表情、手势动作、身体姿态乃至一切可以理解的态势语言,使讲话"艺术化"起来,从而产生一种特殊的艺术魅力。尽管有力的语言能使人们注意你的言谈,身体语言则是在你走入听众视线时就影响你的形象。阿尔伯特·曼拉比安说过,我们以三种方式认知:55％是视觉上的,38％是声音上的,7％是言辞上的。可见,当你走向演说台时,你就在听众心目中形成难以动摇的第一印象了。下面将从不同方面谈谈态势语言的使用技巧。

1. 面部表情

在演说过程中脸部表情会给听众留下极其深刻的印象。紧张、疲劳、喜悦、焦虑等情绪无不清楚地表露在脸上。演说的内容即使再精彩,如果面部表情总显示缺乏自信,演讲就很容易变得缺乏说服力。另外面部表情的放松,也会将你全身都带动得放松下来。

（1）微笑

在进行开场白时,要注意以微笑面对听众。事实上除非你讨论非常悲痛或严重的问题,否则你就应该经常保持微笑。在演说过程中保持微笑,首先,可以向你的听众展示你的自信,微笑显示你自信的同时,你会发现自己真的自信起来了,即使你起初还有紧张的情绪;其次,保持微笑,是向听众传递温暖信号,有利于你和听众建立亲切的感情联系,因为绝大多数人都愿意见到笑脸,而你也会在微笑时看起来更加亲切。所以,你要想通过演说达到良好沟通的效果,必须学会微笑,并且是在自然放松当中微笑。

（2）目光

在演说过程中一定要做到与听众的视线接触。在大众面前说话,亦即意味着必须忍受众目睽睽的注视。当然,并非每位听众都会对你报以善意的眼光。尽管如此,你仍然不可以漠视听众的眼光,避开听众的视线。视线接触的技巧如下:

a. 目光里饱含自信与诚意。用你的眼睛(结合前面说到的微笑)告诉全场的听众,你已经做好充分的准备；你是一个优秀的演说者，并且真诚的愿意和大家分享你的观点，让大家从和你目光接触中感受到信心、感觉到你的亲和力。

　　b. 尽可能和全场范围的每一位听众进行目光交流。用你的目光让他们集中精力，因为大部分人都是充满善意的，很少有人会当面给你难看。同时听众也可以从你的目光中获得尊重感。

　　c. 寻找充满善意和理解的目光，而忽略冷淡的眼光。这种方式有利于减少演说者的心理压力，增强演说信心。这与前面提到的要与全场听众交流是不矛盾的，你完全可以通过视线的全面交流，在听众中寻找"支持者"，并把你的目光更多地投向他们。

　　d. 每次和一个观众从容地进行目光交流。目光在每个人身上应持续 5 秒钟或者持续到一个意图表达完整之后。然后，转向下一个人看着他，以此类推。你应该把要表达的内容传递给观众，并要和他们进行目光交流，而观众也会因此认为你控制着对话。

小贴士

错误的目光接触

● 仅仅扫视一下全场，且没有任何面部表情。这样会使你和听众之间产生很大的距离感，从而不利于与听众的感情交流，对于演说的沟通作用也会产生很大的负面影响。

● 只对着几个观众进行目光交流。只和少部分听众进行目光交流，会让其他的听众感觉不被重视甚至会有各种其他的想法。

● 盯着观众的前额或头顶看，而不是"目光"交流。

● 看天花板、地板、投影仪、白板，而不是观众。

　　2. 站位

　　(1) 站的位置

　　在演说中站的位置是很有讲究的。演说者所在之处以位居听众注意力容易汇集的地方最为理想。例如开会的时候，主席多半位居会议桌的上方，因为该处正是最容易汇集出席者注意力的地方。让自己位居听众注意力容易汇集之处，不但能够提升听众对于演说的关注，甚至具有增强演说者信赖度和权威感的效果。

　　要站在每位听众都可看到的位置上，既能便于自己参考讲稿，还要便于自己控制教学媒体。如果有麦克风，还要便于麦克风的使用。不要一直躲在讲台后不出来，偶尔走出来让听众看到你的全身，可以拉近彼此的距离。

　　(2) 站的姿势

演说时的姿势（posture）也会带给听众某种印象，例如堂堂正正的印象或者畏畏缩缩的印象。站姿一般有前进式、稍息式、丁字式、立正式、自然式等。不论何种站姿都要站直，挺胸收腹，做到稳健潇洒。下面是站姿的技巧：

a. 张开双脚与肩同宽，将体重均匀分布于两腿，挺稳整个身躯。

b. 想办法扩散并减轻施加在身体上的紧张情绪。例如将一只手稍微插入口袋中，或者手触桌边，或者手握麦克风等。

c. 紧张的轻松姿势。紧张与轻松看似矛盾，在演说中却要做到和谐统一。首先，演说毕竟是公开性正式场合，而作为演说者又是演说的主角，众人瞩目的焦点，自然不能像日常生活的聊天那样轻松随意。要让自己紧张起来，进入演说者的角色。同时，又要让身体放松，即不要过度紧张。过度的紧张不但会表现出笨拙僵硬的姿势，而且对于舌头的动作也会造成不良的影响。

d. 面对观众讲话。在演说中不要对着设备说话。很多演讲者喜欢对着屏幕讲，这是不良动作。我们可以看着幻灯片，但不能对着屏幕讲，把后背留给观众，这是非常不礼貌的。同时也给观众一种信息：我不自信，准备不充分。

3. 手势

（1）手的位置

在演说中，手的摆放位置同样也很重要。一般来说，双手应自然下垂于两侧。如果你在讲台后面，你可以双手自然放在讲台两侧。也可以用手来操作教学媒体，握住提示卡、笔、教鞭或是做手势等。但无论在什么情况下，都不该把双手置于裤子口袋内，或是不自然地手臂交叉。

（2）手势的运用

手的动作能帮助演讲者表现幅度、形势或位置。在手势的运用过程中贵在自然得体。如请某人起来发言时，要手指并拢手心朝上做抬起状请起，相反请坐时要手指并拢手心朝下做下压状。下列是不应出现在演说过程中的手势：

a. 玩弄笔、挂饰等。

b. 如果演说者手里拿着教鞭，天马行空一般乱划，或者拿着教鞭去指听众或点投影仪上的胶片。

四、积极应对提问

听众在演说时往往关注的是演说的内容和提出问题。在演说中，安排听众提问，演说者将面临很大风险：回答不好，会让你丧失演说的主动权，甚至会影响你演说的说服性及演说者的威信。但是，如果你成功地解答了听众的提问，那么你将增加自己演说的说服力，使听众不但获得信息，而且心悦诚服。所以说，面对听众提问，是对演说者的最大考验与挑战。

┌─ 小贴士 ─────────────────────────────────┐

有针对性地克服恐惧心理

- 保持自己的思路顺畅。
- 在听众提问之前作一些说明,如:"我很愿意回答与演说有关的问题"。
- 要告诉自己,即使回答不了所有的问题,也没什么了不起。诚实而委婉地告诉听众你确实不熟悉他的问题,并表示自己很乐意回答他的其他问题。
- 限定听众的提问时间,以免一直出现失控场面。
- 作为演说者,应该在平时多加训练,掌握一些面对提问的技巧,不仅在演说中,即使在平时的沟通中也是非常有用的。

└──────────────────────────────────────┘

正是因为提问阶段面临的风险性,很多演说者甚至是一些经常做演讲的人都惧怕面对听众提问。面对提问,演说者首先需要克服的是巨大的心理压力。演说者应该对自己树立信心,告诉自己不要害怕,自己面临被提问,正是因为自己是某一方面的专家,听众都是有求于己的。

(1)记住称赞的力量

演说者如果能习惯于在听众提出问题以后,加上诸如:"这个问题很有深度","你的问题触及了议题的本质"之类的褒扬语言,会帮助你和听众建立一种和谐、融洽的气氛,即使你真的认为问题提得过于尖刻。

(2)有效缩小范围

在提问时间开始前,向听众说明提问的范围。如:"我很愿意回答与演说有关的问题"。对于一些与演说关联不大,或不可能引起普遍兴趣的专门性或个别的问题,可以向提问者表示由于时间原因,很乐意和他在演说后一起讨论这一问题,如"我愿意在休息的时间与你探讨"。

(3)设法记住提问的问题

有的时候会有几个听众进行提问然后集中做答,也可能是一个听众一下子就提出了好几个问题。对演说者来说,应认真地聆听听众的问题,理解并复述提问,与提问人进行目光交流。确定其他的观众也都听见并理解了这个问题。要记住提出的不同问题,最好还能记住提问人。

(4)有效利用观众来回答问题

当遇到一个人连续提问时,首先征求一下其他人是否有意见。可以将一些重要的问题让其他的听众回答。并不是所有的提问都需要演说者一一回答,有时候,你可以像打球一样把球扔回给提问的听众,如:"你会怎么做……"、"如果是你会怎么处理呢"。问题形式有:有些什么选择,哪一种更有效。

当然你还可以把球投向其他的听众,将问题交给有关专长的人去回答,例如"小赵,去年你也碰到过这种情况,那时你是怎么处理的?"最后你还可以将球抛到所有的听众中去,让大家献计献策,一起来解决问题,可以这样表达:"这位听众提的问题很有趣,让我们一起来讨论一下……"。

五、设计有力的结尾

和开场白一样,结尾也是最能显示演说艺术的重要环节。演说的结尾应该感情充沛,语气铿锵,像美国作家约翰·沃尔夫说的:"演讲最好在听众兴趣未尽时戛然而止",给人以振奋,给人以无穷的回味与不尽的遐思。苏东坡也说过"言有尽而意无穷",当成功的演说者退席后,他最后的结束语,将在听众耳边回响,所谓"余音绕梁"即是如此。而那些平淡的结尾,往往有可能使千尺之仞,功亏一篑。

有人这样结束演说:"……上面的就是我对这件事的看法,现在完了。"这是非常典型的失败的结尾,不能给人一点思考的余地,而且显得非常唐突。结尾要干脆,但不是唐突。那么应该如何结尾呢? 下面是几种常见的结尾方式:

1. 总结主题思想

总结演说要点,重申目的。回顾要点要求语言有高度的概括性,而不是简单地重复演说内容。如果演说的目的是向观众提供信息,这种方式可以帮助听众填补一些前面没有完全领会的空白,从而对你的讲话加深印象。

2. 号召行动,寻求支持和投入

你已经在演说中告诉听众你希望得到怎样的回应。在结尾你要做的就是再次号召:增强语气,通过声音让听众兴奋起来。"现在,让充满热情的我们做好准备吧,为实现公司的远大目标努力"。

3. 展望未来

表达对听众将要采取行动的信心,通过对未来的美好憧憬来结束你的讲话,会把听众带入美好的想象之中,从而心怀期待与希望:"运用这种新式的广告方法,我们一定可以避免公司的损失,明年我们就不会再看到赤字了"。

4. 引用经典,总结发言

一个恰当的引用可以高度概括讲话的深刻含义,并使结尾幽雅洒脱。引用的同时可以给你带来更权威的支持,使你的思想得到升华。在人才招聘会上的演说以:"当你聘用比你更聪明的人才时,恰恰证明你比他们更聪明"之类的经典语句结尾,当然会起到不错的效果。

5. 向听众提出解决问题的几种方法

万变不离其宗,解决问题是提出问题、分析问题的最终目的。因此,在演说结尾处提出解决问题的几种方法,将会起到提纲挈领、画龙点睛的作用。

6. 引用振奋人心的事例

振奋人心的事例由于其生动性、形象性的特征,更容易在听众内心产生强烈的共鸣。在演说末尾使用,可以把整个演说推向高潮,并在高潮中结束演说,使听众心潮澎湃、印象深刻。

7. 采用幽默故事或笑话

没有人不喜欢笑,当你能够在听众满意的笑声中结束你的演说时,你就成功了。而幽默具有最不同凡响的作用。

【问题讨论】

1. 应该如何准备一篇命题为"为什么要使用原装正版软件"的演说?

2. 在演说过程中,有位听众突然站起来,大声地说"我同意你的看法",你该如何处理?

3. 进行有效的开场白一般有哪些方法?

4. 你将要面对公司老总进行应聘演说,你会做哪些方面的准备工作并将如何克服恐惧心理?

5. 在演说末尾,面对听众提出的棘手问题,你作何反应?

6. 假设你是某知名企业的老总,你的公司刚刚推出了一款国际领先水平的新产品,在你面对舆论公众为宣传这款新产品而做商务演说时,你会采用怎样的开场白和结束语?

7. 演说的结尾如何设计才能保证演说的成功?

【沟通案例】

李小姐的客户见面会

李小姐是某一著名化妆品公司的销售人员。该化妆品采用直销的方式,经营范围也很广。李小姐原来的销售方法主要是通过人际接触的方法,召开一些见面会向潜在的顾客介绍公司的产品,然后赚取销售提成。

今年李小姐由于销售业绩不错,被提升为销售主管。李小姐感受到了工作的变化。原来的工作方法主要依赖一对一的沟通,而现在的岗位更多的是要给客户介绍和展示。近期李小姐准备召开一个小型的产品介绍会,她选择公司60平方米的会议厅。为了更好地向客户宣传产品,李小姐对会议厅进行了重新布置,添置了必要的视觉辅助设施。

案例思考题:

(1) 你认为李小姐需要添加哪些视觉辅助设施?

(2) 你认为李小姐在介绍会开始之前要做好哪些方面的准备？

(3) 你认为李小姐在介绍会中要注意哪些方面的问题？

【沟通实践】

准备如下话题，在全班同学面前做 3 分钟的演说。

(1) 如果医生告诉你，只剩下半年的生命，你将如何安排这半年的生活？

(2) 假如你有 100 万元，你将如何使用？

(3) 假如你是教育部长，你最想做的是什么？

(4) 假如你是本校的校长，最想为同学做什么？

(5) 假如你有机会环游世界一周，会如何计划你的旅程？

(6) 假如你能回到入学前，你会如何安排这几年的大学时光？

【沟通游戏】

游戏名称：那又怎么样

游戏目标：逆境总是能激发人的最大潜力，同样当别人对你百般挑剔的时候也就是一个人对你的观点理解最为深刻的时候。本游戏的重点就在于告诉人们技巧在沟通中运用的重要性。

游戏规则：

(1) 让每一个学员提前准备 2～3 篇 3 分钟左右的演讲。

(2) 然后让学员站成一排，1、2 报数，让报数为 1 的向前一步，2 的向后一步；再在每一排中 1、2 报数，直到每一排只有 2 个人为止；这 2 个人组成一组，分为 A 和 B。

(3) 让搭档们相互握手并说："我想你对下面发生的事情不会介意的，我真的认为你会感兴趣的。"

(4) 让 A 开始对 B 进行 3 分钟的演讲。但是他们开始谈的时候，B 必须始终逃避 A，并重复说："那又怎么样？谁想听你的胡说八道？"

(5) A 必须紧随着 B，继续他的演讲。同时注意，首先不要改变演讲的内容，其次要运用各种语言，面部表情，身体语言的技巧，告诉 B 他所讲的内容是非常重要的，B 需要认真倾听，而不是说"那又怎么样"。

(6) 每个小组 3 分钟时间过后，A 和 B 调换角色，并重新开始，时间也是 3 分钟。

游戏讨论：

(1) 当你的发言被人忽视的时候你是一种什么样的感受？ 一再要求别人听你的发言又是一种什么感受？ 在真实生活中是否会有这种经历？ 你是怎么做的？

(2) 当你的发言被打断的时候，你是怎样调整的？ 如果在发言中注入了感情，结果会有什么不同？

第七章　商务谈判中的沟通

开篇故事

　　一位商人看中一位画商的三幅画，标价均为2 500元。商人不愿出此价钱，双方各执己见，谈判陷入了僵局。终于，那位画商被惹火了，怒气冲冲地跑了出去，当着商人的面把其中的一幅字画烧掉了。商人看到这么好的画被烧掉，十分心痛，赶忙问画商剩下的两幅字画卖多少价，回答还是各2 500元，商人思来想去，还是拒绝了这个报价。这位画商心一横，又烧掉了其中的一幅画。商人只好乞求他千万不要再烧掉最后那幅画。当再次询问这位商人愿意以多少价钱出售时，卖主说道："最后这幅画只能是三幅画的总价钱。"最终，这位画商手中的最后一幅画以7 500元的价格拍板成交。

　　在这个故事里，画商之所以烧掉两幅画，目的是刺激那位商人的购买欲，因为他知道那三幅画都出自名家之手，烧掉了两幅，那么，物以稀为贵，不怕他不买剩下的最后一幅。聪明的画商施展这一招果然灵验，一笔生意得以成功。而那位商人是真心喜欢收藏古董字画，所以，宁肯出高价也要买下这幅画珍藏。

　　事实上，在现代商务活动中，像画商这样善于把握对方心理，运用策略、技巧达到自己期望目标的情况时有发生。在商业活动中，谈判活动已经无法避免，只有掌握适当的谈判技巧，才能在谈判中做到挥洒自如，游刃有余。

　　本章从商务谈判的概念出发，以商务谈判的过程为重点，分析商务谈判不同阶段的不同特点并提出应对的策略。

　　在本章中您将学习到以下内容：
- ➤ 谈判与商务谈判的含义
- ➤ 商务谈判的准备工作
- ➤ 开局谈判的注意事项
- ➤ 报价、讨价、还价的策略
- ➤ 商务谈判中的让步技巧

➢ 谈判中僵局的应对处理措施

➢ 促成谈判最终成交的策略

第一节　商务谈判概述

大多数的商务人士都会认识到商务谈判在工作中的重要性,也许很多人工作的大部分时间都是在谈判。虽然把很多的时间和精力都用在谈判上面,但是真正能够了解商务谈判的艺术性的商务人士还是非常有限的。所以掌握必要的商务谈判的知识就显得非常必要。

一、商务谈判的定义

谈判是生活中不可缺少的活动,是人与人之间一种特殊的双向沟通的交往方式。也许你并没有意识到,在日常生活的相互交往、改善关系及协商问题等活动过程中,我们都在进行着谈判活动。关于谈判的定义有很多,按照一般的认识,谈判是人们为了协调彼此之间的关系,满足各自的需要,通过协商而争取达到意见一致的行为和过程。

谈判的领域非常广泛,而发生在经济领域的谈判行为就是商务谈判。商务谈判是谈判的重要组成部分,特别是在现代社会中,商务谈判更是发挥着越来越重要的作用。

商务谈判是指在经济贸易活动中,买卖双方为了满足各自特定的利益需求所进行的反复协商的过程。这里的商务是指企业的经济事务,一般包括:货物买卖、工程承包、技术转让、融资等涉及群体或个人利益的经济事务。可见要从性质内容上与政治、外交事务分开。并且,商务谈判所涉及的知识领域很广,包含市场营销、国际贸易、金融、科技等。它是一项集政策性、技术性和艺术性于一体的经济实践活动,并且逐步发展成一门综合性学科。

商务谈判除了具备一般谈判的特质外,还有它自身的特点:第一,商务谈判是以经济利益为目的,讲求经济效益,一般都是以价格问题作为谈判的核心;第二,商务谈判是一个各方通过不断调整自身的需要和利益而相互接近,争取最终达成一致意见的过程;第三,商务谈判必须深入审视他方的利益界限,任何一方无视他人的最低利益和需要,都将可能导致谈判的破裂。

二、商务谈判的原则

商务谈判的成功有时并不完全取决于个人综合水平的发挥和技能的运用,实际上遵守商务谈判的基本原则对商务谈判的成功起着非常重要的作用。

1. 客观真实原则

这个原则是指谈判的双方在谈判的过程要掌握好第一手资料,用事实说话。俗话说:

事实胜于雄辩。在谈判的过程中要争取自身的权利,就要列举出能让对方信服的客观证据和理由。

2. 平等互惠原则

谈判的各方没有高低贵贱之分。参与谈判的组织和个人,只要彼此有诚意,并且为了共同的合作愿望走到谈判桌前,那么在谈判的过程中就应该平等协商、互惠互利。

3. 求同存异原则

要正确对待谈判双方各方的需求、利益上的分歧。要把谈判的重点放在探求各自的利益上,而不是放在对立的立场观点上。

4. 讲究效益原则

人们在谈判的过程中,应当讲求效益,提高谈判的效率,降低谈判成本,这是经济发展的客观要求,也是谈判的最终目的。

三、商务谈判的准备

一场商务谈判能否达到预期的目的,不仅和谈判人员的素质、谈判的策略和谈判的技巧有关,在很大程度上还取决于谈判之前的准备工作,一般来说,准备工作主要包括以下几个方面:

1. 探询阶段

探询是指交易各方的谈判对手在接到谈判任务后相互找寻、了解的阶段,是为准备阶段搜集资料的阶段。其表现形式为:书面函件、人员交流、专家互访或现场考察等。

探询分为直接探询和间接探询。直接探询是指交易谈判人以自己的名义亲自以任何方式向不同地区或同一地区多个可能的交易伙伴寻求友谊和合作。间接探询是指交易谈判人委托第三者向不同地区或同一地区多个可能的交易人寻求友谊和合作。

2. 搜集信息

谈判之前只有对谈判的内容和谈判的对象比较熟知和了解,才有可能做到胸有成竹。一般来说,至少要准备以下两个方面的信息:

一是搜集有关谈判的市场信息。市场信息是反映市场经济活动及其发展变化的各种信息、资料、数据、情报的统称。市场信息很多,一般包括有关国内外市场分布的信息、市场需求方面的信息、产品销售方面的信息和产品竞争方面的信息。只有通过对产品竞争情况的调查,才能使自己保持清醒的头脑,在谈判桌上灵活掌握价格弹性,取得谈判的最后成功。

二是要搜集谈判对手的信息。在正式谈判之前,对于谈判有关的环境因素进行分析和具体的市场信息搜集是必不可少的,而对谈判对手资料的搜集并进行调查和分析则更为重要。搜集谈判对手的信息,主要针对谈判对手资信情况的调查,包括对方的合法资格、公司性质和资金状况、公司运行状况等,从而判断谈判对手的谈判实力。

3. 确定谈判队伍

谈判是一种主要的思维活动,谈判行为实际上是智慧的较量,所以谈判人选的选择是组建谈判队伍首先应该考虑的问题。在组建商务谈判班子时要做如下几个方面的事情:

a. 根据谈判的性质和对象确定谈判规模。一般最多不超过 8 人。

b. 确定谈判人员的层次结构。第一层是主谈人;第二层是懂行的专业人员;第三层是速记员。

c. 规定谈判纪律,明确分工和权责。

d. 应赋予主谈人必要的权力与资格。

4. 确定谈判目标

在商务谈判前,一般是根据以下四个目标层次来选择和确定谈判目标的:

a. 最优期望目标。这是最有利的理想目标,即在满足自身利益之外,还有一个其他的期望值,当然在实际谈判中,这种目标是很难达到的。

b. 实际需求目标。这是反复研究后作出的"预算目标",也是谈判人应努力达到的目标。

c. 可接受的目标。这是指能满足谈判方某部分要求的目标。可接受的目标对于谈判方来说应采取这样的态度:一是现实态度,即树立"满足一部分也是成功";二是利益来源多元化,不要把全部利益都押在某个特定的谈判环节上。

d. 最低目标。这是决定谈判价值的目标。

以上四个谈判目标层次是一个整体,但它们又有各自的作用,需要在谈判前认真规划设计。

第二节　　商务谈判的技巧

商务谈判从正式开局到达成协议,要经历一个错综复杂、千变万化的过程。整个过程呈现一定的阶段性,不同的阶段对商务人士来说都需要掌握一定的技巧,只有这样才能获得商务谈判的最后成功。

一、商务谈判的开局技巧

1972 年 5 月,勃列日涅夫与尼克松就美苏限制战略核武器问题举行谈判。谈判一开始双方分歧很大。面对这种情况,勃列日涅夫对尼克松讲了这样一个故事:以前有一个俄罗斯的农民,徒步跋涉到一个偏僻的乡村。他知道方向但不知道距离。当他穿过一片桦树林时,偶然遇到了一位老樵夫,就问他离该村还有多远。老樵夫耸了耸肩说:"不知道。"这个农民叹了口气,继续走自己的路。突然,老樵夫大声嚷道:"顺着道儿,再走一个时辰就到了!"农民感到莫名其妙,转身问道:"那你刚才干嘛不说?"老樵夫答道:"我得先看你的步子有多大啊!"

其实,勃列日涅夫在这里是用一则故事作比喻,暗示对方:自己是那个老樵夫,在限制战略核武器的问题上先要看美国人的让步幅度有多大,才能得出自己的结论。可以看出勃列日涅夫在开局就为自己创造了良好的开端。开局是谈判双方直接接触、正式举行谈判的第一阶段,也是谈判活动的起点,它决定着谈判的基本态势。

1. 开局对商务谈判的影响

"良好的开端是成功的一半"。要使谈判获得令人满意的结果,并保证谈判目标的实现,谈判人员必须熟悉、掌握和灵活运用开局策略,高度重视开局在整个谈判过程中所处的重要地位和作用:

a. 从谈判人员的精力及精神状态来看,大家精力充沛,精神高度集中,是准确捕捉信息,为整个谈判奠定良好基础的最佳时刻。但开局时间不宜过长,以保证谈判人员的精力。

b. 开局阶段形成的谈判气氛容易影响双方的态度,从心理上左右整个谈判阶段双方的谈判情绪。

c. 开局阶段确定谈判的基本内容、谈判的日程安排及谈判方式,为后面的实质性谈判铺平了道路。

d. 通过开局的接触,可以直接了解到对方的谈判思路、谈判目标,同时也让对方了解到我方的基本观点,有利于双方调整下一阶段的谈判目标。

2. 开局谈判的目标

开局谈判目标,是一种与谈判终极目标既紧密相连又相互区别的谈判的初级目标。谈判开局,双方一经接触,谈判气氛的好坏就会事关整个谈判的顺逆成败。因此,在谈判开始时,就应根据谈判终极目标的需要,认真考虑营造比较适宜的谈判气氛。采取什么样的开局目标,应根据情况灵活处置:

(1) 均势型

谈判双方的经济实力和谈判能力大体相当,又都有达成协议的主观愿望。在开局谈判中,各方应该态度认真坦诚,表现出求同存异的意向或承诺。此时谈判者应把创造和谐的谈判氛围作为开局谈判的目标。

(2) 有利型

我方的谈判实力明显强于对方,而作为处于弱势的对方的态度又弱而不卑。此时应把创造平等坦诚、互谅互让的气氛当作自己的谈判目标,既要表现得礼貌友好,又要充分显示我方自信的气势。

(3) 不利型

双方的谈判实力和谈判能力较为悬殊,且对方又企图先发制人、以强凌弱。在这种情况下,我方应把先追求平等对话,后创造友好气氛作为自己的开局谈判目标。一方面要表示友好,积极合作;另一方面要充满自信、举止沉稳、谈吐大方,使对方不能轻视自己。

　　总之,在谈判开局目标的设计上,实际情况是基础,谈判目的是根本,目标设计是手段,手段的运用要从实际情况出发并服从于谈判的目的。

　　3. 开局谈判的策略

　　开局谈判的目标已经确定,接下来要做的就是运用适当的策略来完美地完成目标。

　　(1)创造良好的谈判气氛

　　当谈判双方进入谈判现场的一瞬间,一种无形的、只能通过感官感觉的东西即谈判气氛便悄然形成,这种感觉将持续地影响谈判人员的心理与行为。建立良好的谈判气氛的基础是双方谈判人员表现出来的诚意和热情。这首先要求谈判人员在谈判前必须认识到谈判的重要性,认识到谈判过程中合作的关键作用。

　　a. 在谈判中,营造和谐的谈判气氛,需要对对方的每一位谈判人员以礼相待,给予他们微笑和问候。

　　b. 选择合适的话题。一般选择令对方感到轻松的中性话题,而不是直接进入谈判主题。如在主场谈判中可以询问关心对方的旅途经历,比较熟悉的谈判人员间可以愉快地回忆以前的合作经历。

　　c. 在谈判之初的交流过程中,最好是双方成员间的分别交流,尽量让每一个人都有谈话的机会。

　　谈判气氛的形成是一个短暂却充满学问的过程。建立谈判气氛时,要求谈判人员结合具体情况,充分发挥主观能动性,通过自己的言谈举止,对谈判气氛施加适当的影响。

　　(2)合适的开场陈述模式

　　开局是双方接触、摸底的阶段,对于谈判人员,除了要努力营造良好的谈判气氛,还有一项重要的任务,就是通过对我方情况的介绍将一些有价值且对我方有利的信息传递给对方,显示自己的实力,同时从对方处获取有价值信息。这一任务是借助开场陈述完成的。在谈判中常见的开场模式有:

　　a. 协商式开场。心理学的大量研究表明,人们通常会对那些与自己思想一致的人产生好感,并愿意将自己的想法按那些人的观点进行调整。协商式的开场陈述,就是以协商的方式,使对方对自己产生好感,创造和建立起对谈判一致的感觉。请看下面的开局:

　　主方:"我们彼此先介绍一下各自的商品系列情况,你觉得怎么样?"

　　客方:"可以,要是时间允许的话,咱们看能不能做笔交易?"

　　主方:"很好,咱们谈一个半小时如何"?

　　客方:"估计介绍产品半个小时就够了,用一个小时谈生意差不多,行。"

　　主方:"那么,是我先谈,还是贵方先谈好?"

　　这样,谈判双方在谈判目的、方式和速度上达成一致意见后,又巧妙地表达了各自的开局目标。

　　b. 保留式开场。保留式开局是指在谈判开局时,对谈判对手提出的关键性问题不作彻底、确切的回答，而是给对手造成神秘感，以吸引对手步入谈判。例如："我方的最后谈判期限要看谈判进展而定"、"我们看情况尽量去做"等。

c. 坦诚开场。这种开场以开诚布公的方式向对方陈述自己的观点和想法，从而为己方的谈判打开局面，请看下面的案例：

北京市一乡党委书记在与外商谈判时，发现对方总是对自己的身份表示怀疑或持有强烈的警戒心，这种状态甚至妨碍了谈判的深入发展，这位党委书记当机立断，向对方表示道："我是党委书记，但也懂经济、搞经济，并且还拥有决策权。我们摊子小，实力不大，但人实在，愿意与贵方真诚地合作。咱们谈得成也好，谈不成也罢，至少您这个外来的'洋'先生可以交我这样的中国'土'朋友。"这番话立刻消除了对方的戒心，顺利地打开了谈判的局面。

d. 进攻式开场。通过语言或行为来表达自己强硬的姿态，从而获得谈判对手必要的尊重，并借以制造心理优势，使谈判顺利地进行下去。但值得注意的是，这种开场一定要慎重使用。例如：

内地一家工厂与一位港商洽谈购买原料之事，港商利用这家工厂只能用他的原料的优势，在谈判中非常傲慢。在这种情况下，该厂的厂长一反常态，先是退避三舍，然后拍案而起，指责对方道："你们如果没有诚意可以走了。我们的库存还够维持一个时期的正常生产，而现在我们已经做好了转产准备。先生们，请吧！"

这种冲击式的表达方式，一时竟使对方手足无措。由于利益所在，对方窘态消失之后，终于坐下来与这家工厂开始了真诚的谈判。这家工厂也借气氛缓和之机，坦诚地表达了自己原定的开局目标。

4. 开局谈判的沟通技巧

为了创造和谐、坦诚、热烈、严谨的谈判气氛，谈判者还须注意把握以下方面：

（1）仪表举止得体

谈判中的仪表举止能勾勒出谈判者立体的动态形象。在谈判开始直至谈判结束，谈判者应该保持神态自然、大方，举止彬彬有礼。初次见面，要有适度的保持距离的矜持，说话谦虚得体，争取给对方留下良好的印象。同时也会在对方心理上形成你是认真、严肃、负责的感受，从而引起对方的重视。这样，讲究的仪表和得体的举止就成为了谈判的润滑剂，为下一步的深入谈判铺平了道路。

（2）寒暄恰当好处

谈判开局初期通常被称为"破冰"时期。陌生的谈判双方走到一起，很容易出现停顿和冷场。谈判一开始，不适合直接进入谈判主题，否则更容易增加"冰层"的厚度。相反，有经验的谈判人员会在谈判正式开始前，留出一定的时间就一些非业务性的、轻松的话题，如气候、体育、艺术、新闻趣事等进行交流，从而缩短双方的心理距离，找到语言上的共同点。但开始的非业务性寒暄要把握适度，时间不宜过长，一般来说，"破冰"时期控制在总时间的 5％以内。

（3）语言讲究

这里的语言包括有声语言和表情语言：

a. 有声语言。语言表达要避免心情紧张、张口结舌的现象。做到语言干净利落，语调抑扬顿挫、语态刚柔缓急有度，给人一种蓬勃向上、信心十足、轻松愉快的感觉。

b. 表情语言。表情语言是无声信息的，是内心情感的表露，这里主要指的是形象、表情、眼神等。谈判者应该时刻注意自己的表情，通过表情尤其是眼神向对方表示出友好、合作的愿望。

（4）注意察言观色

开局阶段不仅要为接下来的谈判创造良好的气氛，还应通过对对方的观察，了解对方的性格、态度、意向、风格、经验等信息。例如，一位谈判者在谈判开局从容自若，侃侃而谈，设法调动我方的谈判兴趣，消除我方疑虑，我们就可以判断这是一位行家里手。另外，了解到对方的目的，就可以制定出相应的策略，为进一步谈判创造有利条件。

二、商务谈判的价格技巧

价格谈判是谈判双方争论的焦点，也是商务谈判进入实质性阶段的重要标志。下面将讨论这一阶段谈判双方的立场及策略。

1. 商务谈判的报价策略

在商务谈判中，双方的报价是整个谈判过程的核心和最重要环节，因为只有在报价的基础上双方才能进行谈判交易，它会对讨价还价甚至是整个谈判结果产生实质性影响。要明确的是这里的"价"，不仅是价格，而且是有关整个交易的各项条件。

（1）是否先报价

a. 先报价的优势。先报价的好处是能先行影响、制约对方，把谈判限定在一定的框架内，寻求在此基础上最终达成协议。例如：你报价 10 000 元，那么，对手很难奢望还价至 1 000 元。

例如：南方一些地区的服装商贩，就大多采用先报价的方法，而且他们报出的价格，一般要超出顾客拟付价格的一倍乃至几倍。其实 1 件衬衣如果卖到 60 元的话，商贩就心满意足了，而他们却报价 160 元。考虑到很少有人会还价到 60 元，所以，一天中只需要有一个人愿意在 160 元的基础上讨价还价，商贩就能盈利赚钱。

b. 先报价的弊端。先报价既给自己限定了理想目标的价格，又给对方提供我方的信息，对手可以调整他们的原有目标，甚至会让对方获得意想不到的利益。

美国著名发明家爱迪生在某公司当电气技师时，他的一项发明获得了专利。公司经理向他表示愿意购买这项专利权，并问他要多少钱。当时，爱迪生想：只要能卖到 5 000 美元就很不错了，但他没有说出来，只是对经理说："您一定知道我的这项发明专利权对公司的价值了，所以，价钱还是请您自己说一说吧！"经理报价道："40 万元，怎么样？"还能怎么样呢？谈判当然是没费周折就顺利结束了。爱迪生因此而获得了意想不到的巨款,为日后的发明创造提供了资金。

先报价袒露了自己的理想目标,若价格解释不合理,便给对方提供了突破口。对手因此可以在不泄露他们的目标价格的前提下集中力量攻击我方报价。

依照惯例,发起谈判者应该先报价,投标者与招标者之间应由投标者先报,卖方与买方之间应由卖方先报。

(2) 报价的原则

a. 报价对我方要有利。如果报价方是卖方,报价应该必须是最高的;如果报价方是买方,则报价应该是最低的。

b. 报价要合理。报价不合理,是指报价过高或过低。这样一方面会让谈判对方觉得与自己的目标价格相差过多而提前终止谈判;另一方面谈判对手认为你的价格虚头过大,来个"漫天杀价"。无论怎么样,你都很难从不合理的报价中获利。

c. 坚定、明确、完整,不加解释和说明。报价要坚定而果断,不管你的价格虚头有多大,吞吞吐吐,会给对方留下不诚实、没底气的印象。同时不需要解释价格高的原因,这样不会让对方找出破绽和突破口。

d. 采用报价技巧。先报价与后报价属于谋略方面的问题,而一些特殊的报价方法,则涉及语言表达技巧方面的问题。

(3) 报价的方法

同样是报价,运用不同的表达方式,其效果也是不一样的。

a. 除法报价法。某省保险公司为动员液化石油气用户参加保险,宣传说:参加液化气保险,每天只交保险费1元,若遇到事故,则可得到高达10 000元的保险赔偿金。

这种说法,用的是"除法报价"的方法。它是一种价格分解术,以商品的数量或使用时间等概念为除数,以商品价格为被除数,得出一种数字很小的价格,使买主对本来不低的价格产生一种便宜、低廉的感觉。如果说每年交保险费365元的话,效果就差得多了。因为人们觉得365元是个不小的数字。而用"除法报价法"说成每天交1元,人们听起来在心理上就容易接受了。

b. 加法报价法。有时把价格分解成若干层次渐进提出,使若干次的报价,最后加起来仍等于当初想一次性报出的高价,这样可避免因报价过高,"吓跑"顾客。采用"加法报价法",卖方所出售的商品一般具有系列组合性和配套性。买方一旦买了组件一,就无法割舍组件二和组件三了。针对这一情况,作为买方,在谈判前就要考虑商品的系列化特点,谈判中及时发现卖方"加法报价"的企图,挫败这种"诱招"。

c. 范围限定法。一个优秀的推销员,见到顾客时很少直接逼问:"你想出什么价?"相反,他会不动声色地说:"我知道您是个行家,经验丰富,根本不会出200元的价钱,但你也不可能以150元的价钱买到。"这些话似乎是顺口说来,实际上却是报价,片言只语就把价格限制在 150～200 元的范围之内。这种报价方法,既报高限,又报低限,"抓两头,议中间",传达出这样的信息:讨价还价是允许的,但必须在某个范围之内。比如上面这个例子,无形中就将讨价还价的范围规定在 150～200 元之间了。

在报价时,不直接报出商品的价格,而是给出范围限制,这样在接下来的讨价还价中,实际上,报价方做出了对自己有利的铺垫。

d. 激将法。谈判双方有时出于各自的打算,都不先报价,这时,就有必要采取"激将法"让对方先报价。激将的办法有很多,这里可以故意说错话,以此来套出对方的消息情报。假如双方都不愿意先报价,这时,你不妨突然说一句:"噢! 我知道,你一定是想出 30 元!"对方此时可能会争辩:"你凭什么这样说? 我只愿付 20 元。"他这么辩解,实际上就先报了价,你尽可以在此基础上讨价还价了。

2. 商务谈判的讨价策略

商务磋商阶段也是讨价和还价阶段,这也是谈判的关键所在。在这一阶段要注意以下问题:

(1) 正确对待对方的报价

对方报价时你应该做的是认真地聆听,并且做好完整清晰的记录。当对方报价结束,不要急于还价,而是要求对方将其价格的构成、报价的依据等作出解释。我方可据此了解对方,并寻找突破口。下面的几个方面,读者可以参考:

a. 倾听并重复报价内容,切忌不认真倾听;

b. 不能毫不犹豫地接纳对手的第一次报价;

c. 对手报价极不合理,都不该予以完全否决,要尽量做到"求同存异";

d. 向对方表示哪些是可以讨论的,哪些是无法接纳的,以及你认为合理的条件是什么。

(2) 讨价的策略

讨价还价是谈判过程中最复杂、最具体的阶段,同时它也是商务谈判中最关键,也最能体现谈判者谈判水平的阶段。讨价是一方报价后,另一方认为其报价离自己的期望目标太远,要求报价方重新报价或改善报价的行为。在谈判中讨价又可称为"再询盘",通俗地说就是在报价方报价后,另一方提出报价不合理的理由,要求再报价的过程。

a. 讨价应持的态度。通常报价时,卖方会报高价,买方也会报低价。在讨价前我们首先应该理解这是谈判的正常心理和合理策略,所以对对方的报价应保持平和、尊重的态度。在对方报价时认真地倾听,这既是向对方表示尊重,也是通过鼓励对方发言,获取更多信息,以寻求突破口,为讨价做准备。

另外,还可以在倾听的同时,根据对方的发言提问,以获取更多信息,如:"如果我方购买成套产品 100 套,会有怎样的优惠?""假如我方降价,贵公司会一次性购买多少件?"这都是典型的投石问路的方法。

b. 讨价可选择的方法。讨价是针对对方不合理的报价提出来的要求对方重新报价或改善报价。它采取的方式一般有：① 挑剔对方的产品质量、性能、成本、价格组成、运输方式、交货情况(时间、地点、结算方式)等；② 与其他商品作比较，即通过货比三家，提出对方的不合理之处；③ 以交易数量、交易决心、双方关系为底牌，说服调价。从讨价的范围又可把讨价的方式分为总体讨价和部分讨价。总体讨价要求报价方从总体上调价。部分讨价指先对报价方的部分报价表示满意，然后有针对性地指出不合理的报价部分，要求对方做出调价。在商务谈判中，一般可考虑两者交替的多次讨价策略。

3. 商务谈判的还价策略

在清楚地了解了对方的报价的全部内容后，进一步要做的就是将双方的报价的实质、态势、意图和诚意等掌握清楚，从中寻找破绽，从而动摇对方的报价基础，为还价争取主动。

(1) 还价的含义

还价是针对讨价，报价方(发盘人)再次报价并对讨价方(受盘人)提出接受的请求的过程，又可称为"还盘"。其目的是要求对方接受自己的交易条件。总的来说，还价尤其是第一次还价一定要慎重，不能盲目还价。因为还价过少，可能没有起到还价的最优目标，自己吃亏；但如果还价过多，又会让对方觉得你没有谈判诚意，过早终止谈判。

(2) 还价的方式

常见的还价方式有：

a. 按比价还价。是指搜集相同或基本相同的同类商品的价格，以此价格参照比较，给予还价。这样既便于操作，又容易为报价方接受。

b. 按分析的成本还价。指通过分析商品的成本构成，并考虑一定的利润，形成商品的价格，为还价提供依据。这样的还价一般很有说服力。例如：

与某公司价格谈判时，卖方逼着买方还价。当时卖方报价从 1.2 亿法郎降到 9 800 万法郎。买方认为总还价时机不对，但又无法打破僵局，只好还价：对设备、备件、材料、专有技术费、资料费、技术指导费分别给予还价，但没有合总数。实际计算结果第一次还的总价为 4 850 万元法郎。结果卖方并没有走，而是留下来认真谈判。

实际上这是以上两种性质的还价方式的具体做法之一——逐项还价，具体的做法有：① 逐项还价法：如案例中的做法，即对主要设备逐一还价，对技术费、培训费、技术指导费、工程设计费、资料费等分项还价。② 分组还价法：根据价格分析时划出的价格差距的档次分别还价。③ 总体还价法：把货物与软件分别集中还两个不同的价，或仅还一个总价。

还价的具体方法，应结合实际情况，总的指导思想是在谈判不破裂的前提下，如果是买方，尽可能地压价；而假如是卖方，则尽可能地提价。

三、商务谈判的让步技巧

让步是谈判一方向对方的妥协。在任何一场谈判中，双方都需做出让步，甚至可以说,让步是谈判双方为达成协议必须承担的义务。谈判的艺术在于能以小的让步换取对方较大的让步。

1. 商务谈判的让步方式

在谈判中要时刻明了双方的利益差距,通过合理的让步去打破僵局。从公关角度来看,谈判以协作为重,必要的让步不但不会损害自身的利益,反而由于使对方感到诚意,从而也能获得更大的好处,使双方的关系进一步融洽起来。让步的方式有以下几种:

(1) 根据让步的态度划分

a. 积极让步。这是指谈判一方主动以一定的让步来换取对方的更大或基本利益方面的让步。这是在谈判的一方具有谈判实力和优势的情况下,搜集了较充分的资料,掌握了较准确的数据,并经事先安排,制定合理科学的让步计划和幅度的一种让步。

b. 消极让步。这是指以单纯的自我牺牲退让部分利益,以求打破谈判僵局,达成交易的让步。这种让步,一般是在一方处于谈判劣势时,不得不做出的让步。

(2) 根据让步的次数及幅度划分

a. 一次性让步方式。这种方式在具体操作方面也分为两种形式:有的是在谈判开始就将自己的让步和盘托出;也有的是谈判一直坚定拒绝让步,但在谈判后期做一次性让步。

b. 等额让步方式。也称为均衡让步,即在谈判中每次让步的幅度相同,让步次数较多。

c. 递增让步方式。即每次的让步幅度递增,这种让步方式在谈判中比较忌讳。因为这种越让越多的方式,会让对方的期望值随着你的让步越来越大。

d. 递减让步方式。让步幅度越来越小的让步模式在谈判是最理想的方式。每次让步向对方表明谈判诚意的同时,又告诉对方,我方确有困难,很难再让步下去。

2. 商务谈判的让步原则

让步实际上是一种侦察手段,是一步步弄清楚对方的期望到底是什么的过程。让步的方式灵活多样,但一般来说要遵循如下的一些原则:

(1) 有益原则

让步意味着妥协和某种利益的牺牲,所以不要做无谓的让步。即要求每一次让步都换回对方的让步或优惠。

(2) 适度原则

让步的次数不宜过多,让步的幅度也不宜过大,否则会激发对方过高的期望值。让步要让在刀刃上,让得恰到好处,争取以较小的让步给对方较大的满足。

(3) 先后原则

在准备让步时尽量让对方先提条件,在我方认为重要的问题上力求使对方先让步,而在较为次要的问题上,我方可以考虑先做让步,以期以小博大。

（4）慎重原则

在做出让步前一定要慎重考虑，三思而行。如果做出的让步欠周，要及早撤销，不要碍于情面，应以大局为重。

（5）忍耐原则

在谈判中既要能承受住对方的赞美吹捧，又要学会忍耐恶语相讥甚至是人身攻击，只有做到"宠辱不惊"，才能真正地做好谈判工作。

3. 商务谈判的让步技巧

让步是为了获得谈判的成功而进行的一种有分寸的行为。有经验的谈判人员为了争取主动、保留余地，一般在让步的过程中非常慎重，一般采用以下技巧：

（1）让步之前要精心准备

谈判者怎样才能不至于在不知不觉之间做出大幅度的让步呢？不打无准备之仗，事前必须做好周密的准备，必须掌握足以支持和证明你的主张的证据，以便有足够的力量对对方进行反击式的讨价还价，而使对方有所收敛。

（2）让步要分轻重缓急

一个谈判者应有的心态应是冷静、平和、现实，但千万不要让对方认为你是一个固执的不讲情理的人；要恰到好处地做一点让步，让对方尝到一点甜头。但在原则问题、重大问题，或者对方迫切需要的事情上不轻易让步。

（3）严格控制让步的次数和幅度

一般，有经验的商务人员会在开价时给自己留有一定的谈判空间。一般来说，让步的次数不宜过多，不急于让步，让对手做第一次让步。记住：在重要问题上先让步的人，一般说来都会失败。一般来说一次只做少许让步，让对方时刻能感受到我方谈判的诚意。

（4）让步应该有明确的目标

当你在迫不得已的被动情况下做出某种让步时，应该做的第一件事情是向对方详细说明自己之所以做出这样的决定的原因。让步的根本目的是保证和维护自身的利益，让步的目的是为了巩固和保持自己在谈判全局中的有利局面和既得利益等。

（5）把握交换让步的尺度

做出让步的同时，应尽量提出某种交换条件，即每次让步都要求对方回报。让步的本身比让步的程度更为重要，注意让步的形式、程度、时间和场合。每一次让步都应该让对方感觉到是艰难的，千万不要让对手轻而易举地得到自己的让步。

第三节　商务谈判的僵局及成交策略

在坚持自己提出的交易条件时，由于双方的期望相差太大，并且双方都不愿意再做出让步的情况下,谈判会陷入僵局。僵局的出现,在谈判中是一种正常现象。僵局不等于谈判破裂,但如果处理不好,很容易造成谈判失败。

一、商务谈判中的僵局

在商务谈判过程中,由于谈判对手没有就谈判的问题作出决定,因而有时候僵局就发生了。如果是这样的情况发生,就要尽可能地了解僵局产生的原因,以便能够对此采取相应的措施。

1. 商务谈判中出现僵局的原因

僵局在谈判中出现,将会严重地影响谈判的进程。在解决僵局问题之前,我们必须首先分析僵局出现的原因,在谈判中,产生僵局的原因主要有以下几种:

a. 谈判的一方给谈判施加过大压力。这种情况一般会在谈判双方实力悬殊时出现。

b. 观点的冲突。在讨价还价时,双方因意见分歧引起争执和冲突,而争执和冲突的激化经常会带来谈判的僵局。

c. 谈判人员的语言使用不当。有时谈判僵局的出现与双方的原则利益没有直接的关系,而仅仅因为谈判人员用语不当,伤害了对方谈判人员的感情,最终造成谈判过程中的坚持与拒绝让步,使谈判陷入僵局。

d. 来自政治上的压力,也会使谈判陷入僵局。这样的情况一般很少出现,有时出现于国际商务谈判中。

2. 僵局的处理策略

在谈判中,双方都应避免僵局的出现,在僵局已经出现的情况下,双方应该积极采取措施来打破僵局,使双方重新回到谈判桌上来。僵局的处理建立在问题的原因分析基础上,根据情况,可采取以下应对措施:

a. 从思想上,打破传统观念,正视谈判中的僵局。僵局的出现,不等于谈判的失败,积极地处理僵局,不等于事事迁就对方。在僵局出现时切忌失去信心与耐心,要树立僵局的出现是正常的,并且由对方和你一起面对的观念。

b. 避重就轻。通过转移视线,在问题出现时,可暂时避开这一敏感问题,对其他问题进行协商谈判。

c. 分析造成僵局的原因并量度彼此差异的距离,突显双方已达成的成果,强调僵局将造成的严重后果。将僵局的议题切割成两个或多个小议题来讨论,缩小双方之间的差距。

d. 倘若在谈判的过程中遇到了难以解决的问题,可以不定期地休会,同时召集己方人员集思广益,共商对策。要先计划好如何防备对方的问题。例如:把所有的问题引向领导身上,而让其他人有较多的考虑时间,也是最好的方法之一。

　　e. 利用调解人,请第三者介入。第三者须是双方都能接受的中间人,并且拥有较高的威望。如果出现激烈的争论,可以暂停谈判但保持非正式的接触。

　　f. 调整谈判人员。如换掉某位谈判者,派出一个活跃者,所谓活跃者是指一个对于所有事情虽然了解得不多,却是擅长于唇枪舌剑的人。

二、商务谈判的成交策略

　　经过了前面谈判的准备、谈判的开局以及谈判的正面交锋,谈判即将出现结果。所谓谈判结果,就是谈判双方通过磋商最后形成的有关交易条件的一致意见。谈判结果无非包括谈判破裂与谈判成功。无论是成交还是未成交,谈判工作都仍在继续,谈判人员应当做好最后的努力。

　　当谈判进行得较为顺利,我们首先要进行分析,判断谈判是否已经进入了成交阶段,并尽力为最后的谈判划下圆满句号。在成交阶段,谈判工作的任务包括:尽快达成交易,巩固谈判过程中的谈判成果以及尽量争取最后的利益。

　　1. 谈判进入成交阶段的判定

　　成交阶段的判定,除了事先的约定,如谈判已经接近谈判前限定的谈判时间,主要是从对方的表现来判定的,谈判人员可以从对方的语言、动作、表情等判断成交阶段的到来。下面是几种常见的谈判结束信号。

　　a. 谈论问题的转化。对方如果由一般问题的讨论延伸到细节问题的探讨,如开始打听交货的时间或产品的使用、保养问题等,此时可以判断对方已经接受了主要的谈判条件。我方可以抓住时机,做好结束谈判的准备。

　　b. 对方从静静听讲,转为认真观看产品甚至动手操作产品,并多次翻看说明书。

　　c. 对方成员的面部表情由紧张转为松弛,眼睛由慢向快转动,眼睛发光,这也是你要求成交的好时机,可以将谈判的话题向成交上引,至少可以加速成交进程。

　　抓住一切显示成交的机会,特别是对方讲话时发出的信号,也许他是无意的。谈判的"收尾"在很大程度上是一种掌握"火候"的艺术,具体的把握,还要靠谈判者在实践中不断总结提高。

　　2. 商务谈判的结束策略

　　当谈判双方的期望已经相当接近时,就都会产生结束谈判的愿望。在这阶段的主要目标一般为:力求尽快达成协议;尽量保证已经取得的利益不丧失;力争最后的利益。一般来说在谈判的最后阶段可以采用如下的策略:

　　(1) 场外交易

　　当谈判双方在绝大多数的议题上已经达成共识,只在某一个问题上存在分歧而相持不下时,可以考虑采用场外交易,即谈判双方在谈判桌以外的场合如酒宴上,对谈判中的某些问题取得谅解和共识的策略。因为谈判桌旁的气氛紧张、激烈且对立,而场外交易可以很好地淡化这种气氛,相对来说,也就更容易解决问题,双方自然能很快达成交易。

（2）晓以利害

通过向对方说明尽快达成协议的利益和推迟交易可能造成的损失,使对方在权衡利弊后作出决定。例如,作为卖方可以向买方声明,产品马上就要进入旺销季节,价格将会有大幅度提高,如不及时达成协议,将错失良机。

（3）正面督促

正面督促即用明确的语言正面促使对方尽快签订书面合同。当我方已经确认对谈判的条款已经谈妥,并感到满意时,就可以正面督促对方尽快签约。

（4）探明缘由

当所有的商谈内容已经磋商完毕,成交阶段显然已经到来,可对方却迟迟不愿签约,我方可以询问对方不愿签约的理由。对方的解释,可以为成交的最后工作指明方向,以便尽快解决问题,结束谈判。

（5）最后的让步

当谈判最后,需要通过让步才能达成协议的时候,我方则需要做出最后的让步。为了让对方明白这是我方最后的让步,又能让对方接受,在让步过程中需要注意以下两个问题:

a. 让步的时间。让步的时间不宜过早,因为对方可能认为这是讨价还价的结果,而没有意识到这是我方做的终局性让步。最后的让步一定要安排在谈判的成交阶段,并要向对方表明,这是我方能做出的最后的让步。

b. 让步的幅度。最后让步的幅度也很有讲究。最后的让步幅度要适当,达到刚好能够满足对方的最低需求;让步幅度不宜过大,过大会让对方的期望值增大,不相信这是最后的让步。对于最后的让步,我方必须无条件地坚持。

（6）付诸行动

我方可以根据协商的内容,单方面起草合同文本,给对方审核,如果对方没有提出反对意见,实际上谈判即可结束;即使对方提出异议,也显示谈判进入成交阶段,因为双方此时只要针对对方的意见进行磋商。这种单方面付诸行动的做法,在正式的谈判中较为常见。

（7）接受的技巧

如果对方已经发出谈判结束的信号,甚至已经做出了最后的让步。我方根据自身情况,如果能接受,应尽快给出答复。另外,可以乘机争取一些非原则问题上的利益,从而争取最后的收获。接受最好用书面形式表示,即使有口头表达在先,也应该在随后向对方送上书面表示接受的文件。

【问题讨论】

1. 什么是商务谈判？请简述其一般的原则。
2. 商务谈判的开局阶段为什么很重要？在开局的时候可以采用哪些技巧？
3. 商务谈判的过程中该如何进行让步？
4. 在商务谈判过程中如果出现了僵局该怎么办？
5. 从哪些方面可以判断商务谈判已经接近尾声？

【沟通案例】

你正在和搭档们与对方进行一场关于购买设备的谈判，谈判看起来该结束了，因为大多谈判条款已经敲定，可是对方却迟迟不肯签约，而此时我方已经不可能再做出让步，请问我方应该退出谈判吗？有没有其他的策略？

【沟通游戏】

游戏名称：保持默契

同化就是你在谈话的过程中自觉不自觉地复制对方的动作等，而异化就是保证与对方完全不同。在日常的沟通中，如果能不时地改变自己的沟通风格会使你觉得如沐春风，更好地拉进彼此之间的关系。

游戏目标：

（1）培养促进融合和讲话的技巧；

（2）化解矛盾，用于商务谈判或客户服务当中；

（3）锻炼沟通的技巧应用。

游戏规则：

（1）将每两个相邻的人分成一组，将屋子里的人分成两大组，这个分组没有必要说出来，只要主持人心中有数就行了。

（2）每个小组左边的人是 A，右边的是 B，给 B 发相应的材料，比如说第一个大组发第一份材料，第二大组发第二份材料。发放的材料会给出两份不同的指令。第一份材料要求 B 映射 A 的行为，第二份材料要求 B 反着 A 的非语言行为，作出相应的反应，也就是要对 A 的行为立异。

（3）在 B 看他们的材料的同时，让 A 写下他们最讨厌做的事情，或者他们最讨厌的人（比如多管闲事的人，喜欢背后说人坏话的人等）。

（4）现在让 A 对 B 进行一个 3 分钟的陈述，其间所有的 B 都只能点头，并不时地回答："嗯，我了解。"但是大组之间的 B 的身体语言是不同的，第一大组的 B 要同化 A 的行为，而第二大组的 B 要异化 A 的行为。

（5）在3分钟以后，让A对B说："能对你发点牢骚，我很高兴，谢谢！"

游戏讨论：

（1）哪个大组的A更觉得他的搭档与他配合得更为默契？

（2）映射是可以人为控制的吗？对不同的人说话是不是应该有不同的语气？

活动总结：

（1）可能没多少人注意到我们每天都在自觉不自觉当中复制着我们喜欢人的行为，与自己不喜欢的人做着相反的行为，这正像夫妻在一起生活时间长了以后会长出夫妻相一样真实。

（2）对于那些经过训练的专业人士来说，即使面对的是他们不喜欢或观点不同的人，他们也仍然能够表现出同化行为，这是因为他们知道，人们往往倾向于喜欢那些能对他们产生同化行为的人。只有你表现出你的认同，别人才可能认同你。

（3）映射实际上是一种社会行为，我们应该学会在社交场合多运用这种技巧，这会有助于我们跟其他人之间的沟通。

发给左边的B的材料

当你的搭档向你描述他最讨厌的人或事时，一定不要用语言回答你同意或不同意。你可以点头表示你已经听到了他所讲的，或者说"嗯"，"我明白了"，最多只能到此。

你的主要工作是注意观察你的搭档的非语言表现，并映射其中比较普通的动作。这些动作可能是头向某一边倾斜或者是点头，身体向前倾斜或者向后靠，面部做一些表情或者有较多的目光接触，交叉手臂或者腿、脚腕或将手放在口袋里。

要点：

（1）不要立即映射你搭档的行为。在你映射他的非语言表现之前，留出半分钟左右的时间。

（2）不要完全复制你的搭档的行为，而是做相似的动作。例如，他交叉手臂，你就可以把手叠放在一起；如果他把手插进口袋，你就可以把手插进皮带中，或者反背在后面。

发给右边的B的材料

当你的搭档向你描述他最讨厌的人或事时，一定不要用语言回答你同意或不同意。你可以点头表示你已经听到了他所讲的，或者说"嗯"，"我明白了"，最多只能到此。

你的主要工作是注意观察你的搭档的非语言行为，并做相反的动作。例如，他倾斜着身体或点头，那么你就笔直地坐着，保持静止；如果他向前倾斜，你就向后仰；面部的表情和他保持一定的不同；如果他用很多眼神交流，那么你就少用眼神交流；他交叉手臂，你就不要交叉手臂等。

要点：

不要立即映射你搭档的行为。在你映射他的非语言表现之前，留出半分钟左右的时间。

第八章 求职沟通

　　七月流火，炙热的骄阳烘烤着大地。或许是这逼人的暑气阻挡了应聘者的脚步，这场人才招聘会不热，整个大厅里招聘摊位前门庭冷落。拿一些招聘主管的话来说，这个时候是求职者的淡季。有了"闲暇"，无所事事的主管们在翻动着为数不多的应聘材料；有的在自由漫谈；有的甚至在用当天的报纸来打发时间。

　　从经济学院保险专业毕业的晓丽同学转乘了两趟公交车，到达招聘会现场时，额头上已经渗出了细密的汗珠。这是招聘会的最后一天，她想在这炎热的夏日里为自己觅一份希望。果然，与以往密密匝匝、蜂拥而至的招聘现场比起来，当天大厅里显得"空旷"多了。

　　晓丽在一家家对口的单位摊前"信步"，最后锁定了一家实力雄厚的人寿保险公司。递过了应聘资料后，那位和她年龄相仿的年轻主管立刻产生了极大的兴趣："请问，这位同学，你为什么向我们公司投档？你觉得我们这项事业的发展前景如何？"到底是年轻人，主管的问话干净利落，一下子进入了主题。晓丽谈了国内几家保险公司的优劣势，接着又谈了人寿保险的市场情况和发展前景，以及学校现在设置相关课程的利弊，等等。主管对这位"师妹"在学业上和市场的独到见解心生佩服。

　　由于交谈的气氛一直很融洽，主管开玩笑地问道："其实，我们有专门的招聘网站，你大可不必冒着酷暑前来应聘呀？"晓丽笑了笑说："虽然贵公司考虑得很周全，但是，我个人认为这种面对面的交流更容易加深彼此的了解，而且被招录的几率会更大。作为做保险的，我想以后会面对各种各样的挑战。简单地说吧，我把这种特殊天气里的求职叫做'反季节推销'。"主管的内心被彻底折服了。这次，老总曾指示，要为本公司招聘到非常人才。抑制不住内心的激动，主管高兴地说："我们正好有一个开发区业务主管的位置，它好像是为你预备的。同学，我先收下你的材料，对你在求职中的上佳表现我将专门向老总汇报。如果一切顺利，我们有望成为同事。"……

　　炎炎夏日本是求职的淡季,然而晓丽却能在不利的环境下成功地将自己推销出去,取得求职的成功,除了得益于良好的素质外,主要归功于她良好的沟通能力。

　　很多人将求职视为一门艺术,甚至还有人称之为是一门科学。其实不然,求职本身只是应聘者和招聘者沟通的过程,只要掌握了沟通的技巧,想求得一份称心的工作并非难事。

　　本章主要围绕求职沟通,介绍了如何进行职业定位,如何书写简历和求职信,以及如何准备、参加面试。

　　在本章中,您将学习到以下内容:

➤ 正确认识你自己

➤ 确立恰当的职业目标

➤ 抓住求职机会,搜集就业信息

➤ 正确、有效地书写简历及求职信

➤ 面试沟通的技巧

第一节　求职从自己开始

　　据有关资料统计,有78%的人事业失败是由于选择职业错误而导致。而人们之所以会选错职业,最根本的原因是没有从自己出发。求职首先要从自己开始,只有这样我们才能找到适合自己的理想工作。

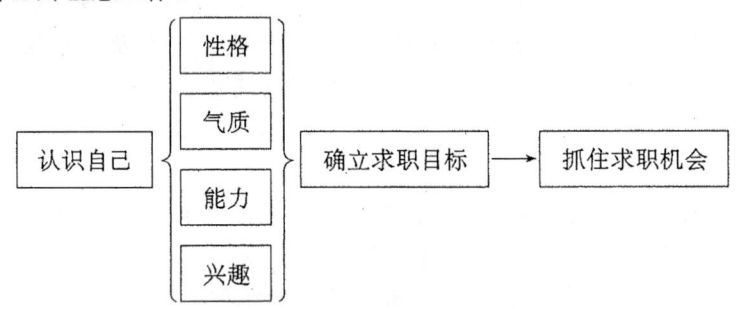

图 8-1　求职从自己开始

一、认清自己

　　要成功地推销商品,首先必须要清楚地了解商品的特点和性能。同样的道理,如果把求职看作是自我推销的过程,在求职前,应该对自己有个精确、客观的认识(如图 8-1 所示)。只有正确认识自己,才能结合自身特点进行职业定位,发挥个人优势。

　　职业心理学的研究表明:一个人在求职前,只有对自己的性格、气质、能力及兴趣都有了一个实事求是的认识和评价之后,才可能为自己谋求到一份称心的职业。由此可见,要全面认识自我,应该从性格、气质、能力及兴趣四个方面入手,同时还要借助一些科学的认知手段和测评方法。

小贴士

你了解自己吗?

"你了解你自己吗?"你也许会觉得这个问题很简单,或许你认为对自己完全了解。如果是这样,你不妨问问自己以下几个问题:

- 你了解自己的性格吗? 知道自己的性格与哪种职业匹配吗?
- 你知道自己是哪种气质类型的人吗? 你的这种气质擅长从事哪方面工作呢?
- 你的能力如何? 有什么特殊能力或技能优势?
- 你的兴趣爱好是什么? 如何将你的兴趣与工作更好地结合?

如果对以上问题你不能够准确地回答,显然你对自己还不够了解。事实上,要了解自己并不容易,"不识庐山真面目,只缘身在此山中"说的就是这个道理。很多人择业失败,就是由于其对职业选择的思索过于简单所导致。

---

1. 了解自身性格

人们在求职时必须考虑的一个重点就是自己性格和职业的适宜性。职业心理学的研究表明,性格影响着一个人对职业的适应性。一个人的性格不可能适应所有的职业,因为无论哪种职业都会对人的性格提出特定的要求。如果你从事的职业与你的性格相适应,你工作起来就会得心应手,心情舒畅,也容易在工作中取得成就;反之,如果你从事的职业与你的性格不适应,你就会觉得工作疲惫,难以胜任。所以根据自己的性格选择适宜的职业十分重要。

（1）什么是性格

性格是指人在现实的稳定的态度和习惯化的行为方式中所表现出来的心理特征。性格主要表现在两个方面:一是"做什么",即个体对现实的态度,追求什么,拒绝什么;二是"怎么做",指个体的行为特点,怎么追求既定的目标,即人的习惯化的行为方式。

性格是人类心理特征的核心部分,涉及了人的心理过程和个性特征的各个方面。人的性格不是天生的,是在环境作用下,通过实践慢慢形成的,但人的性格一旦形成就很难改变。

（2）性格与职业选择

我们在选择职业时,应尽力让自己的性格和工作特点相适宜,这样工作起来才能得心应手。但是性格与职业的匹配关系是相当复杂的,性格与职业之间并没有固定的搭配方式。表8-1列举了10种常规的性格与职业选择的关系,仅供参考。

表 8-1

性格与职业选择

序	性格类型	性 格 特 征	适应的职业
1	挑战型	这部分人在新的和意外的活动或工作情景中会感到愉快；喜欢工作内容经常变化；在有压力的情况下，工作更出色。	记者、推销员等
2	保守型	这部分人喜欢连续不断地从事同样的工作；喜欢按照机械的或别人安排的计划或进度办事；爱好重复的、有规则的、有标准的工种。	纺织工、装配工等
3	服从型	这部分人喜欢按照别人的指示办事，他们不愿自己独立作出决策，而喜欢让他人对自己的工作负起责任。	秘书、办公室职员、翻译人员等
4	自主型	这部分人喜欢计划自己的活动或指导别人的活动；在独立的或负有职责的工作情境中会感到愉快；喜欢对将来发生的事作出决定。	教师、医生、管理人员、律师等
5	协作型	这部分人在与人协作工作时感到愉快，善于使别人按照自己的意愿来办事，希望得到同事喜欢。	咨询人员、高级副手、社会福利工作者等
6	事实决策型	这部分人喜欢根据事实作出判断，喜欢根据充分的证据来下结论，喜欢使用调查、测验、统计数据来说明问题。	自然科学研究者，化验员等
7	浪漫型	这部分人喜欢能表达爱好和个性的工作环境，善于根据自己的情感做出选择，喜欢通过自己的工作来实现理想。	诗人、音乐家、画家等
8	经验决策型	这部分人喜欢根据经验和直觉来解决问题，善于当机立断，作出决策。	采购员，修理工、医生等
9	情感型	这部分人感情丰富，喜怒哀乐溢于言表，不喜欢单调的工作。	演员、广告设计人员等
10	严谨型	这部分人喜欢按一套严格的规划和步骤进行工作，注意细节的精确。	会计、统计员、打字员等。

❖❖❖ 小案例 ❖❖❖

勃兰特的发现

　　美国学者勃兰特把一些工科类学生的性格、学习成绩、智慧与他们毕业后的收入做了比较，证明性格和事业的成功确有直接关系。他得出的结论认为：事业成功和性格的关系是 0.72，和智慧的关系是 0.18，和学习成绩的关系是 0.32。他以性格和工作适合与否为标准把工科毕业生分为上、中、下三等，调查表明：上等毕业生的平均月收入为 3 000 美元，中等毕业生的平均月收入为 2 500 美元，下等毕业生的平均月收入为 2 070 美元。由此可见性格和工作相适应十分重要。

2. 了解自身气质

"你有什么气质？你的气质比较适合哪些工作？"在你选择职业的时候,不可避免地要面对这些问题。气质对于求职者选择职业十分重要。在求职择业时,如果能够了解自己的气质,便可以根据自己的气质特点选择职业,扬长避短;同时可以有意识地培养和发展气质的积极方面,抑制消极方面,使自己的事业顺利发展。因此,在择业前,你最好能了解自己的气质特点。

(1) 什么是气质

心理学上的气质是指人们内心活动的速度、强度、稳定性和灵活性等方面的心理特征。人的气质可具体表现在情绪产生的快慢、情绪体验的强弱、情绪状态的稳定性和持久性、情绪变化的幅度以及语言、动作的速度等方面。这与日常我们所说的气质不同,日常人们所说的气质往往是指一个人的行为举止、待人接物、谈吐礼仪、衣着打扮和文化修养,这与心理学上的气质是截然不同的两个概念。

气质并无好坏之分,任何一种气质都有其积极的一面和消极的一面。气质的类型并不能决定一个人社会价值和事业成就的高低,各种气质类型的人都可能取得杰出的成就。同时,气质虽然具有一定的稳定性,但并不意味着一个人的气质是一成不变的,气质在后天的社会生活和教育影响下是可以得到发展和改善的。

— 小贴士

气 质 的 由 来

早在公元前五世纪,古希腊医生希波克拉底就提出了气质液体的说法,他认为在人体内有四种液体,这四种液体的不同组合会影响人的身体健康。随后,罗马医生盖伦发展了希波克拉底的学说,首次提出了"气质"这一概念。他认为气质特点的表现是由于人体内四种液体中的某种液体在体内占优势所决定的。这四种气质是:胆汁质即黄胆汁占优势的气质,多血质即血液占优势的气质;黏液质即黏液占优势的气质,抑郁质即黑胆汁占优势的气质。虽然这种提法并不科学,但是人的气质差异确实存在,这些早期的成果也为后人对气质的研究提供了借鉴。

(2) 气质与职业选择

气质类型与职业特点有密切联系,不同的职业需要不同气质类型的人。心理学界一般把人的气质分为四种类型:胆汁质、多血质、黏液质和抑郁质。这四种气质类型的具体特征与职业选择如下所述:

a. 胆汁质。胆汁质的人属于兴奋型,他们情绪兴奋性高,抑制能力差,外倾性明显。

这类气质类型的积极方面是：性格外向，开朗热情，精力旺盛，顽强果敢，反应迅速；消极方面是：好冲动，易躁易怒，缺乏自制力和耐心。适合从事危险性和难度较大的工作，如：演员、飞行员等，不宜从事稳重、细致的工作。

　　b. 多血质。多血质的人属于活泼型，他们感情丰富，外部表露明显，具有可塑性和外倾性。这类气质类型的积极方面是：动作语言敏捷迅速，活泼好动，思维敏捷，善于交际，兴趣广泛，喜欢接受新事物；消极方面是：有些粗心浮躁，注意力易转移，情绪易发生变化，意志力薄弱，一遇到困难就容易灰心丧气。适合从事与人打交道、变化多样、需要反应灵敏的工作，如：记者、管理人员、公关人员、律师等，不宜从事平凡琐碎，需要耐力和持久力的工作。

　　c. 黏液质。黏液质的人属于安静型，他们不随意反应情绪，反应速度慢且稳定，内倾性明显。这类气质类型的积极方面是：情绪稳定且不外露，不易激动，处事冷静而踏实，忍让，自制力强；消极方面是：固执拘谨，因循守旧，不能很好地适应新环境。适合从事平凡琐碎，需要耐力和持久力的工作，如：医生、护士、会计、出纳、法官、图书馆管理员等，不宜从事需要随机应变的工作。

　　d. 抑郁质。抑郁质的人属于弱型，他们反应速度慢且刻板，内心体验深刻，内倾性明显。这类气质类型的积极方面是：对事物和人际关系观察细致、敏感；情绪体验深刻、不外露，忍耐性强；消极方面是：行动迟缓、不活泼，孤独，胆怯，心理负担大，学习工作容易疲倦。适合从事耐心细致、脚踏实地的工作，如：学者、雕刻家、刺绣工、档案管理员、化验员、排版员等，不宜从事当机立断、经常与人打交道的工作。

　　在现实生活中，只有少数人是这四种气质的典型代表，大多数人只是近乎某种气质而同时兼有一些其他气质的特征，属于两种或多种气质的混合型，如：多血—胆汁质；多血—黏液质等。

　　3. 了解自身能力

　　能力是个人职业选择的基础，也是取得职业成功的基本因素。每个人都有其自己独特的能力结构，且大多数人都只是在某个或某些方面具备一定的才能，如：有人擅长与人交际，有人擅长分析问题，有人擅长实际操作等。所以，在择业前应考虑自己的职业能力，选择能充分发挥自己能力优势的职业。

　　(1) 什么是能力

　　能力是指顺利完成某种活动所必须具备的一种心理特征，它是人完成某种活动必要的心理条件。人的能力是在实践活动中形成和发展起来的，并在实践活动中得以体现。职业能力是指人们从事某种职业必须具备的并在该职业活动中所表现的多种能力的综合，是择业的基本参照和就业的基本条件，也是胜任职位的基本要求。

　　人的能力差异主要表现在类型、水平和速度三个方面。类型差异指不同的人擅长的能力的类型不同，如有人善于思考分析，有人善于实干。水平差异指同一类型能力的不同人的能力水平不同。速度差异指不同的人掌握同一类型能力的速度不同,同一种能力有人可能掌握得快,有人则掌握得慢。

(2) 能力与职业选择

能力是做好某项工作的前提条件,一个人如果没有从事自己喜欢的职业,他可能在工作的时候感到不开心,或者少有成就感;但如果一个人没有从事某项职业的能力,那他根本无法胜任这项职业。因此无论是用人单位在招聘人员时,还是个人择业时,都应该考虑到能力与职业的吻合问题(如表 8-2 所示)。

表 8-2

职业能力与职业选择

能力类型	特　　　　征	相适宜的职业
语言表达能力	正确理解和使用语言的能力,具体表现在对字、词、句、段、篇的理解能力及口头表达能力等。	教师、营业员、服务员、护士、律师等
算术能力	迅速而准确的运算能力。	会计、出纳、统计、建筑师等
空间判断能力	理解立体和平面图形的能力,如看懂几何图形、识别物体在空间运动中的联系,解决几何问题的能力等。	牙科医生、内外科医生、裁缝、无线电修理工、木工等
形态知觉能力	对物体或图形的有关细节的知觉能力,如能识别图形的阴暗,线条的宽度长度的细微差异等。	生物学家、建筑师、画家、制图员、测量员、医生、药剂师等
事务能力	对文字或表格式材料的细节的知觉能力,如发现错字和错误符号或正确地校对数字的能力等。	金融、出纳、文秘、打字员、校对人员等
动作协调能力	迅速准确和协调地做出精确的动作以及运动反应能力。	驾驶员、飞行员、运动员、舞蹈家、雕刻家等
手指灵活度	手指迅速准确和谐地操作小物体的能力。	纺织工、打字员、裁缝、护士、雕刻家等
手的灵巧度	手(腕)灵巧而迅速地活动的能力。	运动员、舞蹈家、画家、兽医等

4. 了解你的兴趣

职业心理学的研究表明:一个人对工作感兴趣时,能发挥他全部才能的 80%～90%,并且能长时间保持高效率而不感到疲劳;如果对某种工作不感兴趣,他的才能就只能发挥 20%～30%,并且容易疲劳。由此可见,人的兴趣在职业活动中起着十分重要的作用。因为只有当一个人对自己所从事的职业发生浓厚的兴趣时,才会充分调动其内在的积极性和创造性,对工作孜孜不倦,取得事业的成功。所以择业时应该选择和自身兴趣相适应的职业,而不要勉强自己去担任兴趣不浓甚至毫无兴趣的工作。

（1）什么是兴趣

在心理学中兴趣是指个体积极探索某种事物，并带有积极情绪色彩的心理倾向，是对客观事物表现的选择性态度。兴趣既是引起和维持人注意的内部重要因素，也是动机的一种表现形式。人们常说"兴趣是最好的老师"，因为兴趣可以开发人的潜力、能力、智力，可以增强人的适应性，进而帮助人们取得成功。

（2）兴趣与职业选择

兴趣是人们获取事业成功的一个重要的推动力，它能将你的潜能最大限度地调动起来，使你长期专注于某一职业，并做出不断努力，最终取得令人瞩目的成绩。所以兴趣是人们择业时考虑的一个重要因素。根据霍兰德提出的职业的人格类型学说，每一种人格类型的职业兴趣都有与之相对应的职业类型，如表 8-3 所示。

表 8-3

职业兴趣与职业选择

序号	职业类型	特　　征	适　合　的　职　业
1	实际型	喜欢有规则的具体劳动和需要基本操作技能的工作。	技能性职业，如电工、机械工、制图员、摄影师、修理工等。
2	研究型	喜欢智力的、抽象的、分析的、独立的及定向的工作。	科学性职业，如自然科学研究人员，工程师等；技术性职业，如编程人员，教师等。
3	艺术型	喜欢富有想象和创意、具有艺术性质的工作和环境。	艺术方面的职业，如画家、雕刻家、摄影师等；音乐、演艺方面的职业，如歌手、演员、指挥家、乐器演奏家等；文学方面的职业，如作家、评论家、编辑等。
4	社会型	喜欢社会交往、关心社会问题、乐于教导和帮助他人，愿意参与社团工作。	教育性职业，如教师、教育行政人员等；社会福利性职业，如护士、社会工作者等。
5	企业型	喜欢从事领导及企业性质的职业。	管理性职业，如政府官员、企业领导等；销售性职业，如产品推销员、保险人员等。
6	传统型	喜欢有系统有条理的工作任务。	办公室方面的职业，如文秘、档案保管员、公务员等；财务方面的职业，如出纳、会计等。

在择业过程中，虽然兴趣具有强大的推动作用，但由于各种客观原因，人们往往不能凭借兴趣去找工作，以至于兴趣和职业常常不能匹配。因此，为了能在求职时有更为广泛的选择范围，人们应该培养自己多方面的职业兴趣。

总而言之，寻找一份称心如意的工作，不仅要灵活地运用各种求职技巧，最基本的是要认知你自己。一个面临求职择业的人，只有对自己的性格、气质、能力及兴趣等都有了一个实事求是的正确认识和评估之后，才可能从自己的实际出发，获得成功。

二、确立职业目标

美国学者戴维·坎贝尔曾经说过："目标之所以有用，仅仅是因为它能帮助我们从现在走向未来。"确立求职目标对于你取得事业成功至关重要。明确的职业目标，不仅可以为你指明求职的方向，而且会驱动你为取得职业成功而不断努力。

1. 确立职业目标的原则

确立职业目标是基于对自己正确清楚的认识和评价的基础之上，对自己未来的职业生涯的设想。大多数人最初制定的职业目标都是模糊、抽象甚至是错误的。为了使制定的职业目标更加有效、并切合实际，应该遵循以下几个原则：

（1）目标要分层次、分阶段

在人生的不同时期，人的性格、气质、能力、兴趣都会有所不同，与此同时，外界条件也在不断发生变化。一个多层次、分阶段的目标有助于人们适应不同时期的不同环境，更加切合实际。

（2）目标要明确、可行

目标必须明确，才能有效指导人们努力的方向。类似于"我要找一份轻松的工作"这样的目标太模糊了，根本没有指明具体的行动方向。如果改成"我想在外企从事文秘职业"就会明确许多。同时目标必须要切实可行，目标的制定归根到底是为了行动的展开，如果目标偏离实际，这样的目标只能算是空设的口号。

（3）目标要有明确的时间期限

对于不同层次、不同阶段的目标必须设立明确的完成期限，这样有利于督促目标的实现，否则很有可能会拖延行动的时间而使目标的实现变得遥遥无期。

（4）目标要定时评价

外界环境在不断的变化，求职者自身也在不断改变，这就要求求职者定时评估职业目标，判断以前制定的目标现在是否仍然可行，是否仍然切合实际，如果发现目标不再适应当前的情况，应及时地修正。

2. 确立目标的过程

具体确立目标的方法可分为以下几个步骤：

a. 通过科学的测评方法，正确认识你的性格、气质、能力和兴趣。

b. 对测评的结果进行分析，确定与自己的性格、气质、能力和兴趣相适应的大概职业范围。

c. 在此职业范围内，对各个职业分别进行研究，可通过征求业内人士意见、搜集有关职业信息等方法进行。

d. 设立具体的职业目标。

e. 将职业目标进一步分解,形成可以具体实施的行动步骤,并给每一个步骤的完成设立时间期限。

确立职业目标是一个不断努力的过程,很多人都需要相当一段时间的尝试和寻找,才能了解自己到底适合哪个领域、哪个层面的工作,但是只要坚持不懈地进行自我分析和职业目标的评估,就一定会取得成功。

三、抓住求职机会

在对自己有了正确的认识并且设立了明确的求职目标之后,接下来要做的就是抓住每一个求职机会。在现实生活中,我们发现有些人很容易就能找到一份不错的工作,而有些人虽然寻寻觅觅却找不到工作。这是为什么呢?除了求职者自身条件的差异外,一个很重要的原因在于求职信息的掌握。

掌握求职信息是求职择业的基础,如果你掌握的求职信息越多,职业的选择范围就越广泛,求职的成功几率也就越高;反之,如果你信息不灵,就会白白丧失许多求职的机会。因此,必须要学会通过各种渠道,广泛、全面、准确、及时地收集职业信息。

1. 信息收集的原则

当前的时代是信息时代,我们的周围充满了各种各样的信息,只要你留意就不难发现求职的机会。遵循以下原则,将有助于你更有效地收集求职信息。

(1) 及时、广泛原则

收集信息要早做准备、早行动,不要"临时抱佛脚"。要收集各个方面和不同层次的信息,以供分析、筛选,而不能把信息面限定得太窄。

(2) 真实、准确原则

获取的求职信息必须真实可信、准确无误。一方面,用人单位需要什么层次、什么专业的人才,在学历、性别、综合能力等方面有什么要求,都必须要确认;另一方面,要弄清楚所获取的信息是否过期,用人单位是否已经物色到了合适的人选。信息不准确会直接影响到个人的选择。

(3) 全面、具体原则

收集的求职信息要资料备齐、内容详尽。从需求人才的条件到单位的基本情况,录用意图、联系方式等各个方面,越全面、越具体越好。

(4) 适用原则

收集求职信息要注意它的价值性。随着人才市场的发展,求职信息日渐丰富,如果不注意求职信息的适用性和使用方便性,就可能在大量的信息中把握不住方向,从而捕捉不到满意的、有价值的信息。

小贴士

如何收集就业信息

收集就业信息应力求做到"早"、"广"、"实"、"准"。所谓"早",就是收集信息要及时,要早做准备,不能事到临头再去"抱佛脚"。所谓"广",就是信息面不能太窄,要广泛收集各个方面、不同层次的就业信息。有的同学只注意根据自己预先设定的目标收集有关地区、行业和单位的就业信息,使自己放弃或忽视了有关"后备"信息,在求职遇挫时感到无所适从,造成被动,这种情况是应予避免的。所谓"实",就是收集的信息要具体,用人单位的地点、环境、人员构成、生活待遇、发展前景、对新进人员的基本要求、联系电话等各方面信息掌握得越具体越好。所谓"准",就是要做到准确无误。一方面,用人单位需要的是什么层次、什么专业的人才?在生源、性别、相貌、外语水平等方面有什么特殊要求,都要搞准;另一方面用人信息也和商品信息一样,具有很强的时效性,你所了解的信息是不是过期的信息,人家是否已经物色到合适人选?这些情况都要搞清楚,绝不能似是而非。

2. 信息收集的渠道

如果将就业市场比作大海,将求职信息比作大海中的鱼,那么所有的求职者就都是"捕捞者"。同样是尽心尽力"捉鱼",结果往往大相径庭,有的人满载而归,有的人则两手空空。为什么呢? 原因就在于捕捞者采用什么方式"捉鱼",而捕捞的方式就是我们所说的求职信息收集的渠道。

(1) 各种媒体招聘广告

各种媒体招聘广告是人们获取求职信息最常用的渠道。电视、广播、报纸、杂志等媒体上都存在大量的招聘广告。这些媒体招聘广告信息比较容易获取,具有直接、迅速、时效性强、影响面广的特点。人们在没有其他更好的求职渠道的情况下,往往会在各种媒体上收集、分析职业信息。但由于这类求职信息大家都容易得到,所以真正求职成功的机会并不大。因此,可以借助这些招聘广告,但不要让它们成为唯一的工作机会来源。

(2) 人才市场

为供需双方提供服务的人才市场主要在城市中常见。人才市场的形式一般是:各用人单位"摆摊设点",介绍本单位的基本情况、单位的组织机构和形式、环境气氛、现在的工种和职务的空缺情况、用人单位的基本要求等。求职者可以直接进入市场物色"目标",并与招聘单位的招聘人员直接面谈。人才市场能够直接为你提供许多与用人单位进行接触和商谈的机会。实践证明,人才市场是一种寻找工作的好场所,许多难得的工作和职位都可能会在较短时间内获得。一般每年11月份开始在各大城市举办的大学生专场招聘会成为大学生求职的首选途径。

（3）职业介绍机构

职业介绍机构的工作是把通过各种渠道搜集来的劳动供需信息，经过整理以后提供给供需双方，起到中介桥梁的作用。职业介绍机构的求职信息一般比较系统、全面。职业介绍机构除了提供求职信息外，一般还开展就业咨询和就业培训的服务。

（4）人际关系网

每个人都有一定的人际关系网，主要包括：父母、亲戚、同学、朋友等。这些人工作在不同的岗位上，接触不同行业的信息网，其中会有一些招工就业方面的信息很可能对你有所帮助。在利用人际关系网时要注意告知你的亲朋好友你真实的情况，以便他们为你提供合适的信息。通过人际关系网谋求职业一般比较可靠，成功几率也比较大。

（5）网络求职

随着现代科技的迅猛发展，信息技术正在一步一步改变求职者寻找工作的方式。越来越多的招聘信息出现在网络上，求职者可以通过登陆人才信息网站获取各类就业信息。许多网站还免费为求职者提供上传个人简历和求职信息的服务。据有关调查，网络求职已经成为仅次于报纸的第二大获取就业信息的途径。

（6）刊登求职广告

求职者还可以通过媒体，在电视、广播、报刊杂志上发布求职广告，变被动应聘为主动挑选招聘单位。一般采用这种方式的求职者各方面素质较高，且有一定的特长。

（7）学校就业指导中心

如果你是应届毕业生，还可以借助学校的就业指导中心来获取求职信息。几乎每所高校都设有就业指导中心，该中心主要接待来学校招聘的单位，拥有一定的求职信息。同时就业中心还会开展与就业有关的咨询辅导和求职讲座。通过学校就业指导中心获取的求职信息比较安全准确，但由于来学校招聘的单位有限，所以求职信息并不是很多。

小贴士

来自美国的就业调查

20世纪70年代，美国劳工部进行了一次规模最大，也是最有效的调查，询问人们是如何找到工作的。一共调查了104 000人，其结果于1986年公布在《新闻简报》上，题为"美国工人使用的求职方法"。

下表综合了1986年《新闻简报》上公布的调查结果以及与劳工部签约的Cam协会的报告，是基于一项对雇主的调查，两项结果不尽相同，但都对人们如何求职提供了重要情况。

（续上）

求职渠道	劳工部报告	cam：/调查
从熟人那里听说	28.4%	34%
直接与雇主联系	34.9%	29.8%
通过招工广告	13.9%	16.6%
通过私人职业介绍所	5.6%	5.6%
通过政府职业介绍机构	5.1%	5.6%
通过学校安置办公室	3.0%	3.0%
通过民政考试	2.1%	
通过工会雇工组织	1.5%	1.4%
通过其他方式（在期刊上登广告，去雇工招工的地方等）	5.5%	4.0%

3. 信息的分类和筛选

当你搜集了大量的求职的信息后，就会面临如何处理这些信息的问题。由于信息获取的渠道不同，内容不同，求职者应该对原始信息进行一番有目的的整理、分类和筛选。

首先是信息的分类。就业信息不仅仅是有关职业供给的，它还涉及许多方面，如有的是关于国家、地区就业方针政策的信息，有的是关于劳动用人制度和人事制度方面的信息等。同时，有关职业供给的信息也会涉及多个行业、工种，对于人员的具体要求各不相同。因此这就需要求职者对搜集到的信息进行加工分类，以方便求职者查找和使用相关信息。

其次是信息的筛选。由于求职者所获得的信息不一定都完全、准确，其中的内容必然实虚兼有，有时甚至会出现信息矛盾，这就要求求职者对信息进行严格的鉴别和判断，并加以修正或删除，使之更好地为自己的求职择业服务。

小案例

一位本科生的求职过程

中山大学 2000 届计算机专业毕业的本科生陈同学，主修计算机应用，辅修统计与概率，有扎实的计算机基础知识，良好的英语水平。他确定了计算机管理、计算机软件开发的择业目标以后，便从多方面搜集用人单位的名单，并把学校提供的招聘单位，以及电话簿登记的有关计算机企业逐一记录下来。同时还留意媒体的招聘广告。

（续上）

> 他把搜集到的招聘单位名单逐一分析后，最后筛选出 6 个单位。之后，他有针对性地拟写了 6 封求职信寄往自己选定的招聘单位。他在参加供需见面会上又向事先选定的两个单位递交了求职信，结果被一家大型计算机公司相中。一周后，他便接到了面试通知书。随后。他又收到先前寄去求职信的两个单位的面试通知书。最终，陈同学选择了一家软件开发公司就业。

第二节　求职简历的写作

在对自己有了全面准确的了解，有了明确的求职目标并积极收集了有效的就业信息之后，下一步要做的就是为自己准备一份完美的简历。美国市场协会的研究报告表明，成千上万的求职者，无论是第一次找工作，还是已经有了多年的工作经验，都会觉得最困难的问题是如何准备一份具有吸引力的简历以及如何在面试中表现出色。事实上，许多优秀的求职者往往就因为简历准备不得当，而失去了求职面试的机会。

一、简历概述

在还没有得到面试机会之前，简历几乎是求职者与用人单位接触的唯一方式，所以简历就代表了求职者的一切，而用人单位对求职者的了解也正是从简历开始的。

1. 什么是简历

简历也称为"履历表"，是对求职者背景、成就、技能、个人资料等信息的简洁概括，其作用是让用人单位了解求职者的基本情况，引起用人单位对求职者的兴趣和重视。如果将每一位求职者比作"产品"的话，那么简历就是求职者为自己撰写的"产品广告和说明书"。

一般来说，招聘单位收到的求职简历远远大于其所能提供的职位，据统计，招聘人员阅读一份简历的时间平均不会超过 2 分钟。因此一份好的简历需要在这 2 分钟内吸引住招聘人员的"眼球"，向应聘单位很好地推销自己，进而获取下一步面试的机会；而一份差劲的简历则会给人留下不好的印象，以致招聘人员在还没有看完前就把它扔进了废纸篓，事实上大多数简历的命运都是如此。所以说简历可能会成为求职者的"通行证"，也可能会成为求职路上的一块"拦路石"。

2. 简历的写作特点

一份好的简历，应该具有吸引力、逻辑性、条理性、职业化的特点，它能够在几页纸中把求职者的形象与竞争者区分开来，向用人单位充分展示其自身价值。

由于简历主要用于向用人单位提供各种有关求职者情况的信息,所有简历的书写多采用分条列举的方法,一般不采用完整的句子,大多省略了主语,篇幅较短,一般不超过两页纸。有时采用列表的方法。

3. 简历的分类

按简历的内容结构划分,简历可以分为四种类型:时间式、职能式、复合式及创造式。

(1)时间式简历

时间式简历是以时间为顺序列举出求职者的工作经历,按逆时针顺序列举,从最近从事的工作开始,逐步将过去的工作依次列出。这种类型的简历,叙述直截了当,书写简洁明了,如果处理得当,整个简历会显得可信且富有说服力。时间式简历对于想找一份与自己以前从事的职业领域相同的求职者比较适合。

(2)职能式简历

职能式简历可分为职位式和功能式两种类型。职位式简历强调求职者的实力和成就、过去与目前应聘岗位相近的工作经历,简历中的时间顺序也许会被打乱。功能式简历通过突出求职者的技能和资信情况来强调自己的某种专业技能,而非曾经担任的职位和就职的公司。职能式简历比较适合对于那些频繁更换工作,综合以往几种工作的技能与新工作,或是刚刚经过培训教育而获得新技能的求职者。

(3)复合式简历

复合式简历既包括职务职能式简历的内容,又含有一个简略的时间型简介,其中包括职务头衔、雇主姓名和雇佣日期等。复合式简历既能突出求职者的技能,又能提供过去的工作经历,兼具时间式和职能式简历的优点,适合大多数人。

(4)创造式简历

在艺术界、广告界、新闻界和其他创造性领域里的求职者在准备简历时往往会打破标准的简历格式。创造式简历必须运用想象力,但也必须向阅读者提供其需要的内容,它证明了求职者富有创造性。创造式简历只能用于创造性行业或岗位应聘中。

另外按简历的形式划分,简历还可以分为:完全表格式、应用文式和资料式。

二、简历撰写

简历创作的真正目的是帮助求职者获得面试的机会。当你还没有正式出现在招聘人员面前时,你的简历就代表你的脸。所以,写一份好的简历值得求职者投入更多的时间和精力。为了使简历更出色,求职者需要遵守简历的写作原则,掌握简历书写的内容以及一般格式。

1. 简历的写作原则

(1)站在对方的立场上考虑问题

招聘人员之所以会给求职者面试的机会,是因为在求职者的简历中他看到了需要的

"价值"。因此,求职者应该从招聘单位的立场出发,尽可能满足他们的需求。换而言之,你的简历应该让你未来的雇主看到你的价值,让他们了解你能为他解决些什么问题,做哪些工作,创造哪些利润。

（2）把简历当作一份"推销自己的广告"

一则好的广告一定会突出产品的重点优势。同样的道理,要成功地推销自己,简历应该突出求职者的"重点",简单且富有号召力,这样才能打动招聘人员。简历中应该尽可能使用动作性短语,使语言鲜活有力,同时突出重要信息,凡与"重点"无关,且不需要对方了解的内容,可一概删除。

（3）内容尽可能简洁明了

有许多求职者总担心招聘单位对自己不够了解,所以他们往往喜欢在简历上"大做文章",不但详细介绍个人的经历,而且把自己的志向、抱负、设想乃至于对干好该公司工作的决心都写进了自己的简历里。事实上这是一种不明智的举动,因为每位"考官"平均阅读一份简历的时间仅为 2 分钟,在还没有读完你的简历的时候他就可能不耐烦了,而你的简历很快会被扔进废纸篓。所以一份成功的简历一般不会超过 2 页,字数在 1 000 字以下。

（4）强调有利信息

在简历中强调有利信息,会增加成功的几率。事实上向招聘单位证明自己价值的最直接方法就是强调一切与你相关的有利信息,如你以前取得的成就,具备的工作经验,过硬的技能、特殊的能力、良好的教育背景等。

（5）同一份简历不可使用多次

不同的职业都有不同的技能要求,不同的企业由于其文化价值观不同,对求职者的能力要求也不尽相同,因此,求职者每一次求职都应该度身定做一份全新的简历。每一分简历要突出与所申请职业相关的经验和技能,并要与所申请的企业文化相融合。

（6）力求新意

由于求职的人数过多,为了避免雷同,提高获得面试机会的成功率,应该在简历上力求新意。经研究发现,求职者如果能够在简历的格式上别出心裁,与众不同,招聘单位对他的简历多留心一些,他的求职成功率自然也比别人高出一些。当然简历不能太过花哨,否则很可能会哗众取宠,起到相反的效果。

2. 简历的写作内容

由于简历作者的经历不同,加之寄送简历的目的有别,故简历的内容构成也各不相同。虽然没有两份一模一样的简历,但一般简历都会包括以下内容:标题、基本情况、个人资料、求职目标、资格认证、教育背景、工作经历、工作技能、外语及计算机水平、成果、奖励、证明人等。有的简历还会包括兴趣爱好、期望薪酬、到职时间等。

（1）标题

　　大部分的简历都是以"个人简历、求职简历或是简历"作为标题,既不具体,又无新意。简历的标题最好要具体拟制,不能太笼统,如"某某人关于申请某某职业的资格介绍",既报出了求职者的姓名、还指明了求职的岗位,让人一目了然,十分清楚。简历标题要居中书写,放置于简历正文的顶部。

　　(2) 基本情况

　　基本情况包括求职者姓名、地址、电话等联系方式。这部分内容非常关键,一般放在简历的顶部,便于招聘人员最先阅读。求职者姓名是信息的焦点,不能写错,为了能让你的名字更加醒目,姓名的字体最好有些变化或者加粗处理。地址一定要写全、写清楚,不要漏写邮编。为了方便招聘人员与你联系,仅留一个电话是不够的,最好能留下手机号码或 E-mail 地址。

　　(3) 个人资料

　　个人资料是有关求职者的个人信息,目的是帮助用人单位更好地了解求职者的情况。主要包括的内容有:出生年月、性别、民族、籍贯、身高体重、健康状况、政治面貌、婚姻状况、个人兴趣、个人照片等。个人资料中的信息是可以选择的,是否写入简历关键要考虑它们是否能增加面试的机会,是否能反映出求职者工作之外的另一些优点和个性。如果有些信息对你不利,只要不直接影响你所申请的工作,就可以在简历中避而不提。个人资料的书写位置一般安排在标题的后面。目前越来越多的求职者把个人资料和基本情况合并在一起写。书写通常分为左右两个部分:左为基本情况,右为个人资料。

　　(4) 求职目标

　　求职目标是用于表达求职者的求职愿望的,如希望的职位名称、工作性质及期望的发展前景等。求职目标要写得简明扼要,同时又能表明应聘的目的和动机。如果是应聘求职,由于是针对招聘广告提供的职位申请应聘的,所以求职目标应该是具体的、确定的。如果是自荐求职,由于并不知道招聘单位能提什么样的职位,所以求职目标不能十分具体,不要用词过窄而局限自己的求职范围。注明求职目标十分重要,如果目标写的得当,招聘人员很容易就能判断出求职者是否适合他所能提供的职位或有没有适合的岗位。这部分内容一般放在基本情况的后面。

　　(5) 资格认证

　　资格认证这一项在传统的简历中往往是没有的,但其实是一个非常重要且具有高度吸引力的部分。资格认证是对求职目标的支持性说明,目的是在于让用人单位对求职者的学历、专业、工作经验、能力等任职资格有一个概括性的了解,并展示求职者符合招聘岗位要求的价值。例如:求职目标是电脑程序设计师,资格认证可以这样写:"大学所学专业为计算机,曾在一家电脑软件公司兼职长达 3 年。对网站制作和软件开发具有一定的工作经验"。这部分内容要简洁扼要,因为有关的具体内容在后面的教育背景、工作经历中还会详细叙述,内容应紧接在求职目标之后。

（6）教育背景

这部分内容主要指明求职者接受教育的经历,包括何时、何地、在何类学校学习,获得何种学位。假如求职者是应届毕业生,由于工作经历欠缺,所以教育背景往往显得很重要,一般要放在工作经验之前。如果求职者工作经历丰富,那么就应该突出工作经历,而把教育背景放在工作经历后面写。在填写教育背景时,如果有多个学历,应该把最近获得的学位或最高学历写在最前面,突出重点。如果受过高等教育,中学阶段学历可以省去。在学历书写时,只需把学校名称、专业名称,毕业时间、学位交代清楚就行了。例如:

学历:

2000～2003 年就读于南京航空航天大学经济与管理学院,获企业管理专业硕士学位

1997～2000 年就读于河北财经学院经济系,获得国际贸易专业学士学位

（7）工作经历

对于已经参加过工作的求职人员来说,工作经历是简历的重点内容。主要内容包括:工作单位名称、工作起止时间、所担任的职位等。求职者在介绍自己的工作经历时,应该主要突出那些与求职目标相关的工作。工作经历一定要叙述详尽,同时要注意细节,用数字、百分比和时间等对经历加以量化,会更有说服力。在描述职位时,不要过分自夸,否则会引起招聘单位的怀疑,他们会认为你超过了他们招聘的标准反而不敢聘用你。

工作经历的书写方式可以采用时间式和职能式两种。时间式书写要采用倒叙的方式,由近及远,从现在到过去分阶段介绍。职能式书写要先介绍自己担任过的职务,然后是对工作责任、能力和业绩的简短叙述,最后再介绍担任该职务的时间。以下是两种书写方式的比较。

时间式:

2000 年～至今　　上海纺织品进出口公司,出口业务部外销员。主要职责:协助部长出口合成纤维到东南亚,曾出差马来西亚开展促销活动。

职能式:

销售经理　　发展了充满活力的销售业务,扩大了已有的销售柜台,另外开办了 3 个销售点,同时还发展了邮购业务。在这家百货公司工作的 5 年内,销售额增加了 160％。直接领导销售科的 28 名职员。

江苏省南通市百货公司。邮编 226010。

1996 年～至今

（8）技能

技能是将工作经验转化为工作技巧和能力。所罗列的技能要紧紧围绕所应聘的岗位且对技能的描述必须详尽。如电脑技能要具体为硬件维护、软件开发、熟练掌握 C 语言和 OFFICE 办公软件等。另外,许多岗位要求应聘者具备社会认可的资格证书,如会计证、人力资源管理职业资格证书等。这些技术资格也可书写在这一部分,以证明技术能力

与应聘的工作相符。

（9）外语、计算机水平

现在越来越多的用人单位看重求职者的外语水平和计算机水平。所以这部分内容也是简历必备的内容之一。这部分内容也要叙述详尽，对于掌握的熟练程度要尽可能量化，最好用数字具体表示，如：

通过大学英语六级，分数为 85

通过大学英语四级，分数为 92

通过全国计算机等级考试三级，笔试优秀，上机良好

熟练掌握 COBOL、BASIC、PASCAL 等计算机语言

（10）相关奖励

学生求职者可以将在校期间所获得的所有奖励和证书都写进简历，如：奖学金、三好学生、优秀学生干部、优秀团员、优秀党员等，用人单位都希望能雇佣一名品学兼优的人。有工作经历的求职者如果曾经在之前的工作岗位中获得公司的奖励或者荣誉称号，如"优秀员工"，将它们列出能很好地证明你的成绩，对用人单位也将会有很大的吸引力。

（11）论文、科研成果

求职者如果有较为出众的论文科研成果，可将其写进简历，这将有力地证明求职者的专业能力。在报刊杂志发表的作品要注明题目、报刊杂志名称、发表日期等。如果是创造发明要写出发明物的名称、时间和地点以及应用价值等。

（12）社会、社团活动

如果求职者曾经参加过一些社会公益活动，不妨把它们写进简历，它们能证明求职者的品行，如富有爱心、社会责任感等，有助于在招聘人员心中树立良好形象。对于学生而言这一部分社会经历相对会少一些，可以在简历中加入在校参加的社会活动，社会实践等内容以弥补不足。

（13）证明人

求职简历中如果有证明人的推荐，将对求职有很大帮助。证明人可以是学校的老师，原来工作单位的领导等。证明人一般写在简历的尾端。最好能提供两名以上的证明人，在提供证明人时要详细注明各证明人的头衔、附上所有证明人的通讯地址、邮编、电话号码等联系方式。例如：

证明人：赵东阳教授

武汉大学化工系 主任

中国湖北 430072

电话：027-7835568-345（办公室）

027-7835568-629（住宅）

当然，以上所举的各项，并非每份简历必备。就某份特定的简历而言，还要视求职者

个人的实际情况及简历的用途而定。简历的全面不是指要面面俱到、不分主次,而是要根据企业和职位的要求,巧妙地突出自己的优势,给人留下鲜明深刻的印象,应当充分表现个性,不落俗套,又要合乎情理。

3. 简历的格式

每个人的简历格式都不尽相同,但不管如何布局排版安排,都要层次分明,结构严谨,条理清晰,逻辑性强。表 8-4 列出一份简历的创作格式,仅供参考。

表 8-4

简 例 实 例

个人基本情况				
姓　　名:	卢小平	性　　别:	男	照　　片
籍　　贯:	广东省深圳市	民　　族:	汉族	
现所在地:	江苏省南京市南京航空航天大学	年　　龄:	22 岁	
婚姻状况:	未婚	政治面貌:	党员	
求职意向				
人才类型:	应届毕业生	应聘岗位:	会计、财务、统计	
求职类型:	全职	可到职日期:	2003 年 7 月	
教育背景				
毕业院校:	南京航空航天大学			
最高学历:	本科	毕业日期:	2003 年 6 月	
所学专业:	会计学	学　　位:	管理学学士学位	
主修课程:	大学英语、高等数学、计算机基础、法律基础;会计学、货币银行学、统计学、成本会计、财务管理学、财务会计、管理会计、高级财务会计;数据库、管理信息系统、会计电算化;管理学,心理学,人力资源管理与开发			
培训经历				
	★ 2001.9～2002.6 英国伦敦工商会考试局三级会计群体证书 London Chamber of Commerce and Industry Examination Board Group diploma in Accounting Third Level passed with distinction			
语言能力				
外语水平:	★ 通过国家大学英语六级,熟悉各种英文商务书函的写作格式			
国语水平:	良好	粤语水平:	精通	

（续表）

计算机能力	
	★ 全国计算机等级考试二级（C 语言）、二级（Foxbase 语言）， 熟练掌握 Word,Access,Excel,Powerpoint,Frontpage 等 Office 软件,用友会计电算化软件,Internet 等
个人实践经历	
	★ 1999.9～2001.7 任校图书馆管理员,负责图书借还、入库等工作 ★ 2000.7"三下乡"暑期社会实践,获优秀调查报告二等奖 ★ 2001.12 财务会计与成本会计课程设计（优）,熟悉记账程序 ★ 2002.5 利用 Visual Foxpro 开发合同管理系统,获老师好评 ★ 2002.9 学习用友财务软件,掌握其原理,熟练实际操作
奖惩情况	
	★ 优秀学生奖学金二等奖 ★ 优秀学生干部
联系方式	
通讯地址：	南京市御道街 29 号 111 信箱

邮政编码：	210016	联系电话：	025-84891234
E-mail：	luxiaoping@21cn.com	手　机：	138123456789

4. 简历写作技巧

要想写好一份简历,首先本身要有些竞争性的能力,这样简历在内容上会比较充实可信。但同时遵循简历的撰写原则并运用一些写作技巧也是非常重要的方面。

（1）评价客观

简历中一般都会涉及对自我的评价,评价时要注意客观公正,具体说来就是要做到八个字"诚恳、谦虚、自信、礼貌",这样才会使招聘人员对你的人品和素质留下良好的印象。现在已经有越来越多的企业重视一个人的品行多于重视他的技能和学历。特别是在众多高学历求职者的激烈竞争中,这方面的因素更加突出,往往是因为品行等非技能因素使最终的获胜者脱颖而出。

（2）条理清楚

简历并不过分强调有"文采",但一定要表述清楚,层次分明。一般来说,简历总是从个人状况开始,然后逐步深入至工作经历、教育背景、个人技能等诸多方面,要层层展开,一步一步写清楚。而不能东写一点、西写一点,让人看后不知所云。

（3）措辞得体

作为应用文书的一种，简历的措辞应得体适度，避免抽象、空洞，而应让事实说话。文风要平实、沉稳、严肃，以叙述、说明为主，不要抒情或议论。语气要诚恳热情，不要冷淡或打官腔。

（4）准确无误

如果简历中出现较多错误至少会给人留下两点不好的印象：第一，求职者的文化水平不高，不可能胜任该职位；第二，求职者对这次应聘不够重视，诚意不足。无论是以上哪一点，都足以把该求职者排除出局。

（5）整洁美观

既然简历在面试前代表了求职者的一切，那么为了能给招聘人员留下一个好印象，求职者应该尽可能让自己的简历显得整洁美观。一份书写工整，美观大方的简历从第一眼开始就会给人赏心悦目的感觉，这么一份"讨人喜欢"的简历自然也就容易在众多简历中脱颖而出。

小案例

朴实无华的简历

张同学毕业于武汉大学，学的又是热门专业，兼自学了计算机和两门外语。这样的条件按理说应该很受用人单位青睐，可他求职却连连败北。接连失败后，他仔细分析了一下原因，并请教了一些工作多年的师兄，得出的结论是，自己的求职材料"水分"过多。原来，他的个人材料设计得太过花哨，甚至还夸大了自己的能力，令人有不真实的感觉。几次面试，被有经验的考官一问，再加上紧张，就乱了手脚。总结了教训，张同学重新做了份"朴实无华"的简历，很快就有一大型民营企业相中了他。

第三节　求职信的写作

很多求职者在写求职信的过程中会有这样的疑虑："我现在所写的内容，已经在我的简历中出现过了，这样重复会令人生厌吗？"尤其是当你根据个人情况选择了正确的简历样式，所做的简历能够清楚地反映你的工作能力和业绩时，通常你会认为自己的简历已经包括了所有想说的话，求职信变得可有可无，甚至于你可能在求职信中写上"请阅读我的简历"。事实上，你并不是重复在做同样的事情。求职信旨在总结求职者的个人能力和素质，是将简历中的内容通过个性化的语言反映出来，进而向招聘单位再次强调求职者的技能、知识、学识和工作经验。

一、求职信概述

不少求职者认为没有必要花太多精力写求职信,因为根本没有人读它,的确许多大公司的招聘人员由于收到太多的求职信函而没有时间逐一阅读,他们往往直奔简历。然而一份没有求职信的求职材料是欠缺的。事实上,作为一种商业信函,求职信写得好坏直接关系到求职者的命运。

求职信是求职者写给招聘单位的用于申请职位的信函,也是求职者与用人单位进行联系的最简便最直接的方式之一。在求职信中,求职者可以尽情地表现自己,把自己描绘成一个最适合对方需要的人。招聘单位可以通过求职信,了解求职者的文化修养、知识水平、工作能力、文字表达能力,甚至思想、性格,凭此来进行初步筛选,判断求职者是否适合这一工作。

在市场经济社会里,人才流动日益频繁,求职者们要推销自己,用人单位也希望广揽人才,求职信逐渐成为人们谋求职位的重要手段。据统计,在美国、日本等发达国家,通过求职信而获得的职业机会占全部求职机会的 25%,"未见其人,先见其文",求职信是个人能力、特长的"门面",是寻求工作的"敲门砖",在求职就业过程中扮演着重要的角色。

1. 求职信的种类

求职信可以从多个角度分类。不同类别的求职信,内容的侧重点和行文语气各不相同。从求职者有无工作经验的角度划分,求职信可分为毕业求职信和重新求职信。从求职者是否获得招聘信息的角度划分,求职信可分为自荐求职信和应聘求职信。从有无明确的求职目标的角度划分,求职信可以分为有针对性的求职信和具有普遍性的求职信。

2. 求职信与简历的区别

很多求职者会把求职信等同于简历,事实上求职信和简历是求职材料中相辅相成的两个部分,并不能混为一谈。

(1) 出发的角度不同

简历和求职信分别从客观和主观两个角度出发,展示求职者的基本情况。简历是反映求职者人生履历的真实记录,基本是一成不变的,比较客观;而求职信则不同,它是求职者对所申请职位的理解及描述,加之个人陈述申请该职位的理由和个人的能力,比较主观。

(2) 内容的侧重不同

简历主要侧重反映求职者过去的基本情况,反映求职者的经验和能力是否可以胜任该职位。求职信主要侧重反映求职者对招聘单位的认识,求职者对工作的热情,可以着眼于将来的打算、决心和愿望等。

二、求职信撰写

一份好的求职信是求职面试的"敲门砖"。但在现实中,撰写一封得体的求职信却成为不少求职者在寻找工作的时候遇到的最棘手的问题之一。因为在写求职信的过程中,求职者会面临许多问题,例如:求职信中包含哪些内容,如何在求职信中突出优势、特点等。下面的内容将介绍如何来写好一封求职信。

1. 求职信的内容

由于求职者的个人情况不同,加之所应聘的职业或职务不同,所以求职信的内容会因人因事而异。但一般说来,求职信包括以下内容:

(1) 抬头和个人资料

求职信就好像是你和招聘人员第一次开始对话,对方不认识你,尽管在简历中有你的个人资料,但他先看到的可能是你的求职信,因此你应在求职信的开头列明你的个人资料,使对方心理有个适应过程,知道他在和谁对话。另外如果把个人资料作为抬头的一部分单独醒目地列出,还便于对方日后的查找。

(2) 称谓和寒暄语

求职信的称谓比一般信件的称谓要求更正规。采用"姓+职务"是比较好的方式。如果可能,最好事先打个电话到招聘单位了解主要负责人的姓名和职务。寒暄语是礼节性词语,一般常用的有"您好"、"近安"等。

(3) 正文

这是求职信的重点,求职信的好坏关键就在这一部分。主要包含的内容有:

a. 介绍自己及说明招聘信息的来源。这一部分主要交代清楚你是谁,为什么写这封信以及得到招聘信息的渠道,以引起招聘单位的注意,并自然导入下文。

b. 客套话。你可以对招聘单位赞赏一番,让他们知道你愿意为他们服务。同时,你也可以提一提你对该单位的了解。求职者对该单位的了解程度越高,越能得到招聘单位的认可。

c. 求职目标。求职目标是求职的意向,即求职者想到对方单位担任何种职务。在明确求职目标之前,最好对招聘单位能提供的职务有足够的了解,这样才能在求职信中做到有的放矢。

d. 求职理由。在明确求职目标的前提下,求职信中充分阐明求职理由,这是决定求职者能否被录用的关键。这一部分的描写既要实事求是,又要机智灵活。既要从自身条件出发,来阐述自己能满足招聘单位的理由,又要措辞得体,能迎合招聘单位的需求。

e. 自我介绍应聘条件。这一部分内容主要是用动人的言语宣传自我,推销自我,以期打动招聘人员,达到面试的目的。在信中求职者可以多侧面、多层次且有的放矢地介绍自己的优点和特长,过去的业绩和经验以及"能为该单位贡献什么"。

(4) 结尾

结尾包括两部分内容:一是提出自己的希望和感谢,并表示你的期待和可能采取的下一步行动;二是祝词,如"此致敬礼"、"夏安"等。

(5)署名和日期

在信的末尾要写上求职者的姓名和写信日期,如"求职人某某某,某年某月某日"。一般求职信都会包括以上内容。但要注意求职信不能写得太长,专家指出,求职信最多两页,或700~800字最好。否则,煞费苦心所写的内容对方可能没有时间去看。如果确实有值得一提的内容,可以作为附件或留作面试时再谈。当然求职信也不能太短,否则说不清问题,展示不了自己的优点。

小贴士

有关求职信撰写的五个问题

如果你对写好一份求职信感到信心不足或不知所措,以至于无从下笔,那么你不妨问问自己以下几个问题。

1. 未来的雇主需要的是什么?

在你期望得到的职位中什么样的技能、知识和经历是最重要的。

2. 你的目标是什么?

你写求职信的目的是什么,是想获得一个具体的职务,一次面试的机会还是仅仅希望有人通过电话花10~15分钟与你谈一下有关机构的总体情况。

3. 你能胜任此职位的优势是什么?

如果你是针对某个具体的职位而写此信,那么所列出的你的优点应该就是招聘广告上需求的;如果不是针对某具体的职位的话,就按通常的所需知识和经历来考虑。

4. 如何把你的经历与此职位挂钩?

请列举两个具体的你曾经获得的成就,它们能证明你在第三个问题中所提到的你的优势。

5. 为什么想为此机构或雇主服务?

你对他们的了解有多少? 包括他们的产品或服务、任务、企业文化、目标、宗旨等一切与你自己的背景、价值观和目标相关联的东西。

如果你对以上五个问题考虑成熟之后,就可以按键盘或握笔写求职信了。

2. 求职信的格式

求职信在书写格式上和一般书信没有什么不同,本书列举的是求职信的一般格式,仅供参考。

第一部分:写明你要申请的职位和你是如何得知该职位的招聘信息的。例如:

很高兴得知贵公司目前在招聘_____职位。贵公司的一位资深客户推荐我应聘此职位。

第二部分:说明并简要阐述你如何满足公司的要求。陈述你的教育背景、技能和个性特征,并表示愿意为该公司做出贡献。例如:

我在_____公司任_____职的_____个月期间,曾几次因工作中的主动性与创作性而受到嘉奖。

第三部分:给出你电话预约面试的可能时间范围,或表明你希望迅速得到回音,并标明与你联系的最佳方式。例如:

我希望能与贵方面谈并讨论我的技能在哪些方面能对贵公司作出贡献。我将再次在_____时间内与贵方联系以便约定可能的会面时间。

结尾

感谢他们阅读并考虑你的应聘。例如:

再次感谢您在百忙之中阅读我的来信!——你的签名——日期

小案例

求 职 信 范 本

尊敬的章经理:

您好!

贵公司于 5 月 22 日在《中国人才市场报》C 版上刊登的招聘一名产品经理助理的广告引起了我极大的兴趣,因为我的教育情况和所接受的培训非常接近你们的要求。

➡️ 点名具体广告和工作名称

根据招聘广告的说明,这份工作的内容包括"协助协调一个大规模的营销计划,并分析销售结果和掌握营销预算的情况"。最近,我所从事的一份实习工作,承担的也是与此相似的职责。我负责协助公司营销经理完成对两种产品促销、预算和整体销售成功状况的评价。我撰写了长达十页的报告,分析了当前的市场情况、产品生命周期,以及它们的销售/利润回报率。在研究报告之外,我还协助公司制作了一份产品商品化的计划书,准备了在当地的销售展示会上回答顾客的问题。这份简短但富有挑战性的工作让我相信:我会在营销领域干得既出色而又快乐。

➡️ 将求职者的经验和工作要求结合

（续上）

在营销和管理方面扎实的知识积累，计算机表格程序和数据库软件的熟练掌握，使我已经在一定程度上具备了贵公司要求的一名产品经理助理所应具备的素质。此外，我还有零售工作的经验，在大学组织的各种活动中，我的表现积极、踊跃。我相信我的知识储备、营销经验，以及与其他人员通力合作的能力一定使我能够胜任这一工作。 **————————————→ 介绍自己所学的知识**

在您审阅过我随信附上的详细简历后，我真诚地希望您能给我一个面试的机会，这样我们就能更充分地探讨我的市场营销技能、计算机技能以及人际交往能力将如何为贵公司创造财富。 **————————————→ 请求面试机会**

再次感谢您在百忙中抽出时间阅读我的求职信。

李阳

2005-12-11

3．求职信写作技巧

掌握求职信的写作要点和掌握求职信的内容与格式同样重要，因为一份求职信能体现求职者的书面表达能力，掌握以下技巧，能使你的求职信看上去更专业化。

（1）站在招聘单位的立场考虑

在撰写求职信的过程中，要揣摩招聘单位招人的具体要求及心态。他们需要什么样的人？他们希望招聘到的人具备怎样的素质？看了这封信他们会有怎样的感受？这封信是否充分展示自己的能力？自己能在哪些方面让招聘单位受益？只有站在对方的角度考虑问题，才能牢牢吸引对方，并且为日后的面试创造条件。

（2）内容重点突出、条理清楚

求职信的重点在于回答一个问题："雇主为什么要聘用我"。求职信要直奔主题，不要唠叨。有些人写求职信就像记流水账，想到哪里就写到哪里，既没有针对性，抓不住要领，又没有逻辑性，显得条理不清。这种没有重点的求职信无法发挥其应有的效用。

（3）个性化

书写一封求职信，正如精心策划一则广告，不能拘泥于通俗的写法，要立意新颖，突显个性，以独特的语言及多元化的思考方式，给对方造成强烈的印象。如果求职信过于呆板，语言俗套、枯燥、文绉绉，无论内容多么完备，也很难引起对方的兴趣。

（4）客观的承诺

求职信与简历的不同在于可以在其中说一些主观的话。但是一定要注意不要说谎和夸大。求职性的承诺必须要提供足够的证据，类似于"给我一个机会，我将为您创造辉煌"

的话语,只会让雇主觉得空洞和不切实际,求职者应该用灵活的、数据化的词语,而不是空话套话来描述自己。

(5)语气要不卑不亢

写求职信要把握分寸,语气要不卑不亢。有些刚毕业的学生,心高气傲,以为凭借自己的所学即可以找到一份令人羡慕的工作,所以他们的求职信中自觉或不自觉地流露出一种志在必得的口吻,而这种口吻会使招聘人员觉得他们自吹自擂且容易骄傲自满。但也有些人表现得过于谦虚,说话小心翼翼,吞吞吐吐,把一封求职信写成了一封"乞职信",让人看来觉得他们缺乏自信,没有主见和开拓精神。

第四节　面　试　沟　通

一份优秀的求职信或个人简历可能会使你暂时处于优势,但要想获得一份称心的工作,还要经历一次甚至多次面试。能获得面试的机会,说明你的基本条件已被用人单位看中,而最终能否被正式录用,就要看你的面试表现。面试虽然是一道富有挑战的难关,但同时也是充分展现自我,推销自我的良机。

一、面试概述

1. 面试的内涵

面试是指招聘单位当面对求职者的测试。通过求职者和招聘人员面对面的接触以及问答式的交谈,招聘单位可以进一步了解求职者的各方面情况,从而做出正确的录用选择,求职者也可以进一步了解工作和雇主的信息,为自己找到理想的工作。从本质上说,面试是带有特殊目的的一种沟通。由于双方都想通过面试满足自己的需求,因此双方需求重合得越多,那么录用的机会也就越大。

2. 面试的种类

面试分为个人面试、小组面试、集体面试、评估中心四种类型。对不同类型的面试形式有所了解,有助于求职者能有针对性地做好准备,更好地展示自己的才能。

(1)个人面试

个人面试就是面试官与应聘者进行的一对一的面试。面试官一次只面对一个人,话题的提问也比较有规律,应聘者的注意力容易集中,应聘者的压力与紧张度较轻。

(2)集体面试

集体面试是一种初选面试。应聘者几个人一组,同时出现在几名面试官前,接受同样的"描述性问题",但不一定按顺序回答。针对不同的应聘者,面试官会提出不同的"解决性问题"。集体面试很容易形成应聘者之间的竞争性。应聘者的外形、表情、动作、应答、声音都会很直观地形成对比,同时应聘者受的干扰不仅有面试官,还有其他应聘者。在集体面试中,最基本的一点是应聘者应想办法让面试官记住自己。

（3）小组面试

小组面试一般是面试的最终阶段,一位应聘者一次性地出现在多位面试官的面前,目的是让尽可能多的决策者在较短的时间内了解应聘者,并考查应聘者在更大压力下的反应,当一位面试官提问时,其他面试官可以关注应聘者的回答和观察他的反应。一般至少是由一位代表岗位职能的部门主管外加一位人事主管或员工问题专家组成面试小组。

（4）评估中心

评估中心是一种最高级的面试方法,它将多种评价方法、多位面试人员和情景模拟结合起来,运用观察、判断、预测等一系列特殊的程序来考察应聘者。评估中心考查的是应聘者解决问题的实际能力,要求应聘者在规定的范围内运用所得资料进行处理,并在组内达成一致。通常有两个或三个小组承担同一任务,所以在时间限制外又增加了竞争因素。面试官只是观察者,他们能够通过不断交换意见,观察应聘者之间的相互反应和差别,勾画出每位应聘者的社交能力和才智,以及他们对人对事态度的强硬和爱憎。评估中心经常采用的两种情境模拟方式为无领导小组讨论和文件筐处理练习。

3. 面试的内容

所有求职者都希望能顺利通过面试,成为唯一的被录用者,因此了解招聘人员在面试中会考查哪些内容对应聘者而言是非常重要的一步。一般面试中会涉及以下内容:

（1）仪表风度

仪表风度是指应聘者的体型、外貌、衣着、举止、精神状态等,招聘人员主要通过这一项判断应聘者的仪表风度是否与公司的形象和招聘岗位的要求相符。

（2）专业知识

招聘人员主要了解应聘者掌握专业知识的深度和广度,对其专业知识的考察具有灵活性,但所提的问题一般围绕招聘岗位。

（3）工作实践经验

招聘人员一般会根据应聘者的个人简历或求职登记表,提出相关问题以查询应聘者的有关背景及过去的工作情况,证实其所具有的实践经验。为了对应聘者的工作经历及实践经验有更深的了解,招聘人员还可能考察应聘者的责任感、主动性、思维能力、口头表达能力及遇事的理智状况等。

（4）口头表达能力

面试中应聘者是否能够将自己的思想、观点、意见或建议顺畅地用语言表达出来至关重要。这一项考查的具体内容包括:语言表达的逻辑性、感染力、准备性、音色、音质、音量、音调等。

（5）综合分析能力

这主要考察应聘者是否能对招聘人员所提出的问题,通过分析抓住本质,并且说理透彻、分析全面、条理清晰。

（6）应变能力

这主要看应聘者对招聘人员所提出的问题理解得是否准确贴切，回答得是否迅速、准确等。对于突发问题的反应是否机智敏捷、回答得当，对于意外的事件是否能处理得当等。

（7）人际交往能力

在面试时，通过询问应聘者经常参加哪些社会活动，喜欢同哪种类型的人打交道，在各种社交场合所扮演的角色，可以了解应聘者的人际交往倾向和与人相处的技巧。

（8）自我控制能力与情绪稳定性

这主要考查应聘者在受到压力或个人利益受损时，是否能够克制、容忍、理智地对待工作，不致因情绪波动而影响工作，同时还考查应聘者工作时是否具有耐心和韧性。

（9）工作态度

这一项主要考察应聘者对过去学习、工作的态度，同时也是了解应聘者对招聘岗位的态度。

（10）求职动机

了解应聘者为什么希望来本单位工作，在工作中追求什么，判断招聘的职位能否满足其工作要求和期望。

一般而言，招聘者都会围绕以上内容来考查应聘者，以判断应聘者是否符合职位的要求。

二、面试前的准备

短短的十几分钟面试足以决定应聘者求职的成败，要想在面试中恰当地展现自我，面试前的准备工作是关键。对于求职者而言，准备得越充分，求职的成功几率就越高。可以说，好的面试准备工作是面试取得成功的一半。

面试前的准备工作一般包括五个方面，分别为：心理准备、形象准备、了解招聘单位、材料准备和模拟训练。

1. 心理准备

从求职者接到面试通知到实地进行面试，时间间隔一般只有 1~2 天。在这短短的一两天时间里，求职者首先要调整好自己的心态。求职者应尽可能自信、乐观，这样有助于求职者保持镇静，而胆怯、害怕则易引起精神紧张。有时积极的心理暗示很有益处，求职者可以在心理默念："我是最好的，我一定能取得成功"。

2. 形象准备

如果你要推销产品，你一定会把产品包装得十分精致诱人。同样道理，面试之前你也要做好自己的形象包装。一般来说，面试着装要求合体、讲究线条搭配、色调和谐。款式不宜过于时髦，以给人稳重之感为好。同时，服饰也要适应未来工作的需要，根据所应聘的工作性质和类型,确定自己的穿着,是一个比较稳妥保险的做法。

3. 了解招聘单位及职位

在面试中能展示自己对招聘单位有一定了解的求职者,往往会有较高的录用概率,因为招聘单位认为这至少代表了他对该单位的关心和应聘的诚意。对招聘单位越了解,掌握的信息越多,求职者就会越自信,在面试中回答问题时就会恰到好处,对答如流,给招聘单位留下深刻的印象。很多人往往会觉得不知如何搜集招聘单位的信息,其实这并不像人们想象中的那样困难。常用的渠道有两种:一是向用人单位直接打听,如打电话询问、访问公司网站等;二是通过周围的亲戚朋友等非正规渠道间接了解。

4. 材料准备

参加面试,除了携带求职信、个人简历之外,还应为面试准备一些其他的书面材料,如:招聘广告的复印件;各种证书的原件及复印件;毕业推荐表、推荐信;个人作品、报告、成果、名片;其他与招聘单位有关的资料;有关城市的交通地图;记事本、钢笔及其他文具等。

5. 模拟训练

面试中可能会有许多意想不到的问题,要求求职者敏捷灵活地作出反应。事先准备不可能穷尽这些问题与事情,但是适当的模拟训练可以提高求职者对待面试的应变能力。进行模拟训练的主要途径有四条,分别是:① 正规模拟,即去专门的机构进行训练;② 实地演练,即到人才市场上体验招聘的程序与气氛,有意识地参加一些面试;③ 请教"前辈",即请教那些有过面试经历的人;④ 自我操练。即自己设想在面试中会遇到的问题,并准备该如何作答等。

--- 小贴士 ---

有关面试准备工作的专家建议

● 面试前的一天

为避免到时迷路,先到面试地点去一趟。

准备好现金、车票等一切能使你从容按时到达面试地点的必备品。

● 面试前的晚上

复习你应聘公司的情况和你的个人简历。

大声说你从曾做过的工作中所学得的相关技能,以及为什么你是应聘职位的最佳人选的理由。将要点记录在一张索引卡片上。

准备好所有材料,不喝酒,早睡觉。

（续上）

> ● 面试当天早晨
> 吃一顿高蛋白、高碳水化合物的早餐,精力充沛。
> 温习索引卡片上的要点。
> 翻阅报纸,因为面试时的闲聊经常围绕当天的新闻。
> ● 面试前 10 分钟
> 确保提前到达面试地点,在休息室等候。
> 在等候中注意观察公司的办公室气氛。如果大家都穿牛仔服装并用随意的口气打招呼,你就知道自己在面试时不必太刻板。

三、正式面试

在正式走进面试考场之前,求职者最好能了解以下内容:面试的一般过程、参加面试应注意的礼仪以及面试中谈话、倾听和身体语言的技巧。

1. 面试的一般过程

从开始面试到面试结束,面试的整个过程一般可分为三个阶段,分别是:见面寒暄阶段、询问阶段和结束面试阶段。

（1）见面寒暄阶段

在这个阶段中,往往首先由招聘人员自我介绍,以表示对应聘者的友好和尊重。招聘人员还会提出一些礼节性的问题来缓和气氛,如"今天来的路上挤不挤?"。这时,应聘者应该以最快的速度使自己放松下来,调整自己的情绪,适应周围的环境,使自己以最佳的状态进入下一阶段。

（2）询问阶段

这一阶段往往是考官"发问"和应聘者"作答"的阶段。考官提出的大多数问题都是招聘单位事先设计好的,目的是为了鉴别出招聘单位真正想要的人才。当然,也会有一些随机的问题,这时很可能是考官对你的某方面信息产生了兴趣,应聘者应该抓住机会,好好展现自己。

（3）结束面试阶段

在这一阶段,应聘者要特别注意考官对于结束面试的暗示,比如"好了,我的提问结束了,对于我们公司,您还有什么要了解的吗?"一般情况下,面试的所有提问回答完毕后,面试就算结束了。有些面试的结果是当场揭晓,但大多数面试需要再等通知,但无论如何,在告辞时应聘者都应向对方衷心道谢,因为这能体现应聘者的真诚和修养,也能给考官留下好的印象。

2. 面试中的礼仪

面试中的无礼表现无疑是最容易导致面试失败的因素。因为没有哪个用人单位会愿意聘用粗鲁、傲慢、懒散、冲动、不守常理的应聘者。以下是一些在面试过程中应遵守的基本礼仪。

　　a. 最好提前 10~15 分钟抵达面试地点,一些招聘单位往往根据应聘者到达会场的时间来判断其对时间管理的观念。

　　b. 对招聘单位的职员,举止动作要端正有礼。在到达面试会场前,无论在走廊或电梯内,如果遇到招聘单位的职员,都应礼貌地问候,并注意自己的言行举止,切忌问东问西。

　　c. 依招聘单位人员指示的位置,安静地坐好。通常在面试主考官未到达面试会场前,面试公司人员会指示应聘者在等候室等待,因此,应聘者切忌在未受指示前,随意乱坐,这容易让人产生过于随便的负面影响。

　　d. 如果赶不上面试时间,应及时与招聘单位联络。

　　e. 在进入面试考场前要先敲门,走进考场后应将门轻轻关上,并向主考官问好,微笑,照示意坐下。

　　f. 根据具体情况,一般不要主动伸出手与面试考官握手。

　　g. 尽可能记住每位考官的姓名及称谓,且不要记错。

　　h. 整个面试过程要保持认真、谦虚的态度。不要随便打断他人说话。

　　i. 主考官示意面试结束时,应聘者应表现出一种有信心、活力的状态。微笑、起立、道谢及再见。

　　3. 面试中的听、说及肢体语言技巧

　　(1) 倾听的技巧

　　大多数应聘者以为在面试中只有发表自己独特的见解才是最重要的,殊不知倾听也很重要。应聘者的倾听不仅表示他对招聘人员的尊重,更重要的是,通过倾听应聘者能够准确理解招聘者的提问,并积极作出反应。要做到有效倾听有两大注意要点:一是集中注意力;二是不要轻易打断招聘人员。有效倾听指应聘者要专心致志地倾听招聘者的说话,听懂招聘者给出的信息及暗示,并做出积极的回应,这样招聘者会觉得你对他的话很重视,并对你产生好感。另外,在招聘者提问或评述你的回答时,也不能轻易打断对方的谈话,一般要等对方说完后再提出自己的见解。

　　(2) 谈话的技巧

　　从面试开始到结束,招聘者与应聘者之间的谈话占据了大多数的时间,而招聘者对应聘者的最终评价也主要依赖于应聘者对问题的回答。因此,应聘者在面试中的谈话很大程度上决定了他是否能被录用。在面试中,应聘者可以运用如下谈话技巧。

　　a. 礼貌的问候。据调查表明,80％的招聘者在面试前 3 分钟就对应聘者下结论了。所以在面试开始时,应聘者主动、有礼貌的问候,可以给招聘人员留下一个好的印象。

　　b. 简洁明了。有的应聘者回答问题时口若悬河,滔滔不绝,这样很容易引起招聘者的反感。因为他们太"喧宾夺主",不给招聘人员说话的机会。事实上,回答招聘人员问题时,应尽可能用简洁明了的语言,既有利于招聘者理解自己的想法,又能给招聘者留下思路清晰的好印象。当然也不可过于简单到只回答"是"或"不是"。

c. 说话的语音、语调要恰当。说话的语音、语调的高低、速度的快慢能够反映出应聘者的感情变化。运用语音和语调要自然,与招聘者所提的问题一致,不要给招聘者留下矫揉造作的感觉。

(3) 肢体语言技巧

在非言语沟通中,人们还会用身体语言来传递信息或强调所说的话。应聘者无声的皱眉、微笑,或站立、坐姿等都在面试过程中起着重要的作用。

a. 握手。握手是招聘者与应聘者之间的"开幕式"。在握手时,要紧紧地握一下,同时面带微笑,理想的握手时间是 3~5 秒。注意,应聘者不要先伸手,应稍等片刻,让招聘者先伸手。

b. 面部表情。面试过程中,应聘者面部的反应最容易引起招聘者的注意。考官们很容易在应聘者的面部表情中读出特殊的"语言"。如脸部肌肉紧张的笑容,说明应聘者没有能力应付压力;很少用目光与别人接触说明应聘者有所隐瞒等;而皱眉、斜视等傲慢的表情是应聘者在面试过程中最忌讳的面部表情。

c. 坐姿。应聘者在面试时的坐姿应该是:腰部挺直,这样显得有自信,看上去也比较有精神;同时应将身体稍微前倾,这样表示对招聘者的兴趣和友好。

d. 走路姿势。应聘者走路时要挺胸平视,保持笔直的姿势,面带微笑,适当的时候应和招聘者的目光接触。不要在走动时不停地摆弄双脚,否则会给人很焦虑的印象。

小案例

"他自己滔滔不绝地说个没完,根本不让我插嘴"

日本名铁公司社长长尾方郎把自认为是人才的一个朋友推荐给名古屋商工所主席士川之夫,因为该所急需管理分部的主任,但士川之夫和这个人面谈之后,立即告诉长尾方郎:"你介绍来的朋友,难以留任。"长尾方郎听后很吃惊,接着生气地说:"你仅仅和他谈了 20 分钟左右,怎么就知道他不能留任呢? 这种判断太草率,太武断了!"士川之夫解释说:"你这个朋友刚和我见面,自己就滔滔不绝地说个没完,根本不让我插嘴,我说话的时候,他似听非听,满不在乎,这是他的一个缺点。其次,他似乎非常乐意宣传他的人事背景,说某达官贵人是他要好的朋友,另一个名人是他的酒友等,向我炫耀,故意让我知道他不是一个一般人。第三,我想知道的事他又说不出来,这种人怎么能共事呢?"长尾方郎听完,深为触动,认为分析得有道理。

总结面试成败的原因,我们应该明白哪些是"应该做的",哪些是"不应该做的",从中把握技巧,会对我们起更大的帮助作用。

四、面试结束以后

很多求职者认为面试结束以后就应该静候佳音了。事实上,面试结束但求职竞争却仍在继续,求职者如果能在招聘单位最后决定之前采取积极的行动,仍可以增加自己被录用的几率。

1. 补充信息,强化优势

求职者可以把在面试时尚未得到的信息及个人情况补充说明,重复和强调已经传达给对方对自己有利的信息;消除用人单位可能的疑虑,诚恳表达自己的敬业精神,对招聘单位的认识,并再次向对方表示自己应聘的诚意。这样做的最终目的是想让招聘单位关注自己、重视自己、进一步加深对自己的印象。

2. 表示感谢,加强联系

面试结束后,如果不进一步和招聘单位联系,应聘者很可能就会消失在成堆的简历和成群的应聘者中。但是如果能及时地向招聘单位表示感谢,不仅可以再次引起招聘单位的注意,而且还可以借机澄清面试中产生的误会,重申求职优势。一般与招聘单位联系的方式有三种:一是直接在面试结束后的两三天内到招聘单位拜访;二是打电话给招聘人员表示感谢;三是写封感谢信给招聘者。

◄◄◄ 小案例 ►►►

一 份 致 谢 信

××经理:

您好!

感谢您给了我这次参加面试的机会,以使我能够有机会谋求到生产部门的工作。我想让您知道,我一直渴望从事这类工作并且有自己的优势。而且,我也满怀激情地希望成为贵公司的一员。

从我开始寻求这样一份工作以来,我就一直相信,无论是经验还是技能,我都足以胜任贵公司的工作,并愿意尽自己最大的努力帮助贵公司产生效益。

再次感谢您给予我这次面试机会!

夏安!

　　　　　　　　　　　　　　　　　　　　　　　签名及日期

3. 回顾与反省

面试结束以后,应聘者要仔细回忆面试情景,最好把一些重要的情况写下来,以作进一步的分析。应聘者可以向有经验的人求教,评价自己在面试过程中的表现,并对自己的面试进行总结。应聘者只有从自己的表现中找出不足,才能在以后的面试中做出有效的努力。

【问题讨论】

1. 要正确认识自己,可以从哪几方面入手? 心理学上,人的性格和气质分别是指什么?

2. 确立正确的求职目标有哪些原则?

3. 如果你想搜集求职信息,常用的渠道有哪些? 在搜集信息的过程中,你应该遵守哪些原则?

4. 一份个人简历一般包括哪些内容? 常用的创作技巧有哪些?

5. 请指出求职信与个人简历的区别。

6. 在动手撰写一封求职信之前,你要面对哪些问题?

7. 什么是面试? 面试的种类及一般的面试内容有哪些?

8. 面试前的准备工作有哪些? 面试结束后,你又有哪些工作要做?

9. 选择国内外任意一家你喜欢的公司,申请一个特别的职位。这个职位可以是已经存在的,也可以是你发挥自己的聪明才智创造的。假设你的老师就是你的主考官,给你的老师一封求职信和一封简历。

10. 假设你接到了题9中公司的面试通知,请你针对你简历中列明的弱点或明显缺点,找出解释或抵消的方法。然后列出你最想让面试官通过面试来了解的你的 2~5 件事。

【资料阅读】

面试中常见的问题

面试过程中,招聘人员或多或少会问一些常规问题,如果应聘者能事先做好预习,必能对答如流,从容不迫。以下是面试中最常见的 8 个问题及回答要领。

1. 请您做一个简单的自我介绍。

这几乎是必问的题目。自我介绍是应聘者自我推销的最好机会,应聘者要实实在在地表达自己的优点、才干和能力,当然在最后几句也可以加上对应聘公司的了解和获得职位的渴望。时间以 2 分钟左右最佳,过长和过短都不太好。

2. 您最大的优点或缺点是什么?

这也是经常提问的问题之一。回答优点时,一定要把握简要、具体、个性化的特点,优点体现出来的能力最好和工作密切相关,而且尽量举出自己引以为傲的事迹。许多应聘者回答缺点时说得模棱两可,希望考官会看作优点,例如常说的有"我经常工作到很晚,因此家庭生活失调",希望令招聘人员认为他们很努力工作。千万不要再这么说,因为考官们早听腻了。你应该更坦白,但也要强调你在改正你的缺点。

3. 谈谈你的工作经验。

应聘者在回答此题时,不光要指出自己何年何月干过什么工作、搞过什么事业,还要具体说明相关工作的内容以及所获得的专业技能。此外,若能拿出个人过去参与资格考试所取得的证照,则更有利于录取。

4. 你为什么要辞去上一份工作?

这个问题最容易袒露自己负面性的人格特质,包括:世故、顽固、自私、骄傲、见异思迁、三心二意等,因此必须要小心作答。总之,不要一味地批评以前工作环境多么差、老板多么抠门,而是要清楚地举出几个离职的动机,而且必须属于正面性的说法,然后,旋即将话题转到自己现在所要应征的工作上,以"兴趣"和"能力"来成就自己之所以转换工作的论述。

5. 你为什么选择来本公司应征? 你对本公司的感觉和印象如何?

回答此类问题,不要一味地吹捧,必须明确举出几个具体的细节,包括这家公司吸引你的地方,最让你感到兴趣的是什么? 重点在于正面的观察所得或印象。

6. 你对这份工作的期望与目标是什么?

面试者之所以提出这样的问题,是想测试应聘者的个人工作态度及应聘的诚意。你可以这么回答:"我认为生命历程中的点点滴滴都是一种磨炼,都是一种学习,重要的是如何把现阶段工作做好。而我目前所想到的目标是……我必须努力充实自己,而我也坚信自己可以达成这一目标。"

7. 您期望多少待遇?

当考官询问你期待多少薪资时,你应该以明确的肯定句回答为佳,避免含糊、谦虚的反应。换而言之,若不是希望"依照公司规定"的话,理应归纳个人的能力、经验、年龄,以及公司规模、营运状况等客观条件,提出一个合理的数字。总之,切忌流露缺乏自信的表情。

8. 您还有什么问题要问吗?

有85%的招聘人员都会在面试结束前提出这样的反问句。这时,有的求职者会一时反应不过来而呈现呆若木鸡状;有的为了营造好印象,因而噤若寒蝉;有些则想表现睿智,却又问得不得体。总之,问与不问,都是面试哲学里的一部分,其原则如下:① 提出的问题,最好能显示你对公司的关心度、专业领域的知识,或者彰显自己综合分析的能力,至于个人薪水、福利方面的问题,既然要问就要问得有技巧,切莫单刀直入,甚至讨价还价。②即使心中存有许多疑问,最好提出一两个反问主考官就好,切莫抓住对方问个不停,追根究底不可。③ 多言多失,多言多败,觉得不好意思开口询问的问题,为了慎重起见,还是不要问。

【沟通游戏】

游戏名称:印象卡

游戏目的:通过此游戏让参加者了解他人对自己的看法,发现自己与别人的不同之处,换一个角度去思考问题,并让大家有所沟通。

游戏规则:

(1) 每5个人围成一圈,每人从教师手中领取一张印象卡;

(2) 每个人在自己的印象卡正面写上名字/自我评价,并画上自我印象和肖像画;

(3) 把印象卡交给坐在自己右边的同学,这样每个人手中拿到的就是别人的卡;

(4) 在卡背后的四个方格中任选一格,在里面填上你对印象卡主人的第一印象;

(5) 将填完的卡再交给右边的同学,以此类推;

(6) 将全部填写完毕的卡片交给教师;

(7) 教师收集完所有的卡片,再发回到本人手中。给每个人2分钟看卡时间,然后展开讨论。

讨论主题:

(1) 让每位学生说出别人对自己的印象和自身评价的差异。

(2) 当看到别人对自身评价时,你是否会感到诧异? 为什么有时你会给他人这种与你自认为完全不同的印象?

游戏总结:

(1) 第一印象的在重要性。甚至有人毫不夸大地说,面试成功是否关键就在于你刚进门的前30秒。所以,给人留下一个良好的第一印象是至关重要的。

(2) 有时我们没有把自己真实和有优势的那面呈现给别人。

(3) 同学之间只有相互沟通和交流才能对彼此真正了解。

第三部分

商务沟通中的礼仪和文化

第九章　沟通中的商务礼仪

◆━━◆ **开篇故事** ◆━━◆

　　徐英在某律师行工作。1998年，被委派到某市寻找合作伙伴。经人介绍，他与某实力雄厚的N公司赵总有了首次见面的机会。当徐英被引进赵总办公室的时候，他看见一个中年男人坐在办公桌后打电话。一身灰棕色的、人造纤维的格子西服，一条花亮的领带露在他V型口的毛衣外面，鼻子里有几根黑毛探出鼻孔，他张口讲话时，黑黄的牙齿袒露无遗。电话中，他大声地训斥着对方，然后，猛然摔下电话。"噢！天啊，这就是公司的老总？"徐英心中无限失望。赵总与徐英象征性地握了手，"冷酷的，拒人于千里之外的死鱼式的握手。"徐英心中的失望又增加了一分。赵总请徐英共进午餐，在座的还有徐英的一位身材略胖的同事及赵总的两位助理。话题无意间进入饮食与肥胖的关系，赵总愤怒地指责胖人没有节制饮食。徐英肥胖的同事低头不语，敏感的徐英举杯转移话题："好酒，贵地的特产酒赛过茅台啊！来，我们干一杯。"赵总喝完了酒，再度强烈地攻击胖人懒惰。他们最终没有结成商业同盟。徐英谈到这段经历时说："他留给我一个永不可磨灭的、可怕的恶劣印象。从我一进门的瞬间，他那张冷酷不带微笑的脸和那双死鱼般的手，无不在告诉我这是一个冷酷的、没有修养的人。在餐桌上的表现，更进一步证明了我对他的第一印象。他不但没有修养，简直就是没有教养，不懂得一点点为人的基本礼貌。我无法想象和这种人合作经营会有什么样的后果！我更无法理解他为什么可以坐在公司老总的位置上？他早就应该在大浪淘沙中被时代淘汰了！"

　　现代的商业社会可能只是一个两分钟的世界，你只有一分钟展示给人们看你是谁，另一分钟让人们喜欢你。在商务活动中这种瞬间决定性则更为显著，赵总无礼的言行举止不仅损坏了他自己在徐英心中的印象，更牵涉到了公司的形象，阻碍了沟通的成功，生意自然成为泡影。

　　本章主要介绍基本的商务沟通礼仪。良好的礼仪有助于商务活动的顺畅进行，也是个人素质的集中体现，进而映射出公司良好的品质与信誉。

在本章中,您将学习到以下内容:

➢ 商务礼仪的重要作用和基本原则
➢ 商务沟通中的个人礼仪塑造
➢ 商务沟通中的语言礼仪
➢ 商务沟通中的电话礼仪
➢ 商务沟通中的餐饮礼仪

第一节　商务礼仪概述

当今社会,商务活动种类繁多,形式各异,人际交往更加复杂。为了达到交际双方希望的最佳效果,商务礼仪起着至关重要的作用。商务礼仪涉及双方的可信度、相似性、场所和时机的选择等众多因素,是多种变量相互作用的复杂过程,是一门科学,也是一门艺术。

一、商务礼仪的概念

我国是礼仪之邦,自古就有着"人无礼而不生,事无礼而不成,国无礼而不宁"之说。历经数千年的发展,礼仪在我国已经达到了一个极高的水平。西方国家也非常重视礼仪,认为礼仪是一个人通向文明社会和主流文化的通行证,是社会生活的润滑剂,是人们和谐相处、愉快生活的保证。

礼仪的内容涉及人类社会生活的方方面面。根据礼仪运用的场合,活动主体的身份、地位的差异,可以对礼仪进行划分。商务礼仪是针对从事商务和相关工作的人员而言的,是根据礼仪适用对象而产生的一个礼仪分支。具体指的是商务人员在从事商务活动的过程中(即履行以买卖方式使商品流通或提供某种服务获取报酬职能的过程中)应使用的礼仪规范。

商务礼仪涵盖甚广,内容之间相互有交叉,较难进行合适的分类。在这里仅从几个角度进行大致的划分,以期给出一个梗概式的全貌:

1. 根据表现形式的不同划分

(1) 语言礼仪

这是指通过口头或书面语言的方式表达的一种礼仪,即直接用语言来传达信息的某种礼节,通过礼貌、合理的语言本身传递信息,达到沟通的目的。

(2) 行为表情礼仪

这是指通过人的身体语言来传情达意的一种礼仪行为,即人际沟通中除语言信息之外的一切由人类行为所产生的信息。按照美国心理学家、人类学家霍尔德的说法:无声语言所显示的意义要比有声语言多得多、深刻得多。沟通中一半以上的信息由表情行为承载。

（3）饰物礼仪

这是指通过服饰、物品等表达思想的一种礼仪。在社交活动中，应多多了解"饰物语言"，通过饰物来传情达意，往往能达到"此时无声胜有声"的境界。

2. 根据内容的不同划分

根据内容的不同，商务礼仪可分为个人礼仪、电话礼仪、餐饮礼仪、谈判礼仪、赠送礼仪、仪式礼仪等。

二、商务礼仪在沟通中的重要作用

商务活动是一种多方交往活动，交往各方的沟通效果如何关系着活动的成败。然而由于交往各方在文化背景、思维方式以及处事方式上的差异，会使得他们之间的沟通并不那么容易，有时甚至会产生误解。

小案例

礼未先行客不待

某机构为一项庞大的建筑工程向某省的工程公司招标。经过筛选，最后剩下 4 家候选公司。机构派遣代表团到该省亲自与各家公司商谈。代表团到达该省的 A 市时，A 市的工程公司由于忙乱中出了差错，又没有仔细复核飞机到达时间，未能去机场迎接客人。所幸代表团尽管初来，还是自己找到了位于商业中心的一家旅馆。他们打电话给那位局促不安的经理，在听了他的道歉后，同意在第二天 11 时和经理在办公室会面。第二天经理按时到达办公室等候，直到下午 4 时左右才接到客人的电话说："我们一直在旅馆等候，始终没有人前来接我们。我们对这样的接待实在不习惯。我们已订了下午的飞机飞赴下一个目的地。再见吧！"

不合"礼"的行为在顾客看来就是不重视合作的表现，可能还未等坐下来谈话，双方的沟通即已宣告失败，不但交往的目的不能实现，而且给各方所代表的组织造成严重的负面影响。仅仅由于这样的问题，而不是自身实力不行，使得努力赢得的机会白白溜走，真是追悔莫及。

商务礼仪则在商务沟通这个复杂的过程中起着润滑与促进的作用。得体大方的仪容仪表，彬彬有礼的谈吐举止以及热情周到的处事方式等合"礼"行为可以使商务活动更容易被对方接受，从而尽可能地避免误解和剧烈冲突的发生，促进合作的达成。

小案例

合"礼"招聘

　　某公司计划开设新办事处,作为公司人力资源主管,刘先生的职责之一就是招募新职员。他在一个顾问的协助下,在报纸上刊登招聘广告,筛选了大约 10 个年轻人参加面试。男性应聘者的面试还算成功,但女性应聘者在面试中对提出的问题根本就没有回应,这将导致刘先生面临找不到合乎要求的女性办公室工作人员的问题。无助的他只好向顾问请教,原来这是刘先生说话声音太大,面部表情和手势不当造成的结果。在女性看来,他的行为是生气的、带有攻击性的无礼表现,有着这种领导的公司一定不合适女性。在以后的面试里,刘先生努力调整自己的声音,保持平淡略带微笑的面部表情,那双动作丰富的手也静静地放了下来。这果然有效,公司很快招到了理想的新雇员。

三、商务礼仪的基本原则

　　商务场合错综复杂、瞬息万变,其中的礼仪要求也随之不断变化,看似有些让人无所适从。但是在这多端的变化中,仍存有可循的商务礼仪的基本原则。这些凝结在商务礼仪背后的共同理念和宗旨是应遵守的共同法则,也是衡量在不同场合、不同文化背景下礼仪正确、得体的总体标准。

　　1. 真诚尊重原则

　　真诚尊重是做人之本,也是商务人员立业之道,是商务礼仪的首要原则。苏格拉底说过:"不要靠馈赠来获得一个朋友,你须贡献你诚挚的爱,学习怎样用正当的方法来赢得一个人的心。"真诚尊重是对人对事的一种实事求是的态度,是待人真心实意的友善表现,表现为对人不说谎、不虚伪、不骗人、不侮辱人;表现为对于他人的正确认识,相信他人、尊重他人。在礼仪规范的遵循上,本着一颗真诚的心,即使你不能做得很好,也会赢得他人的理解,达成沟通。例如外国人用中国餐的时候,常被筷子弄得很尴尬,我们不应嘲笑他们或是认为这是失礼的行为,而应认真地教他们如何使用筷子。

　　2. 平等适度原则

　　礼仪行为总是表现为双方的,这就要讲求平等。平等是人与人交往时建立情感的基础,是保持良好的人际关系的诀窍。"度"在哲学上指的是事物保持自身质的数量界限,超过了"度"就会引起质的变化。在人际交往中情感的表达也有一个适度的问题,应把握分寸,根据具体情况、具体情境而行使相应的礼仪。平等适度要求既彬彬有礼,又不低声下气;既要殷勤接待,又不失庄重;既要热情大方,又不轻浮阿谀,把握好各种情况下的社会距离及彼此间的感情尺度。比如握手,毫不用力会给人一种冷淡或轻视的感觉;用力过大则会给人一种粗俗鲁莽的感觉;只有用力适中才能传达热情真诚的感觉。

3. 自信自律原则

自信是社交场合中一种很可贵的心理素质。具有自信的人,才能在交往中不卑不亢,落落大方。自信的同时也要做到自律。"君子不失足于人,不失色于人,不失口于人,言语之美,穆穆皇皇"的古训在现代商务活动中亦然适用。处事不可随心所欲,要时时处处用礼仪规范约束自己的行为,做到自律。某大学的高材生应聘某家外企时,一路过关斩将,但就因为他用了顺手从其他公司牵来的信纸而在最后一轮面试中被淘汰。缺乏自信难于被人取信,缺乏自律难于得人尊敬,在没有信任,没有尊重的情况下,成功的商务沟通无从谈起。

4. 信用宽容原则

信用就是讲究信誉的原则,即在社交场合要守时与守约。守时就是遵守与人约定的会见、会谈、会议时间,不迟到;守约就是与人订立的协议、约定要做到。德国人讲究信用是世界闻名的,这也给德国公司树立了严谨可靠的世界形象,于是"德国制造"总给人信得过的良好印象。宽容即容许别人有行动和判断的自由,对不同于自己和传统观点的见解有耐心公正的容忍。彼此持有的宽容态度是成功沟通的桥梁。

第二节 商务沟通中的个人礼仪

言谈举止是个人内心世界的外在写照,是让他人有效认知自己的途径。良好的个人形象可以增长自信,更好地展现自己的优势和长处,赢得更多的机会。同时个人的形象也体现着他所代表的企业的形象。公司通过其员工在各类商务活动中的良好表现,为自己树立高效、讲信誉、易于交往、善待商业伙伴的形象。

一、个人仪容塑造

仪容主要指一个人的容貌。仪容虽由天生,难于改变,但通过后天的修整,做到整洁、朴素、大方和健美,亦可以反映出自尊自爱的精神状态和良好的文化修养,为自己增添光彩,展现迷人魅力。英国形象大师玛丽·斯皮莱恩说:"如果你不在早上花点时间注意细节梳妆,很可能其他人会为你遗憾一天。"有时不仅是遗憾,那些藏在细节处的魔鬼会在不经意间毁了你那原本可以称为"伟岸"的形象,更可能毁了整个商务活动。

1. 仪容塑造的基本要求

所谓仪容塑造的基本要求在实质上就是个人卫生要求。如果连卫生都谈不上,何以谈及其他呢?

（1）勤洗澡洗头、换洗衣服

长时间不洗澡、洗头不仅会带来头皮屑,满头的油腻和难闻的体味,还会在耳廓后、颈项上留下可怕的黑污,在衣服上,尤其是领口、袖口的污渍会在你还没靠近他人时就已经宣布沟通结束。天生体味较淡的东方人并不需要像西方人那样借助香水来掩盖气味,只要坚持勤洗澡换衣,自然清新的气息就可以给大家带来愉悦的心情。

（2）保持口腔清洁

口腔清洁包括两方面的内容:牙齿的洁白和口气的清新。早晚都要刷牙。吃过东西,尤其是辛辣食品后,一定要漱口,这样不仅可以去除异味,还可以去除附着在牙齿上的食物。洗牙可以解决因吸烟、喝茶等原因造成的黄牙问题。每日早晨空腹饮一杯淡盐水,平时多以淡盐水漱口可以有效地控制口腔异味。喷口气清新剂或嚼口香糖可以很快地抑制住口气,但请在与人见面交谈前进行,否则是不礼貌的。

（3）保持双手清洁

手也是仪容的重要部位,一双干净的手不仅可以防止病从口入,也是人际交往时的最低要求。最能体现手是否干净的地方是指甲。要经常修剪指甲及指甲周围的"爆皮"。指甲的长度不宜超过手指指尖。长指甲不仅是细菌的温床,也容易伤到别人。不要用牙齿咬指甲,也不要在公共场合修剪指甲,这都是不雅的举止。

（4）勤修剪鼻毛与体毛

即使你有着姣好的面容,外伸的鼻毛也会吸引别人所有的注意力,使人产生厌恶的情绪,影响沟通的兴致,应注意勤加修剪。男士要注意剃须。在商务活动中,男性不准穿短裤,不准挽起长裤的裤管;女性在穿会露出下腋、手臂和双腿的衣服时,最好剃掉体毛。

2. 仪容塑造的提高

俗语说"三分长相,七分打扮",适当的美容不仅可以提升自己的仪容,更可以感染自己的心情,使一切都美好起来。

美由心生,要想让自己的形象美好,首先要保持愉快的心情。乐观的情绪是最好的"润肤剂",其次才是外在的美化。正式商务场合,尤其在国际场合中,有一条不成文的规则:女士需要化妆。不化妆参加活动被认为是缺乏礼仪修养的表现。白天的日常商务工作及交往中,以略施粉黛为宜,正所谓"清水出芙蓉,天然去雕饰",而晚上的庆典、典礼等活动,要适当增加化妆的浓度,以便适应晚间灯光照射的效果。

┌─ 小贴士 ─────────────────────────────────┐

化妆小常识

　　打粉底：打粉底是为了调整脸色，平滑肌肤和掩盖瑕疵。打粉底前要做好面部清洁，然后涂上润肤霜，既保护皮肤，又便于粉底涂抹均匀。粉底色以贴近肤色为好，在接近颈部时，要注意色调的平滑过渡。

　　画眉毛：先用眉笔将眉毛刷顺，并根据自然眉形略以拔除和修剪使眉毛更加完美。最后才是描眉。描眉时应一笔一笔地描，而不是一笔画成。

　　涂眼影：东方人眼部轮廓不够突出，需要眼影来提升。应根据肤色和穿戴来选取眼影的颜色，如以红色为基调的服装宜配红色系的眼影。

　　涂腮红：腮红色的选取应考虑到脸型和头发的颜色。脸颊扁平的宜用珠光胭脂粉；颧骨较高者宜用暗红色；面颊饱满者可用深橘红色；肤色发黄者宜用玫瑰色等。

　　涂唇膏：先用唇线笔勾出理想的唇形，过于丰满的嘴唇，可画得略小于嘴围；太小的嘴唇可以画得略大于嘴围。再用唇刷蘸唇膏从唇角往唇中刷。嘴唇干燥者可先抹上护唇膏再涂唇膏。

└──────────────────────────────────────┘

　　男士需要每日修面。修出耳侧的鬓角是修面时的一大要领，因为整齐对称的鬓角可以极大的提高面部的整洁度，使人显得更有精神。男士不必化妆，但应注意护理皮肤，抑制面部油脂，防治青春痘。体味较重者应使用香水。

　　此外头发的美容功能也不可忽略，一款适合自己脸型、体型的发型可以为你添彩不少。

┌─ 小贴士 ─────────────────────────────────┐

选一款适合你体型的发型

　　瘦高型：该种体型的人容易给人细长、单薄、头部小的感觉。比较适于留长发、直发。应避免将头发削剪得太短薄，或高盘于头顶上。头发长至下巴与锁骨之间较理想，且要使头发显得厚实、有分量。

　　矮小型：应以秀气、精致的发型为主，避免粗犷、蓬松，也不适宜留长发，否则会使头部与整个形体的比例失调。烫发时应将花式、块面做得小巧、精致一些。盘头可以在视觉上增高身材。

└──────────────────────────────────────┘

（续上）

> 高大型：该体型对于女性来说，缺少苗条、纤细的美感。为适当减弱这种高大感，发式上应以大方、简洁为好。一般以直发为好，或者是大波浪卷发。头发不要太蓬松。总的原则是简洁、明快、线条流畅。
>
> 矮胖型：矮胖者具有一种富于生气的健康美。可选择运动式发型。此外应考虑弥补缺陷。矮胖者一般脖子显短，因此不要留披肩长发，尽可能让头发向高度发展，显露脖子以增加身体高度感。头发应避免过于蓬松或过宽。

二、衣着礼仪

莎士比亚说："服饰往往可以表现人格。"服饰是强烈、显著的信号，它向社会提供有关我们的一切信息；服装也是有利的沟通工具，它用最为直接的方式让人们运用它顺利地与他人交往。美国形象大师乔恩莫利经过 26 年对服装的研究，得到了一个关于服装的最简单结论，那就是"我们的着装影响着外界对我们的态度"。通过实验，在各种不同场所把服装做道具，他发现不同的服装能让人们得到不同的待遇。穿着像个成功的人，就能在各种场所得到尊敬和善待。穿着成功不一定保证成功，但不成功的穿着一定预示着失败。

小贴士

对美国富豪排名榜前 300 名执行总裁的调查

97%　　认为懂得并能展现外表魅力的人在公司中有更多的升迁机会
100%　　会送子女去学习关于商务着装的课
93%　　相信在首次面试中申请人会由于不合适的穿着而被拒绝录取
92%　　认为不会选用不懂穿着的人做自己的助手
100%　　认为应该有一本专门讲述职业形象的书供职员们阅读

1. 穿着的原则
（1）TOP 原则
TOP 是世界上公认的服饰穿戴原则，它是英文 time（时间）、object（目的）、place（地点）三个单词的首字母缩写，即是要求人们在着装时以这三大要素为标准。

A. T 原则：指服饰打扮应考虑时代的变化、四季的变化及一天各时段的变化。

B. O 原则：指服饰打扮要考虑此行的目的。

C. P 原则：指服饰打扮要与场所、地点、环境相适应。

TOP 原则是相辅相成、互相联系的。人们总是在一定的时间、地点，为某种目的进行活动，因此服饰打扮一定要合乎此三要素，为成功的商务沟通创建良好的开端。例如：要博取日本客商的青睐最好穿得老成一点，因为日本人认为年纪大的谈判者有经验，比较成熟，相应会对你更尊敬，谈判会容易进行些。要博取投资方的青睐最好穿着贵气，扔掉舒服但已过时的西装和功能强大但廉价的电子表，让他们通过服饰感到你赚钱的能力，对方才敢把钱投给你。

某代表团在伦敦参观一家美国大银行时，一位代表团成员由于穿着运动衣和旅游鞋，被门卫误认为是混入队伍的难民而拦住，尽管翻译一再解释，但门卫还没让他进入银行参观。因为在英美的金融界，从上至下，包括清洁工都不能穿着随便，参观者也应穿得合乎他们的要求，否则就会被拒之门外。

（2）统一原则

服装分为四类：礼服、正装、运动装和便装。

a. 礼服——在庆典或者非常隆重的场合穿着，最具装饰效果的服饰。

b. 正装——平时工作或正式活动中的服装，有些行业中的统一制服也可以归在此类。

c. 运动装——在运动时穿的服装。

d. 便装——又称休闲装，一般是在工作和运动时间以外穿着的服装。

统一原则主要指的是服装类型的统一，即以上四种类型的服饰不宜混穿。此外在注重类型统一的同时，还应注意服装各部分之间款式、服装与配件之间款式的统一和协调。比如西装配皮鞋和公文包；裙装配高跟鞋和手袋等。

（3）层次原则

一般着装从里到外可以分出五层：贴身内衣裤、衬衫衣裤、马甲（夹袄、毛衣裤）、外衣裤和大衣。层次原则要求：① 这五层从里到外的次序一般不要改变。② 贴身内衣裤、衬衫裤和毛裤不能外露，即从外观上，如果不穿大衣，上装部分只应该看到衬衫衣领和袖口、部分马甲和外衣。③ 每层一般只能有一件。

（4）适度原则

商务场合不是"斗秀场"，穿着和配饰不可过于张扬夸张，不可成为财富炫耀的方式，而应以明快大方为佳。

（5）扬长避短原则

在遵守以上有关商务场合着装原则的基础上，还应充分发挥服装美化的作用，要用服装来突出自身身体条件的优势，掩蔽劣势。如身材矮胖者要注意避免穿浅色，身材短小者避免穿过分宽大的衣服。

2. **男士西装着装礼仪**

商务活动中男士的首选着装是西装。西装最能衬托男士魅力,但是要穿好西装,尽展个人风采,却并不是一件容易的事。

(1)西装的穿着原则

a. 色彩与花纹。以深蓝、灰、深灰等中性色彩为上选,纯色或暗而淡的含蓄条纹为佳。任何大格、花呢图案的西装都不应出现在商务场合。在西方,深蓝色暗条纹被认为是最有魅力的男性西服。商务场合要求西服上下装最好一色同料。

b. 扣子。分为双排扣和单排扣两种。双排扣西装在着装时要扣上所有的纽扣。单排扣西装视具体情况可以系扣也可不系扣。如果系扣,一般不全扣上,尤其当扣子数大于三粒时,以显得比较灵活一点,通常选择最下面的一粒扣子敞开。

c. 拆除标签、打开兜口。西服的商标一般缝在袖口外显眼处,正式穿着时一定要将其拆除,否则会让人误以为穿着未出售的衣服或有炫耀服装品牌之嫌。为保持良好的衣型,西服在未售出时外衣兜口是缝合的,按惯例,穿着时应将其拆开。

d. 领宽与裤长。后领的大小要贴合颈部,防止穿着时后领处鼓着。裤长以站立时裤口垂放至鞋面,后遮住鞋帮一厘米为宜。

e. 内衬衣物。衬衣应扎放在西裤内。穿毛衣,最好选"V"字领的,以不外露为佳。着正装西装时严禁在西服里面穿厚重的毛衣,这是"穿衣之罪"。

小贴士

西装款式的分类

西装的款式分为英国、美国和欧洲三大流派:

▲ 英式西装无垫肩或只有一点垫肩,腰部略有形状,富有绅士格调,多为单排扣;

▲ 美式西装受美国人开放性格和身体语言幅度较大的影响,不贴身,较宽松,腰部为筒状,后中开衩,穿起来显得高大威武,适于瘦高型身材的人穿着;

▲ 欧式西装剪裁得体有着如同亲吻着身体的效果,且强调垫肩,营造方正的肩部效果,从而突出男性肩、胸部,双排扣较多。

根据自己的喜好和身材选择适合的款式即可,一般而言,欧式西装更适合中国人的体形。

---

(2)西装配件的穿着原则

a. 衬衫、马甲与大衣。有领长袖衬衫是西装的必需搭档。衬衫要求衣领挺括,衣服平整,最好能每日一换洗。衬衫袖口长度应长过西服袖口约两指宽左右。传统的衬衫为白色棉质地,但随着审美观的多元化发展,现在各种颜色、质地的衬衫都可以在商务活动中穿着,尽管如此,仍应避免大图案、大条纹、花案的和丝质的衬衫,还应注意西装外套的颜色和款式搭配,不宜过分抢眼。

马甲不是西装的必备品,但可在气温较低的时节起到保暖的作用。正式场合,马甲不可单独穿着,穿着时除了最上面一颗扣可以不系以外,其余都应系好。

大衣一般在大风和寒冷季节使用。款式应注意与西服协调,要有一定的挺括度,长度要长过西服长度。

b. 领带、领带夹与皮带。领带是西装的灵魂,起着画龙点睛的作用。常见的领带按形状可分为:箭头形、翼状带(又称领结)、平头形和线环形。领带面料以真丝为最好,在颜色上与衣服颜色一致或形成鲜明对比均可,忌用三种颜色以上、色彩太鲜艳的领带。系领带时一定要把第一颗纽扣扣好,领带的长度以到皮带上下缘之间为宜。

小贴士

领带颜色搭配与花纹含义

黑色领带是全能搭配,可与除了宝蓝色外的其他任何颜色的西服相匹配。一般来说,黑西装、白衬衫,应选灰、蓝、绿色领带;灰西装,白衬衣,宜选灰、绿、黄色领带;深蓝色西装,白色或明亮的蓝色衬衫,可以选择蓝、灰、黄色领带。

花纹上,代表果断的斜条是最常见的。可以根据自己的喜好、具体需要选择代表体贴的碎花,代表关怀的圆点,或是代表热情的方格。

领带夹不仅可以固定领带,还有很重要的美观作用。它的最佳位置是衬衫纽扣从上往下数第四至第六颗之间,并且连衬衫一并夹住。

带有钢质皮带头,平滑无明显花纹的皮带是配合西装的佳选。颜色应与鞋子颜色统一。

c. 皮鞋与袜子。华尔街有一句俗语:"不要相信一个穿着破皮鞋和不擦皮鞋的人。"皮鞋是西服的基础性平台。没有一双适合干净的皮鞋,西装的整体效果都会受到影响。薄底素面的皮鞋较适合与西服搭配。商务场合,男士只宜穿黑色或深咖啡色的皮鞋,这两种颜色的鞋也比较好搭配西装。

袜子的选择可以透露一个人是否懂得西服着装规范。袜子不仅可以护脚保暖,在商务场合中,更重要的作用是在裤腿提升时遮盖腿毛,因此一定要选择高腰的袜子。

颜色要与皮鞋颜色统一，除非着白西装和白皮鞋，否则不可选择白色袜子。质地以棉质为佳。

　　3. 女士商务套装礼仪

　　女性的服装变化繁多，与男性服装相比，式样上的拘束较少，选择面宽。不过过多的选择也会带来麻烦，不当的服装搭配有可能毁了自己的事业。

小案例

求 职 记

　　魏小姐是一个很棒的电子工程师，在国家电视台工作时有着"能力小姐"的美称。为了事业发展，她前往另一家广播电视公司应聘，却遭到失败。不久她又收到索尼公司的面试通知。为了不再错过机会，这次她请教了形象设计师。当魏小姐拿出自己面试时穿的衣服：一件带花边过时的衬衣，一件宽松化纤混纺的黑西服，一条棕色的肥大的西裤时，设计师说："这身衣服让你看上去像个在北京郊区卖菜的大姐，你的技术再好，别人也会有疑问，她的能力和她的外表为什么不相称？她可能是个全面素质都优秀的人吗？"最后设计师为她挑选了一套深蓝西服套裙，外加一件优质纯棉白衬衫。穿着这身衣服的魏小姐顺利拿下了索尼公司的工作。索尼公司的老板说："从你一进门，你的神情和外表就告诉我你是我们所期望的人。"

　　套装是女士参与商务活动的首选着装，分为裙装和裤装两种。职业套装更能显露女性高雅气质和独特魅力。"

　　(1) 套装的穿着原则

　　a. 颜色。黑色是职业装中最保险的颜色。另外，深色套装中，深灰、海军蓝、咖啡、酒红依次体现专业程度；浅色套装中，白、米黄、湛蓝、暗粉红依次体现专业程度。有细若游丝的暗纹的套装最显气质。

　　b. 上衣。穿有领子的衬衣，以素色为好。如果透明，则不可脱下外套，即使衬衫内穿有背心也不好。无袖、露肩的装束一定要加外套。

　　c. 裙子。以素面无明显花纹的为佳，避免有碎花、小格子图案的裙装。修身的直筒裙比长裙显得利落，斜裁窄身及膝裙更有女人味，但裙摆（及开衩）都应高过膝盖两厘米。

　　d. 裤子。不可穿短裤，分裤。裤子要长及鞋面。面料要具有一定的垂感。微喇的裤型可以在视觉上拉长双腿，增加美感。

（2）套装配件的穿着原则

a. 袜子。商务场合一定要穿袜子。以肉色为好，除非是黑色裙装，否则一般不用黑色。不能让袜口露在裙摆或裤脚外边，因此着裙装一定要选择长筒丝袜。不能穿挑丝、有洞或用线补过的袜子，所以最好预备一两双袜子，以防不时之需。

b. 鞋子。着裙装最好穿高跟鞋，更显朝气和挺拔，但跟高不要超过 7 厘米。尽量避免露趾鞋、平底鞋；在正式场合穿凉鞋则是缺乏教养的行为。

女性服饰的规矩没有男士那么多，在遵守一般穿衣原则的基础上，女性可以尽可能地把自己打扮得多姿多彩。

三、形体礼仪

身体语言被广泛地用于沟通中，这些非语言符号以其约定俗成的信息传递方式很好地弥补了语言在传递信息中"言不尽意"的缺陷，帮助信息传播者跨越语言障碍，准确地传递信息。而且身体语言比语言更真实、更可信地展示着人们的内在世界：无论你是进入会议室，还是宴会厅，你的身体语言都已经在和别人进行交流了，它们用无声却又丰富的语言告诉人们你是谁，你有什么心态，你是领导者，还是被领导者，是对生活充满自信的成功者，还是消极对待人生的失败者。

1. 体态礼仪

体态语，主要指人的各种静态的姿势，包括人的四肢姿态以及坐、立、行等动作构成的各种姿态。

（1）站姿

站立是生活中最基本的一种举止。正确健美的站姿给人以挺拔笔直、舒展俊美、精力充沛、积极进取、充满自信的感觉。

站立时均应身体直立，挺胸抬头，双目平视，下颌内收，挺髋立腰，吸腹收臀。同时杜绝探脖、塌腰、耸肩、双手放在衣兜里，腿脚不停抖动等不良习惯。商务场合应注意避免一些"不友好"的站姿：两腿分开，一手叉腰，另一只手摸着下巴，或是看着别的地方，表示你无所谓，泄露你不急于达成商务合作的心态；双手交叉抱于胸前的站姿，容易使人产生距离感，在对方身高较低时尤其不宜如此站立；双手叉腰的站姿是盛气凌人的表现。

规范的站姿礼仪应是：

a. 男士站姿。双腿直立式：双腿直立，两膝并严。脚跟靠紧，脚掌分开呈"V"字形。双手置于身体两侧自然下垂，或在腹前交叉，一掌平抚前腹，另一掌握该掌手腕。

分腿站立式：双膝直立，两腿分开，两脚平行，约一肩宽。双手自然后背，在后背自然相握。这种站姿很能显示男性强壮的气势。

单腿直立式：以单腿为身体重心支点，另一腿往前方侧放，这种站姿较为轻松，适用于长时间站立。双手则可以采用以上两种站姿的姿势。

b. 女士站姿。双脚前后直立式：双膝直立，前脚后跟靠后脚脚心部分站立。双手腹前交叉，一掌平抚前腹，另一掌握该掌手腕。

双脚平行直立式：双膝直立，两脚后跟紧贴，脚尖向外呈"八"字站立。双手自然后背相握，或者在腹前交叉。

双脚前后分腿站立式：一脚向前迈出半步，脚尖朝前或稍外撇，重心落于其上。另一脚后脚跟与前一只脚的后脚跟在同一条竖线上，脚尖平行朝外站立。双手相扣或两掌相抚放于前脚一侧的身体边，这种手姿形似古人道万福之礼。

（2）坐姿

端庄、谦逊、挺拔的坐姿，给人以自信、稳重、善于合作的好感。在商务活动中，落座的动作、坐的姿势以及表现出来的态度影响着一个人的形象。

入座时的声音要轻，动作要柔和，不要猛然坐下或站起。要做到这样，必须紧张腰部、髋部的肌肉，控制住动作的力度、幅度。入座后不可抖腿，双手不要叉腰或交叉在胸前，不要摆弄手中的东西，不要不时地做拉衣、整头发等小动作。也许这些小动作可以缓解你的紧张情绪，但却给予你谈话者留下信不过的印象，有碍于达成商务活动的目的。

常见的几种坐姿有：

a. 标准坐姿。小腿垂直于地面，两膝并拢，上身挺直，双肩平正，两臂自然弯曲，两手交叉叠放在两腿中间，并靠近小腹。女士若着裙装，在落座时要用双手在后面从上往下把裙子拢一下，防止坐出皱褶，或裙子被坐住而使腿部裸露过多。

b. 重叠式坐姿，亦称"二郎腿"或"标准式架腿"。在标准式坐姿的基础上，两腿向前，一条腿提起，腿窝落在另一条腿的膝关节上边。要注意上面的腿向里收，贴住另一腿，脚尖向下。重叠式还有正身、侧身之分。手部也可交叉、托助、扶把手等多种变化。

有人认为重叠式坐姿是一种不严肃、不庄重的坐姿，尤其是女子不宜采用。其实不然，这种坐姿不仅常常被采用，而且只要注意上边的小腿往回收，脚尖向下这两个要求，不仅外观优美文雅，大方自然，富有亲近感，而且还可以充分展现女士的风采和魅力。

（3）蹲姿

蹲姿使用较为少，但讲究行为举止礼仪的人，同样应该讲究蹲姿，不要让一瞬间的蹲下动作，毁掉你苦心经营的美好形象。

下蹲时尽量避免后背朝人，应正面朝人。两腿合力支撑身体，避免滑到或摔倒。使头、胸、膝关节不在一个角度上，从而使蹲姿显得优美。

蹲姿的两种基本形式：

a. 高低式蹲姿：左脚在前，右脚在后向下蹲去，左小腿垂直于地面，全脚掌着地，大腿靠紧，右脚跟提起，前脚掌着地，左膝高于右膝，臀部向下，上身稍向前倾。以左脚为支撑身体的主要支点。

b. 交叉式蹲姿：下蹲时右脚在前，左脚在后，右小腿垂直于地面，全脚着地，左腿在后与右腿交叉重叠，左膝向后面伸向右侧，左脚跟抬起，脚掌着地。两脚前后靠紧，合力支撑身体。

（4）行姿

以上说的都是静态的姿势，而行则体现了动态的美感。协调稳健的、轻松敏捷的行姿，表现朝气蓬勃、积极向上的精神状态。

a. 基本行姿规范

起步时，上身略向前倾，身体重心落在前脚掌上。行走时，双肩平稳，目光平视，下颌微收。手臂伸直放松，手指自然弯曲。摆动时，以肩关节为轴，上臂带动前臂，前后自然摆动，摆幅以 30～35 度为宜。步幅适当，一般应该是前脚的脚后跟与后脚的脚后跟相距一脚长。跨出的步子应是全脚掌着地，膝和脚腕不僵直，行走足迹在一条直线上。行步速度，一般是男士 108～110 步/每分钟，女士 118～120 步/每分钟。

b. 变向行姿规范

变向行姿是指在行走中，须转身改变方向时，注意身体先转，头随后转，并同时向他人告别、祝愿、提醒、寒暄等时的行走姿态。包括：

后退步：与人告别时，不能扭头就走。应先向后退三步，再转体离去。退步时脚轻擦地面，不要高台小腿，后退步幅要小。转身时要身先转，头稍后一些转。

引导步：引导步是用于走在前面给宾客带路的步态。引宾时，要尽量走在宾客的左侧前方，整个身体半转向宾客方向，左肩稍前，右肩稍后，保持两三步的距离。遇到上下楼梯、拐弯、进门时，要伸出左手示意，提示客人先上。

前行转身步：在前行中要拐弯时，要在距所转方向远侧的一脚落地后，立即以该脚掌为轴，转过全身，然后迈出另一脚。向左拐时，要右脚在前时转身，向右拐时，要左脚在前时转身。

2. 表情礼仪

面部表情是心境的晴雨表，脸是人与人沟通最应注意的地方。而面部表情中最重要的就是目光和微笑。

（1）目光

爱墨生说："眼光如同我们的舌头一样能表达，而且它的优势是不需要任何词语，就能被全世界理解。"

目光的接触是一种信息，一个前奏，一种对进一步交往的邀请。细心观察人们的目光接触，便会对人类语言交流的方式有新的认识。西方社会心理学家在沟通交流中对眼光进行了深刻而细致的研究，寻找有助于沟通的眼光。结果发现"聚精会神的目光"是人们所喜欢的，最有助于彼此间的沟通。

小案例

一个目光的故事

某名牌商学院毕业的小赵在连续进行了十多次的面试失败后，找到专家进行咨询。他的外表形象上没有显著的错误和缺陷。但在面试模拟中，他的目光闪烁不定。他面对测试专家的眼光，没超过5秒就移到了自己的手上或别处。专家找出了问题的结症所在："第一，一个让人捉摸不清的、上下飘忽不定的眼光，会让别人对你的信任度产生怀疑，'你有什么在隐瞒我？你有没有真实地回答我的问题？'；第二，它会让人感到不受重视，你没给别人足够的尊重；第三，你是否在听我的问话？第四，你是否有足够的自信。"找到失败原因的小赵终于在紧接着的一次面试中成功，进入了一家老牌金融公司。

不同的场合与情况，应运用不同的目光：

a. 见面时。无论是见到熟悉的人，或是初次见面的人，无论是偶然见面，或是约定见面，首先要眼睛略睁大，以闪烁光芒的目光正视对方片刻，显示出喜悦、热情的心情。并配合微笑和略略点头。

b. 交谈时。应该保持目光的接触，用目光流露出会意之情，但时间不宜过长，死盯着对方有冒犯的意味。对方因说错了话而显得拘谨害羞时，不要马上移开自己的视线，相反，要改用柔和理解的目光注视对方。双方都缄口不语时，就不要再看着对方了，这只会增加尴尬气氛。切莫东张西望，这是对谈话失去兴趣的表现。

c. 讲演时。开始发言要用目光扫视全场，提醒听众的注意。讲演的过程中要和听众有目光交流，不要盯着远方一讲到底。

d. 分别时。抬起目光表示会面的结束，注视对方一会儿表示离别。

（2）微笑

美国希尔顿旅游公司董事长康纳·希尔顿50多年里，不断地到他设在世界各地的希尔顿旅游视察，视察中他经常问下级的一句话是"你今天对客人微笑了没有？"因为人类的微笑放射着温暖、自信、幸福、宽容、慷慨、吉祥等，微笑吸引着幸运和财富。

小案例

SMILE

在英国最大的超级市场连锁店山斯波里，服务台上挂着英文缩写成"微笑"的大牌子，作为企业的口号——SMILE。

S 表示 Smile（微笑），M 表示 Manage（管理），I 表示 Interact（互相影响），L 表示 Listen（倾听），E 表示 Enthusiasm（热情）。

无论是顾客还是工作人员，看到"微笑"两字就会禁不住微笑。微笑是获取人心的最有效的方式，它能消除人与人之间的界限，帮助沟通。

微笑的基本做法是不发声、不露齿，肌肉放松，嘴角两端向上略微提起，面含笑意，使人如沐春风。微笑要发自内心，发自肺腑，无任何做作之态，防止虚伪的笑。只有笑得真诚，才显得亲切自然，与你交往的人才能感到轻松愉快。眼睛也一起微笑的笑容是"最具有魅力的"，这种微笑流露出一个人内心世界的幸福与快乐，只有感受生活的愉快与成功的人，才能做出这样迷人的微笑。

3. 动作语礼仪

动作语礼仪是对商务场合常使用的一些动作，如握手、鞠躬、谈话距离等，所做出的规范要求。

（1）握手

握手是商务交往中最常用的动作语。远古时代，伸出手，相互紧握表示没有携带武器，没有敌意之意。沿袭至今，已成为人们见面时表示礼貌的全球通用礼，在人与人之间传达着和平、友好、祝福、感谢、慰问、鼓励等讯息。

a. 握手的正确姿势。面带微笑，注视对方，上身微前倾，两足立正、距离对方约一步左右。伸出右手，四指并拢，手掌处于垂直状态，握住对方的手，上下摇晃三下后就松开。握手用力要均匀，体现稳沉、热情和真诚。不能死握住对方的手不放，尤其是对女性，这是很不礼貌的行为，也不能松松垮垮，如"死鱼"一样的握手显得毫无诚意。不同的握手方式，表示某人的不同的心态：支配式握手：手心向下握住对方的手。显示出强烈的支配欲，无声地告诉别人他此时处于高人一等的地位。乞讨式握手：手心向上与人握手，或双手去握对方的手。表现出一个人的谦卑与恭敬。捏手指式握手：握手时对方连手指都没有弯一下，碰碰就松起来了。毫无感情可言，是敷衍的行为。

　　b. 握手的顺序。一般而言,长辈先伸手,晚辈才能伸出手去握。男女之间,应等女方伸出手,男方才能伸手相握。主客之间,应主人先伸手,客人再握。在接待来宾时,女主人应主动伸手同客人相握表示欢迎。在别的场合,女方如不想握手,可以点头微笑致意。

　　c. 握手时的注意事项。千万不能用左手握。不能与人交叉握手,宁愿等他人握完了再握。不能用脏的或汗津津的手与人相握。不宜把另一只手插在口袋里,也不宜口叼香烟。男性不能戴手套与人握手,女性也只限于薄薄的装饰性手套。如果对方没有握住你伸出的手,放下就好,大可不必尴尬,因为这是他的无礼,你做的完全正确。

　　(2) 鞠躬

　　关于鞠躬,可以追溯到商代古老的祭天仪式——鞠祭。鞠祭时,作为祭祀的猪、牛、羊,必须保持完整形状,并将其弯曲成圆形,即鞠形,以表达祭者格外虔诚与恭敬的心意,这种形式后来应用于人们现实的交际活动中,在向地位高、辈分高的人表示尊敬与虔诚时,以鞠躬来表示。

　　男士鞠躬时,手放在身体两侧,手掌贴大腿外侧;女士鞠躬时,双手互握于体前,自然弯腰鞠躬。别人向你鞠躬,必须以鞠躬回礼,否则是不礼貌的。鞠躬的幅度各地有别,依据对方的地位、辈分幅度加大。地位低的人要先鞠,而且要鞠得相对深一些。在我国等大多数国家常用浅浅的鞠躬礼,而日本、韩国等鞠躬幅度较大,甚至会达 90 度。在这些国家,一般入乡随俗,可以表示对对方的尊敬。

小贴士

日本人的鞠躬

● 初次见面或者相互问好时,鞠躬弯腰 15 度左右;
● 分别时,鞠躬弯腰 30 度,表示经过交往,感情已经加深了,依依惜别之意;
● 表达感谢时,鞠躬弯腰要达到 45 度;
● 道歉或致哀时,鞠躬弯腰要接近 90 度方显出诚意。

---

　　(3) 控制社交距离

　　社交距离指的是适用于礼节性或社交性的正式交往的"界域"。所谓界域,即交往中相互距离的确定,它主要受到双方关系的决定、制约,同时也受到交往的内容、交往的环境以及不同文化、心理特征、性别差异等因素的影响。

　　近段为 1.2～2.1 米之间,多用于商务洽谈、接见来访或同事交谈等。远段在 2.1～3.6 米之间,是用于同陌生人进行一般性的交往,也适合领导同下属的正式谈话,高级官员的会谈及较重要的贸易谈判。

第三节　沟通中的语言礼仪

语言是沟通中最普通,也是最重要的途径,从其中体现出来的艺术能征服世界上最复杂的东西——人的心灵。泰戈尔说:"礼貌就像新鲜空气,尽管看不见摸不着,却能使你怡神气爽。"语言交谈中的礼仪可以使沟通轻松顺畅。

一、称呼与问候的礼节

商务沟通总是以问候和称呼彼此开始的,虽然随着商业生活的节奏变得越来越快,问候与称谓变得越来越简单实用,但却是不能省略的。好的开始是成功的一半,在与人沟通的过程中,这个好的开始就始于问候、称谓。

1. 称呼的礼仪

商务交往,礼貌当先;与人交往,称谓当先。称呼的基本规范是要表现尊敬、亲切和文雅,缩短彼此之间的距离。

商界最常用的是姓名称谓。姓名,即一个人的姓氏和名字。用法大致有以下几种情况:

(1) 全姓名称谓

即直呼对方姓和名,如"李伟"、"刘华"等。全姓名称谓具有一定的严肃感。一般来说,在年纪、职务相差不大的情况下,可以直呼其名,但是,如果对方比你年长许多或职务相差较大的情况下,指名道姓地称呼对方是不礼貌的。

(2) 昵称称谓

即省去姓氏,只呼其名字,如"大伟"、"建华"等,这样的称呼较为亲昵,适用于熟悉的人之间。不熟悉的人之间使用应先征得对方同意,尤其是异性之间要谨慎使用。

(3) 姓名加修饰称谓

即在姓之前加一修饰字,如"老李"、"小刘"、"大陈"等,这种称呼亲切、真挚。一般用于在一起工作和生活中相互比较熟悉的同事之间。

(4) 职务称谓

指用所担任的职务做称呼,表示对对方的尊敬和礼貌。古代就有这种称呼方式,如称杜甫为"杜工部",因为他当过工部员外郎;称诸葛亮为"诸葛丞相",因为他是蜀国的丞相。现代这种称谓方式有两种形式:职务称呼,如"李局长"、"张科长"等;专业技术职务称呼,如"李教授"、"刘医师"等。

(5) 职业尊称

即用其从事的职业名称来当作称谓,一般从事在社会上受到普遍尊重的职业的人会受到这样的称谓,例如"老师、律师、医生"等称谓。通常在称呼前冠以姓氏以具体区别,如

“王老师”，“黄律师”等。

　　称呼中的代词有“您”和“你”两个。商务场合中用“您”称呼对方，可显得尊敬，尤其是当对方的职务、年龄较长时。

　　2. 问候的礼仪

　　问候是指向他人问好以示自己的慰问。问候并不是为一件非常具体的事而进行，主要是为了表示对他人友好或关心的礼貌行为，目的是人际关系的融洽。

　　（1）问候的顺序

　　男性先向女性问候，年轻的先向年老的问候，下级先向上级问候。

　　（2）问候礼仪

　　a. 当面问候致意。这又称打招呼。见面时，互相问候是第一道程序。即使是一面之交，相遇时也应打招呼，否则会被看作傲慢无礼。打招呼时，常使用问候语“你好！”、“早安”、“好久不见，近来可好？”等，并伴以点头、握手、微笑等。打招呼要主动，但也不要在双方相距很远的时候就迫不及待地高声叫喊，在公共场所就更不妥了。不要口叼香烟，手插裤袋与人打招呼。此外，问候语要分场合的合理使用。比如说我们常用的“吃过了么？”就经常因问的场合不好而使彼此陷入尴尬境地。

小贴士

你知道中国这些传统的礼仪语言吗？

初次见面用“久仰”，好久不见用“久违”；
请人批评用“指教”，请人原谅用“包涵”；
请人帮忙用“劳驾”，求给方便用“借光”；
麻烦别人用“打扰”，向人祝贺用“恭喜”；
求人解答用“请问”，请人指点用“赐教”；
托人办事用“拜托”，赞人见解称“高见”；
看望别人用“拜访”，宾客来临用“光临”；
陪伴朋友用“奉陪”，中途先走用“失陪”；
等候客人用“恭候”，请人勿送用“留步”；
对方来信用“惠书”，老人年龄用“高寿”。

---

　　b. 远方的问候。为了保持友好的商务关系，平日，尤其在节日里，也应送上祝福和问候。问候的方式有书信、明信片、电话、电报、礼物等。互联网时代，更为互相问候提供了便捷。问候的内容很多，身体健康、事业顺利、生活如意、节日愉快等均可，但措辞不可显

得在打听他人私事的样子。只言片语就可以表达真挚的感情。

二、介绍的礼节

商务活动中的人们常为初次见面,因此为他人作介绍和介绍自己是商务沟通的重要方面,没有介绍的见面就像观看比赛时没有入场券一样。而成功的介绍则会给整个商务沟通带来融洽的气氛,为进一步交谈作铺垫。

1. 介绍的原则

(1) 先后顺序原则

一般来说,不论性别,应先介绍权威人士、要人或客户;将职位低的介绍给职位高的;如果每个人的职位都相同,可以选择自己想恭敬的那位,将其余人先介绍给他或她。将男性介绍给女性;将年轻者介绍给年长者;将迟到者介绍给早到者。此外,在涉及业务的场合里,哪怕是在公司之外,也应先介绍你的老板。

(2) 准确清晰原则

表达清晰、流畅、风趣、真实是介绍的基本礼仪。说错了被介绍者的名字会被当事人误解为对其的不重视。介绍信息不明确清晰则会带来麻烦或闹出笑话,如"小胡就是我和你说过的那位",听介绍的人可能忘了你说过的事,等于没说,而被介绍人则会有猜想"你说了我什么?"作介绍时过于冗长累赘也是一个很常见的毛病。只要你所提供的信息能使交谈继续下去即可。通常只要一两句话便足够了,以后总有机会再作补充介绍。例如,"张经理,请允许我为您介绍周先生,他是我的助理。"就可以了。

(3) 积极评价原则

积极的介绍讲究三点:第一,在介绍别人时,对其个人情况作出客观或积极的评价。可以将被介绍人的爱好、兴趣、特长等能代表其独特个性的方面介绍一下,让别人容易记住其名字和个性。这是人际交往的艺术。第二,积极表扬被介绍人或肯定其某项技能,如"王博士是我们这儿的公关专家"、"刘处长是这儿的电脑高手",这是建立良好商务关系的妙诀。第三,积极记住他人的名字。介绍完后要记住别人的名字,这是对他人价值的肯定,同样也会得到别人对你的肯定

2. 介绍他人

为他人作介绍时,首先应了解双方是否有结识的愿望,切不可冒昧引见,尤其在双方职位或地位悬殊的情况下。适当的方法是事前向双方询问,如"林总,我可以介绍王宇给您认识吗?"双方均同意方可进行介绍。

介绍时,被介绍双方与介绍人应站成三角形,相互面对。介绍人不可以用手指指点点,而应四指并拢平伸手掌来作指示。如果被介绍双方本来坐着,此时应该站起来,相互握手,或微笑致意,并说"您好"、"幸会"、"认识你很高兴"之类的问候语,问候语中要称呼

对方的名字,表示重视,也可帮助自己记忆。

介绍完时,双方还应该做一些寒暄或交谈,然后才能做到别的,说些希望再见的话。

3. 自我介绍

如何主动推销自己?自我介绍就是一种方法,它用简洁或风趣的语言将你自己包装一番,呈现在众人面前,使大家认识你,了解你。做一番好的自我介绍,可以给别人留下深刻的印象,为自己赢得信任与机会。

自我介绍可以真实简洁、清晰流畅、坦率自信地进行,只要这样的"自我推销"包含了足够的有关你的信息即可。夸夸其谈甚至炫耀自己的自我介绍,不会收到良好的效果;相反,谦逊、随和的自我介绍却能赢得听者的尊敬和信任。青年人在社会上的经历较浅,切莫自以为是,说出贻笑大方的话来。特别是在面试时,你说的每一句话都将成为对方提问的问点。言过其实只会使自己处于尴尬境地。

在一些要求自我介绍的场合,为做好介绍,最好的方法是事先写一篇针对该场合的自我介绍的底稿,对着镜子多做练习,注意发音清晰,就会收到满意的效果。

4. 名片在介绍中的配合作用

在介绍时,双方常会互赠名片来帮助介绍和日后的联系,切不可忽视了这一方小纸的作用。

(1) 携带名片

参加商务活动时应随身携带自己的名片。携带的名片数量要充足,以确保够用,并分门别类地放置于名片夹、公文包或上衣口袋内,根据不同交往对象使用不同名片。

名片要保持干净整洁,切不可出现折皱、破烂、肮脏、污损、涂改的情况。

(2) 递交名片

递交名片体现了交际的艺术:

a. 把握时机。一般应选择初识之际或分别之时,在自己想主动与人结识,或交往双方均有结识对方并欲建立联系的前提下才发送名片。观察到对方的意愿后,应把握时机,发送名片,才会令名片发挥功效。如果双方或一方并没有这种愿望,则无须发送名片,否则会有故意炫耀、强加于人之嫌。不要在用餐、戏剧、跳舞之时发送名片,也不要在大庭广众之下向多位陌生人发送名片。

b. 讲究顺序。双方交换名片时,应当首先由位低者向位高者发送名片,再由后者回复前者。但在多人之间递交名片时,不宜以职务高低决定发送顺序,切勿跳跃式进行发送,甚至遗漏其中某些人。最佳方法是由近而远依次发送。

c. 表现谦恭。递交名片时应当表现谦恭。起身站立主动走向对方,面含微笑,上体前倾15度左右,以双手或右手持握名片,举至胸前,并将名片正面面对对方,同时说声:"请多多指教","欢迎前来拜访"等礼节性用语。切勿以左手持握名片。

（3）接受名片

接受他人名片时,不论有多忙,都要暂停手中一切事情,并起身站立相迎,面含微笑,双手接过名片。至少也要用右手,而不得使用左手。

接过名片后,先向对方致谢,然后默读一遍,遇有显示对方荣耀的职务、头衔不妨轻读出声,以示尊重和敬佩。若对方名片上的内容有所不明,可当场请教对方。然后将名片谨慎地置于名片夹、公文包、办公桌或上衣口袋之内,且应与本人名片区别放置。

最后应当回给对方一枚自己的名片。没有名片,名片用完了或者忘了带名片时,应向对方作出合理解释并致以歉意,切莫毫无反应。

三、谈话的礼仪

简短的介绍和问候之后,一般就自然地进入了谈话阶段。这种面对面的直接交流承载了沟通中最多最复杂的信息。沟通最依赖的就是言谈,你只要一张口,别人就能了解你。没有人愿意和不懂得说话礼仪的人交谈。哲人葛拉西安在他的《智慧书》中说到:"没有一种人类活动像说话一样需要如此谨慎小心,因为没有一种活动比说话更频繁、更普遍,甚至我们的成败输赢都取决于此。"

1. 交谈的礼仪

交谈的礼仪分为形式礼仪与内容礼仪。形式礼仪指的是交谈时的姿势、语音语调、空间关系等形式上应该遵循的礼仪;内容礼仪指的是交谈的话题、用语等内容上应遵循的礼仪。

（1）形式礼仪

与人交谈时,身体倾向与你谈话的人,表情要自然,略带微笑,语气要亲切和蔼。不论对方是上司还是下属,都要把持一个平等的态度,不要卑躬屈膝或居高临下。做手势可以帮助语言表达,但不要成了手舞足蹈,也不要用手指着对方说话。

交谈的位置要适度,太远会听不见,太近又会冒犯他人的空间。有个故事说的是一个阿拉伯人与一个英国人说话。阿拉伯人喜欢贴近人说话,边与英国人说着话,身体边向前倾,而英国人不喜欢与人贴近,就不自觉地向后退,结果他们的交谈就成了阿拉伯人追着英国人在大厅里转圈子。这个故事用夸张的方法说明了交谈时要注意得当的空间关系。

交谈时还应注意语音、语调、语速。声音是"沟通中最强有力的乐器"。浑厚、迷人的声音能够强化你在沟通中的形象,保持人们对你积极的注意力。尖脆刺耳的声音会使人害怕与你交谈,因为会感到"头痛"。语调要有变化,如同念经似的说话,会让人睡着。同时控制住你的音量,太小的声音显得没有自信,也让对方听得很吃力,而太大了,则会让人头痛或感觉像在吵架。语速要适当,太快会让人抓不住要点,太慢则没有生气,让人昏昏欲睡。

使用普通话,尽量避免地方口音。地方口音会造成误解,还会成为你的"把柄",如布什的德州口音就常常成为喜剧演员模仿的对象。不要说脏话和"口头禅",脏话的"杀伤性"是人所共知的,而"口头禅"则像一只苍蝇会败坏人的谈话胃口。

(2) 内容礼仪

商务沟通中除了要讲与公务有关的话外,在刚刚见面之后、谈判之前随意、轻松的辅助式的闲聊是必不可少的,以达到交流或缓和气氛的目的。这种闲聊最能考验一个人是否懂得交谈艺术。

谈话要不断开发新的、令双方和谐愉快的话题。交谈是双方信息的交流过程,只有双方都感兴趣的话题出现时,才预示着谈话正趋向成功。因此,谈话时应避免以自我为话题中心,随时注意对方的反应,一旦发现对方对话题不感兴趣,应立即调整话题。主动避免"杀手型"话题,如个人隐私、小道消息、争议性很大的事等。行话可以显示个人职业素养,但请不要在外行人面前说,这是自我炫耀的表示,易引起他人反感。

要分对象和场合说话。谈话的对象千差万别,有性别之分,有年龄之别,还有涵养的不同等,同样的人也会处于不同的心境,所有这些差别均会导致对他人说话的不一致理解,故应特别讲究,对不同的对象说不同的话。商务场合多较为正式,但程度有别,如宴会的气氛和谈判的气氛就有很大差别,说什么话自然也有差别。

2. 交谈的艺术

以上说的是基本的内容礼仪,下面介绍一些可以使自己的交谈更富艺术性的方法。

(1) 赞美的魅力

人对赞美的渴望源于人性,赞美给予人们"被重视的感觉",使关系变得融洽,沟通变得轻松愉快。在人际交往心理学上,这一现象称为"人际吸引的相互性原则",即如西方谚语所说"我们喜欢那些喜欢我们的人"(We like the people who like us)。

赞美要讲求真诚,用语不可夸张,否则就沦为了阿谀奉承。要称赞别人想被称赞的地方,投其所好。由于人各一体,你觉得好的地方可能正是他自己觉得不满意之处,这样的称赞在他耳中便像是揭短。避免陈词滥调,毫无新意的称赞只会让人腻味,觉得虚假。不要吝啬赞美,从小处就给予他人称赞,不但避开了以上的禁忌,还会给人意外的惊喜。

(2) 幽默的吸引力

恩格斯说:"幽默是具有智慧、教养和道德上优越感的表现。"不仅如此,很多尴尬棘手的问题会因幽默而得到解决。

如何让自己变得幽默起来呢? 首先要有一颗充满快乐和趣味思想的心,你用快乐的眼光看世界,世界就会变得快乐,你就能发现幽默,从而给别人带来幽默的欢乐。注意发掘幽默源，多阅读一些笑话和讽刺故事，为自己的幽默准备素材。这样内外兼修，你就会发现自己置身于趣味的世界，交流变得顺畅起来，离成功也就不远了。

小案例

波奇的幽默

钢琴演奏家波奇的一次表演上座率不到五成，失望的他并没有丧气，而是走到台前对观众说："这座城市一定很富有。我看到你们每个人都买了两三个座位的票。"这句话使场内气氛活跃了起来，演出顺利举行。

（3）适当学会说"不"

拒绝别人对很多人来说是件困难的事，但一旦学会巧妙地说"不"，你会发现生活变好起来。

记住我们拒绝的是事，而不是人，因而对人的态度一定要友好。在这个时候幽默就可以发挥它的作用了，因为幽默可以使人发笑，不伤害人的自尊，同时又拒绝得很坚决。

小案例

罗斯福的幽默拒绝

美国前总统罗斯福在担任海军重要职务时，他的一位朋友向他打听一个军事秘密。罗斯福压低声音说："你能保密么？"他的朋友说："当然能。"罗斯福微笑着说："那么，我也能。"罗斯福的巧妙方法，委婉地拒绝了朋友，又没有使朋友难堪。

为别人提供一个解决问题的其他措施，也可以解脱自己的困境。比如一位同事希望你为他查找资料，可你又没有时间，可以在说抱歉没时间帮忙的同时，给他提供资料的可能获得处，让他自己再去问问。

还可以诱导对方自我否定来达成拒绝。比如：某公司为争取获得一块土地进行房地产开发而请主管土地的副市长吃饭，副市长不想去，可以说："吃饭可以，但是，一旦你们凭实力获得土地开发权，别人说你们是利用不正当手段获得的，你们觉得对你们公平么？"对方自己觉得提议不妥，于是放弃了邀请。

第四节　电话沟通中的礼仪

随着生活、工作节奏的加快,在现代商务沟通中,通过电话进行业务商谈是非常重要的商务活动,几乎每个人每天都要进行这种非面对面的直接交流。人们会根据你在电话中的表现,对你的形象、性格、素质进行描述、想象,进而对你公司的职业化程度、服务态度、可信度、在本行业中的排列等进行推断。不规范、没有职业化风范的接打电话方式,不但影响着你的形象,也影响着公司的商业信誉,很可能让你失去潜在的商机。所以,学习和掌握基本的电话沟通技巧和办公室电话礼仪是很有必要的。

一、影响电话交谈质量的因素

心理学家指出:人们在沟通的过程中,非言语因素占到沟通中的55%以上。通过电话与人交谈时,声音的质量占到第一印象的70%,语言只占到30%。电话的另一端的人对你的看法不仅仅取决于你说话的内容,还取决于你的表达方式,以及你说话的语气和语调。电话交流的过程中也常有沟通不畅的情况发生,一般来说,有如下一些原因可能会影响到电话交谈的质量:

1. 说话语调的高低

打电话时的语调要适中,不可声音响得震耳欲聋,但也不要声音太低,以至于对方根本听不清楚。从电话中对方声音的成熟度来推测对方的某些情况。音量大的其精力较为充沛,中气足,性格强硬,不容易退让,而那些轻声细语的,则较为温和和中庸。

2. 说话速度的快慢

说话语速太快,体现出说话人是个急性子,希望把事情马上说完;急促,给人感觉你很忙,没有时间或没有耐心,或不耐心。而说话速度太慢,则容易让人感到在打官腔,办事拖拉等,而这一切都无助于双方的沟通。

3. 通话时的措辞

注意在电话中使用的词语,不要产生歧义,以免引起不必要的误会。如平时我们常会听见人们在电话里说:"有什么事吗?"这句话在很多时候给别人的感觉就是:我没有事干嘛打电话? 真是废话;或者认为:你是否在催着我快快结束电话,我的电话不受你欢迎,你显得不耐烦?

4. 双方所处的环境

在通电话时的双方周边环境也会影响交谈的质量,嘈杂的环境会影响声音的清晰度,从而影响对通话内容的理解。如你旁边的同事讲话比你的电话声还大,对方不知应听你的讲话,还是听你同事的讲话。

5. 电话线路的好坏

因自然风雨等因素或电信线路的问题,对方的电话可能出现忽高忽低的现象或夹杂着噪音,因此很有必要和对方确认原因,以免引起误会。

6. 双方表现出来的态度

一般来说,接听电话时是否具备服务的态度是马上就能从电话中测试出来的。也许对方并非找你或所问的问题并非你个人能解决,但此时你是立刻拒绝,还是设法帮助对方来解决,这些在电话中都会暴露无遗。

二、拨打电话的礼仪

每个人都能打电话,可是你真的"会"打电话吗? 你打过的电话是否一定达到了沟通的目的和效果? 一般来说,在拨打电话之前要注意以下几点:

1. 选择好打电话的时间

打电话时应考虑何时去电话对方方便。在具体打电话时要再问一下对方,此时通话对方是否方便。如果想定期和对方进行通话,应征询对方方便的时间。这样做,不仅是个礼貌问题,还是为了使对方能定下心来从容交谈。如果不得不在对方不方便的时候去打扰,应当先表示歉意并说明原因。给单位打电话应避开快下班的时间;给家里打电话应避开早晨太早、午睡及晚上太晚的时间。

在电话中要说明打电话的目的以及需要多长时间。电话通话有所谓的"3 分钟原则",指的是通话时间以 3 分钟为宜,事实上它要求的是打电话人有意识地控制通话长度。

2. 做好打电话前的准备

打电话之前应该有一定思想准备,并且要保持饱满的精神,使声音富有感染力;要事先考虑好通话的大致内容,该如何跟对方说才更让对方接受,如怕打电话时遗漏,那么应事先记下以备忘,然后再拨电话,边讲边看记录,随时检查是否有遗漏;对接电话的不同对象,还要思考好沟通的方式和策略问题。

3. 注意通话的语言

通话开始,应先说一声"您好!",然后问一声"这里是×××单位吗?"得到肯定回答后,再自报家门"我是××单位××人",然后报出自己要找的人的姓名。语言表达尽量简洁明白,措辞和语法都要切合身份,不可随便。用语婉转,多用请求商量的话语。结束时最好把刚才说的问题适当地总结重复一下,并说"很高兴与你交谈"、"谢谢您打来电话"这类的客气话。称呼对方要加头衔。

对方帮你找人时,不要放下电话去做其他的事,防止对方来接时你不知道,让对方对着电话"喂"半天。如果你要找的人不在,切不可就"喀嚓"挂机,而应先向对方致谢,说明是一会儿再打来,还是想留言。留言的内容一定要详细,不然就有可能和没留一样,基本的信息包括:你的名字、电话号码和通话的基本目的。留言后应请对方重复一遍,以核对。

如果你拨错了电话,应向对方表示歉意后再挂机。

4. 注意语速和语调,面带微笑

急性子的人听慢话,会觉得断断续续,有气无力,颇为难受;慢吞吞的人听快语,会感到焦躁心烦;年龄高的长者,听快言快语,难以充分理解其意。因此,讲话速度并无定论,应视对方情况,灵活掌握语速,随机应变。

有人认为,电波只是传播声音,打电话时完全可以不注意姿势、表情,这种看法真是大错特错。双方的诚实恳切,都饱含于说话声中。若声调不准就不易听清楚,甚至还会听错。因此,讲话时必须抬头挺胸,伸直脊背。"言为心声",态度的好坏,打电话时的表情都会表现在语言之中。打电话时,适当地提高声调显得富有朝气、明快清脆。

5. 不要使用简略语、专用语

将"行销三科"简称"三科"这种企业内部习惯用语,第三者往往无法理解。同样,专用语也仅限于行业内使用,普通顾客不一定知道。有的人不以为然,得意洋洋地乱用简称、术语,给对方留下了不友善的印象。有的人认为西洋学及外来语高雅、体面,往往自作聪明地乱用一通,可是意义不明的英语,并不能正确表达自己的思想,不但毫无意义,有时甚至会发生误会,这无疑是自找麻烦。

三、接听电话的礼仪

对于打电话的人来说,一切都非常主动,他们可能向对方提出问题,提出建议等。而接电话的一方则处于被动地位,他们要放下手中的活,停止正在思考的问题,去接电话,同时通电话的内容他们可能又完全不知道。尽管如此,接电话仍必须做到应有的礼貌。

1. 认真倾听,做好记录

通话时要微笑,拿起电话先问好,并报出公司名称和自己的姓名,如:"您好! 这里是春田公司销售部。我是孙民。"如果此时不便谈话,应直接说明,请对方留下号码,稍候回电。可能的话说出回电的准确时间以便对方等候。

接听电话不可以思想开小差,更不可边打电话边做其他的事。通话中,一定要辅助以"嗯"、"好的"、"是的"等短语作为呼应,让对方知道你在听。为了提高工作效率,防止信息在传达中发生错误或缺失,在电话边要准备纸和笔,随时准备对电话的内容作记录。电话结束后,及时将信息传达给需要的人。

2. 养成复述习惯

为了防止听错电话内容,一定要当场复述。特别是同音不同义的词语及日期、时间、电话号码等数字内容,务必养成听后立刻复述、予以确认的良好习惯。文字不同,一看便知,但读音相同或极其相近的词语,通电话时却常常容易搞错,因此,对容易混淆、难于分辨的这些词语要加倍注意,放慢速度,逐字清晰地发音。如 1 和 7、11 和 17 等,为了避免发生音同字不同或义不同的错误，听到与数字有关的内容后，请务必马上复述，予以确认。当说到日期时，不妨加上星期几，以保证准确无误。

3. 何时接起电话

电话铃响两三次后，取下听筒。电话铃声响 1 秒，停 2 秒。如果过了 10 秒钟，仍无人接电话，一般情况下人们就会感到急躁："糟糕！人不在。"因此，铃响 3 次之内，应接听电话。那么，是否铃声一响，就应立刻接听，而且越快越好呢？也不是，那样反而会让对方感到惊慌。较理想的是，电话铃响完第二次时，取下听筒。

4. 如何转接电话

如果对方找的不是你，先请对方"稍等"。找到听电话的人，向其扼要介绍一下来电人，以免来电人再次重复。如果要听电话的人不在，应明确告诉对方，同时问对方是否需要你帮助传话或留言，并做好记录。在这里就需要注意一些转达电话的技巧：

（1）关键字句要听清楚

当对方要找的人不在公司。这时，代接电话者态度一定要热情，并明确告诉对方要找的人不在。若受委托转告，则应边听讲边复述，并认真记录。无论如何，都必须复述对方姓名及所讲事项。通话结束应道别："我叫××，如果科长回来，定会立刻转告"。自报姓名，其目的是让对方感到自己很有责任感，办事踏实可靠，使对方放心。

（2）慎重选择理由

通常，被指定接电话的人不在时，原因很多，如因病休息、出差在外、上厕所等。这时，代接电话的你，应学会应付各种情况：

告诉对方，××不在办公室时，应注意不要让对方产生不必要的联想，特别不能告诉对方××的出差地点，因其出差所办事情，或许正是不能让对方觉察知晓的商业秘密。尤其是当你不知道被找人的确切地点时，更不可随意把猜测的理由告诉对方，以防止引起不必要的麻烦。

5. 听不清对方的话语

当对方讲话听不清楚时，进行反问并不失礼，但必须方法得当。如果惊奇地反问："咦？"或怀疑地回答："哦？"对方定会觉得无端地招人怀疑、不被信任，从而非常愤怒，连带对你印象不佳。但如果客客气气地反问："对不起，刚才没有听清楚，请再说一遍好吗？"对方定会耐心地重复一遍，丝毫不会责怪。

6. 接到打错了的电话

有一些职员接到打错了的电话时，常常冷冰冰地说："打错了。"最好能这样告诉对方："这是××公司，对不起，您的电话打错了。"如果自己知道对方所找公司的电话号码，不妨告诉他，也许对方正是本公司潜在的顾客。即使不是，你热情友好地处理打错的电话，也可使对方对公司抱有初步好感，说不定就会成为本公司的客户，甚至成为公司的忠诚支持者。

7. 遇到自己不知道的事

有时候,对方在电话中一个劲儿地谈自己不知道的事,而且像竹筒倒豆子一样,没完没了。职员碰到这种情况,常常会感到很恐慌,虽然一心企盼着有人能尽快来接电话,将自己救出困境,但往往迷失在对方喋喋不休的陈述中,好长时间都不知对方到底找谁,待电话讲到最后才醒悟过来:"关于××事呀!很抱歉,我不清楚,负责人才知道,请稍等,我让他来接电话。"碰到这种情况,应尽快理清头绪,了解对方真实意图,避免被动。

8. 接到顾客的投诉电话

投诉的客户也许会牢骚满腹,甚至暴跳如雷,如果作为被投诉方的你缺少理智,像对方一样感情用事,以唇枪舌剑回击客户,不但于事无补,反而会使矛盾升级。正确的做法是:

你处之泰然,洗耳恭听,让客户诉说不满,并耐心等待客户心静气消。其间切勿说:"但是"、"话虽如此,不过……"之类的话进行申辩,应一边肯定顾客话中的合理成分,一边认真琢磨对方发火的根由,找到正确的解决方法,用肺腑之言感动顾客。从而,化干戈为玉帛,取得顾客谅解。

面对顾客提出的投诉事宜,自己不能解决时,应将投诉内容准确及时地告诉负责人,请他出面处理。闻听投诉事宜,绝不是件愉快的事,而要求投诉的一方,心情同样不舒畅。也许要求投诉的顾客还会在电话中说出过激难听的话,但即使这样,到最后道别时,你仍应加上一句:"谢谢您打电话来。今后一定加倍注意,那样的事绝不会再发生。"这样,不仅能稳定对方情绪,而且还能让其对公司产生好感。

四、手机通话的礼仪

能使天涯变咫尺的手机已成为当代最常见的通讯工具。它加快了商务来往,便捷了商务沟通,使信息交流成为动态实时的过程。在这个每个人都用手机的时代,掌握手机使用的礼仪甚是必要。

1. 端正对手机的认识

首先应端正对手机的认识:它只是一种通讯工具。无论你的手机多么先进,多么昂贵,也不是抬高个人身份的"装饰品",四处炫耀只能证明你品位太低,是典型的也是可笑的自欺欺人之举。

2. 接听手机要礼貌

手机铃响应尽快接听,以免影响周围人们。接手机首先要报"你好!"之类的礼貌用语,也可以后面加"是李铭",以迅速确定接听对象的正确。在和别人交谈时,要接手机则需先声明,"对不起,我先接个电话",以示尊重。

3. 使用手机要遵守公共秩序

使用手机要遵守公共秩序,不要在公共场合,尤其是电梯等人口密集的地方,旁若无人地接打手机,于己于人都不舒服。在要保持安静的场所,如医院、影院、音乐厅、美术馆和图书馆等地,请关闭手机铃;接打手机要到指定的地方进行,说话声音要低。无论在何处,都应离开人群,走到偏僻处接打手机,以免打扰众人谈话。

4. 使用手机要注意安全

使用手机要注意安全。机密会议时,不能携带手机进场;开车时,不能随意拨打手机,这是近年来车祸发生的主要原因之一;不要在病房、油库、加油站、飞机等处使用手机,以免发出的信号有碍治疗、引发火灾或爆炸、干扰飞机导航等。

5. 注意手机的维护

最后要注意手机的维护,使它真正做到方便自己,方便他人。具体地说就是及时缴费,充电,防止停机,致使他人与你失去联系。改换手机号码后,要通知他人,保证联络的继续。常看看手机,防止有没有注意到的短信或电话,并及时回复。

第五节　商务沟通中的餐饮礼仪

商业餐宴的目的不仅仅是为了填饱肚子,人们在餐桌上联络感情,在觥筹交错间讨论生意。吃的怎么样也就关系着沟通得好不好。你的生意可以在餐桌上发展起来,也可能在餐桌上失去。往往当你在品味着食物的时候,别人也在品味着你。

一、中餐礼仪

享用色香味俱佳的中式佳肴不仅是为了果腹,更是一门艺术,这种艺术的体现就在于中式餐饮的礼仪。古代中式餐饮礼仪极为复杂,但随着时代的发展,实用主义渗入了其中,简化了礼仪。

1. 餐具的使用

不要以为可以熟练地用筷子夹住食物就是会用中餐餐具了,其实不然,因为筷子的使用要求远远不止夹住食物,而中餐具也远远不止筷子而已。一般情况下,中餐餐具分为主餐具和辅餐具两类。

(1) 主餐具的使用

中餐中必不可少的餐具称为主餐具,包括:筷、匙、碗、盘等。

a. 筷子。使用筷子就餐可以说是中国人的一项伟大发明,短短两根"棒子"就可以完成对付食物的绝大多数动作,而且隔冷隔热,不发出声响。但用筷也有很多讲究,如不要把筷子含在嘴里、不要把筷子颠倒使用等,一般来说,筷子不使用时应放置于筷架上。

小贴士

用筷十二忌讳

一忌"长短不齐"：不一样长短的筷子放在桌上意为"三长两短"代表"死亡"。

二忌"仙人指路"：即用大拇指、中指、无名指和小指捏住筷子，而食指伸出，在是在"骂大街"。

三忌"品箸留声"：把筷子一端含在嘴里嘬，并发出"嘁滋"声响，是缺少教养的表现。

四忌"击盏敲盅"：用餐时用筷子敲击盘碗，这被看作是乞丐要饭。

五忌"执箸巡城"：用筷子来回在席上的菜盘里寻找，属于典型的缺少教养行为。

六忌"迷箸刨坟"：用筷子像盗墓刨坟一样不停地在菜盘里扒拉，也属于缺少教养的行为。

七忌"泪箸遗珠"：夹菜时，菜汤落到别的菜里或桌上，是失礼的行为。

八忌"颠倒乾坤"：将筷子前后颠倒使用，正所谓饥不择食，不顾脸面，连筷子都倒着使了。

九忌"定海神针"：用一只筷子去插盘中的食物，这被认为是对同桌用餐人的羞辱。

十忌"当众上香"：把筷子插在饭中递给对方，这是大不敬，因为传统上只有给死人上香时才这样做。

十一忌"交叉十字"：将筷子交叉放在桌上，在被视作是对同桌其他人的否定。

十二忌"落地惊魂"：失手将筷子落在地上。传统上认为这是对长眠在地下的祖先的惊扰。

b. 汤匙。品尝液体和软嫩的食物时就要用到汤匙了。用汤匙盛起食物后，不可再倒回原处。若取食的食物过烫，不可用勺子将其折来折去，也不可用嘴对它吹来吹去，而应放着让它自己凉下来。食用勺子里盛放的食物时，尽量不要把勺子全塞入口中，或反复吮吸它。暂时不用勺子时，应置之于自己的食碟上。不要把它直接放在餐桌上，或是让它在食物之中"立正"。

c. 碗盘。碗和盘在中餐中，主要是盛放主食、羹汤之用的。在使用它们时应注意：

不要端起碗来进食，尤其是不要双手端起碗来进食，不可直接下手或是用嘴吸食。而应使用筷子、汤匙辅助进食。碗内的食物残余，不方便取食，就大可不用去吃了，切莫用舌头去舔。不能把碗倒扣在桌上。

不要在盘子里堆积食物。吃完了再取就好，况且不同种的食物放在一起也会串味，影响口感。残渣、骨、刺不要吐在地上、桌上，而是放在盘子内前端，必要时请侍者换新盘子即可,但不要让食物和残渣混在一起,搞得一片狼藉。

(2) 辅餐具的使用

辅餐具是指那些在进餐时作用较小,不起辅助进食作用的餐具。常见的有:水杯、湿巾、牙签等。

a. 水杯。中餐中所用的水杯,主要供盛放清水、果汁等软饮料使用。不要用它们去盛酒。也不要倒扣水杯。

b. 湿巾。在用餐前,侍者会为每位用餐者递上一块湿毛巾。它只能用来擦手,绝不可以用以擦脸、擦嘴、擦汗。擦手之后,应将其放回盘中,由侍者取回。有时在正式宴会结束前,会再上一块湿毛巾。与前者不同的是,它只能用来擦嘴,却不能用来擦脸、抹汗。

c. 牙签。牙签用于剔牙之用,但请尽量不要当众剔牙。非剔不可时,应以另一只手遮住口部。剔出来的东西,不要乱放乱吐,更不能再次入口。剔完牙之后,不要刁着牙签玩。此外,不要用牙签取食物吃。

2. 酒水的饮用

"无酒不成宴",饮酒是餐桌上的重要活动,没有了酒,宴会的气氛就黯淡了许多。

(1) 酒水

若无特别情况,中餐宴会要上两种酒:白酒和葡萄酒。白酒是中餐宴会上的主角,大凡宴会,都会有白酒在席。葡萄酒多半为红葡萄酒,为的是求个喜庆。啤酒一般不会在正规的宴会上出现。

通常在每位用餐者面前餐桌桌面的正前方,排列着大小不等的三只杯子,自左而右,它们依次分别是白酒杯、葡萄酒杯和水杯。

(2) 斟酒

斟酒是饮酒的第一步。

侍者斟酒,不用拿起酒杯,但勿忘道谢。有时主人为了显示热情,会主动斟酒,这时要端起酒杯,必要时还要起身点头致谢。主人斟的酒应是宴会上最好的酒,并应当场开启,依顺时针方向——为客人斟满。除了主人与侍者外,其他人不宜自行为他人斟酒。

(3) 敬酒与干杯

在中餐中,相互敬酒是联络感情的主要活动,并且一般敬酒就得干杯。干杯顾名思义就是要喝干杯中的酒。敬酒的人,应站起身,右手端起酒杯,微笑对着欲敬的人,并说些祝贺的话语。干之前要碰杯,碰杯时敬酒的人的杯口要低于被敬的人的杯口,如果坐得较远,不便碰杯,双方可以用酒杯轻敲桌面以示敬意。当有人提议集体干杯时,即使你不喝酒,也要拿起水杯意思一下。

二、西餐礼仪

随着国际间商务活动的增多,掌握西餐礼仪已是对商务人员的基本要求之一。

┌───┐

小案例

"餐桌关"难过

　　去伦敦面世的梁华是个IT高手。在两天之内被某银行8个人面试过,双方感觉都非常满意。但是在第二天的午餐时,对意大利粉的失控使他尴尬万分。"由于对西餐用法的不了解,我点了最难用的意大利粉。本来我的心情就不轻松,再加上我又不能熟练的运用刀和叉,当那长长的面条在快进入口中时,突然落在我的西服上,我的紧张和窘迫使我无法再正常用餐。"

└───┘

　　为了防止这样的尴尬也发生在你身上,我们有必要学学西餐的礼仪知识和注意要点。

　　1. 餐具的使用

　　西餐餐具较多,使用复杂。除了最基本的刀叉外,还有餐匙、餐巾、酒具等,下面将一一介绍。而盘、碟、杯、牙签等餐具的用法,则和中餐餐具使用方法相同,可参照使用。

　　(1) 刀叉

　　刀叉,是对餐刀、餐叉两种餐具的统称。二者通常是配合使用的。

　　a. 刀叉的分类。在正规的西餐宴会上,通常讲究吃一道菜要换一副刀叉。一般情况下,出现在每位用餐者面前的餐桌上的刀叉主要有:

　　● 正餐刀叉:餐刀在右且刀齿不明显,餐叉在左且个头最大,分别纵向摆放在用餐者面前的餐盘两侧。用于食用正餐热菜。

　　● 吃鱼所用的刀叉和吃肉所用的刀叉:餐刀在右且刀齿明显,餐叉在左,分别纵向摆放在用餐者面前的餐盘两侧,正餐刀叉内侧。

　　● 吃黄油所用的餐刀:形似关羽手持大刀的迷你版。没有与之相配的餐叉,横放在用餐者左手最前方的黄油盘或面包盘中。

　　● 水果叉:个头最小,没有刀与之相配。用来吃水果或者甜品。横放在用餐者面前的餐盘的正前方。

　　● 沙拉叉:略大于水果叉,用于吃沙拉和冷拼。竖放在正餐盘的左侧。宴上若先上沙拉,则沙拉叉放在正餐叉的外侧;反之,则置于内侧。

　　b. 刀叉的使用。使用刀叉,一般有两种常规方法可供借鉴。

　　英国式:要求在进餐时,始终右手持刀,左手持叉,叉齿向下,一边切割,一边叉而食之。通常认为,此种方法较为文雅。

　　美国式:先用右刀左叉,叉齿向下,一口气把餐盘里要吃的东西全部切割好,然后把右手里的餐刀放在餐盘前方,将左手中的餐叉换到右手里,叉齿向上,将食物"铲"起食用。据说这种用餐方法是美国独立战争时期反抗英国统治的独立运动者们发明的,为的是区别敌我。

无论你使用哪种方法,都应注意:

- 用餐叉而不是餐刀取食。
- 切割时,餐叉叉齿朝下,进食时,叉齿朝上。不要让刀叉在盘子里叮咚作响。
- 两肘下沉,切勿左右开弓,有碍于人。
- 切好的食物应刚好一口大小,不要切过了还得一口口咬着吃。
- 餐刀临时放下时,应刀口向内。
- 不慎掉落的刀叉不要再用了,可请侍者另换一副。

c. 刀叉的暗示。使用刀叉,可以向侍者暗示用餐者是否吃好了某一道菜肴。其具体方法是:

刀右、叉左,刀口向内,叉齿向下,呈汉字的"八"字形状摆放在餐盘之上。它的含义是:此菜尚未用毕。但要注意,不可将其交叉放成"十"字形。西方人认为,这是令人晦气的图案。

吃完了或不想再吃了,则可以刀口内向,叉齿向上,刀右叉左地并排纵放,或是刀上叉下地并排横放在餐盘里。这种做法等于告诉侍者,请他连刀叉带餐盘一块收掉。

(2) 餐匙

品尝西餐,餐匙是一种不可或缺的餐具。

a. 餐匙的区别。在西餐的正餐中,一般出现三把餐匙:正餐匙勺头椭圆形,起辅助餐叉的作用;汤匙勺头一般为圆形,主要用于喝汤。它们平行竖放在餐刀的右侧,汤匙在内,正餐匙在外。甜品匙个头最小,一般横向摆放餐盘前方与甜品叉下方。如果不吃甜品的话,就不放甜品匙了,取而代之的是个头同样较小的茶匙。这两种餐匙不可相互替代使用。

b. 餐匙的用法。餐匙除了可以饮汤,吃甜品之外,不可再作他用。已经开始使用的餐匙,暂时不用时,应放于盘中,而不要放回原处,或"立"于食物之中。取食动作要干净利索,切勿在食物中搅来搅去。舀的食物量要适中,可以一口食完为宜。不要用茶匙去舀茶饮用。

特别注意由内向外地舀取汤汁,这样可以防止液体溅到衣服上。

(3) 餐巾

其貌不扬的餐巾,在西餐里,是一个发挥多重作用的角色。

a. 餐巾的铺放。无论餐巾的大小,折叠的花样,就餐时都应将餐巾展开平铺于自己并拢的大腿上,而不是披于领口、围在脖子上、或塞进衣襟内,系在裤腰上。

正方形餐巾,应先折成等腰三角形,并将直角朝向膝盖方向;长方形餐巾,则可将其对折,然后折口向外平铺。折放餐巾的整个过程都应在桌下进行,万勿自以为潇洒地临空一抖。

b. 餐巾的用途。保持衣服清洁,"迎接"落下来的食物、汤汁等;在说话前,揩拭一下口部;还可以用来在剔牙或吐东西时做掩饰之用。

(4) 酒具

与中餐相比,西餐所使用的酒具可谓是让人眼花缭乱的,这些大都由玻璃或水晶等制成的酒具主要有以下几种:

a. 啤酒杯。主要有两种。一种是体大、壁厚、带把儿的扎啤杯,多在餐前饮用啤酒时用;另一种是正餐用的啤酒杯,与水杯相似,亦可当作水杯使用。

b. 威士忌酒杯。平底,杯口与杯底直径大且基本相等,适于盛放冰块的杯子。

c. 白兰地酒杯。口小肚大以适于聚集白兰地芬芳的高脚杯。

d. 红葡萄酒杯。椭圆形杯肚的高脚杯。这种设计是为了方便在饮用红葡萄酒时手握杯肚,用体温捂暖酒液使之更甘醇。

e. 白葡萄酒杯。球形杯肚的高脚杯,杯脚柱较长,这种设计是因为饮用白葡萄酒时要手握杯柱,而不是杯肚,以免体温破坏酒味。

f. 鸡尾酒杯。锥形杯肚的高脚杯,这样容易看出鸡尾酒勾兑出的层次和线条。

g. 香槟酒杯。造型较多变,但以细长杯身多见。造型优美的杯体,伴以香槟酒气泡的升腾,很是美妙。

h. 甜酒杯。一般比较小,杯身类似我国的白酒杯。

小贴士

"悦耳"的西餐

西餐讲求"悦耳",即进餐过程中不能发出不悦耳的声音:
- 要闭口咀嚼、吞咽;
- 要喝汤要用汤匙舀取,不可"呼噜"吸食;
- 要面条要用叉子卷着送入口中;
- 要席间交谈要低声细语;
- 要避免餐具碰撞发出声响。

---

2. 酒水的饮用

在正式的西餐宴会里,酒水是主角,不仅最贵,而且与菜肴的搭配也十分严格。讲究的餐宴上,每道不同的菜肴要配不同的酒水,吃一道菜换上一种新的酒。

(1) 酒的分类

西餐宴会中所上的酒水,一共可以分为餐前酒、佐餐酒、餐后酒等三种。它们各自又拥有许多具体种类。

a. 餐前酒。别名开胃酒,是在开始正式用餐或是吃开胃菜时饮用的。在一般情况下,人们喜欢在餐前饮用的酒水有鸡尾酒、味美思和香槟酒。

　　b. 佐餐酒。又叫餐酒,是在正式用餐时饮用的酒水,均为葡萄酒,而且多为干葡萄酒或半干葡萄酒。选择佐餐酒,要遵循"白酒配白肉,红酒配红肉"的原则,白肉指鱼肉、海鲜、鸡肉等,需配以白葡萄酒;红肉指牛肉、羊肉、猪肉等,需配以红葡萄酒。

　　c. 餐后酒。这是在用餐之后饮用的酒。常见的是利口酒,又叫香甜酒。最有名的餐后酒,则是有"洋酒之王"美称的白兰地。

　　西餐中祝酒干杯讲究用香槟酒,其他酒水都有滥竽充数之嫌。饮香槟干杯时,应饮去一半杯中之酒为宜,但也要量力而行。

—— 小贴士 ——

西餐酒类知多少?

▲ 汽酒
含有二氧化碳气泡的葡萄酒,度数相对较低。开瓶的"砰"声和缤纷的气泡很能增添愉悦气氛,是最好的礼仪酒和餐前酒。其最有名的是法国的香槟酒(Champagne)。

▲ 啤酒(Beer)
酒精度数在 4 度左右,富含二氧化碳,是理想的餐前酒。

▲ 葡萄酒(Wine)
以葡萄为原料发酵而成,度数低,是理想的佐餐酒。

▲ 雪利酒(Sherry)
将葡萄发酵后,再用白兰地酒进行强化后制成。用葡萄酒杯或鸡尾酒杯盛饮,是良好的开胃酒。

▲ 威士忌(Whisky)
以谷物为主料发酵、蒸馏,再置于木桶中陈化而成的 45 度左右的烈性酒,被认为是最佳餐前酒。以英国苏格兰威士忌最为历史悠久,而美国的波旁威士忌则较适合东方人的口味。

▲ 白兰地(Brandy)
由粗糙的葡萄酒或其他果汁蒸馏、陈化而成,最后装瓶前,还要将不同年份的白兰地勾兑,以获得最佳口感。最有名的是法国的干邑(Cognac)和雅文邑(Armagnac)白兰地。

▲ 伏特加(Vodka)
以发酵谷物为原料蒸馏而成,一般不经陈化过程。酒精浓度较高,很少做伴餐酒。

▲ 杜松子酒(Gin)
一般以谷物为发酵原料的带有杜松子味道的蒸馏酒,不经陈化过程。酒香浓郁。

▲ 朗姆酒(Rum)
以甘蔗为主料的蒸馏酒。

▲ 龙舌兰酒(Tequila)
以盛产于墨西哥的龙舌兰为原料发酵而成。

（2）祝酒

祝酒源于希腊与诸神分享美酒的仪式：一个人站着仰望天空，高声祈祷，手举酒杯并故意洒出一些酒。

祝酒辞的内容因场合和国家文化的不同而异。一般应由主人先祝酒，主人致祝酒辞之前，不可以饮酒。客人或地位较低者不宜先祝酒。

【问题讨论】

1. 请简述商务礼仪的基本原则。
2. 一般在接听电话的过程中要注意哪些问题？
3. 在商务沟通的过程中穿着的 TOP 原则是什么含义？
4. 当你在拨打商务电话之前一般要考虑哪些问题？
5. 判断下列说法正确与否：

（1）脱下的大衣可以放在椅背上。

（2）年轻人穿西装可以搭配休闲鞋。

（3）在电梯里时，应该先到先行。客人先上。主人可以先下，一边扶着门，一边为客人指路。

（4）拒绝邀请只说声对不起而不交代理由是不礼貌的。

（5）当别人介绍你的时候说错了你的名字，不要去纠正，免得对方难堪。

（6）介绍时要先将地位低的人介绍给地位高的人。

（7）在涉外商务交往中，如果遇到难以应付的问题，可以通过幽默、笑话等来缓和气氛。

（8）如果你在吃饭的时候要打饱嗝的话，用餐巾捂住嘴巴，然后对大家说"对不起"。

（9）吃饭时最好不要在酒具上留下口红印。

（10）如果有人离席的话，别问他要去哪儿。

【沟通案例】

指出下列短文之中的失礼之处：

打电话的风波

一位总经理在电话里与他的一位客户商谈一项合同的制定，经理使用的是扬声电话，并且礼貌地告诉对方自己用的是扬声电话，并且还有两位助手在旁边听着。这位经理在谈话的中间发现缺了一些材料，所以，向那位客户建议稍等一会儿给他打过去，对方同意了。这位经理到销售经理那儿去拿资料，销售部的经理要求与他一起去商谈这件事情，进入办公室后,总经理又用扬声电话打给那位客户,告诉他自己没有找到要找的资料,希望客户原谅,客户有点不高兴,说着将话题转到销售部,并开始批评这个合同,批评销售部的一些行为。此时,销售部的经理实在忍不住了,直接通过这部扬声电话来解释事情的来龙去脉。

【沟通实践】

【自检】 检查拨打、接听电话的要点,找出目前的不足之处后制定自己的改进计划。

需要注意的要点	要　　点	具体改进计划
要点 1 电话机旁应备有笔记本和铅笔	◇ 是否把记事本和铅笔放在触手可及的地方 ◇ 是否养成随时记录的习惯	
要点 2 先整理电话内容,后拨电话	◇ 时间是否恰当 ◇ 情绪是否稳定 ◇ 条理是否稳定 ◇ 语言能否简练	
要点 3 态度友好	◇ 是否微笑说话 ◇ 是否真诚面对通话者 ◇ 是否使用平实的语言	
要点 4 注意自己的语速和语调	◇ 谁是你的信息接收对象 ◇ 先获得接收者的注意 ◇ 发出清晰悦耳的声音	
要点 5 不要使用简略语、专用语	◇ 用语是否规范准确 ◇ 对方是否熟悉公司的内部情况 ◇ 是否对专业术语加以必要的解释	
要点 6 养成复述习惯	◇ 是否及时对关键性字句加以确认 ◇ 善于分辨关键性字句	

【沟通游戏】

游戏名称：快乐大转盘

游戏目的：人与人之间的交流或交往可以通过很多形式来达成,可以通过表情,动作和语言等等。人际交往可以说是上述方式的集合,缺少某一项很可能使交流受阻。这个游戏就是通过几个步骤的训练,让学员体会表情,动作和语言在人迹交流中的重要性。

游戏规则:

(1) 每人脸朝天花板,面无表情地随意走动,遇人转开。

(2) 每人脸朝自己脚尖,面无表情地随意走动,遇人转开。

(3) 每人脸看他人脸,面无表情地随意走动,遇人转开。

(4) 每人脸看他人脸,面带微笑地随意走动,遇人点头。

(5) 每人脸看他人脸,面带微笑地随意走动,遇人握手。

(6) 每人脸看他人脸,面带微笑地随意走动,遇人握手,心中说:"我喜欢你"。

(7) 每人脸看他人脸,面带微笑地随意走动,遇人握手,口中说:"我喜欢你"。

游戏讨论:

(1) 当大家都面无表情地走动,你是否感觉不自在? 希望别人能冲你笑一笑呢?

(2) 当别人主动向你打招呼或握手时,你是否很感动?

(3) 从这个游戏中你体会到什么道理? 对你的工作有帮助吗?

游戏总结:

(1) 人与人之间的交往是一个很复杂的过程,两个人从陌生到相识,需要运用很多方法来建立彼此的关系,这些方法包括语言,动作和表情等。

(2) 对于每个人来说,沟通技巧不是天生就掌握的,即使有些人在这方面有天赋,也离不开后天的训练。这个游戏虽然简单,却让学生一步步体会交流形式的丰富和必要,课后应该以此为启发,思考该怎样改进学习和工作态度。

第十章　商务活动中的跨文化沟通

元先生是某大型跨国公司的工程师。一天,他看到公司废物筒中有一块破线路板,板上还有不少贵重的元件,于是便将板子捡了回来,花了两个小时的时间把它彻底修好了。

元先生很满意自己的"杰作":他在系于板边的卡片上签上了自己的名字,把板子放到了元件箱里。大概一个小时过后,这块修复的线路板被质量检查部剔了出来。总经理办公室通知他来一下。当他到达时,看到日方总经理津吉近藤先生以及来自法国的质量检查部经理弗兰克先生正冷冷地看着他。

"他就是那个把报废的线路板放在生产线上的人!"质量检查部经理用一种咄咄逼人的口气对总经理说。"您为什么把那块报废的线路板放到生产线上?"津吉近藤先生以一种责备的口气问道。

"那不再是一块疵板,我已经修好了,并且敢保证它的工作性能正常。"他用自信的手势回答了总经理的提问。"我这样做的目的是为了给公司降低成本,难道有错吗?"他用目光直逼弗兰克先生的眼睛。

"如果您是顾客,您是否打算买一部有着这块破损但却已被修复的 PCBA 板的多媒体电脑?"质检部经理反问道。

突然间,他好像明白了什么,的确,消费者是绝对不会愿意买这样一部电脑的。然而他又想起了小时候父母常说的要养成节俭的好习惯,和老师告诫的:"新三年,旧三年,缝缝补补又三年。"

元先生突然意识到:在总经理、质检部经理和自己之间存在着一种文化上的差异。于是他说道:"是的,津吉近藤先生、弗兰克先生,一样东西只要还有价值就不要丢弃它——这是我们中国人用东西的方式。但从这件事情上,我明白了质量对我们意味着什么。事情确实是这样:假如我是消费者,我是不会去买有着一块破损的线路板但工作性能良好的电脑。"

听了元先生的解释,津吉近藤先生和弗兰克先生的脸上露出了理解的微笑。

元先生的解释道出了造成这场分歧的缘由所在:文化差异。世界经济日趋全球化的今天,跨国公司在员工的构成以及商务活动时面对的是一个复杂的多元文化环境。在多元文化带来勃勃生机的同时,跨文化沟通中的矛盾也日益突出。

本章选择了几个具有文化代表性和鲜明文化特色的东西方国家,就与之沟通时应注意的事项进行介绍,并对成功的跨文化沟通做出了一些普遍性的策略技巧指导。

在本章中,您将学习到以下内容:

➤ 跨文化沟通的重要性和影响因素
➤ 跨文化沟通中的东方文化与西方文化
➤ 跨文化沟通的基本策略

第一节　跨文化沟通概述

随着北京申奥成功和中国加入世贸,“国际化”、“全球化”这样的词汇在中国使用的频率迅速提高。越来越多的人都认识到,实行全球化已是未来企业发展的必然趋势。中国优秀企业也纷纷踏出国门面对势头凶猛的全球化浪潮。在这一过程中,越来越多的商务人士感受到文化的强烈影响,他们开始意识到跨文化沟通的重要性所在。“地球村”已不再单单是一个概念性的名词,转瞬间已成为人们生活的一部分,跨文化沟通也随之成为人们需要面对的问题。

一、跨文化沟通是经济全球化发展的要求

随着科学技术的飞速发展,交通和通讯技术的日新月异,国际贸易和跨国公司迅猛增长,世界经济日趋全球化。与此同时,跨文化沟通已成为商务活动中的重要一环,它是指发生在有不同文化背景的人们之间的信息和情感的互相传递的过程。广义的跨文化沟通还包括跨地域的沟通、跨时代的沟通和不同角色之间的沟通。

美国管理协会(AMA)的一项调查显示,在 146 个受访的管理者中,有一半把全球化作为企业决策的首要出发点。著名的科尔尼管理咨询公司(AT Kearney)在对 778 家欧洲和北美公司的调查中发现:有一半以上的公司预期在 3～5 年内扩大其商务活动的国际范围;有超过 50% 的公司已经拓展了新的国际市场;有 35 位行政总裁把公司的工作重点放在培养全球管理人才方面。

大量的国际间的沟通问题的产生,并不是由于公司间的利益矛盾造成的,而是文化这一隐形的障碍在作祟。举一个小例子就可以略见一斑了:用大拇指和食指构成一个圆圈,再伸出其他手指,这就是通常所用的“OK”手势了,我们认为它表示“好的”之意。但在法国,它表示“没有”。而如果在谈判时日本人对你做了这个手势,你还像在国内一样微笑着同意,那就惨了,因为在日本,它表示金钱,你就等着对方问你要现金吧。要是对德国人做

了这个手势,可能会要发生打斗,因为你在骂对方"笨蛋"。

在今天跨文化沟通日益频繁的环境中,为避免在不同文化的人际、组织间、国际的交流时产生误会,使得交流有效,以使在人际间建立良好的关系,在组织之间增进理解与合作,在国与国之间促进彼此的友好相处,人们需要了解跨文化沟通的知识,提高跨文化沟通的能力。

掌握这一能力,顺应时代潮流使自己成为国际化的人才:要具有能与来自不同文化背景的人有效交往的能力;能在不同文化背景中工作就像在自己的国家工作一样;具有超越他们本民族文化的能力。许多世界知名的企业管理者都将这种沟通能力看作是他们取得成功的关键。

二、影响跨文化沟通的因素

文化是跨文化沟通的核心因素,是决定沟通成败的关键。然而文化这一最常见的概念,也是个争议最多的概念。根据马克思主义哲学的观点,文化有广义和狭义之分,广义的文化指的是人类历史经历过程中所创造的物质财富和精神财富的总和。狭义文化是指社会的形态、精神生产的成果以及与之相适应的制度和组织机构。在这里,我们讨论的文化属于狭义的文化范畴。文化是人类本质力量的对象化,是人类创造性劳动的结晶,是人的不同形态的创造物的多元复合体,也是人类进步与迈向自由的尺度。文化对沟通的影响是通过下面几个方面来作用的。

1. 感知的差异

感知是指人通过感官对外部刺激的选择、评价和组织的过程。这种生理上的反应是很直接的,例如人们会觉得巧克力是甜的。然而人们之所以会做出这样的反应,并不完全由于生理因素,文化也在起着作用。比如一个美国人会觉涂上奶酪的面包很好吃,而有些中国人则觉得恶心;反过来,很少有外国人会喜欢臭豆腐的味道,那像是在发霉。

成长在不同文化背景中的人们对同种刺激的反应是完全不一样的,这就是文化的作用。这就是为什么麦当劳,必胜客之类的西餐店为了进驻中国市场不得不在他们的食品制作上做出改变,以适应中国人的胃口。

2. 思维方式的差异

思维方式是人们看待问题的方式和角度等。来自不同文化背景的人们的思维方式存在着很大的差异,而且由于思维方式的作用过程是隐性的,是在人脑中不知不觉地进行的,所能看到的只是结果的不同,沟通的失败而已,至于问题出在哪里,则难于找出。更严重的是,一般人们都认为对方也是从与自己一样的角度,用同样的方法看问题的,所以他们只会在不同的结果中————而不是得出结果的过程中————来找问题,各持己见,导致沟通进一步失败。

　　看看中国人与美国人的思维差距就可以对此有所了解：中国人进行的形象思维较多，美国人则进行抽象思维较多；中国人偏向综合思维，美国人偏向分析思维；中国人讲求"统一"，美国人讲求"对立"。由此造成中国人一般在沟通的过程比较保守、含蓄，而美国人比较开放和直接。

3. 世界观和价值观的差异

　　世界观是人们对于整个世界总的看法和根本的观点，它贯穿于人们的一切行动中，决定着一个人的人生观和价值观。它们三者是影响跨文化沟通的最重要因素之一。最显见的例子就是无神论与有神论者之间的矛盾，例如在中国，人们宗教思想较淡，普遍相信马克思主义真理，坚持无神论；而在阿拉伯国家，人们相信神的存在，有些国家甚至政教一体，宗教规则就是法律。如果无视这种世界观的不同，双方必然会产生矛盾，而且这种矛盾的后果可能不仅仅是沟通失败这么简单。

4. 社会规范的差异

　　社会规范包括风俗习惯、道德规范、法律规范和宗教规范四部分。各国风俗习惯不同，例如在中国送礼不能送钟，因为有"送终"之嫌。道德规范不同，如在美国，儿子帮父亲做事是可索要报酬的，而在中国这可是"不孝"的表现。法律规范不同，如在美国，一个人是否有罪是由陪审团决定的，而中国的法庭上是没有陪审团的身影。宗教规范就更是大相径庭了，如佛教信徒不吃荤，而回教信徒不可吃猪肉等，不胜枚举。这些都是在跨文化沟通中会遇到的问题，是极其复杂的一种方式。人们利用语言便捷地传达着信息，然而这是在同种语言之间的。如果是不同的语言，信息就成了一连串可能很好听但全无意义的音节。全世界有着上千种语言，相互之间的差异极大，语言自然就成了跨文化沟通的一个障碍。所幸的是，人们可以通过学习目标语言来达到沟通的目的，即使是不学习，也可以通过聘请翻译来做到有效的沟通。

　　非言语沟通方式指的是手势语、身体语等"沉默"的沟通方式。当朋友冲你挤挤眼睛时，你会知道他在搞无伤大雅的"小阴谋"。但是若以为全世界的人们都在用同样的非言语沟通方式传达同样的意思，那就等着误会的来临吧。

小案例

严 重 的 误 会

　　在军事管制期间，希腊的交通管制人员在接到埃及飞机提出的紧急迫降的请求后用沉默回答了对方，因为希腊人的沉默就是拒绝。然而，埃及人则认为沉默就是默许。结果飞机进跑道时，希腊的军队向飞机开了火，造成数人死亡。

第二节 跨文化沟通中的东方文化

神秘古老的东方世界正在向全世界展示着她不朽的生命力,日益在这个快速运行的商业世界里发挥出巨大的力量和勃勃的活力。本书选择几个典型的东方国家来介绍它们沟通中的文化。

一、沟通中的日本文化

日本是离中国最近的发达国家,是中国重要的进出口贸易伙伴。然而尽管日本文化深受中国文化影响,是中国文化的一种发展,但这种发展已经到了迥异的地步。这种迥异必然反映到了商务交往中来。

1. 关系第一

日本企业的商业行为是关系导向型的,即关系第一,生意第二,和他们做生意首先要建立起良好的关系。他们不喜欢与陌生人开展业务,例如在日本电话推销就是给现有的客户打电话,而不是给陌生人打,事实上在日本给陌生人打电话被认为是奇怪的行为。因此,与日本人做生意最好有引见人,一个合适的第三方的出现将使关系融洽。如果没有引见人可以借助,那么在做生意之前就得花时间建立关系,这是在整个商务沟通过程中最重要和耗时的环节。

除了第三方的引见外,还有以下一些常见的建立关系的途径,它们之间配合使用效果会更好:

(1) 宴会

宴请和被宴请是你和日本商业伙伴建立亲密关系的必要途经。对男士而言,礼节性的饮酒是认识合作者的一个传统方法。有时候,饮很多酒甚至喝醉也并非不妥。一些日本商人认为,喝酒似乎可以消除商业会议中遇到的呆板和正式。日本人通常过于依赖表面的交流,给你讲他们认为你爱听的话。喝完几杯以后,他们或许会变得毫无拘束并进入深层交流,告诉你他们真实的想法。所以,对一个困难的谈判而言,酒是个很好的润滑剂。

可是日本人通常不希望女士饮酒,当然更不希望她们喝醉。想和日本人做生意的女士,因为不能加入到男士的饮酒礼节,或许会出现小障碍。不喜欢喝酒的男士可以合理地道歉,并说明是健康原因或者宗教原因。尽管如此,他们或许还是会错过与日本伙伴加深关系,增进了解的一些机会。

(2) 交换礼物

交换礼物是日本商业文化的一个重要部分,也是建立良好关系的必要部分。有城市、地区或者国家特色的有品位的东西是较为合适的礼物。礼物的数目成双为好,成套的礼品也是受欢迎的。此外不要送他们有动物形象的礼品。

日本人更注重礼物的包装和含义。必须对礼物进行精美的包装,但这种包装最好由对日本风俗了解的人做,例如他们不喜欢在礼品上系蝴蝶结。另外要用双手给你的伙伴呈上礼物。日本人不会当着送礼者的面拆开礼物,同样也不要当着日本人的面拆开他们送的礼物。

良好的关系建立不易,所以要好好的维护。不管是通过电话、传真、信件还是电子邮件,和你的日本顾客或者伙伴保持密切的联系是非常重要的。这会为你带来更多的更好的合作机会。

2. 地位意识

日本是个极其强调尊卑的国家。年轻的要服从年长的,职务低的要服从职务高的。至于女性,在日本的地位较低,所以大多数日本男士在商务场合不习惯与女士平等地打交道。因此不宜派一位女士作为公司的代表去和日本人谈生意,无论她是多么聪明和优秀。

在日本商业交易中,买方自动享受比卖方高的地位。所以,年轻的外国人,尤其是妇女,想向日本顾客销售商品,将面临着重大的文化障碍。为了提高自己的地位,在沟通中取得优势地位,可找最年长的、资格最老的男同事来做介绍,因为在日本人看来地位是可以传递的。并做好自己专业方面的证明书,因为专家意见也可以授予地位。

3. 保守风格

日本人在商务活动中的表现是相当保守的,这表现在很多方面。

(1)重“面子”

日本人的保守首先表现在他们对面子的看重上,这一点和中国人颇为相似,但他们更甚之。

日本人认为面子和一个人的自尊、尊严和声誉有关。不要做出幼稚或者缺乏自我控制能力的行为,发脾气是万万不可的,因为这在日本人眼中是幼稚的行为,不仅毁了自己的面子,还冒犯了别人。无论发生什么情况,都要保持表面的融洽气氛。如果有人在压力下不能保持内心平静的话,他们马上就认为这个人是不值得尊敬的。故而要不惜一切代价避免和日本人发生冲突。如果你犯了错误,你可以很幽默地道歉,这样可以挽回面子。同样,也要为对方保全面子。当对方处于一个非常为难的境地时,给他一个合适的台阶下。

为了维持表面的和谐和防止丢面子,日本人倾向于按照习俗来着装和做事,同样他们希望来访者也这样做。守时就是一个方面,日本人重视准时性和严格的遵照计划表,并且希望他们的外国合作者也可以这样,尤其是潜在的供应商。

(2)保守的交流

日本人在交流中也很保守。他们非常强调面对面的会见,很少依赖于书信和电话交流。在面对面的交流中,他们认为健谈的对手是粗俗无理的,在轮到自己说话时常常也会停顿5~10秒,不要认为这是忘词的表现。为了避免惹怒对方,他们经常使用迂回的说法,沉默和含糊的语言。他们认为,直接回答说"不"是无礼的,通常用"我们会尽力而为"或者"那确实很困难",或者干脆沉默不语来表示否定。这种礼貌的结果可能会使对方产生混淆,以明确意思为代价换来了表面的和谐。

小案例

保守的交流

一个美国商人想把一个新产品卖给一个日本商人,双方同意见面谈谈。他们一见面,这个美国商人即抓紧时间谈他的产品。当他结束了对新产品的介绍后,他等着那位日本商人对他刚才的所谈提出问题。

但使他吃惊的是:那个日本人对他的介绍并没有表现出兴趣,他所谈的是两个国家的天气和假期。那位美国商人对此感到沮丧,甚至还有几分恼火。这位美国人在见面后对那位日本人的评价是:"无礼"——日本人不懂得怎样做生意。除此之外,他还认为那个日本人根本不喜欢他,这一点说明了一切。

（3）保守的非语言形式

保守态度也反映在非言语沟通中。不要用强烈的、直接的眼神看着日本人,因为这会被误认为是有恐吓的企图或者是敌意的表露。他们用微笑来掩饰不同意或者生气,而大声则意味着紧张或者尴尬而不是高兴。

日本人的身体语言很有限,并且是正式的。只使用小手势,不挥舞胳膊或做出其他有力的手势。在会见和问候日本合作者时,握手要轻,而且一般采用鞠躬。日本的文化是接触程度较低的,所以应该少去触及他们。禁忌的姿势包括抓胳膊和拍背。

4. 语言与称呼

（1）语言

如果会说日语,那么一定要注意日语是有性别差距的:女性说的日语较男性说的婉转卑谦,在用词上存在很大差别。一位洛杉矶商人就曾遭遇这样的尴尬。他为了与日本人做生意,特地学了日语,但是当他略带自豪地和日本商人用日语谈判时,得来却只是嘲笑。因为教他日语的老师是位女士,她教他这么个高大的美国男人说了一口女式日语。

如今越来越多的日本商业人士能说外语,尤其是英语。可是,因为日本语发音的贫乏性,他们在会话方面的能力不佳,所以最好考虑雇一个翻译,不要依赖于日本合作者的外语水平。

（2）称呼

称呼日本合作伙伴时，用他或者她的姓，再加上后缀 san。日本人的姓名排列同中国人的一样，姓在前面，名在后面。收到对方的名片时，要请对方将名字念一遍，因为同一个日本字常有好几个发音，这样做可以防止你念错他人的名字。

5. 谈判风格

日本文化可以形容为"菊和刀"，其特点是刚柔并济，以柔克刚。这也体现在谈判中，他们对人很是礼貌，但内心防线却很难动摇。

日本人的地位意识在谈判中表现得更为明显，在这里有两条不成文的习俗：一是谈判对手理应是男性，特别是谈判负责人；二是主谈人的年龄与职务与日方应基本一致。日本女性通常不参与正式的商贸谈判。高层一般不在一开始时参与谈判，只有在最后决定阶段，他们才参与进来。

日本人忌讳在谈判过程中偷偷增加人数，因为不甘落后的日本人总是希望自己的人数超过对方，对此要有所心理准备。日本代表团中通常没有律师、会计师和其他职业顾问，也不喜欢对方代表团中有这些人员。他们对律师总抱有怀疑态度，并且认为那些每走一步都要问律师的人是不值得信任的。至于谈判中途更换谈判者，在他们看来是软弱、缺乏一致性和诚意的行为。

与日方谈判要"以力求让，以情求利"，既不能因为言行失礼而影响了谈判，也不要因注重"笑脸"而放松戒备，在讨价还价上失礼。在这个过程中一定要有耐心，让日方相信你有充足的时间。急躁和没有耐心在他们眼中是软弱的表现。

中间人的存在可以使谈判进行得更顺利。当面否定是日本人不能接受的，利用中介人传达否定的意思更能让他们接受。此外，日本人不喜欢别人给出让步的建议，因为这是他们自己的事，所以可以让中间人来传达建议，并且要"伪装"出是他们想出来的样子。

二、沟通中的南亚、东南亚文化

南亚、东南亚地区由于与我国邻近，自古以来就有着商业来往。但该地区国家众多，文化错综复杂，想要很好的与这些国家做生意，绝不是件容易的事。在这里介绍几个主要国家的商业文化。

1. 印度文化

与中国毗邻的印度是世界上人口第二大国，经济增长势头强劲，与我国的进出口贸易往来呈上升趋势。四大文明古国之一的印度有着鲜明的民族特色，在商务沟通中需加以注意。

（1）官僚主义

在北印度语言中，kal（读音为"卡噢"）的意思既是"昨天"，也是"明天"，这使得 kal 成为对印度的一种形象的描绘：国家的未来因为过去的官僚政治所形成的官僚作风而受到束缚。想在这个人口超过十亿，其中包括大约一亿五千万相对富裕的中间阶层的诱人市场做生意,最棘手的障碍之一就是规章制度的妨碍——这个十几年前同样存在于中国的问题他们还没能解决,而且好像也不想解决。那些毫无准备的商务代表们很容易就会陷入到处存在的官僚文牍主义造成的困境。

因此要想在印度成功地做生意,得有耐心。在和官方打交道时,耐心尤其会起到很好的作用。在印度,语言中的时间含义不固定,这也就反映了时间在这里不被看重。为见一个高级官员,你得做好等待半小时到一小时的准备,而且他也不会为此道歉,哪怕只是出于礼貌。同样如果你的重要会见每隔几分钟就被打扰一下,也不要感到惊讶。不要认为这种行为是无礼的或者松散的工作习惯,因为在印度就是这样。

(2) 等级制度

印度自古就有很森严的等级制度,而且这种与生俱来的等级地位不能像在中国一样通过考取功名之类的方式得到改变。今天这种制度仍然存在。印度人生于哪个阶级就属于哪个阶级,即使获取博士学位,被选举为高级官员或者成为百万富翁也不能改变自己的阶级。

小案例

森 严 的 等 级

大约 14% 的印度人甚至没有资格在等级阶层中排队,他们是印度最底层的人,通常被称为贱民。多年以前,一个名为 Jagjivan Ram 的贱民,后来成为国防部长——国家第二大权力人物。在新德里,所有外部的迹象表明,他得到了与他高贵的地位相符的尊重。但是,每当他回到自己出生的村庄时,那些处于高阶层的邻居们还是认为他只不过是个贱民,是个被社会抛弃的人。文化的改变像冰河运动一样的缓慢,即使是在印度这样的热带气候中!

---

(3) 关系第一

和日本一样,印度的商业行为也是关系导向型,不过由于印度商人的商业意识远没有日本人的那么浓,在这里的关系第一就更加重要,更加强调朋友交情。因此在开始正式的生意前,一定要留出足够的时间和对方交朋友。如果在印度已经有了合作伙伴,或是能得到地位较高的人的帮助就会方便很多,他们可以做中间人,为你牵线搭桥,从而可减少——但不是消除——阻碍。

(4) 语言风俗

印度的语言超过 300 种——这还不包括方言,其中仅官方语言就有 14、15 种之多,所以这儿是个语言的马赛克综合体。幸运的是,可以同他们说英语。但是一定要小心,因为印度英语中掺杂着一些会让人混淆的当地词语。比如当你的客户说她已经"解雇"了她的助手时,不要惊讶,其含义只是说她的员工遭到了严厉批评。

(5) 风俗习惯

印度人家庭观念很重,这也是为什么全国布满中、小规模公司的原因。

你可以和印度男人握手,但印度妇女更喜欢优雅的合十礼姿势。作为对这个问候的回礼,你只要把双手一起放在颌下,手指和头部前倾。另外一个喜庆的风俗就是给重要的来客戴上花环。对于这芬芳的负担,合适的反应是:感谢地微笑,当闪光灯停止后,立刻取下花环并拿在手中,直到你的主人接过花环。

在印度,吃是一个很独特的问题。大多数印度人是彻底的素食主义者,即使他们吃肉,也有讲究:80%的印度人不吃牛肉,12%的印度人不吃猪肉。这起因于宗教信仰,千万不能触犯。印度人用盘子吃饭,但忌讳多人在同一盘中取食。吃饭时只能使用右手,因为他们认为左手是肮脏的。不仅在吃饭时,其他时候也不得用左手,弄不好他们会把你用左手递的东西砸烂。

此外,如果生意伙伴来自一个传统的印度家庭,当到他家做客时,要礼貌地拒绝第一次提供的食物和饮料,因为立刻接受意味着贪吃和没有教养。与此相类似,你的一些印度客人也会这样做。在第一次的拒绝后,你要再提供一次,否则是没有礼貌的。

(6) 谈判风格

印度宗教、政治关系复杂,因此谈话要多加小心。这儿炎热潮湿的天气也不是个令人愉快的话题。

印度谈判风格大体上含蓄保守,但是一旦触及了利害关系就变得判若两人了,层层设防,处处猜忌。他们会对自己公司的商业秘密守口如瓶。而且怕负责任的印度人不愿意作出负有责任的决定,甚至对应负的责任也会找借口逃避。谈判中即使是一点小事也会无休止地纠缠下去,即使明明是他们的错,一旦这种情况发生,务必要控制住局面,转移问题焦点,避免纠缠不清。

2. 泰国人的文化

泰国文化混合了东南亚和南亚两种文化因素。泰国的风俗习惯、传统惯例以及商业行为等很多方面都受到中国和印度的影响。这些影响表现在如关系第一、尊重权威、时间观念差等方面,几乎在印度需要注意的方面、会遇到的问题,在泰国也要注意、也会遇到,就不赘述了,但泰国还是有它独特的方面的。

(1) "面子"在泰国

除了建立关系外,在泰国也有如在日本一样的"面子"问题。做到"给面子",首先要保持心态的平和,注重关心和考虑他人的需要和感受。这正是泰国人常常保持微笑的一个原因:他们快乐的时候微笑,忧愁的时候微笑,甚至在生气的时候也会微笑。微笑和温和的话语有助于保持融洽的气氛,这就是给足泰国人的面子;怒目而视和说话声音过大则会破坏气氛,坏了他们的面子。

（2）看重地位

泰国人极其看重地位。社会地位较高的人从来不会向地位较低的人道歉。受到地位较高的人的正式道歉反而会使他们局促不安。代替道歉的常是一个友好的微笑或是糖果之类的小礼物,这就足以表达歉意。但若无意间冒犯了和你社会地位相当的人,例如商业伙伴,一定要表现得谦恭。并且从那以后要多微笑,尽可能多的和对方相处。

（3）风俗习惯

泰国人不习惯于接收商业上的礼物。

泰国人不喜欢告诉别人坏消息,因为他们认为隐瞒不好的消息是对他人的尊敬。因此要自己时刻注意事态的发展,等到他们来告知坏消息时恐怕为时已晚。

泰国人讨厌只是工作而没有休闲。因此在泰国,会议时间不要过长,如果讨论过于冗长则要用一些社会活动来做调剂。困难的工作中要安排一些小插曲。

除非在相当西化的场合,泰国人见面不握手,而是双手合十放于胸前行"合十礼"。泰国人认为左手是不干净的,因此与他人接触或递东西给他人时一定要用右手。而脚比左手还要不干净。在坐着时千万不要露出自己的脚底或是鞋底。也不要用脚或者鞋指着某物或是碰到任何物体。

（4）语言

泰国人外语知识很贫乏,语言问题在这里很是突出。它是东南亚国家中唯一的没有经历过殖民统治的国家,这使得仅有少数的泰国人会说国际上通用的语言,如英语。因此商务沟通的过程中聘请一个泰语翻译成为必需。

（5）谈判风格

精明能干的泰国人在谈判时是较为诚实和富于人情味的,讨价还价的过程一般气氛友好。他们常采用逐步紧缩法:初始让价较多,而后逐步减少。

与泰国人谈判力求耐心细致,各条款内容要明确具体,有利于双方准确理解,也防止分歧和扯皮现象的发生。

三、沟通中的阿拉伯文化

对阿拉伯地区的商务沟通上的注意点有所了解,对在整个中东地区的沟通都有帮助。阿拉伯地区是个复杂的地方,无论是它的政治、经济,还是文化,这种复杂性会让你在不经意间触到了"高压线"。

但所幸的是,阿拉伯国家在很多方面和东方人有相似之处。如关系导向型的商业行为,讲究顾全"面子"的处事方式,对权威的尊重等,在这些方面可以遵从以上的介绍。

━━小贴士━━

何谓阿拉伯国家

　　要了解阿拉伯国家,先来看看到底何谓阿拉伯国家。在定义阿拉伯世界时,可以按照四个同心圆来考虑:

　　大的外圆是穆斯林世界,由80多个国家组成,这些国家中大多数是穆斯林人口。

　　在那个外圆之内是中东,包括西亚和非洲的伊斯兰文化,还有一些非阿拉伯穆斯林国家,例如土耳其、伊朗、巴基斯坦和阿富汗。后者国家的人民讲的不是阿拉伯语,同时,他们与阿拉伯世界的居民有种族上的差异。

　　接下来是第三个小圆,由22个国家组成,通常被称为阿拉伯世界,是阿拉伯同盟的成员。一般在符合以下条件时:(a)它的居民讲阿拉伯语言;(b)他们自认为是阿拉伯人,一个国家会称自己是阿拉伯世界的一部分。所以,实际上,如果只要你讲阿拉伯语言,并且自认为你自己是个阿拉伯人,那么你就是个阿拉伯人了。

　　最后说第四个,也是最小的一个圆,可是它却是中心,由海湾合作委员(GCC)的六个阿拉伯国家组成。他们分别是:巴林、科威特、阿曼、卡塔尔、沙特阿拉伯和阿拉伯联合酋长国(UAE)。这些是海湾阿拉伯人。

　　1. 宗教特色

　　宗教在阿拉伯国家占据的重要地位,是我们所不能想象,甚至有些不能理解的。但一旦到了那里,再不能理解,也得接受。对海湾地区的居民而言,宗教是他们生活的方式。可能他们只字不识,看不懂经文,但宗教对他们的思想和行为产生着重要的影响。

　　伊斯兰教在这里起着主导作用,虽然在这些国家中,也有着信仰基督教、印度教、佛教和穆斯林教的外国人。在此地区内部,伊斯兰教也是有些差异的。那是因为,大多数的海湾阿拉伯人属于逊尼派伊斯兰教,而少数人属于什叶派伊斯兰教。另外,在严格的瓦哈利吉教派中还有分支,此教派在沙特占主导地位,因此在沙特有禁止喝酒,妇女不允许驾驶车等严苛的规定。沙特阿拉伯是海湾地区惟一禁止宗教活动的国家,除了伊斯兰教。沙特的宗教警察,开着显眼的白色车,经常逮捕来自发展中国家的外国人,因为他们支持非穆斯林宗教。相比之下,虽然瓦哈利吉教派也是卡塔尔的主导宗教,但没有沙特那么严苛。迪拜——阿拉伯联合酋长国的一部分,和巴林是海湾地区最自由的社会,科威特、阿曼和卡塔尔居中。举个海湾内部文化差异的例子:沙特的海关官员经常在边境处没收基督教圣经和其他非伊斯兰教的作品,但是,阿曼今天仍以有印度教寺庙而骄傲,巴林甚至还有犹太教。

在阿拉伯国家做生意注意各国的差异是非常重要的。在一个海湾国家允许的行为，到了另一个国家或许会受到严厉的惩罚。根据《华尔街月刊》2002年4月的报道，每年在沙特阿拉伯都有几十名外国人由于犯罪而被斩首——而不是被枪毙！

2. 风俗习惯

阿拉伯地区有着很独特的风俗习惯，尽管在国外受过教育的年轻人已经不太看重这些习俗，他们可以在国外喜欢威士忌，但回到家中——这儿还是阿拉伯。

小案例

失 败 的 沟 通

H公司试图进军阿拉伯国家市场。这天迎接了一个从迪拜来的代表团。L先生作为公司代表陪同参观。

会谈中，L先生感到困惑和厌烦，因为那些阿拉伯人每隔一小时就要求暂停一会儿，然后去洗手间将脸和手洗上一番。从洗手间回来后，他们就跪下祈祷。由于洗手间没有毛巾，这些阿拉伯人祈祷时手和脸都湿漉漉的。L先生感到很为难，而且不知道自己是否应该回避他们的祈祷。

到了午餐时间，公司为客人准备了丰盛的午宴，美味的佳肴受到这些阿拉伯人的一致称赞。但是当猪肉端上餐桌时，笑容从他们的脸上消失了。他们几乎立即离开了餐桌，而且没有和任何人打招呼；尽管当时作陪的还有中国当地的一些贵宾。在没有通知H公司的情况下，这个迪拜代表团于当天离开了H公司所在的城市。

（1）个人空间意识

阿拉伯地区个人距离较小，人们说话会站得很近，如果往后退，会被认为是不喜欢对方，喜欢频繁的身体接触，相互拍拍之类的动作，但这只限于同性之间。异性之间，不能站得太近，男士也不可对女士热情微笑，谈话内容仅限于一些表面的问题，否则可能就毁了对方的名声。陌生人之间就则只限于握手，所以在决定采用什么程度的身体接触之前，先观察一下在场的其他人。

除了身体接触外，在商务活动中，阿拉伯男士还喜欢眼神交流。如果你经常移开目光，那意味着你对他的话题缺少兴趣，或者对他们缺少尊重。但女士请不要与男士有太多的目光接触。

（2）时间观念

阿拉伯人和单一文化国家的人看待时间的态度是不一样的。阿拉伯人认为,人和关系远比日历和时间重要。所以,他们或许会让你等待,而自己却去接见没有预约的访问者或者处理家事。他也可能会由于各种各样的紧急原因而迟到。开会时你或许会发现,会议经常被电话、要批示的文件和偶尔来访的老朋友乃至亲戚打断。更甚的是,在沙特和其他很多海湾国家,会议通常都开始得很晚,而且持续时间很长,所以一天最好只安排一个会议。

同时要避开斋月,那时他们不做生意,而是进行宗教活动。

基于这些原因,如果严格规定在一个特定的日期前完成某事,是不明智的。在制定进度表时,你最好让其具有灵活性,这样几天或者几星期的延误不会给你造成严重的后果。在海湾地区,耐心同样是个重要的美德。

（3）宴请

被他们邀请时,不必一定要送礼物。不过如果想带,也无妨,但是不要送酒或者其他穆斯林民族禁忌的礼物。同时不要对主人的任何东西表现出羡慕,因为他或许会把你所羡慕的东西送给你,而拒绝的话,他会觉得受到了侮辱。

吃饭时,一定要吃很多,以表示你的感激之情。不想吃的时候,主人或许还会强制性要求你再吃一些。尽量多吃,如果已经达到了极限,你必须强调性地拒绝主人提供的另外食物,三次拒绝才能达到目的。

当你招待阿拉伯客人时,对穆斯林民族所禁止的食物和饮料要特别小心,但是如果一个阿拉伯访问者在国外偶尔喝些酒,你也不要感到十分惊讶。要不断地劝说让你的客人尽量多吃。传统的阿拉伯人在吃饭时,会一直等着直到他们被邀请了三次以后,才开始吃饭。

（4）风俗

和其他穆斯林文化一样,左手被认为是不洁的。吃饭或者给阿拉伯人递东西时,通常只用右手。例如,用右手呈上你的名片或者礼物。在手势上,避免举起大拇指,因为在阿拉伯世界这是个淫秽的手势。坐的时候,不要露出你的鞋底,因为鞋底也是不洁的。

穿着上,对女士有些特别的要求:宽松的、端庄的衣服,衣服领子要高,袖子要超过肘部或者更长,裙子的长度要超过脚踝。不要穿裤子或者裤套装。在手边准备一块头巾,以便需要时,用来罩自己的头。总之就是要把自己松松地包起来。

3. 谈判风格

谈判前一定要有铺垫式的交往,因为他们认为一开始就转入正题是有失身份的。坐下来喝杯咖啡或红茶,再谈谈和生意无关的话题。但这里也是政治宗教关系复杂之处,小心回避此类话题。

> ### 小案例
>
> ## 一个错误的用词
>
> 　　跨海公司(Trans Oceanic)为了能和阿拉伯公司(Arobco)缔结一个代理协议,委派地区经理特德同阿拉伯公司进行了长期会谈。经过数月的努力,已在很多方面达成了共识。
>
> 　　在最后的谈判阶段中,特德偶然地说道:"我们跨海公司的人真的很希望与地处波斯湾的贵公司合作。"话音一落,会议桌另一边的阿拉伯公司人员沉默了一会,然后起身大步走出了会议室,谈判中断了。
>
> 　　事后,特德才知道:在沙特阿拉伯,波斯湾应叫做阿拉伯湾。特德无意中用错了词,暗示了海湾属于伊朗,而伊朗当时被沙特阿拉伯认为是敌对的和危险的。

　　阿拉伯商人在谈判中习惯于慢条斯理,悠然自得,而且善于故弄玄虚。他们不仅善于谈价还价,还以此为乐。因此一定要做好打持久战的心理准备。切莫急躁,在充分准备的前提下耐心地与之周旋。

第三节　跨文化沟通中的西方文化

　　商务活动兴盛于西方世界,今天他们仍然扮演着引领者的角色。经济上的优势推动了文化的全球渗透,他们的行为方式也多多少少成为当代商务活动的模版。

一、沟通中的美国文化

　　如何与美国人做生意? 这可是个大问题! 美国以世界第一的经济实力,在全球经济活动中起着巨大的作用,纽约是世界经济的中心,华尔街的金融风向吹动整个世界。这种经济上的影响,又渗透到社会生活的方方面面,不得不承认,今天,我们的思想意识、生活方式等等都开始倾向美国标准。但是文化差异仍旧存在,仍阻碍着我们的沟通。

1. 生意第一

　　在美国可以见到上面介绍的关系导向型商业行为的对立面——生意导向型商业行为,他们与陌生人做生意相对开放,海外商人通常能够与批发商或者顾客直接签订合同。这种商业行为方式只存在于很少的几个国家,而美国则是其典型代表。

　　这是由于美国是一个高度移民的国度,而且美国人常常搬家,变换工作,总是遇上陌生人的他们能与人很快地建立友好关系,尽管这种关系可能持续的时间不长,但对于做生意来讲就已经足够了。使用英语发送一封信或电子邮件,介绍公司和产品的基本情况,陈述希望进一步接触的愿望,并进行约定。之后打电话请求两三星期之后会晤。对方就会和你约定时间和地点。

首次与商务伙伴会面后,这些任务导向型美国人会马上就开始谈生意,因为他们相信在谈判进行过程中更容易建立起信任和友谊。

2. 平等意识和个人主义

(1)平等意识

人人平等是美国人的一个主要价值观,因此面对明显的地位差别待遇,美国人会觉得不舒服,除非这个人非常有成就。这一点反映在美国人礼仪的轻松非正式化中。非正式礼仪显示友好和热情。来自更正式文化的商务人员应该明白这种轻松的交流并不是不尊重。

与人相处时,他们很快就直呼其名,哪怕是刚刚认识的人。即使是在正式会议中,除非你是医学博士或者是政府高级官员,头衔和尊称会被忽视——这与东方人完全不同。

(2)个人主义

人人平等的美国人很喜欢表现自己,无论他们做什么或在哪里,都显现出浓烈的"个人主义"色彩,这也与讲究"集体主义"的东方人完全不同。

小案例

老板大跳热舞

小王在一家美资公司工作,老板是个五十开外的老头,非常幽默。有一天,小王午饭后回到办公室,就见老板径直向他走来,并突然从背在身后的手中变出一顶牛仔帽,翻手戴在头上,随即模仿着西部牛仔的样子大跳热舞。同事们看得目瞪口呆,不知这是发生了什么。直到老板气喘吁吁地停下舞步对小王说:"Happy Birthday!"大家才恍然大悟,鼓起掌来以示感谢。小王对老板此举很是感动,但是和同事们谈起那段热舞,还是连连感叹"吃不消,吃不消!"

3. 语言和习俗

(1)语言

在语言上,美国人可以偷懒,因为英语是他们的母语,而且这种有着很重"r"音的美式英语正成为时尚。但这也导致他们习惯了别人迁就他们,很少有美国人的外语非常流利。

所以如果你的英语水平不好,就得雇佣一名翻译,因为别想指望他们会说很好的中文。

相比较东方人而言,美国人说话要直接得多,而且他们很"爱"说话,因为就美国文化而言有口才是善于沟通的表现。对措辞间接、含蓄少语的谈判者他们常常持怀疑态度。因此作为崇尚"知者不言,言者不知"的东方人,我们可以适当转换说话方式,直接一点可以便捷与他们的沟通。

（2）时间观念

美国人秉承单一的时间观念,把时间看作是有形资产,能够节约、消费、损失、找到、投资和浪费。北方人比南方人更关注准时和计划。

（3）动作语

与美国人握手要用力并直视对方。一些美国人相信无力的握手代表软弱,眼睛不直视对方意味着不够可靠或不诚实。除了握手,美国人还会互相拍拍背、抓抓肘部或前臂以示友好。

（4）馈赠礼物

美国的商界没有馈赠礼品的习惯。如果呈送一件贵重礼品,他们会觉得不习惯。当然礼还是可以送的,选择有品位的礼物或者有地域特色的物品最佳。给女主人赠送鲜花、糖果和葡萄酒比较合适,但是不要期望到他人家中赴宴。

（5）隐私观念

美国人有很强的隐私观念,无论是工作还是生活的每一处都体现着这种思想。例如一定要敲门,并得到允许才能进入美国人的办公室,未经允许就进入被视为是对他们所属范围的侵犯。

4. 谈判风格

在谈判桌上的美国人干脆利落、不兜圈子,他们喜欢迅速切入正题,会在不知不觉中将一般性的交谈引向实质性洽谈,一个事实接一个事实地讨论。为追求物质上的实际利益,他们善于使用手段,并对谈判成功充满信心。与干脆的美国人谈判,表示意见要直接,明确告知接受与否。

双方发生纠纷时,美国人希望谈判伙伴态度认真、坦率诚恳,即使争得面红耳赤也不会介意。相反要是在争执时还笑脸相陪,他们会认为是玩世不恭或自认理亏的表现。

美国经济发达,生活、工作节奏极快,这也表现在谈判桌上。他们为自己定的最后期限都比较短。一旦谈判突破其最后期限,就很有可能破裂。因此除非特殊需要,同美国人谈判的时间不宜过长,一定要有时间观念。

美国人的法律意识根深蒂固,有资料披露:平均每 450 个美国人就有一个是律师。他们认为要保护好自己的利益就得依靠法律、合同,因此会在谈判时带上自己的律师,对合同的条款细加规定。

二、沟通中的英国文化

英国人几百年前就满世界地做着大笔生意，是老道的商人。今天她在全球商业中的至尊地位早已不在，但正应了一句俗话"瘦死的骆驼比马大"，同英国人做生意人仍是国际化的商人们必须面对的问题。

（1）注重关系，也注重生意

精明的英国人不可能不知道关系的重要性，他们是以"校友间的互助之情"和"校友网"而闻名，所以在英国，推荐、介绍和推荐书都是非常有用的，这可以帮助谨慎的英国人得到关于你的可靠讯息。

然而比起东方人来，英国人对关系的注重又远远不够了。他们不会说上许久而不谈生意，经过简单的交流了解，他们就开始认真考虑生意了。这个过程的把握最好由他们来进行，也就是让合作伙伴先开始会议的生意部分。

（2）保守风格

来自这个老牌资本主义国家的人办事风格保守，但若是和东方人相比，这种保守还是应当说成是英国人谨慎的绅士风格比较妥当一点。

这种绅士式的保守首先反应在对时间的态度上。伦敦商业生活的步伐相对于香港和纽约来说是悠闲的。虽然他们希望准时开会，但是自己却常常要晚几分钟才到。尽管如此，跟大多数拉丁人、阿拉伯人、非洲人和大部分东南亚人相比，毫无疑问英国人是有时间观念的。

在非语言交流上也体现了这种绅士式的保守。英国是低接触文化区，除了在见面和问候的时候轻轻地握手以外，大多数英国人都避免在公共场合跟别人接触，像美国那样的一些习惯性的拍背、抓胳膊肘和搂肩膀等行为在这里都被认为是有些粗鲁的。在商务环境中，正常的人与人之间的距离大约是一臂间隔。英国人倾向于在站着和坐着时，相互间的距离要比阿拉伯人和拉丁人远一些。而且，两个交谈中的英国人经常站在跟对方成九十度角的位置上，而不是像两个意大利人或者阿拉伯人那样直接面对着对方。直接的、面对面的交谈好像使得英国人很不舒服。目光接触也不如那些极富感情表现力的国家，如意大利和巴西那样直接，非常直接的注视可能会被认为是鲁莽和冒昧的。英国人相对来说很少使用手、臂姿势。此外要记住，做表示"胜利"、"和平"的"V"字手势时，一定要把手掌向外，因为向内是一个侮辱性的手势；给别人指路时，一定不要用你的食指去指方向。

服饰上，男士要身着深色套装、单色衬衫、老式领带和锃亮的黑色皮鞋。不要系条纹领带——这会被认为是在模仿很有名望的英国军装领带。女士同样应该穿得保守一点，衣服的颜色不宜太艳，也不要佩戴过多的珠宝首饰。

保守的英国人不喜欢别人不为什么原因就送礼，还是邀请你的合作伙伴共进晚餐比较好。如果被邀请去某位英国人家里做客，就带一些巧克力、酒、香槟或者鲜花作为礼物。

不要买白色的百合花（只在葬礼上使用）和红色的玫瑰（除非要表达爱情）。一定要在第二天送一份手写的短笺以表达你的谢意。

（3）语言

在语言上，英国人可以偷懒的绝不比美国人少。今天很少有英国人会把另外一种语言说得好到能用来处理复杂的商业谈判。英语不流利的商人应该考虑聘请一位翻译。

英国人习惯谨慎的说法，讨厌那些大肆宣传和夸张的自称。介绍应该是直接的、切合实际的。幽默是可以的，但是应该记住幽默很少会被恰当地翻译过来，所以最保险的幽默是自我谦虚。

在言辞的直爽程度上，英国是居于各国之间的。英国人看起来可能比日本人善于表达和外向，但是跟欧洲和美洲的拉丁人相比，他们给人留下的印象还是缄默的和内向的。来自东亚、阿拉伯国家和拉美等复杂文化背景的商人，有时候会被他们过度坦率的语言所冒犯，尤其是在北英格兰。但是，荷兰、德国和瑞士的访问者又可能会被他们含糊的、迂回的、转弯抹角的语言弄得很困惑。事实上，一部分疑惑来自于阶级差别：很多上层英国人说着含糊的、迂回的语言，而普通民众说话则直接一些。在英国做生意时应该在思想上做好准备，这两种言辞风格有可能都会遇到。

（4）谈判风格

英国人对谈判本身不是很看重，相应的，他们对谈判的准备也不充分，不够详细周密。他们善于简明扼要地阐述观点、立场，在谈判中表现得更多的是沉默、平静、自信、谨慎，而不是激动、冒险和夸夸其谈。

英国人对于物质利益的追求不如日本人那么强烈，美国人那样直接。他们宁愿做风险小、利润也少的买卖，而不愿冒大风险，即使是高利润的。

英国商人的一个共同特征就是不能如期履行合同，他们的不遵守交货时间是举世闻名的。尽管他们为此也作出了很大的努力，但效果不明显。这使他们在谈判中比较被动，易被对手利用此而迫使接受一些苛刻的条件。

此外，他们在洽谈中常能表现出令人吃惊的忍耐，但是一旦发现得不偿失，会突然来个"急刹车"，在几天内结束生意，以免以后更大的损失。

三、沟通中的法国文化

虽然与英国仅一峡相隔，但由于受到来自北欧的日耳曼民族和南方的拉丁种族的共同影响，法国有着自成一体的商业文化，然而这种自成一体，又好像是各种文化特色的组合，其中充满着自相矛盾：法国人是重视关系的，但同时又是奉行个人主义；尽管他们不喜欢过于直接地提出自己的观点，但又很容易发生争执；最后尽管"平等主义"一词在法国呼声最高，但是法国仍然是欧洲国家中社会等级制度最为明显的国度。下面就来具体的看看这个"欧洲的自由"。

小案例

员工不是幼儿园小朋友

康尼曾在法国制药公司担任人力资源部经理。法国老板对前台小姐罗斯总是迟到颇有微词,他找到康尼要求她想办法"惩罚"一下罗斯。

接到命令的康尼详细制定了一份严格的上下班时间规章制度。可是交到老板手中时,这个法国人连连摆手:"不行!不行!这是管理幼儿园小孩的方法,对员工怎么能用这种方法?"

康尼奇怪道:"既然要管理迟到,就需要统一的标准。没有标准,如何判断、管理和处罚?再者你的助手凯文比罗斯迟到厉害得多,没有制度,总不能随意地对一些人抡起大棒,对另一些人就视而不见吧。"

法国老板回答得非常干脆:"凯文你不能碰,他是我的得力助手。"

遇上一个来自崇尚自由随意国度不喜欢条条框框的老板,康尼的上班时间制度最终只能静静地躺在抽屉里了。

---

1. 关系第一

在法国,关系是十分重要的。进行首次接触的时候,可以采用贸易展示或是官方贸易促进使团的形式。还可以安排一些正式的介绍会,邀请一些潜在顾客、经销商和合作伙伴参加,或者通过大使馆的介绍也可以。其他一些比较有用处的媒介就是贸易组织、商业协会以及国际银行、法律和会计公司。同时不要忽视你的高尔夫球伙伴甚至你的邻居,只要他在巴黎有一家较大的办事处就可以为你介绍。

发出的邀请函需要用正规的法语书写。最好先向高层人士发出会面邀请。如果你在公司当中地位较高的话,那么就可以把信件发给对方的总裁或是董事,要求和他会面。

2. 注重地位

在法国,受教育程度、家庭背景以及财产多少共同决定了人们社会地位的高低。在著名学府毕业的学生会在政府和产业部门担任较高的职务。法国最大的 200 家公司的高层管理者中有 3/4 的人来自富裕的家庭,然而在德国,这一数字为 1/4,在美国只有 1/10。

由于讲究地位,因此在商务场合,着装和行为举止都是有很多礼仪的。作为法国人,他们的着装要符合潮流、华丽并优雅。男性访问者应该穿深色西服,女士应该选择一些美观大方或者相对保守一些的服装和饰品。

至于称呼,对于你不太熟悉的当地人,应用"先生、小姐、夫人"而不能称呼对方的姓名。要使用较为正式的人称代词。与当地人建立了良好的关系之后,你可以用对方名字的第一个字来称呼。但是需要等到对方暗示你可以这样做才行。并且需要注意,即使用对方名字的第一个字来称呼,也必须使用较为正式的形式。

法国公司的管理者具有独裁主义的风格。他们需要有很强的能力,甚至需要知道如何解决出现的每一个问题。法国的传统管理风格与斯堪的纳维亚风格形成了鲜明的对照,后者是水平的管理结构,并且遵循平等主义的。

3. 餐饮特色

把餐饮单独提出来说,是因为在法国,进餐是有固定的一些礼节的,而且西方许多国家进餐时的礼节都是来自于这里,所以访问者应该注意其中关键的一些礼节,在其他国家也会用得上。

商务午餐通常要持续 2～3 个小时,并且要喝许多的酒。在法国,以及欧洲的其他国家,还有在北美,斟酒时,倒到杯子的 2/3 即可。除非主人一方先谈论商务话题,否则请将这个话题留到餐后甜点上来之后。

在巴黎以外的地方,应邀参加家宴是比较常见的。在接到类似的邀请时,一定要接受,并且要比约定的时间晚 15 分钟左右到达。应该给女主人带礼物。

―― 小贴士 ――

给女主人的礼物

带鲜花不是最好的选择:女主人也许没有时间来找出合适尺寸的花瓶。

花的数目应该是单数――但不能是十三支;不要带菊花――除非参加葬礼;不要带红玫瑰――大家会猜想你和女主人有不正当的关系;不要带黄颜色的花――这表明主人与其他人有不正当的关系。

把酒作为礼物也不太好。带一瓶普通的廉价葡萄酒只会降低你自己的身份。但如果带一瓶高档酒的话,又会被认为带有嘲笑主人藏酒不够的意味。

最好的解决办法是带一盒上好的巧克力作为礼物。

等到主人邀请你进门之后再进去。等到主人提出之后,男士们才可以脱去外套。等主人开始用餐的时候,客人们才能开始进餐。如果你习惯于把手放在膝盖上的话,在这里千万不要这样。因为别人会相互询问你把手放在桌子底下干些什么。

4. 语言

尽管许多法国人的英语水平都比较高,但是在法国,商务语言一定是法语。相应地,书面材料等都应该用法语书写。当然,外国的购买者也可以使用英语或是德语,但出口商人通常是讲法语的。如果不会说法语,最好就找个翻译吧。

尽管如此,不会讲法语仍会使自己处在不利的境地。因为法国人倾向于信任会说法语的人,你的法语可以不标准,也可以犯一些语法错误或者带有外国口音,这些都没关系,试着说说法语会在商务交往中有所帮助。

5. 习俗

法国人喜欢争论,经常在商务活动中进行热烈的讨论。不要对法国人喜欢争论的行为产生误解,这并不是表示不合或敌意。尽管他们喜欢争论,但是又不喜欢直接表达自己的观点。他们喜欢比较微妙的、间接的语言,优美的措辞和大量的修辞来陈述自己的观点。这就是法国人习惯于用法语来进行谈判的原因之一——法语是世界上最精确的语言之一,使用其他语言恐怕很难表达出言语的精妙。

法国人相互之间的接触比较多,即使在公共场所也是如此,但这是在亲朋之间,所以作为陌生人,你应视情形而定。法国人的手势比亚洲人要多。在法国,拇指和食指围成圈表示"零",当拇指快速上翘的时候,表示"OK"。禁忌的姿势包括:站立和与别人说话的时候,不要把手放在口袋里,也不要把一只手握拳击打另一只手的手掌。

法国是个讲究守时的国家,访问者需要严格遵守商务会面的时间,尤其是准备出售产品的时候更要如此。但是在巴黎和里昂以外的其他地方,对方谈判代表迟到几分钟却已经是司空见惯的事情了。

6. 谈判风格

与法国人洽谈生意时,不应只顾谈生意上的事务与细节,否则很容易被法国对手视为没有情趣。性格开朗、健谈的法国人喜欢在谈判过程中说些新闻趣事,营造轻松的气氛。政治、文化与艺术都是很受欢迎的话题,但是个人与家庭问题除外。

法国人喜欢先为谈判协议划出个大致轮廓,然后再达成原则协议,最后才确定协议中的各项内容。签署的是交易的大概内容,如果协议执行起来有利,他们就会继续下去,否则,很可能要求修改或重新签订合约,甚至毁约。

法国人大都重视个人力量,很少有集体决策的情况。这是由于法国公司组织机构明确、简单,实行个人负责制,个人权力很大。所以谈判效率高,即使是专业性很强的洽谈,他们也能独当一面。

四、沟通中的德国文化

说到德国,让人想到的是严谨,近乎苛刻的严谨,也正是这种态度使得德国工业在世界上首屈一指。德国的商业惯例存在着南北差异和东西差异,在接下来的概述中介绍了可能遇到的一些重要的企业行为倾向——不论是在汉堡还是慕尼黑,莱比锡还是科隆。

1. 生意第一

德国人的商业行为是生意导向型的,如果说美国的生意导向型是缘于他们的生活方式,那么德国人则是缘于他们严谨的态度。他们对待生意很严肃,而且希望合作伙伴也能做到这一点。

他们倾向于注重生意本身,通常是基于看到了生意的好处才准备谈判的。至于亲密的关系,他们通常认为没必要在谈生意之前就开始培养。友好的关系通常是在双方谈生意期间建立起来的。通常在几分钟的一般性会谈之后就可以进入生意的正式洽谈阶段了。

谈生意时请用具体事实支持的详细陈述,德国人希望看到大量的历史事实和背景信息,而不是富有想象力的视觉文字。

2. 语言

很多德国商人都乐意在英国做生意。比较大的公司里通常都有许多会讲一口流利英语的员工。然而,由于商务语言是客户的语言,所以一个职业的生意人队伍中应该有一位精通德语的人,或一名翻译。

对德国人来讲,互相了解是交流的首要目标,他们为自己表达思想的精确度感到自豪。德国人更直接、坦白,甚至有些直言不讳。来自东方讲究含蓄的我们要明白日耳曼人的直率和唐突并不意味着要冒犯你。

3. 习俗

德国人的习俗可以简化地看成是他们严谨作风的具体表现。

德国人非常看重时间。准时在德国实际上意味着提前几分钟到达,因为迟到就表示你是不可靠的——要知道如果你开会迟到半小时,你的生意伙伴可能就会延期半个月才能收到货。因此,如果由于一些不可避免的事情耽误了时间,一定要尽可能快地打电话给合作伙伴商榷替代性的活动安排。会议中是不应被打扰的,如果被电话或者意外的访问者打扰了,你就几乎已经失去商业机会了。

他们对身居要职、有职业头衔或有很高学术资格的人很是尊重,在称呼上就很好的表现出了这一点。德国的经理人具有博士学位的要比世界上任何一个地方的都多,100家最大的公司中大约有40%的董事会成员具有博士学位。称呼有博士学位的人时一定要用姓氏加博士或"博士先生"、"博士夫人"。介绍地位不是很高的业务人士,包括秘书,应用"先生"、"夫人"或者"小姐"加上他们的姓,这样才可以表现出礼貌。20岁左右或者年龄更大一点的女士,不管是已婚的还是独身的,都应该一律介绍为夫人。

再来看看非语言交流。德国人不管是跟人见面还是分别,都要握手。握手时并不一定伴随着微笑:很多德国人只对他们的朋友和家人才微笑,他们认为对陌生人微笑是一种愚蠢的怪癖。连微笑都吝啬,自然德国人更不会有很多的身体语言了,所以请不要用手和胳膊做出多余的动作,至于敲他人的额头则是更不能容忍的——也是违法的行为。

4. 谈判风格

德国人在谈判前会准备得十分周到,只有在对谈判的议题、日程、标的物品质、价格以及对方公司的经营、资信情况和谈判中可能出现的问题及对应策略做了详尽研究、周密安排之后,他们才会坐到谈判桌前。因此,与德国人谈判一定也要做好充分准备,以便回答关于自己公司及建议的详细问题。

德国人的思维富于逻辑性和系统性,办事讲求效率,信奉"马上解决",认为那些"研究研究"、"考虑考虑"、"过段时间再说"等拖拖拉拉的行为,对一个商人来说简直是羞辱。他们喜欢直接表明所希望达成的交易,准确确定交易方式,详细列出谈判议题,提出内容详尽的报价表,清楚坚决地陈述问题。

他们对自己的商品极度有信心,常以之为品质衡量标准,要让他们相信你的产品也能达到如此的高品质才可能达成生意。在谈判中德国人还很少做出让步,总是强调自己方案的可行性,常常在签订合同的最后时刻还在争取对方让步。对此,宜采用"以柔克刚"、"以理服人"的讨论方法。

德国人素有"契约之民"的雅称,在商务往来中,一旦签约就会努力按合同条款一丝不苟地执行,无论发生什么都不会轻易毁约,而且对于合作伙伴要求的更改一般会不予理会。

第四节　跨文化沟通的基本策略

大多数研究者认为跨文化冲突的存在是不可避免的,关键在于如何在跨文化冲突的背景下以积极的心态来看待问题。冲突有两方面的功能:一方面,矛盾是事物发展的不竭动力,冲突可以促进发展。正是文化的多元性造就了今天多彩美好的世界;另一方面,冲突具有伤害性。文化冲突常使身处其中的人们感到力不从心的痛苦,无论怎样做也不能达到互相理解,有时,反而使误解加深。

为了成功的达到沟通,应对跨文化问题,要敢于承认文化冲突的客观存在,正视矛盾的产生,以"求同存异"的理念去解决冲突问题。就像本章开篇案例中给出的那位元先生,他就采用正视矛盾的态度,并且将矛盾的焦点——文化背景不同导致对"废物"的看法不同——指出来,最终得到大家的理解,问题妥善解决。

一、把握共性,小心差异

在跨文化沟通的技巧上,要做的第一件事,就是应同时考虑到各种文化间的共性和个性。有着不同文化背景的人在很多事情的处理方法上是相同的,这就是"共性",如:所有人都希望受到友善礼貌的待遇,而不是粗俗无理的对待;所有的人都希望给他人——特别是生意伙伴——留下一个良好的印象;所有的公司都希望自己的业务能做得更好些、更大些等。把握共性有助于我们更好地感知他人言行的动机,理解别人对我们所抱的期望,并以他人能理解的方式传达自己的意思。这样,在彼此交往时更容易建立起初步的了解,为进一步沟通铺平道路。

差异是我们应加以注意的另一方面。了解差异帮助我们掌握关于什么能做,什么不能做的基本信息。比如:在中国,抚摸一个孩子的头表示抚摸者对孩子的一种喜爱之情,孩子的父母会对此感到高兴。但是在泰国,假如您未经孩子父母的许可而擅自抚摸一个孩子的头,您会因此而惹麻烦。留心这些基本的注意事项,减少误会发生的可能性。

二、提高文化敏感度

一些文化差异停留在表面,容易发现,并可以进行预防;有些则潜藏甚深,难于发现,尽管如此仍在不知不觉中干扰沟通。这时候就需要你具有一定的文化敏感度。以日本人与西方人初次见面的情况为例。在彼此交换名片之后,日本人会仔细阅读对方的名片,特别是对方在其企业里的地位。在此之后,他们并不是开始谈论生意,而是作一些寒暄式谈话。许多西方人——尤其是美国人——对此十分困惑,因为他们不知道在这些不相关问题和寒暄式谈话的背后,日本人有什么目的。事实上,日本人是想进一步确认您在公司所处的地位以及您是否有权作出最后的决定。

这种文化敏感度的培养是比较困难的,但不是不可能的。多年的工作经历会帮助敏感度的上升,同时还要注意观察,向生活学习。多留意当地人对其他外来人的态度,处世方式;当地人彼此间的见面礼节、相处方式;宗教信仰如何对日常生活发生作用等。在这个过程中,不但可以学到东西,也能使你更加敏感。

三、消除文化偏见

我们所身处的文化渗透了我们的身心,并且成为我们的骄傲。这种带有民族自豪感的骄傲是值得提倡的,然而它也会在悄然中走向另一个极端——文化偏见。我们会认为自己的文化现象是好的,是正确的,是理所当然的,于是别人的文化现象就成了坏的,错误的,有违常理的。当你说:“天啊,这些穆斯林人为什么不吃猪肉!”时,就是在犯这样的错误。把自己的文化设为世界文化的默认值,当与默认值发生冲突时,自然产生的态度就成了偏见。再例如:美国人总是要表现出他们那种强烈的个人主义意识。由于世界上提倡个人主义的国家为数不多,一种种族中心感会因此而逐渐形成。正因为如此,不管美国人对此是否已有意识,他们中有很多人喜欢用“美国标准”来衡量其他人和其他国家。很多美国人在海外服务或是工作归来后之所以会抱怨不断,其原因盖出于此。

除非能够真正做到克服文化偏见,我们很难按所期待的那样来有效地进行跨文化商务沟通,因为没有人会对偏见态度——不管我们所接触的人是谁——感到舒服,这种不舒服会诱发他们的抵触情绪并报以我们同样的文化偏见。越偏越远,沟通不成,可能还会引起激烈冲突。

事实上,文化是没有好坏之分的,各民族应该尊重彼此的文化。因此,对商务人士来讲,在与有着不同文化背景的人接触时持中间态度、以专业方式来处理事务——“生意就是生意"，任何事情不得对其产生影响——的做法更为明智。

四、增加灵活性和耐心

处在文化多元化的劳动队伍中，你应该具有灵活性。有灵活性意味着一旦需要，你可以随时准备改变自己做事的方式和态度。这种改变有时是内部的，如与美国人一起做事时，可以放开中国人一贯的"集体主义"思想，把事情处理得个性化一些；有时是外部的，如和泰国女性行"合十礼"，而这些改变与放弃个人的经商原则或标准毫无关系，事实上，这样的变化正是为了解决问题或是为了建立起某种商务性联系。

耐心是商务人士所必备的另一种品质。在前面讲到一些东方国家时就强调了耐心，这里强调的耐心是广义上的，它表现在：所交谈的对象不太理解你所说的话，你需将有关要点以更为详细的方式向他们作一次介绍；遇到一个自我中心感很强的人，你需要反复地表现自己的可信度才能取信于他们；上周在你这里买了一台洗碗机的顾客已在此抱怨了近半个小时，还没有停止的意思，等等。遇到这些事情，就是对自己的情绪控制能力的考验，耐心对成功的商务沟通是十分必要的。

【问题讨论】

1. 文化是怎样影响沟通的进行的？请举一个沟通遇到跨文化障碍的例子。

2. 请对比跨文化沟通中的日本与美国文化，并总结它们之间的差异。

3. 你对东方人的"面子"思想有何看法？你认为这是和文化有关的，还是仅仅是个人喜好？

4. 综合文中介绍的国家，说说跨文化沟通中应特别注意的方面。

5. 简述跨文化沟通的策略，并为每种技巧举一个例子。

【沟通案例】

感到被怠慢的墨西哥客户

罗西是墨西哥的一个进口商，他和丹麦的一个制造商进行了几个月的谈判，然后决定访问哥本哈根以敲定最后的合同。商务会谈进行得很顺利，因此，在访问的最后一天，罗西先生相信他返回墨西哥后就能签订合同。

当天晚上，丹麦方面邀请罗西先生出席他们举办的城市晚宴。有 40 年出口管理经验的佛莱明和其助手准备了丰盛的晚宴，并带领他们的墨西哥客人参观了哥本哈根夜总会。

临近午夜时佛莱明看看手表，然后说：

"罗西先生，在与你访谈的过程中我提到过，我乘明天的早班飞机去日本。因此，请原谅我现在离开,我的助手玛丽格斯保证能够带你顺利回到宾馆,然后明天早晨送你到机场。祝你旅途愉快!"

第二天去机场的路上,罗西沉默着。然后他转向这个年轻的助理:"玛丽格斯,请你转告你们老板我决定不再签那份合同了。当然,不是你的错。如果你想到了晚上的事,我相信你能理解我不再和你们公司做生意的原因。"

请回答:

(1)正式文化和非正式文化有哪些不同?

(2)为什么墨西哥客户认为自己被怠慢了?

【沟通游戏】

游戏名称:请您稍微远一点

游戏目的:自信的人总是那些能坚持自己原则,按照自己的价值观生活的人,但是坚持自己和尊重别人并不一定存在冲突。

游戏规则:

(1)将所有的人分成2人一组,让其面对面站着,间隔两米左右。

(2)让2个人一起向对方走去,直到其中有一方认为是比较合适的距离(即再往前走,他会觉得不舒服)停下。

(3)让小组中的另1个,比如说B,继续向前走去,直到他认为不舒服为止。

(4)现在每个小组都至少有1个人觉得不舒服,而且事实上,也许两个人都不舒服,因觉得他侵入了A的舒服区,没有人愿意这样。

(5)现在请所有人回到座位上去,给大家讲解四级自信模式。

(6)将所有的小组重新召集起来,让他们按照刚才的站法站好,然后告诉A(不舒服的那一位),现在他们进入自信模式的第一阶段,即很有礼貌的劝他的同伴离开他,比如:"请你稍微站开点好吗?这样让我觉得很不舒服!"注意,要尽可能的礼貌,面带微笑。

(7)告诉B们,他们的任务就是对A笑笑,然后继续保持那个姿势,原地不动。

(8)A中现在有很多人已经对他的搭档感到恼火了,他们进入第二级,有礼貌的重申他的界限,比如:"很抱歉,但是我确实需要大一点的空间。"

(9)B仍然微笑,不动。

(10)现在告诉A们,他们下面可以自由选择怎么做来达成目的,但是一定要依照四级自信模式,要有原则,但是要控制你的不满,尽量达成沟通和妥协。

(11)如果你们已经完成了劝服的过程,互相握手道歉,回到座位上。

相关讨论:

(1)当别人跨越到你的区域来的时候,你是否会觉得很不舒服,如果别人不接受你的建议,离你远一点,你会有什么感觉?

（2）是不是每一组的 B 都退到了 A 足够满意的地步,是不是有些是 A 和 B 妥协以后的结果?

（3）有多少人采用了全部的四级自信模式? 有没有人采用了一级,对方就让步了? 有没有人是直接跳到了第四级,比如说破口大骂的?

游戏总结:

（1）由于个性、文化、伦理、道德观不同的人对于彼此之间距离的忍耐程度是不同的,比如说阿拉伯人喜欢跟别人靠得特别近,而西方人则习惯于与人保持一定的距离,所以经常会看到阿拉伯人进一步,西方人退一步,阿拉伯人追着西方人跑的现象。

（2）实际上,只要大家可以平心静气地进行沟通,这些问题都不是不可解决的,关键是要克制住你的不满情绪,理解对方。

（3）但是,尊重对方并不等于忽视自己的权益的忍让,如果对方好像上述游戏中的 B 似的,那么我们所要做的就是在有礼貌的沟通的基础上坚持自己的原则。

28. 查尔斯·E·贝克. 管理沟通——理论与实践的交融. 北京：中国人民大学出版社,2004

29. 米吉·吉利斯. 商务写作. 北京：中国社会科学出版社,2001

30. 约翰·M·彭罗斯. 高级商务沟通. 北京：机械工业出版社,2003

31. 李玉杰. 实用演讲教程. 北京：中国经济出版社,2004

32. 金雨. 最伟大的商业演讲. 北京：中国水利水电出版社,2004

33. 范云峰. 谈判高手:让你在生活和事业中始终掌握主动. 北京：京华出版社,2004

34. 王淑贤. 商务谈判理论与实务. 北京：经济管理出版社,2003

35. 朱冽烈. 大学生求职测评手册. 北京：中国城市出版社,2002

36. 孙庆和. 青年求职必读手册. 北京：兵器工业出版社,2000

37. 魏子越. 完全求职手册. 长沙：湖南科学技术出版社,2001

38. 任之. 成功求职的 99 条法则. 呼和浩特：内蒙古人民出版社,2002

39. 林晓娴. 求职面试:轻松把握自己. 北京：中国商业出版社,2001

40. 方圆新. 求职应聘全书. 北京：中国华侨出版社,2000

41. 唐介青. 求职高手. 北京：中国友谊出版社,2001

42. 吕维霞. 现代商务礼仪. 北京：对外经济贸易大学出版社,2003

43. 侯印浩. 大学生社交礼仪. 济南：山东大学出版社,2001

44. 文泉. 国际商务礼仪. 北京：中国商务出版社,2003

45. 刘彦波. 现代商务礼仪. 北京：对外经济贸易大学出版社,2003

46. Joann Baney. 人际沟通指南. 北京：清华大学出版社,2004

47. Ingrid Zhang. 修炼成功——世界形象设计师的忠告. 北京：中国发展出版社,2003

参 考 文 献

1. 王文潭. 商务沟通. 北京:首都经济贸易大学出版社,2005
2. 徐宪宪. 商务沟通. 北京:外语教学与研究出版社,2001
3. 玛丽·艾伦·伽菲. 商务沟通过程与结果. 大连:东北财经大学出版社,2001
4. 潘肖玉. 商务谈判与沟通技巧. 上海:复旦大学出版社,2000
5. 贝思德教育机构. 谈判口才训练教程. 郑州:西北大学出版社,2002
6. 王世红. 商务沟通. 北京:中国建材工业出版社,2003
7. 孔秋英. 电话礼仪与沟通技巧. 上海:上海远东出版社,2003
8. 魏江. 管理沟通理念与技能. 北京:科学出版社,2001
9. 李峥. 人际沟通. 北京:中国协和医科大学出版社,2005
10. 基蒂·O·洛克. 商务与管理沟通. 北京:机械工业出版社,2001
11. 桑德拉·黑贝尔斯. 有效沟通. 北京:华夏出版社,2002
12. 麦克尔·E·哈特斯利. 管理沟通原理与实践. 北京:机械工业出版社,2000
13. 张晓彤. 高效会议管理技巧. 北京:北京大学出版社,2004
14. 王磊. 管理沟通. 北京:石油工业出版社,2001
15. 程艳霞. 管理沟通. 武汉:武汉理工大学出版社,2003
16. 史蒂芬·P·罗宾斯. 组织行为学精要. 北京:机械工业出版社,2000
17. 千高原. 企业伦理学. 北京:中国纺织出版社,2000
18. 黄素菲. 人际关系测试及训练. 北京:纺织工业出版社,2002
19. 马克态. 商务谈判理论与实务. 北京:中国国际广播出版社,2004
20. D·赫尔雷格尔. 组织行为学. 北京:中国社会科学出版社,1989
21. 陈栋康. 现代国际商务礼俗. 北京:中国对外经济贸易出版社,2004
22. H·威廉斯. 团队管理. 北京:中信出版社,1999
23. 周芙蓉. 礼仪教程. 北京:中国长安出版社,2003
24. 王秀村. 商务交流——商务沟通教程. 北京:高等教育出版社,2001
25. Suzanna D. Sparks. 商务写作指南. 北京:企业管理出版社,2001
26. 劳轮·维克. MBA 速成教程——商业沟通. 海口:海南出版社,2002
27. 杨洪林. 谈商务信函的写作. 教学与培训研究,2000 年(1)